KB068730

OVERSEAS MARKETING

걸음마 실무해외마케팅

조기창

박영사

머리말

　　경기불황이 심화되고 국내시장으로는 성장에 한계를 느낀 많은 기업들이 그 돌파구를 수출에서 찾으려 하고 있으며 또한 심각한 취업난 속에서도 많은 대학생들이 졸업 후 수출회사에 취업을 희망하고 있습니다. 그러나 수출시장은 국내시장과는 판이하게 다르고 수출은 그 과정이 복잡하기 때문에 수출 경험이 없는 내수기업들이나 대학교에서 무역학을 정식으로 공부하지 않은 비전공 학생들에게는 어떻게 수출을 시작해야 할지 막막한 경우가 많이 있을 것입니다. 실제로 필자는 오랫동안 해외무역관에서 근무하면서 수많은 수출초보기업들을 접하고 다수 대학생들을 무역관 인턴으로 활용하였습니다.

　　이 과정에서 무역절차나 해외마케팅에 관한 지식이 부족하여 많은 시행착오를 겪고 있는 수출초보기업들도 여러 번 보았습니다. 바이어 신용조사나 수출보험가입 등과 같은 최소한의 안전장치도 마련하지 않은 채 외상거래를 했다가 수출대금을 회수하지 못하고 있다며 무역관으로 지원 요청이 들어왔으나 무역관에서도 별 도움이 되지 못해 안타까웠던 적도 있었습니다. 또한 대학교에서 외국어를 전공한 인턴 학생들 중에는 외국어 구사능력이 뛰어나긴 하지만 무역관련 과목을 공부해 본 적이 없어 무역을 생소하게 느끼거나 기초적인 무역 절차 및 용어에 무지한 경우도 여러 번 목격하였습니다. 개중에는 설사 대학교에서 무역 관련 강의를 몇 과목 수강한 학생들도 있었지만 너무 이론에 치우친 강의를 듣다보니 수출전선에서 실제 배운 지식을 활용하기에는 미흡했다는 말도 인턴들로부터 자주 들었습니다.

　이러한 이유로 필자는 15년이 넘는 해외무역관 생활을 포함하여 총 30여 년간의 KOTRA 근무를 통해 체득한 경험과 지식을 바탕으로 현장에서 바로 활용할 수 있는 기초무역실무와 우리 기업들이 해외마케팅을 위해 자주 활용하는 해외세일즈출장, 무역사절단, 수출상담회, 해외전시회 참가 등 주요 마케팅 프로그램의 활용방안과 성과 극대화 노하우를 책자 발간을 통해 전파하고 싶었습니다.

　여기에 더해 KOTRA, 한국무역협회 등 우리나라 주요 수출지원 유관기관별 특성화된 해외마케팅 프로그램과 정부가 야심적으로 실행하고 있는 「수출바우처제도」를 소개하며 해외마케팅을 위해 수출초보기업과 대학생들이 꼭 알아두어야 할 바이어 상담 및 관리 요령, 클레임 예방 및 대책 등 필수 정보를 수록하였습니다. 특히, 기초무역실무 편에서는 시중에 나와 있는 기존의 「무역실무」에서 너무 이론에 치우쳤거나 실제 자주 활용되지 않는 부분은 과감히 생략하고 수출 단계별로 반드시 파악하고 있어야 할 내용만을 요약하여 담아냈습니다.

　아무쪼록 이 책자가 수출을 처음 시도해보려는 수출초보기업들과 무역에 관심은 있으나 무역학을 전공하지 않은 대학생들이 수출회사에 취업하기 전에 한번쯤 숙독함으로써 수출과정을 이해하고 해외마케팅 활동을 하는 데 조금이나마 도움이 되기를 바라며 편집 및 교정에서 많은 조언과 도움을 아끼지 않은 조선대 이현명, 외대 송광은 인턴에게 이 자리를 빌려 감사의 뜻을 전합니다.

2018년 5월

조 기 창

걸음마 실무해외마케팅

차 례

PART 01 해외마케팅 기초과정

PART 03 특성화 해외마케팅 프로그램

PART 04 수출지원기반 활용사업

CHAPTER 07　클레임 및 무역사기

CHAPTER 08　상담자료 휴대 및 준비요령

CHAPTER 09　HS Code, 관세 및 비관세장벽

CHAPTER 10　수출상담지원

해외마케팅 기초과정

걸음마실무해외마케팅

수출 요건 갖추기

1 수출기업으로 전환 전 고려사항

　　최근 들어 중앙정부는 물론이고 각 지자체들도 내수기업들을 수출기업으로 전환시키려는 정책을 적극 추진하고 있으며 기업들 스스로도 내수시장의 한계를 느껴 수출로 눈을 돌리려는 경향이 점차 두드러지고 있다. 정부나 지자체들이 내수기업들을 수출기업으로 전화시키려는 이유는 우리나라의 경우, 아직까지는 수출기업들의 범위가 협소한 가운데 수출잠재력이 둔화되고 있으며 수출과 내수간의 연결고리가 약화되고 있기 때문이다. 따라서 정부와 각 지자체들은 중소·중견 수출기업들을 육성함으로써 우리나라 수출저변을 확대시키고 이들 기업의 성장과 투자확대를 통해 더 많은 일자리를 창출할 목적으로 내수기업의 수출기업화를 적극 장려하고 있다. 내수기업들 역시, 지속적인 국내 경기 불황을 극복하고 협소한 국내시장의 한계를 벗어나 해외로 나가 더 넓은 시장에서 경쟁을 통해 새로운 마케팅 기회를 찾고자 수출기업으로의 전환을 시도하고 있다.

　　무역은 국가 간 물건을 사고파는 행위이므로 국내거래와는 비교할 수 없을 정도로 성격이 다르기 때문에 무역의 흐름을 파악하고 독자적으로 무역을 할 수 있을 정도로 충분한 여건을 갖춘 후에 참여해야 한다. 아무 상품이나 수출에서 성공을 거둘 수는 없다. 수출지원기관은 물론이고 수출 경험자의 상담과 조언을 통해 수출 가능성을 타진한 후 수출업에 뛰어들어야 한다. 물론 수출은 내수거래에 비해 시장을 확대할 수 있는 가능성이 훨씬 크며 내수시장에서 더 이상 팔 수 없는 상품도 해외시장에 따라 얼마든지 판매가 가능할 수 있고 은행이 수출대금 지불을 확약하는 거래방식을 택하거나 한국무역보험공사를 통해 수출보험에 가입해둔다면 내수거래에 비해 수출 후, 대금을 확실하게 받을 수 있는 안전장치가 마련되어 있다는 점과 일반적으로 내수거래에 비해 이윤폭이 높다는 점에서도 매력적인 요인이 되고 있다. 그러나 이러한 장점에도 불구하고 수출은 내수거래에 비해 고려해야 할 요인도 훨씬 많고 성약까지 많은 시간이 소요될 뿐 아니라 절차도 복잡하다. 우선 거래 파트너가 지리적으로 멀리 떨어져 있으며 언어, 통화, 규정, 제도 및 문화 등이 상이하고 물품 공급과 대금 지불 시점 간에는 큰 시차가 있기 때문에 그만큼 위험 요소도 크게 존재한다. 충분한 검토 없이 수출업에 뛰어들었다가는 실패로 이어지는 경우도 흔히 있으며 바이어로부터 클레임을 당하거나 심지어는 바이어에 대한 철저한 사전 조사 없이 외상거래를 하다가 수출대금을 받지 못해 파산해 버리는 수출초보기업들도 주변에서 쉽게 찾아 볼 수 있다. 이러한 위험 요소를 극복하고 성공적인 해외마케팅을 구현하기 위해서는 ▲ 실무에 적용할 수 있을 정도의 충분한 무역실무 지식 ▲ 외국 바이어들과 상담을 할 수 있을 정도의 외국어 구사 능력 ▲ 철저한 시장조사를 통한 신뢰할 수 있는 유력 바이어들의 확보(마케팅 능력) 가능성 등 최소한의 조건을 갖추어야 한다.

그림 1　내수시장과 수출시장은 그 성격이 매우 다르다.

그러므로 수출을 통해 누구나 쉽게 비즈니스에 성공하는 것은 아니기 때문에 수출이 가져다주는 장단점을 제대로 파악한 후, 수출할 수 있는 준비 또는 여건이 충분히 마련되었는지를 객관적으로 평가한 후 내수에서 수출로 전환할지, 처음부터 수출로 창업할지를 결정해야 한다.

표 1	수출의 대표적 장단점
장점	▪ 훨씬 넓은 시장을 사업 대상 지역으로 삼을 수 있다. ▪ 국내시장에서 팔 수 없는 상품도 판매할 수 있는 지역이 있다. ▪ 일반적으로 내수에 비해 취급 물량이 크다. ▪ 수출금융을 받을 수 있다. ▪ 정부(지자체)로부터 다양한 해외마케팅 지원을 받을 수 있다. ▪ 수출용 원자재의 경우, 관세 환급을 받을 수 있다. ▪ 일반적으로 내수거래보다 이윤율이 높다. ▪ 수출 역군이라는 자부심을 느낄 수 있다.
단점	▪ 국내시장에서보다 더 많은 경쟁 대상자를 상대로 시장을 개척해야 한다. ▪ 수출환경의 불확실성이 상존(常存)한다. ▪ 시장정보 취득이 용이하지 않다. ▪ 해당 수입국의 관련 규정을 숙지하고 있어야 한다. ▪ 외국어 구사뿐 아니라 계약, 가격, 결제, 운송, 보험, 통관 등 수출실무를 파악하고 있어야 한다. ▪ 안전장치가 미비하면 내수거래에 비해 위험도가 높다. ▪ 해외시장 개척비용이 국내보다 훨씬 많이 든다. ▪ 클레임 발생 시 문제 해결이 쉽지 않다.

2 최소한의 수출인프라 기반 구축

국내 수출대행업체를 통해 수출을 하지 않고 본인이 직접 수출을 원한다면 몇 가지 최소한의 요건을 먼저 갖추어야 한다. 우선 무역업으로 창업해야 하는데 이를 위해 사업장 관할지의 세무서에 사업자등록을 하고 한국무역협회 본부나 국내지사로부터 무역업고유번호를 부여 받아야 한다. 세무서 사업자등록은 법인 또는 개인으로 할 수 있으며 업태는『도매』, 종목은『무역』으로 한다. 무역업고유번호를 부여받기 위해 필요한 서류는 무역업고유번호신청서, 사업자등록증원본과 신분증이며 수출입신고서에 무역업고유번호를 기재함으로써 수출입실적으로 인정받을 수 있다.

그림 2 사업자등록증 및 무역업고유번호부여증

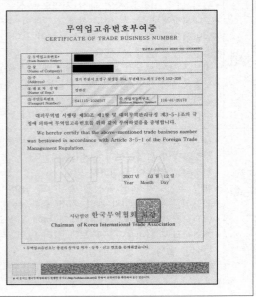

다음으로는 외국어 특히 최소한 영어 해독 및 구사 능력과 무역실무지식을 갖춘 인재를 확보하고 자사 제품을 설명할 수 있는 영어 또는 목표시장의 언어로 작성된 카탈로그 및 브로슈어 그리고 이들 언어로 작성된 홈페이지를 갖추고 있어야 한다. 만일 영문 카탈로그나 브로슈어가 제작되지 않았다면 영문 제품설명서라도 준비해야 하는데 이 설명서에는 제품에 대한 간략한 소개 및 특징(제품개발 배경, 용도, 장점, 사양) 등이 포함되어 있어야 한다. 최근에는 인터넷의 발달로 거의 모든 수출기업들이 자체 홈페이지를 보유하고 있는데 중소 수출기업들을 위해 중소벤처기업부와 중소기업진흥공단에서는 공동으로 운영하는 사이트로 홈페이지 및 카탈로그 제작 등, 해외마케팅에 필요한 사업을 지원하고 있다(관련 홈페이지 : http://kr.gobizkorea.com). 이와 별도로 각 지자체에서도 관내 업체들의 해외시장개척업무의 지원을 위하여 카탈로그 및 영문 홈페이지 제작을 지원해주고 있다(각 시도 기업지원과 문의). 마지막으로 수출하고자 하는 품목이 해외시장에서 인증을 필요로 하는 품목이라면 요구되는 인증도 취득해두어야 한다.

그림 3 중소기업진흥공단 홈페이지 제작 지원 안내

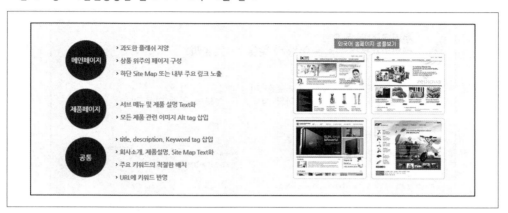

　　이와 같이 최소한의 수출 인프라를 갖춘 후에 신생 수출중소기업들의 수출활동을 지원해주고 있는 기관들을 파악하고 이들 기관들의 지원사업을 최대한 활용하도록 한다. 우리나라에서 중소기업들의 해외마케팅을 지원해주는 대표적인 기관으로는 Kotra(www.kotra.or.kr), 한국무역협회(www.kita.net), 중소기업진흥공단(www.sbc.or.kr), 한국무역보험공사(www.ksure.or.kr), 중소기업중앙회(www.kbiz.or.kr) 등이 있다. 또한 중앙정부 기관으로는 중소벤처기업부의 중소기업수출지원센터(www.exportcenter.go.kr)가 있고 서울산업진흥원(www.sba.seoul.kr), 경기중소기업종합지원센터(www.gsbc.or.kr)와 같이 각 지자체들도 별도 수출지원기관들을 운영하고 있다. 이외 한국기계산업진흥회, 한국섬유산업연합회 등과 같은 조합, 단체에서도 관련 기업들의 해외마케팅을 지원해주고 있다. 특히, 2017년 수출지원기반활용사업 일환으로 도입된 수출바우처사업을 이용하면 단계별로 많은 지원을 받을 수 있다.

그림 4 중소기업 수출길잡이 사이트(www.kotra.or.kr)

3 글로벌역량진단(GCL Test)

수출기업으로서 최소한의 준비가 끝났다하더라도 어떻게 수출을 시작할지 고민이 된다. 이 경우 Kotra가 수출 희망기업들을 대상으로 실시하고 있는 글로벌역량진단(Global Competence Level Test : GCL Test)을 먼저 받아보는 것이 좋다. 글로벌역량진단은 기업 스스로의 역량을 평가하는 것으로 Kotra 회원기업이면 누구든지 무료로 참가가 가능하다. Kotra가 글로벌역량진단을 도입한 목적은 수출지원기관별로 분산된 중소기업지원사업을 체계화하고 기업역량에 따른 사업을 구축·운영함으로써 중소기업 지원성과를 극대화하며 기존 공급자 위주의 사업 프로그램을 수요자 위주로 개선하여 역량별·성장단계별 맞춤형 컨설팅 서비스를 제공하기 위함이다. 글로벌역량진단을 받길 원하는 기업들은 자사의 현재 상황에 맞추어 내수기업용과 수출기업용 중 택일하여 진단을 받게 된다. 내수기업용 진단서는 수출의지 및 전략, 기초지원, 수출인프라, 마케팅·네트워크 등 4개 역량별 총 30개 문항으로 구성되어 있으며 수출기업용 진단서는 중장기전략·비전·마인드, 전문인력 및 자금, 수출인프라 등 8개 역량별 총 30개 문항으로 구성되어 있다. 진단 결과 총점을 기준으로 해당기업이 내수 3단계, 수출 4단계 등 총 7단계 중 어느 단계에 위치해 있는지 확인해 준다.

그림 5 전체 성장단계 구성(총 7단계)

표 2 수출기업용 vs 내수기업용 GCL Test 주요 구성 비교

■ 내수기업

대분류	4가지 영역	문항수	문항 의미 설명
기본역량	수출의지 및 전략	8	수출을 위한 의지, 현재 노력수준, 전략수집 여부
지원역량	기초자원	7	제품, 기술, 자금 경쟁력 수준 판단
	수출인프라	7	수출전문인력, 해외인증, 홈페이지 구축 등 파악
본원적역량	마케팅·네트워크	8	수출 진행 시 즉시 활용 가능한 해외마케팅 역량 수준

■ **수출기업**

대분류	4가지 영역	문항수	문항 의미 설명
준비영역	중장기전략, 비전, 마인드	3	글로벌 전략의 중요성 인식과 체계성
	전문인력 및 자금	6	해외마케팅 관련 인력, 자금 보유 정도와 역량수준
	수출인프라	4	수출준비를 위한 유·무형의 자원 활용현황
활용영역	글로벌고객과의 의사소통	3	글로벌 시장동향, 고객 불만사항 처리, 상호신뢰수준
	글로벌판촉 및 마케팅	4	IT활용 글로벌 마케팅 경쟁력 수준 및 내부 이해도
심화영역	글로벌 네트워크	3	글로벌 협력기업, 거래처, 에이전트 등 보유수준
	글로벌 시장전략	4	제품, 브랜드 등 글로벌 시장에서의 경쟁력 보유 정도
	글로벌 제품	3	제품의 품질, 가격, 디자인 경쟁력 및 A/S역량
수출액	연간수출액		

　　GCL Test를 통해 해당 기업의 각 역량별 수준을 분석하여 부족/보통/양호로 제시해준다. 아울러 주요 부족 역량 개선을 위한 맞춤형 사업으로 수출기업에게는 Kotra와 유관기관에서 운영 중인 167개 중소기업지원사업 중 기업별로 가장 역량이 부족한 3개군에 대해 평균 15~20개 내외의 사업을 추천해준다. 또한 내수기업에게도 Kotra와 유관기관에서 운영하고 있는 64개 지원사업 중 가장 부족한 역량 2개군에 대해 평균 10~15개 내외의 사업을 추천해준다.

표 3 기업역량 단계별 특징

■ **내수기업 분류(3단계)**

성장단계(3단계)		단계별 특징
구분	점수	
초보 내수기업	0~59	내수에만 주력하고 있는 기업으로 수출의지, 제품경쟁력, 마케팅 활용 등 전반적인 수출준비역량이 부족한 단계
성장 내수기업	60~79	기초적인 수출준비 활동을 시작한 단계이나 보유역량이 제한적이므로 다양한 수출역량확보가 필요한 단계
유망 내수기업	80~	다양한 수출준비 역량을 갖추고 있으며, 보다 심화된 역량을 갖춘다면 수출기업화될 수 있는 유망단계

■ 수출기업 분류(4단계)

성장단계(4단계)		단계별 특징
구분	점수	
글로벌 초보기업 (Start-up)	0~54	샘플수출 및 우연한 기회로 시작한 수출로 글로벌 역량을 일부 보유한 기업이지만 상시 수출을 진행한다고 보기 어려운 단계
글로벌 유망기업 (Take-off)	55~74	상시 수출을 진행하는 단계로서 해외마케팅 지원효과 및 수출확대 가능성이 높아 다양한 수준의 지원 프로그램 추천이 필요한 단계
글로벌 선도기업 (Advanced)	75~84	시장개척 활동이 왕성한 단계로 해외마케팅 인력과 시장정보가 충분히 확보되어 있어 해외네트워크 구축 등 선별적인 심화수준 프로그램 지원이 필요한 단계
글로벌 강소기업 (Remarkable)	85~	마케팅 인력 및 국내외 시장조사가 대부분 완료된 단계로 기술개발 및 브랜드 등 심화수준의 지원이 필요한 단계

글로벌역량진단을 받기 위해서는[1] 「Kotra 홈페이지(www.kotra.or.kr) 접속 ▷ 지원사업안내 ▷ 해외시장개척지원 ▷ 글로벌역량진단사업 ▷ 사업신청하기」를 클릭하면 된다. 또한 역량진단 결과는 온라인 진단완료 시 My Kotra에서 실시간 확인이 가능하다. 진단 후 1주일 이내 Kotra 수출전문위원이 유선컨설팅을 무료로 제공한다. 글로벌역량진단은 회사의 인력, 기술, 내수, 수출 등 전반적인 경영상황을 잘 파악하고 있는 대표이사 및 임원, 관리자가 작성해야 정확한 결과 도출이 가능하다.

그림 6 글로벌역량진단(GCL Test) 실시 과정

---

1 해당 진단은 1년에 1회만 신청 가능하다.

| 통계법 제33조 (비밀의 보호)
통계작성과정에서 알려진 사항으로서
개인 또는 법인이나 단체의 비밀에 속
하는 사항은 보호되어야 한다. |  | 대한무역투자진흥공사(KOTRA)
해외진출종합상담센터 |

KOTRA 글로벌역량진단 설문서 (내수기업용)

안녕하십니까?

대한무역투자진흥공사(이하 KOTRA)는 기업의 성장단계에 따른 맞춤형 서비스 지원을 위해
『글로벌 역량(Global Competence Level) 진단 서비스』를 시행하고 있습니다.

아래의 내용을 작성하시면 기업의 성장단계에 따른 역량 현황과
수출유관기관이 제공하는 맞춤형 지원사업 리스트를 제공받을 수 있습니다.

글로벌 역량진단은 개별 기업의 진단용으로 활용되며
각종 수출지원 및 투자진출 프로그램을 진행하는데 있어서 활용될 예정입니다.

[응 답 요 령]

1. 설문 내용은 귀사의 인력, 기술, 마케팅 등 전반적 경영상황을 잘 파악하고 계신 대표이사나
   임원 및 관리자께서 작성하셔야 정확한 진단이 됩니다.

2. 설문내용은 기본정보, 글로벌준비역량(5개 부문)으로 구성되어 있으며, 해당 항목에 대해
   빠짐없이 기록해 주시기 바랍니다.

3. 기타 궁금하신 사항은 KOTRA 해외진출종합상담센터 02-3460-7325로 문의 바랍니다.

작성자 성명		작성자 전화번호	
부서 및 직위		E-mail	

기업[개인] 정보의 수집·이용·제공 및 활용 동의서

가. 본사는 '글로벌역량진단 사업' 신청시 기재한 기업식별 정보 및 기업관련 정보를 수집, 이용, 조회하거나 해외마케팅 지원기관(중기청, 중진공, 무보, 신보 등) 등에게 제공하여 해외마케팅 지원 및 금융거래 등에 있어서 신용도 등의 판단을 위한 자료, 글로벌 역량진단 사업추천 관련 자료로 활용하거나 공공기관에서 정책자료로 활용하도록 하는 것에 대해서 동의합니다.

1) 기업정보의 수집, 이용 목적
   ○ 글로벌역량진단(Global Competence Level) 사업 참가
   ○ 성장단계 확인 후 맞춤형 사업 및 컨설팅 추천을 위한 기업정보 수집

2) 수집하는 정보 항목(필수항목)
   ○ 기업식별 정보 : 기업명, 사업자 등록번호
   ○ 기업관련 정보 : 주소, 대표자성함, 설립연도, 상시종업원 수, 매출액, 수출액, R&D 투자규모, 연구개발 인력 수, 매출액영업이익률, 손익분기점 환율, 기업유형, 주력업종, 주력 수출제품(성장단계 및 사업추천 등 원활한 의사소통 경로확보를 위한 정보)
   ○ 개인정보 : 작성자성명, 전화번호, 부서·직위, E-mail주소

3) 기업(개인)정보의 보유 및 이용기간 : KOTRA 회원 탈퇴시 까지
   ※ 단, 법률이 정하는 바에 따라 탈퇴 후에도 일정기간 보유할 수 있습니다.

나. 본사는 글로벌 역량진단 사업과 관련하여, 기재한 기업정보가 KOTRA 고객관리시스템(CRM)에 이관되는 것을 동의합니다.

다. 본사는 글로벌 역량진단 참가 후 추천받은 사업에 대해서 KOTRA는 별도의 참가 신청·선정을 지원하지 않는 것에 대해서 동의합니다.

수집·이용 동의	본인은 위 목적으로 기업(개인) 정보를 수집·이용하는 것에 동의합니다.
제공 동의	본인은 위 목적으로 기업(개인) 정보를 제공하는 것에 동의합니다.
고유식별정보동의	본인은 위 기관이 위 목적으로 기업의 고유식별정보를 수집·이용·제공·조회하는 것에 동의합니다.(고유식별정보 : 사업자등록번호)

위 기관에 제출하는 역량진단 신청서 제출시 사실과 다르거나 허위의 자료를 제출하여 글로벌역량진단 사업을 신청한 경우 사업참가 제한이 있을 수 있습니다.

신청일　　　　　　　2015년　　　　00월　　　　00일

기업명
법인(주민)등록번호
신청자　　　　　　　　　　　　　　　　　　　(인)

응답기업 기본 정보

1개 문항이라도 작성이 안될 경우, 정확한 결과 산출이 어려우니, 반드시 전항목에 응답하여 주시기 바랍니다.

▶ 기업 현황 (2014년 기준) * 전년도 재무제표 참고하여 정확히 기재

기업명		대표자 이름	
사업자등록번호			
본사 소재지	( ) 서울경기인천 ( ) 대전충청 ( ) 대구경북 ( ) 부산경남울산 ( ) 광주호남제주 ( ) 강원		
설립연도	_____ 년	상시종업원 수	_____ 명
매출액	_____ 억 원	R&D 투자규모	_____ 만원
매출액영업이익률 (영업이익/매출액 x 100)	_____ %	수출중단기업 여부	예( ) 아니오 ( )
해당 유형 전부 표시	유형1	중소기업( ), 중견기업( ), 대기업( ), 국내 대기업 계열사( ), 외국계기업( )	
	유형2	제조기업( ), 서비스기업( ), 수출중개기업(오퍼상, 에이전트 등)( ) *제조기업 : 제조상품의 생산 후 수출하는 기업 *서비스기업: 서비스업 제품의 생산 후 수출하는 기업 * 수출중개기업 : 제품을 직접 생산하지 않으나, 해외거래처와 수출을 중개하는 기업	
주력업종명 (표준산업분류 코드표참조)	(해당코드기입:)	주력 수출제품명 (KOTRA 품목분류 코드 참조)	(해당코드 기입:)
주력 수출제품 (또는 취급 제품) 특성	원자재( ) 소재( ) 단위부품( ) 모듈부품/반제품( ) 완제품( )		
주력 수출시장 (우선순위로 3개까지 기입)	1순위( ) 2순위( ) 3순위( )		

* 하단의 역량평가의 경우 반드시 <u>단수응답(1개 문항선택)</u>만 가능

1. 수출의지 및 전략 [8]

(1) 귀사의 CEO는 자사 제품을 해외에 수출할 의향이 어느 정도 있으십니까?
　　① 전혀 의향 없음　　② 거의 없음　　③ 다소 있음　　④ 높은 의향 있음

(2) 귀사는 해외학위 또는 1년 이상 해외체류 경험을 가진 임원을 보유하고 있습니까?
　　① 없음　　　　　② 1명　　　　　③ 2명　　　　　④ 3명이상

(3) 귀사는 국내 대기업 또는 글로벌 기업에 근무 경험이 있는 임원을 보유하고 있습니까?
　　① 없음　　　　　② 1명　　　　　③ 2명　　　　　④ 3명이상

(4) 귀사는 최근 3년 동안 초보 수출기업을 지원하는 정부 또는 지자체의 지원 사업에 참여한 경험이 있습니까?
　　① 전혀 없음　　　② 1~2회　　　③ 3~4회　　　④ 5회 이상

(5) 귀사는 현재 보유한 주력제품에 대한 국내외 시장동향을 주기적으로 모니터링하고 있습니까?
　　① 전혀 못함　　② 가끔 모니터링　　③ 대체로 모니터링　　④ 주기적 모니터링

(6) 귀사는 수출 기업으로 성장하기 위한 중장기 비전 및 전략을 수립하고 있습니까?
　　① 없음　　　　　　　　　　② 미흡한 수준에서 수립
　　③ 전략은 있으나 실행 못함　　④ 전략에 맞추어 실제 추진 중

(7) 귀사는 현재 수출을 위한 목표 시장을 선정하고 관련 시장에 대해 정보를 수집하고 있습니까?
　　① 전혀 없음　　　　　　　　　　② 목표 시장 선정을 위해 노력 중
　　③ 목표시장 선정하였으나 이후 정보수집 없음　④ 목표시장 선정 후 적극적인 시장 정보수집

(8) 귀사는 수출 실현을 위한 물적/인적 투자를 실제 추진하고 있습니까?
　　① 계획에 그침　　② 일부 추진 중　　③ 대체로 추진 중　　④ 매우 적극 추진 중

2. 기초 자원 [제품·기술·자금] [7]

(9) 귀사 주력제품의 최근 3년간 글로벌 시장 수요는 어떤 양상을 보이고 있습니까?
　　(예를 들어, 주력제품이 휴대폰 터치필름이라고 가정시, 현재 글로벌시장에서 해당 품목에 대한 수요가 대폭 증가하고 있을 경우 4번으로 응답)
　　① 감소　　　　　② 정체　　　　　③ 다소 증가　　　　　④ 대폭 증가

(10) 귀사의 국내 경쟁사 대비 제품 경쟁력 수준에 대해 평가를 부탁드립니다.

구 분	귀사의 경쟁력 수준 평가			
	매우낮음	낮음	높음	매우높음
1. 제품의 가격(원가) 경쟁력	①	②	③	④
2. 제품의 품질 경쟁력	①	②	③	④
3. 제품의 디자인 경쟁력	①	②	③	④
4. 동종업계내 제품 브랜드 인지도	①	②	③	④

(11) 국내 경쟁사 대비 귀사의 특허(기술인증, 실용신안, 상표 등) 보유 수준은 어떠하다고
생각하십니까?
① 매우 미흡   ② 다소 미흡   ③ 다소 양호   ④ 매우 양호

(12) 귀사의 제품 개발을 위한 연구 인력은 몇 명입니까?
① 없음   ② 1명~5명   ③ 6명~10명   ④ 11명 이상

(13) 귀사의 매출액대비 R&D 투자규모는 어느 정도 수준입니까? (전년도 재무제표 참고)
① 1%이하   ② 1~2%   ③ 3%   ④ 4%이상

(14) 현재 귀사의 자금 사정(기존 자금운용, 추가 자금조달 등)은 어느 정도 수준입니까?
① 매우 어려움   ② 다소 어려움   ③ 다소 양호   ④ 매우 양호

(15) 귀사의 향후 순 영업이익증가 등을 감안한 자금 조달 전망은 어떠합니까?
① 감소   ② 정체   ③ 다소 증가   ④ 대폭 증가

3. 수출 인프라 (7)

(16) 현재 귀사의 마케팅 업무는 누가 관리합니까?
① 일반부서 직원(타 업무 병행)   ② 타 업무를 병행하는 전담부서 직원
③ 마케팅 업무만 수행하는 전담부서 직원   ④ 전담 임원 관리하의 전담부서 직원

(17) 현재 귀사는 수출 제품에 필요한 해외인증규격을 확보하고 있습니까?
① 전혀 확보 못함   ② 일부 확보   ③ 대체로 확보   ④ 충분히 확보

(18) 현재 귀사는 영문 홈페이지를 운영하고 있습니까?
① 없음   ②구축되어 있으나, 업데이트 미실시
③ 업데이트 되면서 활발히 운영 중

(19) 현재 귀사는 주력제품의 홍보를 위한 영문 카탈로그(또는 영문 동영상)을 보유하고 있습니까?
　　① 없음　　　　　　②있음

(20) 귀사는 외국어로 제품 상담이 가능한 인력이 어느 정도 있습니까?
　　① 없음　　　　　② 1명　　　　③ 2명　　　　④ 3명 이상

(21) 귀사 마케팅 담당직원의 수출관련 지식·정보보유는 어느 정도 수준입니까?

구　　　　　분	귀사의 수출관련 지식,정보 수준 평가			
	매우 낮음	낮음	높음	매우 높음
1. 무역실무지식	①	②	③	④
2. 해외시장정보	①	②	③	④
3. 정부(지자체)의 수출지원사업 정보	①	②	③	④

(22) 귀사의 임직원들은 최근 1~2년간 수출 관련 교육 프로그램에 참여하고 있습니까?
　　① 전혀 참여 못함　　② 가끔 참여함　　③ 종종 참여함　　④ 적극 참여함

4. 마케팅 · 네트워크 (8)

(23) 최근 2년 동안 귀사는 수출상담을 목적으로 해외출장을 시행한 적이 있습니까?
　　① 없음　　　② 1회　　　③ 2회　　　④ 3회 이상

(24) 귀사는 최근 2년 동안 국내외 전시회에 제품을 출시한 경험이 있습니까?
　　① 없음　　　② 1회　　　③ 2회　　　④ 3회 이상

(25) 귀사는 현재 거래중인 국내 고객과의 의사소통이 어떠하다고 생각하십니까?
　　① 매우 부족　　　② 대체로 부족　　　③ 대체로 원만　　　④ 매우 원만

(26) 귀사의 임원들은 국내 기업으로 구성된 협의회(네트워크 모임 등)에 활발하게 참여하고 있습니까?
　　① 참여 없음　　　② 다소 참여　　　③ 빈번하게 참여　　　④ 매우 적극 참여

(27) 귀사가 수출을 추진할 경우 즉시 귀사에 도움을 줄 수 있는 전문가를 얼마나 보유하고 있습니까?
　　① 없음　　　　② 1명　　　　③ 2명　　　　④ 3명 이상

(28) 귀사의 국내 경쟁기업과 비교할 때, 국내 대기업과의 판매 네트워크는 어떠하다고 생각
하십니까? (예를 들어 대기업 협력사로 지속적으로 대기업에 납품 중인 경우 '매우 우위'로 판단)
　① 매우 열위　　② 다소 열위　　③ 다소 우위　　④ 매우 우위

(29) 귀사는 해외마케팅 활동을 위해 온라인 수출프로그램(Buykorea.org, EC21, 알리바바 등)을
이용하신 적이 있습니까?
　① 경험 없음　　② 가끔 이용　　③ 빈번하게 이용　　④ 매우 적극적으로 이용

(30) 귀사는 당장 접촉 가능한 해외바이어의 연락처를 얼마나 보유하고 있습니까?
　① 없음　　② 1~5개　　③ 6~10개　　④ 11개 이상

==

※ 향후 수출 진행시, 귀사가 보유한 핵심 경쟁우위 요소는 무엇이라고 생각하십니까? (1개만 선택)
　① 가격　　② 기술　　③ 디자인　　④ 품질
　⑤ 고객 맞춤형 생산설비　⑥ 자금력　　⑦ 해외영업력(글로벌네트워크)

※ 글로벌역량진단 결과에 대한 유선 컨설팅이 필요하십니까?
　① 예　　② 아니오

※ KOTRA에 하고 싶은 말씀을 자유롭게 기재하여 주십시오.

"모든 설문이 끝났습니다. 응답해 주셔서 감사드립니다."

**이번 설문을 통해 고객 여러분에게 맞춤형 서비스를
지원해 드릴수 있도록 노력하겠습니다.**

<첨부 1. 표준산업분류 - 업종 및 코드>

제조업			
C10	식료품제조업	C22	고무제품 및 플라스틱제품 제조업
C11	음료제조업	C23	비금속 광물제품 제조업
C12	담배제조업	C24	1차 금속 제조업
C13	섬유제품 제조업; 의복제외	C25	금속가공제품 제조업; 기계 및 가구제외
C14	의복, 의복액세서리 및 모피제품 제조업	C26	전자부품, 컴퓨터, 영상, 음향 및 통신장비 제조업
C15	가죽, 가방 및 신발 제조업	C27	의료, 정밀, 광학기기 및 시계 제조업
C16	목재 및 나무제품 제조업; 가구제외	C28	전기장비 제조업
C17	펄프, 종이 및 종이제품 제조업	C29	기타 기계 및 장비 제조업
C18	인쇄 및 기록매체 복제업	C30	자동차 및 트레일러 제조업
C19	코크스, 연탄 및 석유정제품 제조업	C31	기타 운송장비 제조업
C20	화학물질 및 화학제품 제조업; 의약품 제외	C32	가구 제조업
C21	의료용 물질 및 의약품 제조업	C33	기타제품 제조업

비제조업			
A	농업, 임업 및 어업	K	금융 및 보험업
B	광업	L	부동산업 및 임대업
D	전기, 가스, 증기 및 수도사업	M	전문, 과학 및 기술서비스업
E	하수·폐기물 처리, 원료재생 및 환경복원업	N	사업시설관리 및 사업지원 서비스업
F	건설업	O	공공행정, 국방 및 사회보장 행정
G	도매 및 소매업, 무역업	P	교육 서비스업
H	운수업	Q	보건업 및 사회복지 서비스업
I	숙박 및 음식점업	R	예술, 스포츠 및 여가관련 서비스업
J	출판, 영상, 방송통신 및 정보서비스업	S	협회 및 단체, 수리 및 기타 개인 서비스업

<첨부 2. 코트라 품목분류 및 코드>

1	전기/전자	11	환경
2	기계/장비	12	광물
3	섬유/피혁	13	유리/광학
4	화학/고무/플라스틱	14	스포츠/레저
5	자동차/운송장비	15	문구/선물
6	IT	16	의료/건강
7	바이오	17	미용/생활용품
8	항공우주	18	가구/목재
9	나노	19	농수산물/식품
10	문화콘텐츠	20	기타

<table>
<tr><td>통계법 제33조 (비밀의 보호)
통계작성과정에서 알려진 사항으로서 개인 또는 법인이나 단체의 비밀에 속하는 사항은 보호되어야 한다.</td><td></td><td>대한무역투자진흥공사(KOTRA)
해외진출종합상담센터</td></tr>
</table>

KOTRA 글로벌역량진단 설문서 [수출기업용]

안녕하십니까?

대한무역투자진흥공사(이하 KOTRA)는 기업의 성장단계에 따른 맞춤형 서비스 고도화를 위해 『글로벌 역량(Global Competence Level) 진단 서비스』를 시행하고 있습니다.

GCL TEST는 수출 및 기업의 기본역량, 준비·활용·심화 역량으로 구분되어 진행되며,
아래의 내용을 작성하시면 기업의 성장단계에 따른 역량 현황과
해외마케팅 추천 서비스를 제공받을 수 있습니다.

글로벌 역량진단은 개별 기업의 진단용으로 활용되며
각종 수출지원 및 투자진출 프로그램을 진행하는데 있어서 활용될 예정입니다.

[응 답 요 령]

1. 설문 내용은 귀사의 인력, 기술, 내수, 수출 등 전반적 경영상황을 잘 파악하고 계신 대표이사나 임원 및 관리자께서 작성하셔야 정확한 진단이 됩니다.

2. 설문내용은 기본정보, 글로벌역량 측정대상 정보(준비, 활용, 심화)로 구성되어 있으며, 해당 항목에 대해 빠짐없이 기록해 주시기 바랍니다.

3. 기타 궁금하신 사항은 KOTRA 해외진출종합상담센터 02-3460-7325로 문의 바랍니다.

작성자 성명		작성자 전화번호	
부서 및 직위		E-mail	

기업[개인] 정보의 수집 · 이용 · 제공 및 활용 동의서

가. 본사는 '글로벌역량진단 사업' 신청시 기재한 기업식별 정보 및 기업관련 정보를 수집, 이용, 조회하거나 해외마케팅 지원기관(중기청, 중진공, 무보, 신보 등) 등에게 제공하여 해외마케팅 지원 및 금융거래 등에 있어서 신용도 등의 판단을 위한 자료, 글로벌 역량진단 사업추천 관련 자료로 활용하거나 공공기관에서 정책자료로 활용하도록 하는 것에 대해서 동의합니다.

1) 기업정보의 수집, 이용 목적
   ○ 글로벌역량진단(Global Competence Level) 사업 참가
   ○ 성장단계 확인 후 맞춤형 사업 및 컨설팅 추천을 위한 기업정보 수집

2) 수집하는 정보 항목(필수항목)
   ○ 기업식별 정보 : 기업명, 사업자 등록번호
   ○ 기업관련 정보 : 주소, 대표자성함, 설립연도, 상시종업원 수, 매출액, 수출액, R&D 투자규모, 연구개발 인력 수, 매출액영업이익률, 손익분기점 환율, 기업유형, 주력업종, 주력 수출제품(성장단계 및 사업추천 등 원활한 의사소통 경로확보를 위한 정보)
   ○ 개인정보 : 작성자성명, 전화번호, 부서·직위, E-mail주소

3) 기업(개인)정보의 보유 및 이용기간 : KOTRA 회원 탈퇴시 까지
   ※ 단, 법률이 정하는 바에 따라 탈퇴 후에도 일정기간 보유할 수 있습니다.

나. 본사는 글로벌 역량진단 사업과 관련하여, 기재한 기업정보가 KOTRA 고객관리시스템(CRM)에 이관되는 것을 동의합니다.

다. 본사는 글로벌 역량진단 참가 후 추천받은 사업에 대해서 KOTRA는 별도의 참가 신청·선정을 지원하지 않는 것에 대해서 동의합니다.

수집·이용 동의	본인은 위 목적으로 기업(개인) 정보를 수집·이용하는 것에 동의합니다.
제공 동의	본인은 위 목적으로 기업(개인) 정보를 제공하는 것에 동의합니다.
고유식별정보동의	본인은 위 기관이 위 목적으로 기업의 고유식별정보를 수집·이용·제공·조회하는 것에 동의합니다.(고유식별정보 : 사업자등록번호)

위 기관에 제출하는 역량진단 신청서 제출시 사실과 다르거나 허위의 자료를 제출하여 글로벌역량진단 사업을 신청한 경우 사업참가 제한이 있을 수 있습니다.

신청일   2015년   00월   00일

기업명
법인(주민)등록번호
신청자   (인)

응답기업 기본 정보

1개 문항이라도 작성이 안될 경우, 정확한 결과 산출이 어려우니, 반드시 전항목에
응답하여 주시기 바랍니다.

▶ **기업 현황 (2014년 기준)** * 전년도 재무제표 참고하여 정확히 기재

기업명		대표자 이름	
사업자등록번호			
설립연도	_____ 년	상시종업원 수	_____ 명
매출액	_____ 억 원	수출액 (로컬수출액 제외)	_____ 만 달러
매출액대비 수출비중	_____ %(자동계산)	손익분기점 환율 *수출시 적자가 발생하지 않는 환율 수준	_____ 원/달러
해당 유형 전부 표시	유형1	중소기업( ), 중견기업( ), 대기업( ), 국내 대기업 계열사( ), 외국계기업( )	
	유형2	제조기업( ), 서비스기업( ), 수출중개기업(오퍼상, 에이전트 등)( ) *제조기업 : 제조상품의 생산 후 수출하는 기업 *서비스기업: 서비스업 제품의 생산 후 수출하는 기업 * 수출중개기업 : 제품을 직접 생산하지 않으나, 해외거래처와 수출을 중개하는 기업	
주력업종명 (표준산업분류 코드표참조)	(해당코드기입:)	주력 수출제품명 (KOTRA 품목분류 코드 참조)	(해당코드 기입:)
주력 수출제품 (또는 취급 제품) 특성	원자재( ) 소재( ) 단위부품( ) 모듈부품/반제품( ) 완제품( )		
주력 수출시장 (우선순위로 3개까지 기입)	1순위( ) 2순위( ) 3순위( )		

II. 글로벌화 준비(13)

□ 중장기 전략, 글로벌 마인드(3)

1. 귀사는 수출을 진행하기 위한 **전사적 전략을 수립/실행**하고 있습니까?
   1) 수출전략 미수립
   2) 전략은 수립하였으나, 보완이 필요한 수준
   3) 전략은 수립하였으나, 실행 미흡
   4) 전략 수립 및 실행 양호

2. 귀사의 CEO 등 임원진의 **수출 확대 의지**는?
   1) 매우 낮음
   2) 대체로 낮음
   3) 대체로 높음
   4) 매우 높음

3. 귀사 임직원들이 귀사의 **수출 확대 투자노력**을 기울이는 정도는?
   1) 수출확대를 위한 투자계획이 전혀 없음
   2) 계획은 있으나 실제 투자 없음
   3) 소극적으로 투자 추진 중
   4) 매우 적극적으로 투자 추진 중

□ 수출 인프라(4)

4. 다음 중 귀사의 **주요 수출방식**은?
   1) 수출 없음
   2) 국내(로컬)수출
   3) 직접 수출

5. 다음 중 귀사의 **주력 해외 거점**에 해당하는 유형은?
   1) 해외거점 없음
   2) 해외 에이젼트
   3) 해외 지사
   4) 현지 법인

6. 귀사는 수출에 필요한 해외규격인증의 보유정도는 어떠합니까?
   1) 없음
   2) 신청 중
   3) 다소 미흡
   4) 다소 양호
   5) 매우 양호

7. 귀사의 글로벌 홍보용 자료(영문카탈로그, 영문홈페이지 등)의 보유 수준은 어떠합니까?
   1) 전혀 없음
   2) 제작 준비 중
   3) 보유중이나, 업데이트와 활용도 미흡
   4) 보유 자료가 충분하며, 업데이트, 활용도 우수

□ 전문 인력 및 자금(6)

8. 귀사의 해외마케팅 업무는 누가 담당합니까?
   1) 일반부서 직원
   2) 타업무 병행의 해외마케팅부 직원
   3) 해외마케팅 전담부서 직원

9. 귀사의 수출 상담 가능한 외국어 구사 인력의 보유 정도는 어떠합니까?
   1) 없음
   2) 1명
   3) 2명
   4) 3명
   5) 4명 이상

10. 귀사의 임직원 중 해외학위 보유 인력은 몇 명입니까?
    1) 없음
    2) 1명
    3) 2명
    4) 3명
    5) 4명 이상

11. 귀사 해외마케팅 인력의 역량 수준은 어떠합니까?
    (역량 : 국내외 네트워크, 무역실무지식, 해외고객/시장 정보 발굴 능력 등)
    1)매우 낮음
    2)대체로 낮음
    3)대체로 우수
    4)매우 우수

12. 현재 귀사의 **수출 운전자금 및 설비투자자금 조달** 능력은 어떠합니까?
    1) 매우 어려움
    2) 대체로 어려움
    3) 대체로 양호
    4) 매우 양호

13. 귀사의 순 영업이익증가 등을 감안한 향후 자금조달 계획은 어떠합니까?
    1) 현재보다 감소
    2) 현재 수준에서 정체
    3) 현재보다 다소 증가
    4) 현재보다 대폭 증가

활용 현황(7)

□ 주요 글로벌 고객과의 의사소통(3)

14. 귀사는 해외시장(또는 고객) 발굴을 위한 정보를 수집하고 있습니까?
    1) 거의 하지 않음
    2) 가끔 필요할 경우에 한해 정보 수집
    3) 상시적으로 빈번히 정보 수집
    4) 상시적으로 매우 적극적인 정보 수집

15. 귀사는 주요 글로벌 거래처와 의사소통 채널을 보유·활용하고 있습니까?
    1) 전혀 없음
    2) 의사소통 채널 보유 중이나 업무에 미활용
    3) 의사소통 채널 보유하고 비상시적으로 가끔 활용
    4) 의사소통 채널 보유하고 상시적으로 적극적 활용

16. 수출 제품의 구상 및 의견수렴을 위해 글로벌 고객과 만나는 빈도는 어떠합니까?
    * 이메일, 유선, 대면 등 모두 포함
    1) 거의 없음
    2) 필요한 경우에 한해 가끔 만남(이메일, 유선, 대면 등)
    3) 주기적으로 만남(이메일, 유선, 대면 등)
    4) 상시적으로 매우 활발하게 만남(이메일, 유선, 대면 등)

□ 글로벌 마케팅 활동(4)

17. 수출을 위한 귀사의 마케팅 활동 추진 수준은 어떠합니까?
 1) 현재 별다른 마케팅 활동 및 계획이 없음
 2) 현재 해외 마케팅활동을 추진 중이나 전반적으로 부진함
 3) 현재 해외 마케팅활동을 추진 중이며 대체적으로 활발함
 4) 현재 해외 마케팅활동을 매우 적극적으로 추진 중이며 향후 확대할 예정

18. 귀사는 해외마케팅을 위한 해외출장을 얼마나 자주 시행합니까?
 (1년 기준, 출장목적은 해외마케팅 및 수출관련 업무에 한함.)
 1) 시행 않음
 2) 매우 가끔
 3) 가끔
 4) 빈번히
 5) 매우 빈번히

19. 글로벌 시장에서 귀사의 브랜드 인지도는 어떠합니까?
 1) 글로벌 인지도 거의 없음
 2) 일부 소수그룹대상 인지도 보유
 3) 특정 다수그룹대상 인지도 보유 (보통 수준)
 4) 불특정 다수그룹대상 상당히 높은 인지도 보유

20. 귀사가 수출마케팅을 위해 해외전시회를 활용하는 정도는?
 1) 거의 활용하지 않음
 2) 가끔 활용함 (2~3년에 3회 미만)
 3) 비정기적이나 빈번히 참가, 활용함 (2~3년에 5회 이상)
 4) 정기적으로 적극적 참가, 활용함 (매년 1~2회 이상 정기적 참여)

심화 역량(10)

□ 글로벌 네트워크(3)

21. 귀사의 글로벌 기업과의 네트워크 구축 정도는 어떠합니까?
 1)매우 미흡
 2)다소 미흡
 3)다소 양호
 4)매우 양호

22. 귀사가 현재 보유한 해외 거래선(바이어)가 수출 활동에 기여하는 정도는 어떠합니까?
1) 매우 낮음
2) 다소 낮음
3) 다소 높음
4) 매우 높음

23. 현재 보유중인 해외 거래선의 글로벌 경쟁력 수준은 어떠합니까?
1) 매우 낮음
2) 다소 낮음
3) 다소 높음
4) 매우 높음

□ 글로벌 시장 전략(4)

24. 현재 귀사의 수출경쟁력 수준을 평가해주십시오.
1) 매우 미흡함
2) 대체로 미흡함
3) 경쟁기업과 동등한 수준
4) 대체로 우수함
5) 매우 우수함

25. 귀사의 해외 현지 A/S 인프라 확보 정도는 얼마나 우수합니까?
1) 매우미흡
2) 다소 미흡
3) 다소 우수
4) 매우 우수

26. 귀사의 글로벌 시장진출 전략이 기업의 경영성과를 달성한 정도는 어떠합니까?
1) 매우 미흡
2) 대체로 미흡
3) 대체로 우수
4) 매우 우수

27. 귀사의 글로벌 고객의 확보 정도는 어떠합니까?
1) 매우 낮음
2) 대체로 낮음
3) 경쟁기업 대비 동등한 수준
4) 대체로 높음
5) 매우 높음

☐ 글로벌 제품(3)

28. 수출 제품개발 시 글로벌 시장(또는 고객)의 수요(니즈) 반영 정도는?
  1) 글로벌 시장(고객) 수요를 거의 반영하지 않음.
  2) 글로벌 시장(고객) 수요를 적절히 반영하고자 노력함
  3) 글로벌 시장(고객) 수요를 매우 적극적으로 반영함

29. 귀사 제품에 대한 글로벌 고객의 정기적 대량 주문 정도는 어떠합니까?
  1) 거의 없음
  2) 가끔 발생함
  3) 자주는 아니나, 주기적 발생함
  4) 매우 빈번히, 주기적 발생함

30. 귀사의 글로벌 시장용 제품 개발 활동은 어떠합니까?
  1) 매우 미흡함
  2) 다소 미흡함
  3) 경쟁기업 대비 비슷한 수준임
  4) 다소 활발함
  5) 매우 활발함

※ 글로벌역량 진단 결과에 대한 유선 컨설팅이 필요하십니까?
  1)예   2)아니오

※ KOTRA에 하고 싶은 말씀을 자유롭게 기재하여 주십시오

"모든 설문이 끝났습니다.
응답해 주셔서 감사드립니다."

**KOTRA는 이번 설문을 통해 고객 여러분에게 맞춤형 서비스를 지원해
드리는 글로벌 비즈니스 플랫폼이 되도록 노력하겠습니다.**

<첨부 1. 표준산업분류 - 업종 및 코드>

제조업			
C10	식료품제조업	C22	고무제품 및 플라스틱제품 제조업
C11	음료제조업	C23	비금속 광물제품 제조업
C12	담배제조업	C24	1차 금속 제조업
C13	섬유제품 제조업; 의복제외	C25	금속가공제품 제조업; 기계 및 가구제외
C14	의복, 의복액세서리 및 모피제품 제조업	C26	전자부품, 컴퓨터, 영상, 음향 및 통신장비 제조업
C15	가죽, 가방 및 신발 제조업	C27	의료, 정밀, 광학기기 및 시계 제조업
C16	목재 및 나무제품 제조업; 가구제외	C28	전기장비 제조업
C17	펄프, 종이 및 종이제품 제조업	C29	기타 기계 및 장비 제조업
C18	인쇄 및 기록매체 복제업	C30	자동차 및 트레일러 제조업
C19	코크스, 연탄 및 석유정제품 제조업	C31	기타 운송장비 제조업
C20	화학물질 및 화학제품 제조업; 의약품 제외	C32	가구 제조업
C21	의료용 물질 및 의약품 제조업	C33	기타제품 제조업

비제조업			
A	농업, 임업 및 어업	K	금융 및 보험업
B	광업	L	부동산업 및 임대업
D	전기, 가스, 증기 및 수도사업	M	전문, 과학 및 기술서비스업
E	하수·폐기물 처리, 원료재생 및 환경복원업	N	사업시설관리 및 사업지원 서비스업
F	건설업	O	공공행정, 국방 및 사회보장 행정
G	도매 및 소매업, 무역업	P	교육 서비스업
H	운수업	Q	보건업 및 사회복지 서비스업
I	숙박 및 음식점업	R	예술, 스포츠 및 여가관련 서비스업
J	출판, 영상, 방송통신 및 정보서비스업	S	협회 및 단체, 수리 및 기타 개인 서비스업

<첨부 2. 코트라 품목분류 및 코드>

1	전기/전자	11	환경
2	기계/장비	12	광물
3	섬유/피혁	13	유리/광학
4	화학/고무/플라스틱	14	스포츠/레저
5	자동차/운송장비	15	문구/선물
6	IT	16	의료/건강
7	바이오	17	미용/생활용품
8	항공우주	18	가구/목재
9	나노	19	농수산물/식품
10	문화콘텐츠	20	기타

4 수출절차 파악

수출초보기업에게는 내수거래 때와는 달리 수출절차가 복잡해 보일 수도 있겠지만 몇 차례 실무를 해보면 쉽게 이해할 수 있다. 일반적인 수출절차는 [표 4]와 같다. 수출초보기업 일수록 수출절차를 잘 숙지하여 수출 진행과정에서 실수를 범하지 않도록 해야 한다. 수출절차에서 필요한 조치를 누락하거나 제대로 챙기지 못할 경우, 바이어로부터 클레임을 당할 빌미를 제공할 수 있고 수출대금을 회수하지 못해 큰 손실을 볼 수 있다는 점도 유의한다.

그림 7 일반적인 수출절차

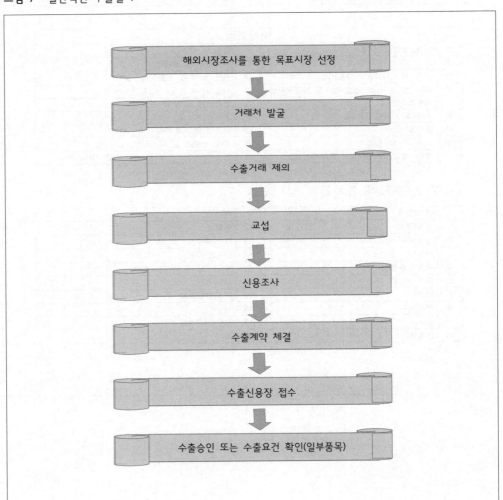

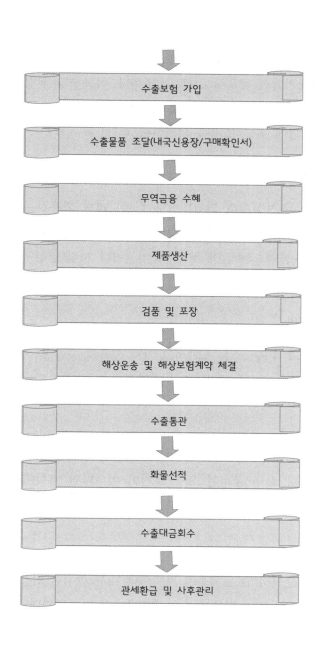

1) 해외시장조사를 통한 목표시장 선정

자사가 수출하고자 하는 제품에 대한 시장수요가 크고 진출 시 경쟁력이 있을 것으로 판단되는 국가들을 목표시장으로 선정한다. 목표시장 선정 시 Kotra, 무역협회의 해외시장정보 사이트를 방문하여 정보를 수집하거나 이들 기관을 포함하여 시장조사 전문사설기업에 별도 조사를 의뢰하여 파악토록 한다.

2) 거래처 발굴

거래처 발굴은 전자상거래 인터넷이나 디렉토리를 활용하는 방법, 직접 해당 국가를 방문하여 바이어를 발굴하는 방법(예 : 해외세일즈출장, 무역사절단/해외전시회 참가 등), Kotra나 한국콤파스와 같이 무역진흥기관이나 사설 알선기업의 유료 바이어 정보 발굴 서비스를 활용하는 방법 등이 있다.

3) 수출거래 제의

명확하게 자사와 수출상품을 소개하고 자사 제품의 차별성, 거래 시 바이어에게 어떤 이점이 돌아갈 것인지를 객관적으로 설명하여 바이어의 관심을 끌도록 한다.

4) 교섭

바이어 인콰이어리에 대해서는 신속하고 명료하게 회신하며 첫거래인 만큼 결정적으로 위험하거나 절대 불리한 요구 조건이 아니라면 바이어의 요구를 최대한 수용하도록 한다. 또한 바이어에게 신뢰감을 심어주는 것이 무엇보다 중요하다.

5) 신용조사

오더를 받겠다는 욕심만 앞세우고 바이어에 대한 철저한 신용조사 없이 거래에 임했다가 나중 손실을 보는 경우가 흔히 있다는 점에 유념하여 첫 거래 바이어의 경우, 계약에 앞서 한국무역보험공사나 사설 신용조사 서비스회사를 통해 반드시 바이어 신용조사를 실시한다.

6) 수출계약 체결

수출계약이란 수출자가 수입자에게 일정한 가격 및 조건으로 물품을 양도하면 그 대금을 지불할 것을 약정하는 국제간의 물품매매계약이다. 가격 및 납기, 포장방법, 대금지불방법, 운송, 보험 등 주요 조건에서 분쟁의 소지가 없을지 꼼꼼히 확인 후 계약을 체결한다.

7) 수출신용장 접수

수출계약이 신용장 결제방식인 경우, 상대국의 바이어가 개설한 신용장이 도착하면 통지은행을 통하여 이를 입수한 후, 수정(amend)을 요구해야 할 사항이 있는지 검토한다. 특히 신용장 개설 전, 수입상에게 신용장 개설신청서(Draft)를 요구하여 검토하는 것이 보다 안전할 것이다.
- 수출계약 내용과의 일치여부
- 취소불능신용장인지의 여부
- 개설은행의 신용상태를 은행, 한국무역보험공사 등에 조회하여 필요한 경우 확인신용장 요구
- 특수조건 및 이행에 지장을 초래할 수 있는 내용 및 서류 요구 사항 검토
- 지급확약문구
- 오자, 탈자의 존재여부, 단가와 합계의 정확성 여부 등

8) 수출승인 또는 수출요건 확인(일부 품목)

수출대상 물품이 대외무역법의 수출입공고상으로 수출금지품목이나 수출제한품목일 경우에는 해당기관이나 단체로부터 수출승인(E/L)을 받아야 수출할 수 있으며, 통합공고상으로 수출이 규제되고 있는 품목인 경우에는 해당 기관으로부터 수출요건 확인을 받아야 한다. 해당물품이 2개 이상의 법령에 관련되어 요건기관이 2개 이상이면 요건기관마다 확인을 다 받아야 수출할 수 있다. 수출입공고나 통합공고에 의한 제한이나 규제 대상 품목이 아닌 대부분의 품목들은 수출승인이나 수출요건 확인이 필요 없다. 수출승인신청 시 구비서류는 수출승인신청서 2부, 수출신용장 또는 계약서 사본 1부, 기타 수출승인기관에서 요구하는 서류 등이다.

9) 수출보험 가입

수출자가 수입국의 외환거래 제한이나 금지, 전쟁과 같은 비상위험, 거래 상대방의 파산이나 지급불능과 같은 신용위험 등 통상적인 운송보험으로 담보할 수 없

는 위험에 대비하여 한국무역보험공사를 통해 수출보험에 가입한다.

10) 수출물품 조달(내국신용장/구매확인서 이용)

수출물품을 국내에서 조달하는 경우에는 내국신용장2이나 구매확인서3를 이용하며 수출물품 제조에 필요한 원자재를 수입하여 조달하는 경우에는 추후 관세환급을 받을 수 있다.

11) 무역금융 수혜

무역금융이란 수출자가 수출물품을 제조하는데 소요되는 원자재 구입 자금을 외국환은행이 저리(低利)로 선적 전, 수출자에게 제공하는 정책금융이다. 무역금융은 수출목적물의 특성에 따라 상품수출을 지원 대상으로 하는 일반수출입금융, 건설 및 기타 용역의 수출을 지원 대상으로 하는 건설·용역 수출금융과 농수산물의 수집 및 비축활동을 지원 대상으로 하는 농수산물 수출준비자금 대출 등 3가지로 구분되나 일반적으로 상품 수출과 관련하여 지원되고 있는 일반수출입금융을 의미한다.

12) 제품생산

제조업체로부터 완제품을 구매하거나 자체 생산 시 원자재를 구매하여 체결된 계약과 주문사양에 따라 납기에 맞추어 제품을 생산한다.

13) 검품 및 포장

수출물품은 적용을 받는 품목에 한해서 관련 법규에 따라 지정된 검사기관의 수출검사를 받는다. 수출물품을 수출자가 스스로 검사하는(Exporter's inspection is final.) 것이 가장 간편한 방법이지만 계약서나 신용장에 수입자가 직접 검사, 수입자의 대리인이 검사, 수입자가 지정하는 검사기관의 검사와 같이 규정하고 있는 경우에는 그에 따라야 한다.

---

2 내국신용장이란 수출자의 의뢰에 따라 수출자 거래은행이 수출자가 수취한 원신용장(Master L/C)을 근거로 하여 국내 원자재나 완제품을 공급하는 자 앞으로 대금지급을 확약해 주는 증서

3 구매확인서란 내국신용장을 개설할 수 없는 상황하에서 수출용 원자재 구매의 원활을 기하고자 수출자의 거래은행이 내국신용장에 준하여 발급하는 증서를 말함. 이때 "내국신용장을 개설할 수 없는 상황"이라 함은 내국신용장 개설한도나 수출금융 융자한도를 초과하는 경우와 단순 송금방식으로 수출하는 경우를 의미함.

14) 해상운송 및 해상보험계약 체결

수출검사가 끝나면 수출통관 준비와 함께 선적할 선박을 수배하여 선박회사(또는 포워더, Forwarder)와 해상운송계약을 체결한다. 아울러 CIF나 CIP 조건의 수출[4]인 경우, 수출자는 보험회사와 수출상품에 대하여 적하보험계약을 체결한다. 부보조건은 수입자가 개설한 신용장상의 보험조건과 일치하도록 하며 수출자는 보험회사로부터 보험증권을 교부받는다.

15) 수출통관

수출신고는 EDI/Internet(전자신고)으로 하고 신고인은 화주가 되며, 수출입 통관 업무는 관세사가 대행할 수 있다. 수출신고 시 구비서류는 수출신고서, 수출승인서(해당되는 경우에만), 상업송장 및 포장명세서, 기타 수출통관에 필요한 서류 등이다. 수출신고를 받은 세관장은 수출신고 사항을 확인하여 일정한 요건을 갖추었을 때 이를 즉시 수리하는데 이를 수출통관이라고 한다. 세관장은 신고된 서류상의 물품과 실제물품의 일치여부 등을 심사한 다음 수출신고필증[5]을 교부하여 준다. 수출신고가 수리되면 수출자는 임의대로 수출물품의 운송보관 등을 통해 30일 이내에 선적지 보세구역에 반입시키게 되며, 그 후 비로소 선박 또는 항공기에 적재하게 된다.

---

4 수출자가 보험료를 부담하는 조건의 계약
5 수출신고필증이 교부되면 외국물품이 된다.

그림 8 수출신고필증 양식과 수출신고(민원24)

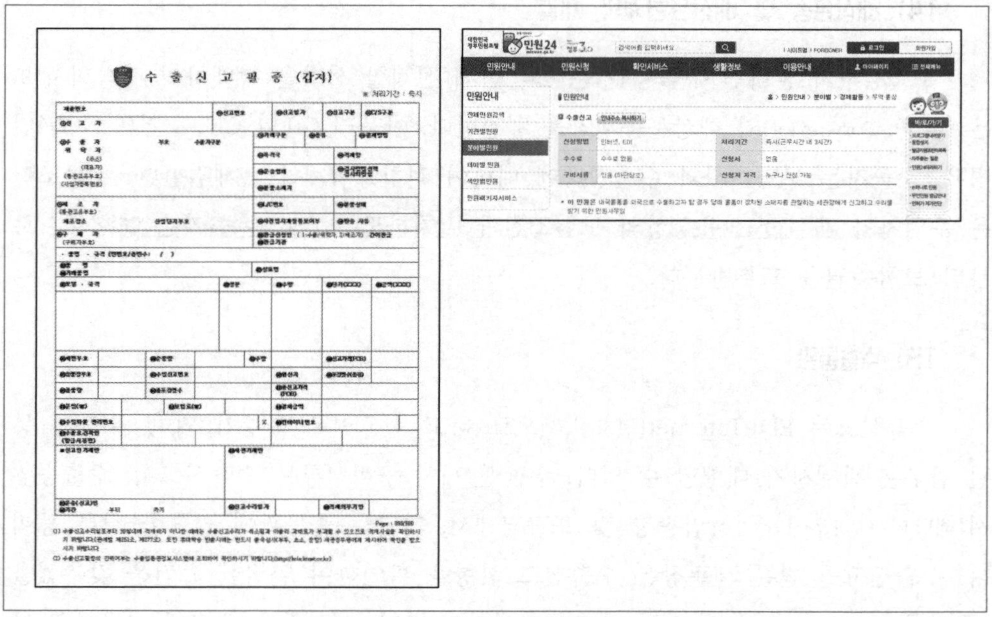

16) 화물선적

수출신고수리일로부터 30일 이내에 해상운송계약을 체결한 선박회사의 선박에 수출품을 선적하고 선박회사로부터 선하증권(B/L)을 발급받는다.

17) 수출대금회수

수출통관과 선적이 완료되면 수출자는 신용장에서 요구하는 환어음과 상업송장(Commercial Invoice), 선하증권(Bill of Lading), 보험증권(Insurance Policy), 포장명세서(Packing List), 원산지증명서(Certificate of Origin) 등을 준비하고 매입은행에 수출환어음 매입(Negotiation)을 의뢰한 후, 수출대금을 지급받는다. 만약 수출자가 무역금융을 받은 경우에는 이를 공제하고 지급한다.

18) 관세환급 및 사후관리

수출자는 수출신고필증을 입수하여 관세환급[6]을 신청한다. 관세환급이란 수출

---

6 관세환급 방법으로는 중소기업 기본법상 중소기업자로서 일정한 요건을 갖춘 자의 경우, 환급절차

상품 제조에 사용된 원자재를 해외로부터 수입 했을 때 납부한 관세 등을 수출자가 되돌려 받는 제도를 말한다. 또한 수출용원자재가 당초 목적대로 사용되었는지 여부 등에 대해 사후관리를 하게 된다.

상의 편리를 위하여 수출신고필증만 제시하면 간이정액환급률표에 기재된 금액을 환급하여 주는 ① 간이정액환급제도와 수출물품의 관세액을 일일이 계산해서 환급받는 ② 개별환급제도, 그리고 수입 시 관세 징수를 유보한 다음 수출이행 시 상계처리하는 ③ 상계제도 등이 있다(김동근, 무역 실무익히기, p. 9 인용).

02

목표시장 선정하기

1 시장조사의 중요성

일반적으로 해외시장조사란 어느 한 기업이 특정시장을 목표로 본격적인 마케팅 활동을 수행하기 전에 판매 또는 수출하려는 제품에 대한 현지 수요동향, 생산동향, 경쟁동향, 유통경로, 적정 거래처, 진출방안 및 유의사항, 인증요구 여부, 관세 및 비관세장벽 등 관련 정보를 사전 파악하여 목표시장을 선택하고 시장진입 가능성 및 그 방법을 도출함으로써 부정확한 정보나 불확실성으로 인해 잘못된 판단을 하거나 결정하는 오류를 최소화하고 성과를 극대화하기 위한 사전 대비책이라 할 수 있다.

대부분의 수출기업들은 전 세계 모든 국가들을 자사 제품 대상시장으로 상정하고 해외마케팅을 추진하지 않는다. 인력과 예산의 제한 때문에 가장 경쟁력이 있고 수요가 있을 것으로 판단되는 특정 국가들을 목표로 수출을 시도하는 기업들이 훨씬 많다. 이들 기업들은 선택과 집중이라는 전략을 구사한다. 따라서 어느 국가를 목표시장으로 정해 기업의 마케팅 역량을 집중해야 할 것인가를 결정해야 한다.

그러나 목표시장 선정에 앞서 자사 제품에 대한 정확하고 객관적인 자기평가가 반드시 선행되어야 한다. 즉 과연 자사 제품이 기존 출시된 제품과 비교했을 때 경쟁력이 있는지를 평가해야 한다. 기존 제품과 비교하여 ▲ 가격이 저렴한지 ▲ 품질이 우수한지 ▲ 새로운 디자인, 성능을 보유하고 있는지 ▲ 보다 탄력적으로 최소주문량을 수용할 수 있는지 ▲ 납기를 단축시킬 수 있는지 ▲ 보다 효율적인 A/S가

가능한지 ▲ 탄력적인 지불조건을 수용할 수 있는지 ▲ 현재 다른 공급업체들과 거래하고 있는 바이어들에게 보다 나은 이점(advantage)들을 제공할 수 있는지 등이 자사 제품의 경쟁력을 결정하는 주요인들이라 할 수 있다. 따라서 이러한 경쟁력 결정 요인들을 냉정하게 평가하여야 하며 만일 기존 공급업체들과 특별한 차별성이 없다면 새로운 시장을 개척하기란 쉽지 않다는 점에 유념해야 한다.

자사 제품의 경쟁력에 대한 냉철한 판단 후, 목표시장 선정 시 그 지역이 첫 수출 시장이라면 사전조사는 더더욱 필수적이다. 그 시장을 잘 모르고 더 이상 수요가 없는(유행에 뒤떨어진) 제품을 수출하려고 한다든가 해외경쟁기업에 비해 지나치게 높은 가격으로 오퍼한다든가 현지시장의 구매자들이 구입하기 어려운 조건으로 바이어와의 상담에 임하게 되면 그 성과를 기대하기란 힘들어진다. 또한 설사 첫 수출에 성공했다 하더라도 지속적인 시장 모니터링은 필수적이다. 새로운 시장뿐 아니라 기존 시장에서도 현지상황을 파악하여 적절히 대처하기 위해서는 어떠한 신제품이 출시되고 있는지 수요, 가격, 유통망, 정부정책, 경쟁사간 어떠한 변화가 있는지를 주시하여야 한다. 또한 수출하려는 상품에 대한 현지정보뿐만 아니라 수출하려는 국가, 더 나아가 주변국들의[1] 경제정책 변화, 경기변동은 물론이고 시장에 영향을 미치는 정치, 사회적인 변화에도 주목해야 한다. 충분한 시장조사 없이 뛰어든 해외진출 및 마케팅 활동은 실패로 이어지기 십상이기 때문이다. 무작정 해외시장에 뛰어들 것이 아니라 사전 철저한 시장조사를 통해 가능성 있는 국가(지역)를 선정하고 현지에 맞는 진출 전략을 수립하여 효율적인 마케팅 활동을 전개해야 한다. 이런 과정을 통해 바이어들을 발굴하여 진지한 상담을 하게 되면 성약까지 이어질 가능성은 훨씬 높아진다.

2 목표시장 선정기준

우선 목표시장 후보군을 선정한다. 수출하려고 하는 상품과 유사한 상품을 많이 수입하는 국가들을 후보군으로 선정하여 시장조사를 실시한다. 이들 국가들의

---

1 환율변동, 중동 민주화 사태, IS의 출몰, 남유럽국가들의 재정위기, 우크라이나 사태, 유가 하락으로 인한 중동 산유국들의 시장위축, 이란 국제 경제제재 해지, 미국, 쿠바 간 외교정상화, 지진·화산폭발, 쓰나미와 같은 자연 재해 등 시장에 영향을 미치는 내·외부 요인을 면밀히 주시하여야 한다.

해당 상품 수입액, 소득수준, 인구구성, 산업구조, 문화 및 자연환경, 생활관습, 주변 국들로의 진입을 위한 전진기지로서의 가능성 등을 후보군 국가선정의 기준으로 삼는다. 따라서 목표시장 후보군을 선정할 때 Kotra가 제공하는 『국가정보』[2]와 무역협회의 『무역통계 – 해외통계』[3]를 참고하면 많은 도움이 된다.

그림 1 Kotra 국가정보(http://news.kotra.or.kr)

국가 일반	·국가 개요	·정치사회동향	·한국과의 주요 이슈
경제	·경제지표 DB ·지역무역협정 체결현황	·경제동향 및 전망	·주요 산업동향
무역	·수출입동향 ·대한 수입규제동향 ·지식재산권 ·시장 특성 ·주요 전시회 개최일정	·한국과의 교역동향 및 특정 ·관세제도 ·통관절차 및 운송 ·바이어 발굴 ·수출 성공실패사례	·수입규제제도 ·주요 인증제도 ·수출유망품목 ·상관습 및 거래 시 유의사항 ·수출 시 애로사항
투자	·투자환경 ·한국기업 투자동향 ·주요 투자법 내용 ·진출형태별 절차 ·투자진출 시 애로사항 ·금융제도	·투자 인센티브제도 ·한국기업 진출현황 ·투자방식 ·투자법인 철수 및 청산 ·노무관리제도 ·외환관리 및 자금조달	·외국인 투자동향 ·투자진출 성공실패사례 ·투자진출형태 ·투자입지여건 ·조세제도
비즈니스 참고정보	·물가정보 ·이주정착 가이드 ·출입국 및 비자제도 ·유관기관 웹사이트	·취업유망분야 및 유의사항 ·생활여건 ·관광, 호텔, 식당, 통역 ·KOTRA 무역관 안내	·비즈니스 에티켓 ·취항정보 ·출장 시 유의 및 참고사항

---

2 국가정보 수집 사이트 : Kotra 해외시장뉴스(http://news.kotra.or.kr), 무역협회 무역정보(www. kita.net), EIU(www.eiu.com), his(http://connect.ihs.com/home), 외교부 국가 및 지역정보 사이트 방문한다.
3 해외무역통계 사이트 : 무역협회 무역통계(www.kita.net), GTA(www.gtis.com/gta/), ITC TradeMap (www.trademap.org/kotra)을 방문한다.

표 1 후보군 국가정보 수집 시 고려사항		
지리·자연적 조건	정치·경제적 조건	사회적 조건
▪ 면적 ▪ 기후 ▪ 지형 ▪ 도시화 정도 ▪ 자연재해 및 빈도 ▪ 인근국가들 분포	▪ 자원 분포상황 ▪ 정치, 사회 안정성 ▪ 경제, 재정, 금융(외환) 상황 ▪ 소득수준 및 분포 ▪ 비즈니스 환경 ▪ 산업보호정책 및 수입 관리제도 ▪ 주요산업 및 경쟁기업 상황 ▪ 수출입 실적 등 ▪ 주변국들로의 진입 전진기지로서의 가능성 ▪ 한국과의 관계	▪ 총인구 및 구성 ▪ 종교, 언어 ▪ 생활상황 ▪ 여가발달 정도 ▪ 관광산업 발달 정도 ▪ 민족성 ▪ 소비습관 ▪ 상관습 ▪ 시장특성 ▪ 구매시즌

후보군 목표시장이 선정되었으면 최종 목표시장 확정을 위해 각 국가별로 구체적고 세부적인 시장조사를 실시한다. 이때 필요한 것이 ▲ 시장규모 및 추이 ▲ 목표국가에서 자체생산을 통한 조달과 수입 추이 ▲ 경쟁동향 ▲ 소비자(제품 구입자)들의 특징 및 구입 시 고려사항 ▲ 유통구조 ▲ 정부정책 및 규제 ▲ 자사 제품이 해당 시장 진입 시 마케팅 가능성 ▲ 진출방안 등이며 이들 항목을 종합적으로 분석하여 목표시장들을 확정한다.

표 2 최종 목표시장 확정하기 전 조사사항	
조사항목	조사세부항목
시장수요	▪ 취급상품의 수급현황 　- 자체생산 및 국가별 수입규모 　- 시장규모 추이 ▪ 시장형태 　- 완전경쟁, 독점, 과점, 독점적 과점 등 ▪ 시장발전단계 　- 메인시장, 성장시장, 성숙시장, 쇠퇴시장
소비자조사	▪ 주요 수요층(연령, 성별, 직업, 소득별) ▪ 구매동기, 구매장소, 구매방법, 구매시기 ▪ 구입할 때 우선 고려순위 ▪ 선호제품 및 브랜드 ▪ 한국 또는 한국제품에 대한 인지도
경쟁사조사	▪ 경쟁사별 시장점유율 ▪ 경쟁사별 제품 특성 ▪ 경쟁사별 마케팅 차별화 정책
제품조사	▪ 주요상품의 품종, 품질 및 규격 ▪ 시판중인 제품의 색상, 디자인, 성능, 포장 및 특이점
가격조사	▪ 현지생산품과 수입품간의 가격 비교

	• 계절 등에 따른 가격변동 추이
유통경로조사	• 유통구조 및 형태 • 유통단계별 마진율 • 주요 유통지역
정부정책 및 규제	• 관세 및 비관세 장벽 • 인증요구 • 수입허가제
진출방안	• 현지 광고, 판촉, 홍보 방안 • 에이전트 및 대리점 활용 방안 • 인근국가들을 경유한 우회수출 방안

3 목표시장 조사방법

후보군 및 최종 목표시장에 대한 정보 수집은 인터넷을 통해 이미 공개된 정보를 활용하는 방법과 Kotra나 사설 조사전문기업에 조사를 의뢰하는 방법이 있다. 인터넷을 통해 해외시장정보를 무료로 공개 제공하는 대표적인 수출지원기관으로는 Kotra와 무역협회가 있다. Kotra는 해외무역관이 생산한 상품정보를 DB화하여 「Kotra 해외시장뉴스(http://news.kotra.or.kr)＞비즈니스정보＞상품 DB」로 들어가 품목별로 검색할 수 있도록 운영하고 있다. 그러나 해외시장 상황은 수시로 변동되기 때문에 생산된 지 1년 이상된 정보는 여전히 유효한 정보인지 별도 확인이 필요하다. 무역협회에서도 「무역협회 홈페이지(www.kita.net)＞무역투자정보＞글로벌시장 리포트」를 통해 상품, 산업관련 해외시장동향을 파악할 수 있다. 무역협회에서는 맞춤 정보서비스 신청제도를 통해 무역협회(KITA) 해외지부, 마케팅오피스 등에서 수집한 해외시장 동향 및 최신 뉴스, 기타 무역 관련 정보(예 : 국가정보, 무역통계, 관세율 정보, 바이어 정보 등)를 제공하고 있다. 이 밖에 상품 또는 산업정보는 해당 조합이나 협회 사이트를 방문하면 관련 정보를 얻을 수 있으나 부실하게 관리되는 사이트도 있다는 점에 유의한다. 상품정보 관련 해외사이트로는 MINTEL[4](www.mintel.com)과 Passport(www.passport.com) 등이 대표적이다. 그러나 이들 사이트는 민간 상품조사

---

4 Mintel was founded 40 years ago in London providing food and drink research to businesses in the UK. Since then, we have expanded our independent award－winning research and market intelligence reports across a range of industries and sectors including FMCG, financial services, media, retail, leisure and education.(Mintel 홈페이지에서)

전문기업이 운영하기 때문에 유료로 정보가 제공되며 이용료는 매우 비싼 편이지만 양질의 정보를 서비스하고 있다.

공개된 정보만을 활용하는 방법으로는 필요한 정보를 충분히 얻을 수 없거나 아예 원하는 정보를 찾지 못할 경우도 있다. 그렇다고 정보 수요자가 직접 해외시장 조사를 수행하기에는 언어, 법률 및 제도의 차이, 시차 그리고 정보원에 대한 접근 곤란 등으로 많은 어려움이 있기 때문에 대부분의 기업들은 Kotra, 무역협회 및 사설 전문기관 등 외부에 조사를 의뢰하여 필요한 정보를 취득하고 있다. 그러나 외부 전문기관에 조사를 의뢰하는 경우, 조사비용 또는 수수료를 지불해야 할 뿐만 아니라 일정 기간이 지나면 조사기관이 관련 정보를 공개하거나 다른 기업들에게도 제공할 수 있으며 경우에 따라서는 의뢰인이 기대하는 수준 만큼의 정보가 나오지 않을 수도 있다. 그럼에도 불구하고 전문기관이 조사하는 만큼 통상 일반인들이 수행하는 것보다는 양질의 정보가 생산될 가능성이 높아 신뢰성과 정확성이 담보될 수 있으며 특히 의뢰인이 요구하는 대로 맞춤형 정보 제공이 가능하다는 장점도 있어 많은 기업들이 목표시장 선정 시 외부기관에 조사를 의뢰하고 있다.

Kotra는 『해외시장조사사업』[5]을 통해 전 세계 해외무역관(86개국 127개 무역관)을 활용하여 사업 파트너 연결 서비스, 맞춤형 시장조사 서비스 등을 유료로 제공하고 있다. 대부분의 수출기업들은 목표시장 조사를 위해 주로 맞춤형 시장조사 서비스를 활용하고 있다. 맞춤형 시장조사로 서비스되는 내용은 수요동향, 수입동향/수입관세율, 경쟁동향, 수출동향, 소매가격동향/유통구조, 품질인증제도, 생산동향, 기타 조사 등이며 수수료는 항목당 150,000원(부가세 별도)이다. 맞춤형 시장조사 의뢰 시 조사기간은 수수료 납부 후 3주 정도 소요된다.

다음으로는 사설 해외진출컨설팅 전문업체에 의뢰하는 방법이 있다. 사설 컨설팅 전문업체들은 조사나 마케팅 관련 다수 전문인력을 보유하고 있으며 해외네트워크를 활용하여 고객들이 요구하는 시장정보를 유료로 제공하고 있다. 비교적 정교한 조사보고서를 제공하고 있지만 상당한 조사비용을 지불해야 한다. 이들 사설 전문업체들은 산업 또는 상품별로 세분하여 주기적으로 업데이팅된 자료를 생산하여 판매하기도 한다. 이들이 생산하는 자료에는 특정 주제에 대한 체계적인 정보, 전문 애널리스트에 의한 조사/분석 정보, 국가별/지역별 시장동향 및 예측정보, 기업분

---

5 자세한 내용은 Kotra 홈페이지(www.kotra.or.kr)을 방문한다.

석, 기술동향 및 시장점유율 등이 포함되어 있으며 새로운 사업계획, 신제품 개발, 국내 및 해외진출 등 중요한 의사 결정에 꼭 필요한 정보를 제공하고 있다. 그리고 이들 자료는 pdf화일, Hard copy형태 또는 Web Access 형태로 판매된다. 이 밖에 사설 전문업체들은 고객으로 부터 의뢰받은 특정 지역 및 상품에 대한 맞춤형 조사를 대행해주기도 한다.

표 3 해외시장조사 국내외전문사설기관	
해외진출컨설팅전문업체	홈페이지
▪ EC 21	kr.ec21.com
▪ 글로벌인포메이션	www.giikorea.co.kr
▪ PK&WISE	www.pknwise.com
▪ 한국콤파스	www.kompass.co.kr
▪ 프랑스사업개발시장조사	www.bizconsulting.eu.com
▪ 쿠루이컴퍼니	kurui.co.kr
▪ LPR GLOBAL	www.lprglobal.com
▪ 마크로밀엠브레인	www.embrain.co.kr
▪ 유로모니터인터네셔널(외국) - 한국어 버전 가능	www.euromonitor.com
▪ Booz Allen & Hamilton(외국)	www.boozallen.com
▪ Mckinsey & Company(외국)	www.mckinsey.com
▪ D&B(외국)	www.dnb.com

잠재 바이어 발굴 및 교섭

1 잠재 바이어 발굴 방법

잠재 바이어를 발굴하는 방법은 디렉토리나 전자상거래 인터넷을 활용하는 방법, Kotra, 무역협회와 같은 무역진흥기관이나 사설전문기업이 유·무료로 제공하는 프로그램을 활용하는 방법 그리고 수출기업이 직접 현지 시장을 방문하여 발굴하는 방법 등이 있다.

(1) 디렉토리 및 인터넷 활용

디렉토리를 통한 바이어 발굴은 인터넷의 발달로 종전만큼 많이 이용되지는 않지만 여전히 활용되는 바이어 발굴 수단이다. 디렉토리에는 세계 각국 제조업체 및 수출입업체의 연락처와 취급 품목들에 관한 정보가 수록되어 있다. 많은 비용을 들이지 않고 가장 쉽게 바이어들을 찾을 수 있으나 이미 여러 수출기업들에게 노출되었고 특히 책자 형태의 디렉토리에 수록된 바이어들은 어느 정도 수입할 의사가 있는지 알 수 없기 때문에 이들에게 오퍼했다 하더라도 회신율은 그리 높지 않다는 단점이 있다. 요즘은 인터넷의 발달과 보급으로 인터넷을 통해 바이어를 발굴할 수도 있고 자사 제품을 포스트하여 B2B거래도 할 수 있다. Kotra, 무역협회 등과 같은 무역진흥기관과 단체에서도 국내업체의 제품 홍보 및 바잉오퍼 전파를 통한 거래알선과 결제뿐만 아니라 배송 관련 일괄 프로세스를 제공하는 사이트를 운영하고 있으며 사설전문기업들도 이와 비슷한 사이트를 개설하고 있다. 해외에서도 알리바바,

콤파스와 같은 유명 전자상거래 사이트가 운영되고 있다.

표 1 국내외 유명 전자상거래 사이트		
제공기관	사이트	특징
Alibaba	www.alibaba.com	2,000만개 이상의 글로벌 유저를 보유한 세계 최대 거래 알선사이트
tradeKorea.com	www.tradekorea.com	무협 운영 해외거래알선사이트
Trade NAVI	www.tradenave.org>바잉오퍼	Kotra(BuyKorea), EC21, Gobizkorea, tradeKorea 등 4개 기관 통합검색 가능
BUY KOREA	www.buykorea.org>해외마케팅>해외오퍼정보	Kotra 운영 해외거래알선사이트 - Kotra 기업회원에 한해 검색 가능
EC21	www.ec21.com	55만개 회원사를 보유한 한국 최대 글로벌 B2B 사이트
ecplaza	www.ecplaza.com	KTNET 자회사로 40만개의 회원사를 보유(영어, 중국어, 일어, 한국어 4개 언어 지원 사이트)
GOBIZKOREA	www.gobizkorea.com	온라인을 통한 중소기업제품의 해외홍보를 지원하기 위해 1996년 출범한 인터넷 중소기업관
globalsources	www.gobalsources.com	전시회 정보를 활용한 고급 바이어 정보 제공
Tpage	www.tpage.com	
Kompass	www.kompass.com	
Thomas register	www.thomasnet.com	
Tradekey	www.tradekey.com	중동지역 최초의 B2B 사이트로 220개국의 수출입업체 및 바이어 정보 제공

회원제 또는 유료로 운영되고 있는 이들 사이트를 통해 수출기업들은 자사 제품 정보를 등재하여 관심 바이어들이 주문할 수도 있고(Selling Offer) 수입을 희망하는 바이어들의 인콰이어리를 검색하여 수출기업들이 공급의사를 표명할 수도 있다(Buying Offer). 이와 같은 전자상거래 사이트에서는 얼마나 많은 그리고 유효한 바이어와 공급자들의 정보가 수록되어 있고 노출되느냐가 실제 거래로 이어질 수 있는 관건이라 할 수 있다. 특히, 목표시장으로의 수출을 희망하는 기업들은 목표시장 바이어들이 올린 인콰이어리에 대해 적극적으로 회신하고 대응하도록 한다.

(2) 외부기관 유·무료 프로그램 활용

국내외 무역관련 기관을 방문 또는 접촉하여 해외 바이어 명단을 입수할 수 있다. 국내 무역관련 기관은 바이어 명단 제공 서비스를 회원제로 운영하거나 유·무료로 제공하고 있다. 특히 일반적으로 사설 전문기업들이 제공하는 바이어 정보료는 Kotra나 무역협회와 같은 공공기관이나 단체에 비해 훨씬 비싸다. 무역 전문기관이나 사설 전문기업을 이용하여 바이어 정보를 수집하는 것은 디렉토리나 인터넷을 통하는 것보다 비용이 많이 들 수 있겠지만 보통 제공되기 전에 걸러진 정보(필터링된 정보)이기 때문에 신뢰도가 더 높은 자료라 할 수 있다.

표 2 바이어 정보제공 무역관련 기관 및 사설기업	
구분	기관명 및 사이트

국내무역
관련기관
	• Kotra www.kotra.or.kr
	• 한국무역협회 www.kita.net
	• 중소기업진흥공단 www.sbc.co.kr
	• 대한상공회의소 www.korcham.net
	• 한국수입업협회 www.koima.or.kr
	• 각 품목별 협회
	• 지자체별수출진흥기관
	  - 서울산업진흥원 sba.seoul.kr
	  - 경기중소기업종합지원센터 www.gsbc.or.kr

국내사설 전문기업	• EC21 kr.ec21.com • 한국콤파스 www.kompass.co.kr
해외무역 관련기관	• World Trade Center Association www.wtca.org • International Trade Administration(미국) www.ita.doc.gov • European Chamber of International Business(유럽) www.ecib.com • JETRO(일본) www.jetro.go.jp • CCPIT(중국) www.ccpit.org.ch • Latin Trade(중남미) www.latimtrade.com • Department of Trade of Industry(영국) https://www.gov.uk/government/organisations/uk-trade-investment

1) Kotra

『Kotra Trade Doctor』을 이용하면 무료로 바이어 정보를 얻을 수 있다. 이용방법은 「tradedoctor.kotra.or.kr＞무역투자정보＞해외거래선찾기＞해외기업정보」를 방문하면 된다. 이 사이트에는 약 26만개의 해외바이어 정보가 수록되어 있으며 국내기업 1개사당 연간 해외기업 200개사까지 정보 열람이 가능하다. 이 서비스를 받기 위해서는 기업회원 가입과 로그인이 필요하다. 한편 이 사이트에는 전 세계 약 130개국의 해외기업검색사이트 정보도 수록되어 있다.

2) 무역협회

무역협회에서는 협회가 보유하고 있는 DB를 활용하여 『바이어 DB타켓마케팅』 서비스를 제공하고 있다. 요령은 수출업체 담당자가 직접 맞춤형 바이어를 검색하고 거래 희망 바이어들을 대상으로 C/L(거래제의서)을 발송한다. 무역협회는 수출업체에게 tradeKorea 가입 및 활동 시 바이어 마케팅을 위한 Credit을 제공한다. 1 Credit당 1건의 바이어 대상 마케팅 메일 발송이 가능하며 1회 통보 메일 발송 건수는 20건으로 제한한다.

또한 무역협회에서는 tradeKorea 기업회원들을 대상으로 『해외비즈니스 맞춤서비스』도 제공하고 있다. 서비스 지역은 러시아, 인도, 인도네시아, 일본, 미국, 중국, 베트남, 싱가포르, 말레이시아 및 유럽이며 무역협회 해외지부 및 해외 마케팅 오피스에서 1:1 타깃 마케팅 후 발굴된 복수의 바이어 정보를 제공하되 업체당 연간 3회로 제한한다.

3) 사설전문기업

우리나라 대표 해외마케팅지원 사설기업인 EC21은 고객들에게 Quick Type, Premium Type 및 Sales Agency Type 등 세 가지 형태의 맞춤형 바이어 정보 서비스를 제공하고 있다. 『Quick Type』은 진출 희망국가 내 유효바이어 리스트 확보를 원하는 기업들에게 1개국/1개 품목/15개 바이어 기본정보(일반현황, 구매담당자 컨택포인트, 주요 취급품목)와 바이어 주요 요구사항을 제공하는 서비스이다. 『Premium Type』은 자사 제품에 대한 바이어의 피드백과 핵심구매요인 획득을 원하는 기업들에게 1개국/1개 품목/15개 바이어 기본정보(일반현황, 구매담당자 컨택포인트, 주요 취급품목)와 함께 바이어 심층정보(고객사 취득 희망정보, 거래 조건, 제품피드백 등) 및 3건의 유력바이어 신용조사 서비스를 제공한다. 마지막으로, 바이어 발굴에서부터 온·오프라인 프로모션은 물론, 세일즈 대행까지 필요로 하는 기업들에게 『Sales Agency Type』의 서비스를 제공하는데 여기에는 1개국/1품목/(6개월 활동기간)과 바이어 기본정보 제공(일반현황, 구매담당자 컨택포인트, 주요 취급품목), 바이어별 프로모션 내역 제공 및 현지 비즈니스 미팅 지원(3건) 그리고 유력바이어 신용조사 지원(3건) 서비스가 포함된다.

표 3 바이어 정보제공 사설전문기업	
사설전문기업명	홈페이지
EC21	http://kr.ec21.com
NEOMAC(네오맥)	www.neomac.co.kr
코리아컴퍼스	www.koreacompass.co.kr
트레이드키코리아	http://tradekeykorea.com
티베이마케팅	www.tbay.kr
웨비오코리아	www.weviokorea.com
한국기술벤처재단	www.ktvf.or.kr
(주)만물행	www.nihao118.com
(주)제이앤아이글로벌	www.jniglobal.com
(주)화동인터네셔널	www.hwadong.net
(주)글로벌코넷	www.konet.or.kr
(주)국제그린컴퍼니	www.igmcg.co.kr
(주)푸루로인포	www.futuroinfo.co.kr
(주)미래경영연구소	www.seemirae.kr/new/
에스앤씨경영컨설팅(주)	www.isnc.co.kr
프로스트&설리번인터내셔널	www.frost.com
브리징그룹코리아	www.koreabridging.com
(주)씨앤드림	www.cndream21.com
(주)한국콤파스	kompass.co.kr
(주)엠케이차이나컨설팅	www.mkchina.com
(주)제타플랜에프앤인베스트	http://zetaplan.com
(주)솔투로	www.soltoro.co.kr
(주)비에스알코리아	www.bsrkorea.com
(주)나이스디앤비	nicednb.com

4) 무역관련 전문지 광고

품목 또는 산업별 해외유명 전문지 또는 해외전시회 디렉토리에 광고를 게재하여 자사를 홍보한다. 국내의 경우, 1973년 창간 이래 40년 넘게 축적된 50만 이상의 바이어 DB를 보유하고 있으며, 여러 경로를 통해 바이어 DB를 지속적으로 업데이트하고 있는 국내 유일의 수출전문 영문월간지인 「KOREA BUYERS BUIDE」에 (www.buyersguide.co.kr) 광고 게재를 통해서도 바이어를 발굴할 수 있다. 이 간행물은 광고게재상품과 바이어 DB를 HS코드 기준으로 구분하여, 세계 180여 개국의 해외 유력 바이어들에게 항공우편으로 직접 발송하고 있다.

(3) 현지 방문 및 행사 참가

조사자가 목적시장을 직접 방문하여 바이어를 발굴하는 방법이다. 직접 바이어를 대면하고 상담하기 때문에 어떤 방법보다 바이어에 대한 확실한 정보를 얻을 수 있고 거래 성사율도 높다. 일반적으로 현지를 방문하여 바이어를 발굴하는 수단으로는 개별 세일즈출장과 무역사절단이나 해외전시회 참가 방법 등이 있다. 또는 조사자가 직접 해당시장을 방문하지 않고 국내에서 개최되는 전시회나 구매상담회에 참가하여 우리나라를 찾아오는 바이어들과 상담을 통해 바이어 정보를 입수하기도 한다.

2 커뮤니케이션 수단

잠재바이어 정보를 입수하게 되면 수출자는 잠재바이어에게 거래권유(Business Proposal, Circular Letter C/L)를 하게 된다. 반대로 수입자가 관심 있는 수출자를 발굴하게 되면 수출자에게 상품조회(Inquiry)를 하게 되고 이에 대해 수출자는 회신을 한다. 이와 같이 거래제의, 상품조회에서부터 수출계약 체결까지 수출자와 수입자는 밀고 당기는 교섭을 하게 된다. 그러나 교섭 과정에서 타협과 양보 없이 자기에게 유리한 조건만 주장하다보면 계약에 이르지 못하고 중도에 무산되는 경우가 얼마든지 있다. 특히 첫 거래인 경우, 수출자나 수입자 모두 서로 신뢰가 형성되지 않았기 때문에 상대방에게 신뢰감을 주면서 양자가 윈·윈 할 수 있는 전략을 구사해야만 수출계약을 무난히 체결할 수 있게 된다.

거래제의나 인콰이어리에 대한 회신 시 서한, 이메일, 팩스 등을 이용하게 되는데 각 방법 모두 장단점이 있으므로 이를 감안하여 선택하도록 한다. 먼저 이메일이나 팩스로 발송하고 이를 출력하거나 팩스 사본을 우편으로 발송하면 수신 가능성을 높일 수도 있다. 그러나 어느 방법을 사용하든지 수신자를 특정인으로 지정하여 발송토록 한다. Dear Ladies, Dear Gentleman, Dear Sirs, To whom it may concern과 같이 불특정인을 수신인으로 작성하게 되면 원하는 수신인에게 최종 전달되지 않고 처음부터 또는 도중에 폐기처분될 가능성이 높다.

종이에 작성된 비즈니스 서한은 비용과 시간이 많이 들어 이를 활용하는 경우가 점차 줄어들고 있지만 이메일이나 팩스로 보내는 것보다 정중한 느낌을 주고 수신자도 더 관심을 갖고 읽어보는 경향이 있다. 비즈니스 서한은 회사 레터헤드1에 작성해서 고급봉투에 넣어 가능한 특사배달편2으로 발송한다. 특히 공식적인 영문 서한의 기본형식을 알고 작성해야 하며 정중한 어체로 간결, 정확, 명료하게 작성한다. 또한 비즈니스 서한과 별도로 회사 및 상품설명서(카탈로그, 브로슈어) 등을 같이 발송하는 것도 바람직하다.

거래제의 시 비즈니스 이메일은 가장 신속하고 간편하게 여러 수신자들에게 동시 발송할 수 있고 수신 여부를 확인할 수 있다는 장점이 있는 반면, 수신자들이 스팸 메일로 처리하거나 설사 이메일을 개봉한다 하더라도 주의 깊게 읽지 않을 가능성이 높다. 특히 첨부물을 보낸다 하더라도 개봉하지 않거나 인터넷 사정이 열악한 지역에서는 대용량 파일인 경우, 개봉하는 데 시간이 많이 걸려 개봉을 중도 포기하는 경우도 있게 된다. 비즈니스 이메일은 내용을 가능한 짧게 작성하되 약어나 구어체를 쓰지 않도록 한다.

팩스를 이용해 거래제의를 하는 경우도 간혹 있으나 수신자가 실제로 받아보았는지를 확인할 수 없고 수신자가 일반 광고전단으로 알고 폐기할 수도 있다는 단점이 있는 반면, 짧은 시간에 송신할 수 있다는 장점이 있다.

---

1 레터헤드에는 인쇄된 회사명, 주소, 전화번호, URL 및 이메일 주소 등을 적는다. 레터헤드는 회사의 얼굴과 같다. 간결하면서도 회사의 성격을 드러내도록 디자인한다.
2 우체국 EMS, DHL, UPS, FeDex, OCS 등을 주로 활용한다.

그림 1 비즈니스 서한

① ABC CORP.

13, Heolleung-ro, Seocho-gu, Seoul, Korea
Tel : (82)2-***-*** Fax : (82)2-***-***
Internet : http://www.***.com E-mail : ***@abc.com

② Subject : Mini phone   ③ Date : 16th Sep 201:

④ Attn. : Ms. Sari Pulkka

⑤ Dear Sari

　1. Thank you for your constant cooperation with our company.

　2. I attahced a file of EC DECLARATION OF CONFORMITY.

　3. This delcation is about
　　　- mini phone CT 4501
　　　- EN 55022:08.94+A1:05.95
　　　　　LIMITS AND METHOD OF MEASUREMENT OF RADIO
　　　　　DISTURBANCE CHARACTERISTICS OF INFORMATION
　　　　　TECHNOLOGY EQUIPMENT.
　　　- EN50082-2:03.95
　　　　　ELECTROMAGNETIC COMPATIBILITY- GENERIC IMMUNITY
　　　　　STANDARD.
　　　　　PART 2 : INDUSTRIAL ENVIRONMENT

⑥　　　　I hope you this information can be helpful

⑦　　Thank you and keep in touch

⑧　Gil-dong Hong
　　President

⑨ *Enclosure*

⑩ *P.S :*

①	회사명
②	주제
③	날짜
④	수취인 성명 및 직위
⑤	서두인사
⑥	본문
⑦	맺음말
⑧	서명
⑨	동봉
⑩	추신

그림 2   비즈니스 이메일

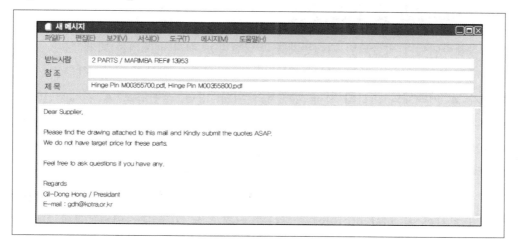

그림 3   비즈니스 팩스

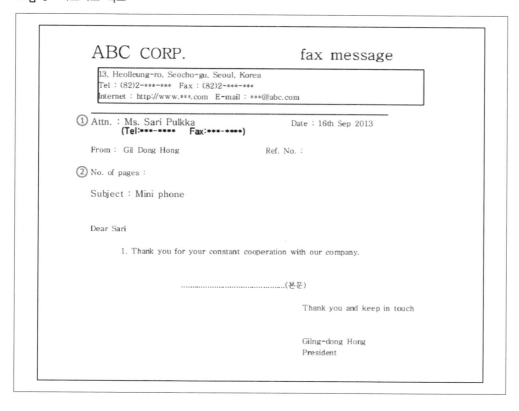

3 거래제의 및 회신 요령

잠재바이어가 발굴되면 거래관계를 희망한다는 취지의 제의를 하게 된다. 수출 거래제의서에는 ▲ 상대방을 알게 된 동기 ▲ 거래제의 회사의 업종, 취급상품, 거 래국가 ▲ 거래제의 회사의 자국 내에서의 위치, 경험, 생산규모 ▲ 거래조건(결제 및 가격 조건) ▲ 자사의 신용조사처(주로 자사 거래은행명 및 연락처) ▲ 정중한 결문 등으로 구성한다. 가능하다면 자사 카탈로그를 동봉하기도 한다.

거래제의서는 상대방과의 첫 접촉인 만큼 간단·명료한 문장으로 작성하되 과 장된 회사소개를 삼가하고 품질의 우수성과 경쟁적인 가격 및 상품의 특징을 제시 하면서 자사와 거래 시 바이어에게 돌아갈 이점 또는 기존 공급업체들과의 차별성 을 부각시키도록 한다. 특히 상대회사를 통해 해당 시장을 처음 개척한다는 점을 강 조한다. 수출자로부터 거래제의를 받은 당사자가 제의 물품에 대해 관심 혹은 구매 의사가 있으면 그에 대한 조회를 하게 된다. 또는 수입자가 수출자에 대해 먼저 알 고 상품조회를 해오는 경우도 있다. 먼저 수출자로부터 거래제의를 받고 상품조회 를 하는 경우에는 ▲ 가격 및 수량조건 ▲ 포장조건 ▲ 선적시기 ▲ 대금결제조건 및 ▲ 보험조건 등을 포함시켜 회신토록 한다. 반대로 수입자가 수출자에 대해 먼저 알고 상품조회를 해온 경우, 인콰이어리 내용의 구체성을 검토한 후 조회에 대해 감 사 표시를 한다. 그리고 상대방 회사프로파일(자금능력, 거래은행, 매출액 등)을 요구하 면서 자사제품에 대한 취급 경험(영업조직, 수입실적, 판매실적 등)이 있는지 확인한다. 또한 자기 상품에 대한 설명 및 특징을 표현하면서 ▲ 가격 및 수량조건 ▲ 포장조 건 ▲ 선적시기 ▲ 대금결제조건 및 보험조건 등을 포함시켜 회신토록 한다. 바이어 가 샘플 요구 시 무상으로 제공할 것인지 샘플대금을 청구할 것인지는 전략적으로 판단한다. 끝으로 조속한 시일 내 주문이 되기를 바란다고 언급한다. 그러나 시장규 모에 비해 지나치게 많은 오더, 과장된 회사소개, 당장 오더할 것과 같은 제의, 처음 부터 독점계약을 체결하자거나 수입자 국가의 고위층을 잘 알고 있다는 내용, 무상 으로 지나치게 많은 샘플 요구, 외상거래 및 기타 비정상적인 거래를 제의하는 경우 등은 대부분 사기성 인콰이어리일 가능성이 높으므로 주의해야 한다.

잠재 바이어정보를 입수하여 첫 접촉을 하게 되면 회신이 없는 경우가 훨씬 많 다. 회신을 받지 못하는 이유는 대부분 ▲ 오퍼한 제품에 대해 관심이 없거나 ▲ 기 존 거래처와 비교할 때 특별히 우월한 점을 찾아보기 어렵거나 ▲ 바이어가 다른 일로 바빠 즉각 회신을 할 수 없거나 ▲ 구매시즌이 아니거나 ▲ 재고가 많이 쌓여 지금 당장 오더할 형편이 아니거나 ▲ 자금 사정이 악화되어 주문 자체가 어려운 경우 등이다. ▲ 또한 경우에 따라서는 더 이상 그런 제품을 취급하지 않는 바이어일 수도 있다. 그럼에도 불구하고 바이어를 처음 접촉한 후 회신이 없어도 포기하지 말고 일단 확보된 바이어 주소로 인내를 갖고 지속적으로 부단히 자사의 새로운 소식을 전하는 것도 바이어의 관심을 끄는 방법이 될 수 있다.

그림 4 거래제의서 샘플

ABC CORP.

13, Heolleung-ro Seocho-gu, Seoul, Korea
Tel : (82) 2-****-****   Fax : (82) 2 -****-****
Internat : http://www.***.com   E-mail : ***@abc.com

Subject : Business Proposal   Date : Nov 25, 2016

Dear Mr. Akram Mohamed,

Your name has been given by Korea Trade Center, Amman Jordan.

We are large manufacturers of the Hydraulic Attachments, Hydraulic Hammer/Rock-Concrete Breaker, Forklift Attachments and others, which are used and applied for the Construction and Earth-moving Machinery/Equipment of any Brands.

Our products are highly accepted in Saudi Arabia, Kuwait,, Indonesia, Malaysia and India etc.

In order to diversify our existing market, we are interested in supplying our products to you on favorable terms.

Upon receipt of your request for further information, we could submit our specification with competitive prices to you.

As to our credit standing, you may refer to the Korea Exchange Bank, Head Office, Seoul Korea.

Awaiting your as soon as possible.

Sincerely yours,

Gil-dong Hong
President

Enclosure : Catalogue

4 교섭요령

거래제의와 인콰이어리를 주고받아 수출자와 수입자간 비즈니스 공감대가 형성되면 계약을 위한 본격적인 교섭에 들어간다. 이때부터 양 당사자들은 오퍼(offer)와 카운터오퍼(counter offer)를 주고받게 된다. 이때 수출자가 수입자에게 오퍼시트(offer sheet)를 보내게 되는데 오퍼시트란 수출자가 수입자에게 상품의 명세, 가격 및 거래조건을 주 내용으로 하여 매도의사를 문서로 밝힌 물품공급에 관한 확약서를 말한다.

거래제의서는 거래를 희망하고 상대방에게 권유하는 예비적 교섭(invitation to Offer)인 반면 오퍼란 거래 체결을 위한 확정적 의사표시라고 할 수 있다. 따라서 한 번 제시된 오퍼는 수정하기 곤란하므로 신중하게 작성토록 한다. 수출자의 오퍼에 대하여 수입자가 가격, 수량, 선적조건 등에 관한 오퍼내용의 일부 변경 또는 추가를 제의해 오는 경우가 흔히 있다. 이를 Counter offer라 하는데, 이는 원 오퍼(original offer)에 대한 거절이고 동시에 새로운 오퍼이다. 그리고 수출자 역시 흔히 새로운 오퍼에 대해서 다시 매도인으로서의 Counter offer를 하게 되는데 무역거래에서는 Counter offer가 몇 차례 반복되다가 한쪽의 최종적인 승낙으로 계약이 성립되는 것이 보통이다. 그러므로 가격을 보내달라는 수입자의 인콰이어리를 처음 받았을 때 기대감이 앞서 최상의 가격을 제시하는 경우가 있는데 이는 잘못된 전략이다. 바이어의 수정 제의, 즉 카운터 오퍼를 예상하고 처음부터 지나치게 좋은 가격(best price)을 제시하지 않도록 한다.

오퍼시트는 특별히 정해진 형식이나 양식이 있는 것은 아니지만 일반적으로 품명(모델번호), 규격, 원산지, 수량, 단가, 출발지 및 도착지, 포장방법, 선적일, 검사, 대금결제방법, 유효기일 등이 포함된다.

그림 5 오퍼시트(Offer Sheet)

ABC CORP.

13. Heolleung-ro, Seocho-gu, Seoul, Korea
Tel : (82)2-***-*** Fax : (82)2-***-***
Internet : http://www.***.com E-mail : ***@abc.com

Messrs :   DATE :
From   : Gil Dong Hong   REF NO. : 2015 - FI - 001

OFFER SHEET

  We are pleased to offer the under-mentioned article(s) as per conditions and details
described as follow:

ORIGIN : Rep. of Korea, (C/O provided)
PACKING : Export standard carton packing
SHIPMENT : Within XX days after receipt of your L/C
INSPECTION : Makers inspection will be final
DESTINATION : Helsinki, Finland
PAYMENT : By irrevocabl L/C
VALIDITY : by the end of Nov. 2014

MODEL NO.	DESCRIPTION	QUANTITY	U$/UNIT	AMOUNT

ABC CORP.

- - - - - - - - - - - -
Gil Dong Hong

신용조사

1 신용조사의 필요성

처음 발굴된 바이어와 첫 거래를 할 때 가장 어려운 점은 그 바이어에 대해 정확히 알지 못한다는 점이다. 특히 일부 지역 바이어들은 자신이나 자신이 속한 회사를 과장하여 처음부터 독점 에이전트를 요구하기도 하고 심지어는 외상거래를 제안하기도 한다. 국내기업들 중에는 바이어에 대한 정확한 정보 없이 섣불리 거래에 응했다가 정직하지 못한 바이어를 만나 낭패를 보는 경우도 종종 발생한다.

이와 같이 신용조사란 추후 안전한 거래를 위해 해외 바이어 기본정보, 재무정보 등을 토대로 바이어의 신용등급을 사전 확인하는 것이다. 주로 시장이 작은 지역의 바이어에 대한 신용상태는 Kotra 해외무역관에서도 어느 정도 파악할 수 있다. 동종 업종에 종사하는 제3의 바이어를 통해 간접적으로 해당 바이어의 수입규모, 영업능력 및 재정상태 등을 대략 확인할 수 있다. 그러나 대부분의 무역관에서는 바이어의 실존 여부 정도만 확인이 가능하다.[1] 또는 바이어 주재국의 상공회의소 홈페이지를 통해 바이어 회사의 기본정보를 얻을 수 도 있으나 국가마다 업데이트 정도가 상이하므로 100% 신뢰할 수가 없다. 따라서 가장 좋은 신용조사 방법은 한국무역보험공사, 한국기업데이터,[2] (주)나이스디앤비, 신용보증기금(국내기업 신용조사 서비스만

---

[1] Kotra에서는 연간 6회까지 무료로 바이어 연락처를 확인해주고 있다.

[2] 한국기업데이터(www.kedkorea.com)과 (주)나이스디앤비(www.dnbkorea.com)은 민간 신용 조사기업이다.

제공), 한국수입협회 등 국내 신용조사기관을 이용하는 것이다. 이외 각 은행이나 지방자치단체, 중소기업수출지원센터, 무역협회, 상공회의소 등에서도 한국무역보험공사나 D&B Korea 또는 세계적으로 유명한 신용조사기관과 협력하여 신용조사 업무를 서비스 해주고 있다.

2 신용조사 기관

가장 믿을 만한 국내 신용조사 공기관은 한국무역보험공사[3](K-sure, www.ksure.or.kr 이하 무보)이다. 무보는 자체 해외지사[4]와 전 세계 70여 개의 신용조사기관과 연계하여 해외소재 기업의 기본정보, 재무정보 등의 신용조사를 실시하여 의뢰인에게 신용조사 보고서를 서비스하고 있다. 국내기업이 무보에 특정 국외기업체 대한 조사를 신청하면 무보는 해외지사나 연계된 신용조사기관에 조사를 의뢰하게 되고 조사기관은 해당 국외기업(조사하려는 바이어 회사)에 대한 조사를 실시하여 무보를 경유, 요청 국내기업에게 전달하고 국내기업은 무보에 수수료를 납부하게 된다.

그림 1 무보의 바이어 신용조사 진행 절차

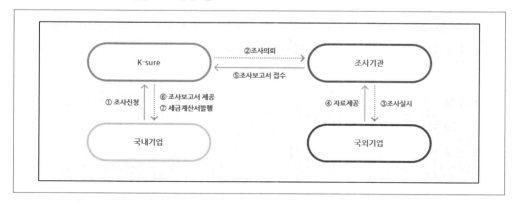

무보의 신용조사 『요약보고서』에는 국외 기업개요, 최근 신용평가이력, 특이사항, 주요주주, 관계회사, 거래은행, 결제상태, 결제조건, 무역보험이용정보, 재무사

---

3 무보는 국외기업(수입자) 신용조사 서비스 전세계 신용조사기관과 협약을 체결하여 매년 5만건 이상의 국외기업 신용조사 서비스를 제공하고 있다.

4 2017년 2월 현재, 한국무역보험공사는 뉴욕, 상하이, 도쿄 등 14개 지사를 보유하고 있으며 요하네스버그, 알마티 무역관에 직원을 파견시키고 있다.

항, 주요재무항목 추가정보(매출액, 순자산, 순이익, 부채비율 추이), 산업, 국외기업과 동종업종 평균신용등급 비교, 국가정보, 국가등급, 무역보험 국별인수 방침, 해당국가 정치 및 경제 동향 등이 포함된다.

한국기업데이터(www.kedkorea.com)는 2005년 5월 전 세계 140여 개국, 1억만 개 이상의 기업정보를 보유하고 세계 70개국 신용정보평가기관이 참여하는 세계적 신용정보평가기관 연합체인 CA(Credit Alliance www.coface.com)에 가입, 회원사인 유럽의 COFACE, 중국의 SINOSURE, 일본의 TDB, 미국의 VERITAS USA, 인도의 MIRA 등 세계적 신용정보기관과의 업무제휴를 통해 해외기관에서 직접 조사한 해외기업 신용조사서를 국내무역업체 및 기관에 제공하고 있다.

또한 세계 최대 기업신용정보 기관인 미국의 D&B사의 파트너사인 (주)나이스디앤비(www.dnbkorea.com)는 D&B사의 기업신용정보 상품을 국내 기업들에게 제공하고 있다. D&B사는 1841년 미국에서 설립되어 전 세계 214개국의 1억 9천만 개의 기업정보를 보유한 세계 최대의 기업신용기관이다.

한국수입협회(www.koima.or.kr)에서도 해외 및 국내업체의 회사정보, 최근 실적, 재무상태 등의 다각적 조사와 분석을 통해 해당 기업의 신용도에 대한 보고서를 제공한다. 통상 2주 이상의 시간이 소요되며 건당 수수료는 30~50만원선(부가세 별도)이다. 이외 뷰로반다익(www.bvdinfor.com/ko-kr/home) 및 한국콤파스(www.kompass.co.kr)와 같은 사설업체에서도 바이어 신용조사 서비스를 제공하고 있다.

참고사항

민간 신용조사기관의 제공 가능 정보

❶ 한국기업데이터【www.kedkorea.com】

항목	제공 가능 정보 내용
Identification & Executive Summary (개요 및 요약)	회사명, 주소, 전화번호, 대표자 이름, 주요업종, 신용등급(Rating), 사업개시연도, 매출액, 종업원수, 업력, 재무상태 등 기재
Investigation Notes (특이사항)	주소 변경, 대표이사 변경, 도산, 인수/합병, 실제 영업여부 등 최근 조사에서 확인된 주요 변동 내용
Legal Status (공공정보)	회사관련 소송, 재판 정보 등의 공공정보 기재
Main Executives (주요 경영진)	대표자를 비롯하여 주요 경영진에 대한 인적사항 및 주요 경력기재

Affiliated Entities (관계회사)	회사의 주요 관계회사에 대한 간단한 설명 및 회사와의 지분관계 기재
Banking Information (금융정보)	주거래은행 정보, 최근 대출내역 및 부채 잔액, 연체사실 여부 및 상세 연체내역 기재
Payment History (지불내역)	외상매입금, 지급어음 관련 회사의 지불 성향 및 미지급 관련 내역, 최근 불이행 지급내역 등 기재
Financial Information (재무정보)	최근 3년간 재무재표, 주요 재부지표 등 재무관련 사항
History (연혁)	회사 설립부터 현재까지의 회사 내 주요 변동 사항 및 발전 모습 기재
Operation Status (운영내역)	주요업종, 지배구조, 수출입 활동 사항, 주요 거래처 정보
Trade References (무역번호)	무역업 허가 내역 및 관련 인증 정보

❷ (주)나이스디앤비【www.dnbkorea.com】

항목	제공 가능 정보 내용
Summary (요약)	회사명, 주소, 전화번호, 대표자 이름, 주요업종, 신용등급(Rating), 사업개시년도, 매출액, 종업원수, 업력, 재무상태 등 기재
Special Events (특이사항)	주소 변경, 도산, 인수/합병, 화재, 천재지변 등 최근에 발생한 주요사건 등 기재
Rating Summary (등급설명)	신용등급 해석
Payment Summary (대금 지불 성향 분석)	외상매입금에 대한 지불내역으로서 대금결제 성향 파악 가능, 최고 여신금액, 현재 잔액, 미지급금 등을 설명하여 지불성향 점수(PAYDEX)와 지불방법 등을 분석
Finance (재무제표)	요약 재무제표, 주요 재무지표 등 재무 관련자료
Public Filing (공공기록)	소송, 재판, 파산 선고 등의 공식 신고 사항
Banking(은행)	최근 1년간의 평균잔액, 대출 내용, 주거래 은행과의 관계기록, 구매력과 부채에 대한 판단 자료로 활용
History(연혁)	사업자 등록 내용, 설립 연도, 경영자 약력 등 경쟁자의 기업 경영에 미치는 영향에 대한 평가자료
Operation(운영)	주요업종, 지배구조, 수출입 유무 등 회사 전반에 걸친 영업사항 기재
사내 SRM/ERP 시스템 연동 지원	참가업체 기업정보를 사내 시스템과 연동하는 전산지원 - KT 사례 : 해외기업정보 전산 연동 국내 최초 진행(2006년)

수출계약 체결

1 무역(수출)계약의 의의와 기본조건

수출자와 수입자가 매매계약에 합의를 하게 되면 후일 발생할지 모를 오해와 분쟁의 소지를 방지하기 위해 합의내용을 문서화하는 것이 바람직하다. 내국거래와 달리 국제거래는 무역당사자들이 지리적으로 멀리 떨어져 있고 당사자들 국가의 제도, 규정, 언어, 상관습 등이 상이하며 특히 상품과 대금 수령 간에 많은 시차가 존재하기 때문에 오해와 분쟁의 소지가 내국거래에 비해 훨씬 높다고 할 수 있다. 따라서 무역계약을 체결하는 목적은 매매당사자들이 상호 의도하는 바를 법률적으로 정확히 하고 당사자들을 구속하는 규칙을 설정하여 불필요한 분쟁을 사전에 방지하기 위함이므로 관련 유의사항을 충분히 숙지하는 것이 필요하다. 무역계약서는 통일된 양식이나 형식은 없지만 무역거래서에 포함되는 제 조건 중에서도 계약서에 반드시 포함하거나 문서화해야 할 거래조건을 무역계약의 기본조건이라고 하고 여기에는 통상 품질조건, 가격조건 등 8가지 조건이 포함된다.

표 1 무역계약의 8가지 기본조건
❶ 품질조건 ❷ 수량조건 ❸ 가격조건 ❹ 포장조건 ❺ 선적조건 ❻ 보험조건 ❼ 결제조건 ❽ 중재조건

그림 1 수출계약서 샘플(한국무역협회 홈페이지)

영문

Agreement on General Terms and Conditions of Business

This Agreement entered into between The ABC CO.,Inc., New York(Hereinafter called as the Buyer), and The Korea Trading Co., Ltd., Seoul, Korea(hereinafter called as the Seller) witness as follows:

(1) Business : Both Seller and Buyer act as Principals and not as Agents.

(2) Samples and Quality : The Seller is to supply the buyer with samples free of charge, and the quality of the goods to be shipped should be equal to the sample on which an order is given.

(3) Quantity : Weight and Quantity determined by the seller, as set forth in shipping documents, shall be final.

(4) Prices : Unless otherwise specified, prices are to be quoted in U.S. Dollars on C.I.F New York basis.

(5) Firm Offers : All firm offers are to remain effective for three days including the day cabled. Sundays and National Holidays shall not be counted as days.

(6) Orders : Except in cases where firm offers are accepted all orders are to be subject to the Seller's final confirmation.

(7) Packing : Proper export standard packing is to be carried out, each set bearing the mark XXX with port mark, running numbers, and the country of origin.

(8) Payment : Draft is to be drawn at 30d/s for the full Invoice amount under Irrevocable Letter of Credit which should be issued in favor of seller immediately documents attached, namely, Bill of Lading, Insurance Policy, Commercial Invoice and other documents which
each contract requires. The others shall be governed and interpreted under the UCP 600.

(9) Shipment : Shipment is to be made within the time stipulated in each contract. The date of Bill of Lading shall be taken as conclusive proof of the day of shipment. Unless expressly agreed upon, the port of shipment shall be at the port of Busan, Korea.

(10) Marine Insurance : All shipments shall be covered on All Risks including War Risks and S.A.C.C. for the invoice amount plus 10(ten) percent. All policies shall be made out in U.S. Dollar and claims payable in New York.

(11) Force Majeure : The Sellers shall not be responsible for the delay in shipment due to force majeure, including mobilization, war, strikes, riots, civil commotion, hostilities, blockade, requisition of vessels, prohibition of export, fires, floods, earthquakes, tempest and any other contingencies, which prevent shipment within the stipulated period, In the event of any of the aforesaid causes arising, documents proving its occurrence of existence shall be sent by the Sellers to the Buyers without delay.

(12) Delayed Shipment : In all cases of force majeure provided in the Article No. 11, the period of shipment stipulated shall be extended for a period of twenty one(21) days. In case shipment within the extended period should still be prevented by a continuance of the causes mentioned in the Article No. 11 or the consequences of any of them, It shall be at the Buyer's option either to allow the shipment of late goods or to cancel the order by giving the Sellers the notice of cancellation.

(13) Claims : Claims, if any, shall be submitted within fourteen(14) days after arrival of goods at destination. Certificated report by recognized surveyors shall be sent by mail without delay.

(14) Arbitration : All claims which cannot be amicably settled between Seller and Buyer shall be finally settled by arbitration in Seoul, Korea in accordance with the Commercial Arbitration Rules of the Korea Commercial Arbitration Board and under the Laws of Korea. The award rendered by the arbitrator shall be final and binding upon both parties concerned.

(15) Trade Terms : Unless specially stated, the trade terms under this contract shall be governed and interpreted by the latest Incoterms 2010.

(16) Governing Law : This Agreement shall be governed as to all matters including validity, construction and performance under and by United Nations Convention on Contracts for the International Sale of Goods(1980).

This Agreement shall be valid on and after May 5, 2011

(Buyers) ABC Co.,Inc.,   (Sellers) Korea Trading Co.,Ltd.
(signed)   (signed)

한글

일반거래조건 협정서

본 협정서는 미국 뉴욕 소재의 ABC무역상사(이하 매수인이라 칭함)와 한국 서울소재 한국무역상사(이하 매도인이라 칭함)와의 사이에 체결된 것으로서 다음과 같이 협정한다.

(1) 거래 : 거래는 매매당사자 모두 본인 대 본인으로 하며 대리인으로 하는 것이 아님.

(2) 견본 및 품질 : 매도인은 매수인에게 무료로 견본을 제공함과 동시에 선적상품의 품질은 주문의 기초가 된 견본과 대체로 일치할 것.

(3) 수량 : 중량 및 수량은 운송서류에 기재된 것으로 한다.

(4) 가격 : 가격은 별도로 정한 경우를 제외하고는 C.I.F New York 조건으로 미 달러로 견적한다.

(5) 확정오퍼 : 모든 확정청약은 타전일을 포함하여 3일간 유효한 것으로 한다. 다만 일요일과 국경일은 제외된다.

(6) 주문 : 확정 Offer를 인수한 경우 이외의 모든 주문은 매도인의 최종확인을 필요로 한다.

(7) 포장 : 적절한 수출표준포장으로 포장하고 각 차량에는 화인으로서 XXX표시에 도착항 표시, 일련번호 및 원산지를 기입할 것.

(8) 결제 : 환어음은 매매계약체결 직후에 매도인을 수익자로 하여 개설되는 취소불능신용장에 의거하여 송장금액에게 대하여 일람 후 30일불로 발행한다.
또한, 운송서류 일체, 즉 선화증권, 보험증권, 상업송장 및 매매계약에서 요구하는 기타 서류를 첨부한다.

(9) 선적 : 선적은 각 계약에서 정해진 기일 이내에 한다. 선화증권의 발행일을 선적일로 간주하고 별도 합의가 없는 한 선적항은 한국의 부산항으로 한다.

(10) 해상보험 : 모든 선적품은 송장금액의 110%를 보험금액으로 하여 전쟁위험과 파업 위험을 특약한 전 위험 담보조건으로 부보 한다. 모든 보험 증권은 미국달러 화로 표시하고 뉴욕 지급으로 작성한다.

(11) 불가항력 : 매도인은 불가항력으로 인한 선적지연에 대하여 책임을 지지 않는다. 불가항력에는 동원, 전쟁, 파업, 폭동, 적대행위, 봉쇄, 선박의 징 발, 수출금지, 화재, 홍수, 지진, 폭풍우 및 그 밖에 지정기일까지 선적을 불가능하게 하는 우발적인 사고를 포함한다. 이상과 같은 사유가 발생한 경우에는 매도인은 그와 같은 사유의 발생이나 존재를 증명하는 서류를 지체 없이 매수인에게 송부한다.

(12) 선적지연 : 제11조에 열거한 모든 불가항력인 경우에는 선적기일이 21일간 연장된다. 연장된 선적기일까지도 제11조의 사유가 계속되거나 또는 그 결과로서 선적이 불가능할 경우에 매수인은 선적지연을 허락하거나 또는 전보로 매도인에게 취소통지를 함으로써 주문을 취소할 수 있는 선택권을 가진다.

(13) 손해배상청구 : 손해배상청구는 상품이 목적지에 도착한 후 14일 이내에 타전한다. 그리고 지체 없이 신용 있는 감정인의 증명서를 우송한다.

(14) 중재 : 매매당사자간에 원만한 해결이 되지 않는 모든 클레임은 대한민국 서울시에서 대한상사중 재원의 상사중재규칙 및 대한민국 법에 따라 중재에 의하여 최종적으로 해결한다. 중재인의 판정은 최종적인 것으로 당사자 쌍방에 대하여 구속력을 가진다.

(15) 거래조건 : 별도로 정한 경우를 제외하고는 이 계약의 거래조건은 최근 Incoterms 2010에 준거한다.

(16) 준거법 : 본 계약의 유효성, 성립 및 이행에 관한 준거법은 UN 국제물품매매법협약(CISG)에 준거 되어 진다.

본 협정서는 2011년 5월 5일부터 유효하다.

ABC 무역상사   한국무역(주)
(서명)   (서명)

2 조건별 세부내역

(1) 품질조건

무역계약에서 품질은 매우 중요한 약정조건 중 하나로 품질결정방법, 품질결정 시기, 품질증명방법 등으로 구성된다.

1) 품질결정방법

견본매매(sale by sample), 표준품매매(sale by standard), 규격매매(sale by type or grade), 상표매매(sale by brand), 명세서매매(sale by specification) 등이 있다.

❶ 견본매매(sale by sample)

거래목적물의 품질을 제시된 견본에 의하여 약정하는 방법이다. 수출자는 동일 견본품 3개를 1조(Original Sample : 수입자에게 발송, Duplicate Sample : 수출자 자신이 보관, Triplicate Sample : 국가공인검사기관 보존)로 하여 준비해둔다. 무역거래에서 가장 많이 이용되는 품질결정방법이다.

❷ 표준품매매(sale by standard)

농수산물, 광물과 같은 천연산물의 경우, 공산품과 같이 일정한 규격과 유명 상표도 있을 수 없어 견본 제시가 곤란하기 때문에 등급을 정하여 거래하는 것이 일반적이다. 평균중등품질조건(F.A.Q : Fair Average Quality), 판매적격품질조건(G.M.Q : Good Merchantable Quality), 보통품질조건(U.S.Q : Usual Standard Quality) 등이 있다.[1]

❸ 규격매매(sale by type or grade)

물품의 규격이 국제적으로 특정되어 있거나 수출국의 공적 규정으로 특정되어 있는 경우에는 그 품질수준을 신뢰할 수 있으므로 이때 사용되는 품질약정방법이 규격(또는 등급) 매매이다.

❹ 상표매매(sale by trade mark or brand)

세계적으로 널리 품질이 알려진 상품의 경우, 굳이 견본을 제시할 필요가 없어 상표나 브랜드에 의하여 품질 수준을 표시해서 거래하는 경우 상표(브랜드) 매매라고 한다.

❺ 명세서매매(sale by specification)

거대한 기계류 등은 견본매매나 상표매개가 부적합하므로 거래목적물에 대한 상세한 정보가 수록되어 있는 설명서, 명세서, 도해목록 또는 청사진 등을 제시하여 품질을 약정하는 방법이다(적용 예 : 선박, 철도차량, 발전기 등).

2) 품질결정시기

인도물품의 품질이 약정한 품질과 일치하는가 여부를 선적 시의 품질에 의해 결정하는 방법이 선적품질조건(Shipped Quality Terms)이고 도착지 양륙 시의 품질에 의해 결정하는 방법이 양륙품질조건(Landed Quality Terms)이다.

3) 품질증명방법

선적품질조건의 경우, 매도인이 권위 있는 공인검사기관으로부터 검사증명서

---

1 ■ 평균중등품질조건(F.A.Q : Fair Average Quality)
거래목적물의 품질을 당해 선적 내지 출하지역과 시기에 있어서 그 계절의 출하품 가운데 평균적인 중등품질의 것으로 하는 품질조건[적용 예: 곡물, 과실, 면화, 차 등 농산물]
■ 판매적격품질조건(G.M.Q : Good Merchantable Quality)
물품 인도 시에 그 품질이 당해 물품의 성질과 상관습에 비추어 판매가 가능한 판매적격성을 지닌 것임을 매도인이 보증하는 품질조건[적용 예: 목재, 냉동수산물, 광석류]
■ 보통품질조건(U.S.Q : Usual Standard Quality)
공인검사기관 또는 공인표준기관에 의하여 보통품질을 표준품의 품질로 결정하는 조건[적용 예 : 원면, 농수산물]

(Certificate of Inspection) 혹은 품질증명서(Certificate of Quality)를 발급받아 매수인에게 제공하며 양륙품질조건의 경우에는 매수인이 권위 있는 감정인의 감정 보고서(Survey Report)에 의해 사실을 소명하고 배상을 청구한다.

(2) 수량조건

수량의 단위, 수량의 결정시기, 과부족의 요인 등에 대하여 명확히 약정하여야 한다.

1) 수량의 결정방법

수량의 단위로는 개수, 중량, 길이, 용적, 포장단위, 면적 등이 있다.

2) 수량의 결정시기

선적지 수량인도조건(FOB, CIF 조건의 경우 해당, 운송도중의 감량에 대해서 매도인 책임 없음)과 도착지 수량인도조건이 있다.

3) 과부족 용인조항(M/L : More or Less Clause)

Bulk Cargo[2](원유, 곡물 등)은 운송상 수량의 과부족이 생길 수 있으므로 과부족 한도를 미리 정해 놓고 그 범위 내에서 상품이 인도되면 계약 불이행으로 보지 않는다. 일반적으로 5~10% 이내의 편차[3]가 허용된다.

(3) 가격조건

무역거래에서 가격은 단위수량상의 단가(unit price, sub total amount)와 총금액(total amount, grand total amount)을 기재하여 표시한다. 이때 고려사항이 매매가격을 어느 나라의 통화로 표시하여 결제할 것인가와 수출입에 따른 각종 비용 및 위험을 누가 어느 정도로 부담하는가 하는 정형거래조건(trade terms)의 문제이다. 『Incoterms 2010』에서 제시하고 있는 11가지 인도조건 중 한 가지를 선택하되 수출자와 수입자

---

2 포장하지 않고 화물 그대로 적재하고 운송하는 화물을 Bulk Cargo라고 한다,

3 일반적으로 신용장 금액 또는 수(중) 앞에 about, approximately 또는 이와 유사한 표현이 있는 경우 10% 이내의 과부족을 인정하며 이러한 문구가 없을 시에도 어음발행금액 및 신용장 금액을 초과하지 않는 범위 내에서 5% 이내의 편차가 허용된다.

간의 물품에 대한 위험과 비용부담의 한계 내지 그 범위 등을 충분히 고려하여 결정해야 한다. 실제 무역거래에서는 일반적으로 FOB와 CIF 조건을 가장 많이 사용한다.

대분류	세부분류
표 2 정형거래조건	
E 조건군	① EXW(Ex Works) : 공장인도조건 ▪B가 S의 공장 또는 창고에 와서 물품 인수 ▪S는 수출통관 의무도 없고 B의 수거용 차량에 물품을 적재할 의무도 없으며 수출입통관도 B의 의무임. ▪B가 물품 인수 이후 모든 비용 부담
F 조건군	② FCA(Free Carrier) : 운송인인도조건 ▪S는 B가 지정한 장소에서 B가 지정한 운송인에게 수출통관이 완료된 물품을 인도 ▪B는 운송인, 운송방법, 인도일자, 인도장소 등을 S에게 통지해야 함. ▪B가 물품 인수 이후 모든 비용을 부담하며 수입 통관 의무도 짐. ③ FAS(Free Alongside Ship) : 선측인도조건 ▪S는 B가 지정한 선적항에서 본선의 선측에 수출통관이 완료된 물품을 인도할 때까지 위험 부담 ▪B는 선박명, 선적항, 인도시기 등을 S에게 통지해야 함. ▪B는 물품 인도 이후 모든 비용 부담 ④ FOB(Free On Board) : 본선인도조건 ▪S가 물품이 지정선적항에서 본선에 적재될 때까지 위험 부담 ▪B는 선박명, 선적항, 인도시기 등을 S에게 통지해야 함. ▪B는 물품 인도 이후 모든 비용 부담
C조건군	⑤ CFR(Cost and Freight) : 운임포함인도조건 ▪S가 물품이 지정선적항에서 본선에 적재될 때까지 위험 부담 ▪S는 적재 시까지 모든 비용과 목적항까지 운임, 정기선의 경우 양하비도 부담 ⑥ CIF(Cost, Insurance and Freight) 운임, 보험료포함인도조건 ▪S가 물품이 지정선적항에서 본선에 적재될 때까지 위험 부담 ▪S는 적재 시까지 모든 비용과 목적항까지 운임, 보험료, 정기선의 경우 양하비도 부담 ⑦ CPT(Carriage Paid To) 운송비지급인도조건 ▪S는 지정된 목적지에서 최초 운송인에게 인도할 때까지 위험 부담 ▪S는 물품이 인도될 때까지 모든 비용과 지정된 목적지까지 운임 부담 ▪CFR 조건과 유사하나 운송방식이나 인도지점에 관계없이 사용 가능 ⑧ CIP(Carriage and Insurance Paid To) 운송비, 보험료지급인도 조건 ▪S는 지정된 목적지에서 최초 운송인에게 인도할 때까지 위험 부담 ▪S는 물품이 인도될 때까지 모든 비용과 지정된 목적지까지 운임 및 보험료 부담 ▪CIF 조건과 유사하나 운송방식이나 인도지점에 관계없이 사용 가능
D조건군	⑨ DAT(Delivered at Terminal) 도착터미널인도조건 ▪S는 물품이 수입통관되지 않은 채 지정한 장소의 터미널에서 물품을 양하한 상태로 B에게 인도 ▪S는 물품이 인도될 때까지 모든 비용, 양하비 부담

	▪ 수입통관비용은 B가 부담
	⑩ DAP(Delivered at Place) 도착지정장소인도조건
	▪ S는 물품이 수입통관되지 않은 채 지정한 장소에서 물품을 양하하지 않은 상태4로 B에게 인도
	▪ 수입통관 및 양하비는 B가 부담
	⑪ DDP(Delivered Duty Paid) 관세지급인도조건
	▪ S가 물품을 수입통관하여 최종목적지까지 운반한 후, 운송수단으로부터 양하하지 않은 상태로 B에게 인도
	▪ S가 물품 인도 시까지 모든 비용, 수출입통관, 관세, 조세, 부과금까지 부담

* 주) • S는 수출자, B는 수입자

『Incoterms 2010』해석에 의하면 FAS, FOB, CFR, CIF[5]는 해상 및 수로운송에서 사용되며 나머지 7가지 조건은 해상, 육상 등 복합운송수단인 경우에 사용한다.

(4) 포장조건

포장이란 수출입물품의 운송·하역·보관·진열 및 매매에 있어서 그 물품의 내용 및 원형을 보호하고 상품으로서의 가치를 유지하기 위해서 Bulk Cargo를 제외한 모든 물품에 대하여 적절한 재료나 용기로 둘러싸는 기술적인 작업 및 상태를 말하며 포장의 종류에는 개장(낱 포장 : Unitary packing), 내장(속 포장 : Inner Packing), 외장(겉포장 : Outer Packing) 등이 있다. 또한 포장과 관련 화인(Shipping Mark, Cargo Mark)이라는 용어가 있는데 이는 화물의 분류를 용이하게 하고 취급 시 주의사항을 나타내기 위하여 화물의 외장에 표시하는 기호, 목적지, 주의문구 또는 번호를 말한다.

그림 2 화인(Shipping Mark, Cargo Mark의 예)

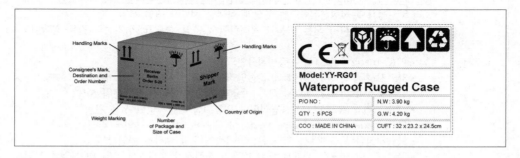

---

4 '양하하지 않는 상태'란 화물을 내려놓지 않고 운송수단(선박, 트럭 등)에 적재된 상태를 의미함.
5 FOB 조건은 수입자가 운임과 보험료를 모두 부담하는 조건이고 CFR 조건은 수출자가 운임을 부담하는 조건이며<❶ CFR=FOB+운임>, CIF 조건은 수출자가 운임과 보험료 모두를 부담하는 조건이다<❷ CIF=FOB+운임+보험료=CFR+보험료>. 또한 FOB, CFR, CIF 모두 "본선에 적재(On Board the Vessel)"된 때에 인도되는 것으로 규정하고 있다.

(5) 선적조건

선적조건에는 선적지, 선적시기, 선적방법, 분할선적 및 환적 등을 내용으로 한다. 선적지는 선적항구를 지정하며 선적시기를 약정하는 방법으로는 최종선적기한을 정하는 특정조건(Specific Terms)과 막연하게 조속히 선적하라는 즉시선적조건(General Terms)로 구분된다. UCP600⁶은 선적일을 서류발행일이 아닌 실제 선적일을 기준으로 한다. 분할선적(Partial Shipment)은 여러 차례에 걸쳐서 시간적 간격을 두고 선적하는 것을 의미하는데 UCP600에 의하면 신용장상에 분할선적에 대한 'partial shipments are prohibited'와 같은 명시적인 금지약정이 없는 한 분할선적은 허용되는 것으로 간주된다. 할부선적(Installment Shipment)는 계약물품을 매매계약에 따라 일정기간 내에 주기적으로 일정한 수량으로 나누어 선적하는 것을 말한다. 한편 환적(Transshipment)이란 선적항에서 선적된 화물을 목적지로 가는 도중에 다른 선박이나 운송기관에 이적시키는 것을 말하며 환적을 위한 적재 하역 작업 중에는 물품의 손상우려가 크기 때문에 'transshipment prohibited'라는 문구를 계약서에 삽입하게 된다.

(6) 보험조건

물품을 운송하는 과정에서는 선박의 좌초, 침몰, 충돌 등과 같은 해상고유의 위험이나 전쟁 등과 같은 인위적 위험을 만날 가능성이 있으며 이러한 위험을 담보받기 위해서 적화보험에 부보하여 만일의 손해발생에 대비하여야 한다. 무역계약 시 보험조건을 약정하는 경우에는 보험가입금액, 보험을 부보하는 목적물의 성질, 운송상황 등에 따라 어떠한 담보조건으로 부보할 것인가를 정하는 것이 중요하다. CIF나 CIP 계약일 경우 수출자가 수입자를 위하여 보험계약의 의무를 지게 된다. 이들 조건에서 당사자 간 보험조건에 대해 아무런 약정이 없다면 수출자는 통상 인보이스 금액의 110%로 부보한다. 보험계약을 체결할 때는 보험계약자와 피보험자가 모두 수출자로 동일하나 선적 후에는 보험증권에 배서하여 보험금청구권리가 수입자에게 양도되므로 최종적인 피보험자는 수입자로 바뀌게 된다.

---

6 국제상업회의소가 정한 화환신용장에 관한 통일규칙 및 관례(Uniform Customs and Practice for Documentary Credits: UCP 600)를 말한다.

(7) 결제조건

매매당사자는 물품매매계약의 체결에 즈음해서 결제조건으로 결제방식, 결제시기, 결제통화 등에 대하여 구체적으로 약정한다. 결제방식은 송금방식(remittance basis)에 의한 결제, 추심방식(collection basis)에 의한 결제 및 신용장방식(L/C basis)에 의한 결제로 구분할 수 있다. 결제시기는 선지급, 동시지급(at sight L/C, D/P) 후지급(Usance L/C, D/A)이 있다.

1) 송금방식

송금방식[7]은 수출자에게 수입자가 송금하여 수입대금을 결제하는 방식이다. 전신환(T/T)이 가장 많이 사용되는 송금방식이다.[8] 송금시기에 따라 사전송금방식과 사후송금방식이 있는데 송금시기가 언제냐에 따라 수출자와 수입자의 위험부담이 결정된다. 따라서 송금방식의 경우, 수입자가 수출대금의 일부를 선지급하고 나머지 금액은 물품의 선적 직전 지급하는 방식을 많이 사용한다.[9] T/T 송금방식은 수출자가 상업송장을 바이어에게 보내면 해당 인보이스를 가지고 거래은행을 통해 해당금액을 수출자에게 송금하는 방식이다.[10] 이 방식은 은행의 지급보증이 없기는 하지만 절차가 간단하기 때문에 흔히 샘플거래, 빈번한 소액 거래, 신뢰관계가 구축된 당사자들 간에 자주 활용된다. T/T거래의 경우, 한국무역보험공사를 통해 수출보험에 가입하면 좀 더 안전할 수 있으나 일부 외환통제국에서는 T/T거래를 허용하지 않는 경우도 있다.

❶ 사전송금방식

수출대금 전액을 수출물품 선적 전에 외화로 미리 송금 받는 방식이다. 수출물품을 선적하기도 전에 수출대금을 미리 받고 물품은 일정기간 이내에 선적해 주는 거래방식이므로 수출자에게 일방적으로 유리한 방식이다.

---

7 송금방식에 대해서는 국제규범이 존재하지 않는다. 송금환수표방식(D/D), 우편송금환방식(M/T), 전신환송금방식(T/T) 등이 있다.

8 신용장은 은행수수료 부담, 서류준비 등 업무의 복잡화 등의 이유로 2014년 12월말 현재 신용장 거래는 우리나라 전체 수출에서 12%에 불과하다.

9 T/T 50% payment in advance, 50% before shipment.(50% 선 결제 그리고 선적 전 나머지 50% 송금) 방식이 주로 사용된다.

10 일반적으로 바이어가 송금 후 2~3일 이내 외화통장에 입금된다.

❷ 사후송금방식

물품의 인도(선적) 후에 외화로 사후 송금해주는 방식의 수출입 거래이다. 유럽을 중심으로 한 서구에서 보편화된 결제방식이며 사전송금방식과는 정반대로 수출상이 물품매매계약의 조건에 따라 먼저 수출물품 선적 후 선적서류를 송부하면 계약에 따라 수입상이 사후에 결제를 하는 방식이다. 매매계약서의 조건에 따라 수출상이 선적을 이행한 후 수입상에게 선적서류를 송부하면 보통 선적일 기준으로 계약에서 정한 일정기간(통상적으로 30일에서 180일)이 경과한 후에 수입상은 수출상이 지정한 은행의 계좌로 대금을 송금하여 결제한다.

2) 추심방식

D/A방식과 D/P방식이 있는데 두 방식 모두 신용장 없이 수출자가 수입자에게 물품을 송부한 후 수출대금에 대한 환어음을 발행하여 수입자 거래은행을 통해 추심해서 대금을 회수하는 방식이다. 은행은 대금 지급을 보증하지 않고 단순히 어음 추심 업무만 제공한다. 따라서 이러한 거래방식은 사용하기에 앞서 바이어 신용조사, 수출보험 가입 등이 반드시 필요하다.

❶ D/A방식(Document against Acceptance) : 인수인도조건

D/A방식(Document against Acceptance)이란 수입자의 거래은행이 지급을 보증하지 않는 외상거래의 수출입 결제방식이다. 수출자가 수출물품을 선적한 후 수입자를 지급인으로 하는 기한부환어음(Usance Bill)을 발행하여 운송서류와 함께 수입자

그림 3 D/A방식

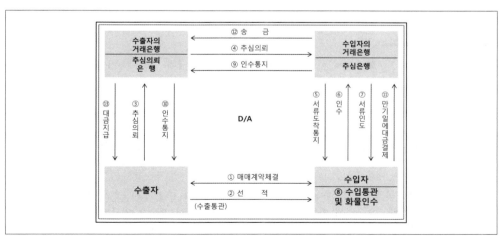

의 거래은행으로 보내면 수입자의 거래은행은 수출자가 발행한 기한부 환어음을 수입자에게 제시한다. 이때 수입자가 어음에 「accept」라는 표시와 함께 서명을 하면 수입자에게 운송서류를 인도하고 수입자의 거래은행은 어음의 지급만기일에 수입자로부터 대금을 받아 수출자의 거래은행에 송금하게 된다. 즉, 수입자는 대금을 지불하지 않은 상태에서 은행으로 부터 운송서류를 인도받아 수출물품을 취득할 수 있으며 어음만기일에 수입자가 수출대금을 결제하지 아니하더라도 거래은행이 지급을 보증하지 않는 거래방식이므로 수출자 입장에서는 수출대금이 담보되지 않는 위험부담이 큰 거래방식이다.11 따라서 수출자와 수입자가 서로 신뢰하는 경우에만 활용된다.

❷ D/P방식(Document against Payment) : 지급인도조건

D/A방식과는 달리 수출자가 수출물품을 선적한 후, 수입자를 지급인으로 하는 일람출급환어음(Sight Bill)을 발행하여 운송서류와 함께 수입자의 거래은행으로 보내면 수입자는 거래은행에 대해 화환어음을 결제한 후 운송서류를 인도받을 수 있다. 즉, 수입자는 수입대금을 은행에 지불 한 후 운송서류를 받을 수 있기 때문에12 D/A방식에 비해 수출자에게 덜 위험한 거래방식이라 할 수 있다. 그러나 D/P방식13으로 수출상품을 선적한 후 화환어음과 운송서류를 수입자 거래은행에 보냈으나 수입자가 변심하여 환어음 결제와 운송서류 인수를 거절하더라도 은행은 지급보증을 하지 않기 때문에 해당 수출물품을 반송처리 하거나 다른 방법으로 현지처리 해야 하는 등 위험은 여전히 존재한다.

---

11 실제로 Kotra 해외무역관에서는 D/A 방식으로 거래를 한 국내 중소수출기업으로부터 수출대금이 회수되지 않고 있다며 지원을 요청하는 경우가 많이 있다. 가능하면 D/A거래는 피하는 것이 좋다.

12 D/P 거래에서 수입자 거래은행은 수입대금을 지급 받으면 해당 금액을 수출자에게 바로 송금해주지만 알제리와 같이 외환통제가 심한 일부 국가에서는 수입자를 통해 세관으로부터 수입확인증을 전달 받은 후에 송금하기 때문에 송금 시까지 시간이 다소 더 소요되는 경우도 있다. 이는 실제 수입하지 않거나 적게 수입한 후 해외로의 (과도한) 외환 송금을 방지하기 위해 실시되는 제도이다.

13 기한부 D/P 결제방식도 있는데 이는 도착된 환어음과 운송서류를 추심은행이 수입자에게 제시하여 바로 어음결제를 요구하지 아니하고 명시된 기간이 경과한 후에 수입자에게 수입대금을 받고 서류를 인도해주는 D/P와 D/A거래를 혼합한 형태의 거래방식이다(예 : D/P 30days). 이는 서류가 물품보다 일찍 도착한 경우, 수입자의 자금부담 등을 덜어주기 위해 만들어진 형태이다.

그림 4　D/P방식

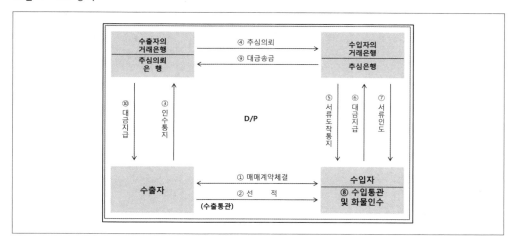

3) 신용장방식

신용장(Letter of Credit : L/C)이란 무역거래에서 대금결제를 원활히 할 수 있도록 수입자의 거래은행(개설은행)이 수입자의 요청에 따라서 명기된 조건과 일치하는 서류를 제시하면 수출자에게 그 대금을 지급할 것을 확약하는 조건부지급확약서 (Conditional bank undertaking of payment)이다. 은행의 대금 지급 시점에 따라 At sight L/C와 Usance L/C로 나누어진다.

❶ At sight L/C(일람불신용장)

신용장에 의해서 발행되는 어음이 지급인(수입자)에게 제시되면, 지급인(수입자)이 즉시 그 어음대금(수입대금)을 지급하도록 한 신용장

❷ Usance L/C(기한부신용장)

신용장에 의해서 발행되는 어음이 지급인(수입자)에게 제시된 후 일정기간이 경과한 후에 지급 받을 수 있도록14 어음지급기일이 명시된 기한부어음을 발행할 수 있도록 한 신용장

---

14 따라서 Usance L/C는 지급보증을 하는 일종의 외상거래 방식이다.

그림 5 신용장 운영 절차

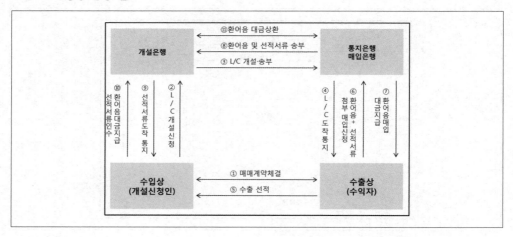

① 수출자와 수입자가 매매계약을 체결한다.

② 수입자는 거래은행에 수출자 앞으로 L/C를 개설해줄 것을 의뢰한다.
　　<수입자 거래은행은 개설은행이 된다.>

③ 개설은행은 수입자의 의뢰에 따라 L/C를 개설하여 수출국내 거래은행에 송부한 후 수출자에게 L/C 개설을 통보해 줄 것을 지시한다.
　　<수출국 내 거래은행은 통지은행이 된다.>

④ 수출국 내 거래은행은 수출자에게 L/C가 도착되었음을 통지한다.

⑤ 수출자는 계약물품을 선적하고 선박회사로부터 선하증권(B/L)을 발부받는다.

⑥ 수출자는 신용장에서 요구하는 서류들을 구비하고 환어음15을 발행하여 수출국 내 거래은행에 매입 신청을 한다.

⑦ 매입 신청을 받은 수출자 거래은행은 대금을 지급하고 서류 접수와 함께 환어음을 매입한다. <수출국 내 거래은행은 매입은행이 된다.16>

⑧ 매입은행은 수출자로부터 매입한 환어음과 부속서류를 개설은행에 송부한다.

⑨ 개설은행은 수입자에게 서류가 도착되었음을 통지한다.

---

15 환어음이란 어음의 발행인(drawer)이 지급인(drawee)에 대하여 일정 기일에 일정 금액을 일정 장소에서 지시인 또는 소지인(bearer)에게 무조건 지급할 것을 위탁하는 요식증권이자 유통증권이다. 즉 수출자가 수입자에게 수출대금을 달라고 제시하는 어음이며 외국돈으로 지불된다는 점 때문에 환(煥)어음이라고 한다. 환어음에는 선적서류와 함께 발행되는 화환어음(Documentary bill of exchange)과 선적서류가 수반되지 않은 무화환어음(Clean bill of exchange) 등 2가지가 있다.

16 통상 통지은행은 매입은행이 겸하기도 하지만 서로 다른 은행이 될 수도 있다.

⑩ 수입자는 개설은행에 대금을 지급하고 서류를 인도받아 선박회사에 제출하고 물품을 인수한다.

⑪ 개설은행은 매입은행에 환어음 대금을 상환한다.

신용장은 수출자 입장에서 은행이 조건부 지급 확약을 해주기 때문에 조건만 만족시켜주면 선적 후 즉시 전액회수, 무역금융 활용 등의 이점이 있으며 수입자 측에서는 신용장상의 제 조건과 유효기일에 의거하여 수입물품의 적기 확보를 가능하게 해주는 이점이 있는 반면 은행이 요구하는 서류에 의해서만 이루어지기 때문에 계약된 물품의 획득에 대한 보증은 아니라는 한계점이 있다.

그림 6 수출신용장 예

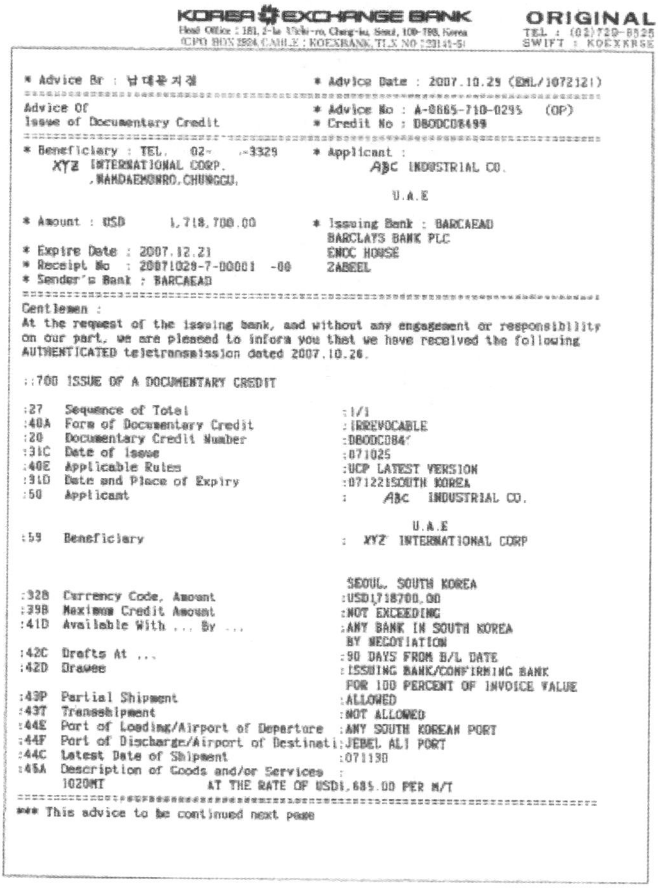

KOREA EXCHANGE BANK　　ORIGINAL
Head Office : 181, 2-ka Ulchi-ro, Chung-ku, Seoul, 100-198, Korea　　TEL : (02)729-8525
CPO BOX 2924 CABLE : KOEXBANK, TLX NO : 23141-5　　SWIFT : KOEXKRSE

* Advice Br : 남대문지점　　* Advice Date : 2007.10.29 (EML/1072121)

Advice Of　　* Advice No : A-0885-710-0295 (OP)
Issue of Documentary Credit　　* Credit No : DBODC08499

* Beneficiary : TEL. 02- -3329　　* Applicant :
XYZ INTERNATIONAL CORP.　　ABC INDUSTRIAL CO.
,NAMDAEMONRO,CHUNGGU,
U.A.E

* Amount : USD 1,718,700.00　　* Issuing Bank : BARCAEAD
BARCLAYS BANK PLC
* Expire Date : 2007.12.21　　ENOC HOUSE
* Receipt No : 20071029-7-00001 -00　　ZABEEL
* Sender's Bank : BARCAEAD

Gentlemen :
At the request of the issuing bank, and without any engagement or responsibility on our part, we are pleased to inform you that we have received the following AUTHENTICATED teletransmission dated 2007.10.26.

::700 ISSUE OF A DOCUMENTARY CREDIT

:27	Sequence of Total	:1/1
:40A	Form of Documentary Credit	:IRREVOCABLE
:20	Documentary Credit Number	:DBODC084
:31C	Date of Issue	:071025
:40E	Applicable Rules	:UCP LATEST VERSION
:31D	Date and Place of Expiry	:071221SOUTH KOREA
:50	Applicant	: ABC INDUSTRIAL CO. U.A.E
:59	Beneficiary	: XYZ INTERNATIONAL CORP SEOUL, SOUTH KOREA
:32B	Currency Code, Amount	:USD1,718700.00
:39B	Maximum Credit Amount	:NOT EXCEEDING
:41D	Available With ... By ...	:ANY BANK IN SOUTH KOREA BY NEGOTIATION
:42C	Drafts At ...	:90 DAYS FROM B/L DATE
:42D	Drawee	:ISSUING BANK/CONFIRMING BANK FOR 100 PERCENT OF INVOICE VALUE
:43P	Partial Shipment	:ALLOWED
:43T	Transshipment	:NOT ALLOWED
:44E	Port of Loading/Airport of Departure	:ANY SOUTH KOREAN PORT
:44F	Port of Discharge/Airport of Destinati	:JEBEL ALI PORT
:44C	Latest Date of Shipment	:071130
:45A	Description of Goods and/or Services	:

1020MT　　AT THE RATE OF USD1,685.00 PER M/T

*** This advice to be continued next page

KOREA ✦ EXCHANGE BANK   **ORIGINAL**

Head Office : 181, 2-ka Ulchi-ro, Chung-ku, Seoul. 100-793, Korea   TEL : (02)729-8525
(CPO BOX 2924, CABLE : KOEXBANK, TLX NO : 23141-8)   SWIFT : KOEXKRSE

**** This is a constituent and integral part of advice No : A06667100295 (OP)
==

```
          ALL OTHER DETAILS AS PER APPLICANTS PURCHASE ORDER NO.11237
          DATED 17/10/2007
          CFR JEBEL ALI, UAE
:46A      Documents Required
          +SIGNED COMMERCIAL INVOICE IN 3 FOLD IN ENGLISH CERTIFYING
          GOODS ARE OF SOUTH KOREAN ORIGIN SHOWING THE NAME AND PLACE OF
          INCORPORATION OF THE MANUFACTURER AND STATING THE
          HARMONISED SYSTEM COMMODITY CODE NUMBER.
          +PACKING LIST IN ONE ORIGINAL AND 2 COPIES.
          +FULL SET OF AT LEAST 3 ORIGINALS+2 NON NEGOTIABLE SHIPPED ON
          BOARD MARINE BILLS OF LADING ISSUED TO THE ORDER, ENDORSED IN
          FAVOUR OF THE ISSUING BANK AND STATING THE FOLLOWING.
          1)FREIGHT PRE-PAID
          2)NOTIFY : BARCLAYS BANK PLC,DUBAI, UAE AND APPLICANT
          3)NAME ADDRESS AND TELEPHONE NUMBER OF THE CARRYING VESSEL'S
          AGENT AT THE PLACE OF DESTINATION.
          4)NAME AND ADDRESS OF ISSUING AUTHORITY OF THE B/L.
          5)SHIPPING MARKS.
          6)SHIPMENT EFFECTED IN CONTAINER.
          7)CONTAINER NUMBER AND SEAL NUMBER
          + A CERTIFICATE FROM THE CARRIER OR MASTER STATING THE FOLLOWING:
          1)THE VESSEL IS PERMITTED TO ENTER ARAB PORTS AS PER ITS RULES
          AND REGULATIONS.(THIS STATEMENT IS NOT APPLICABLE IF SHIPMENT
          IS EFFECTED BY VESSELS OF UNITED ARAB SHIPPING COMPANY).
          2) SHIPMENT HAS BEEN EFFECTED BY VESSELS OF CONFERENCE LINE
          OR REGULAR LINE COVERED BY INSTITUTE CLASSIFICATION CLAUSE.
          (THIS PROVISION IS ALSO APPLICABLE FOR TRANSHIPPED VESSELS.)
          3)THE VESSEL CARRIES A SAFETY MANAGEMENT CERTIFICATE
          (THIS PROVISION IS ALSO APPLICABLE FOR TRANSHIPPED VESSELS.
          +CERTIFICATE OF ORIGIN IN 2 FOLD CERTIFYING GOODS ARE OF SOUTH
          KOREA ORIGIN SHOWING THE NAME AND ADDRESS OF THE MANUFACTURER
          ISSUED BY THE CHAMBER OF COMMERCE.
          +ORIGINAL TEST        CERTIFICATE
          + INSURANCE
          SHIPMENT ADVICE QUOTING DETAILS OF SHIPMENT SUCH AS L/C NUMBER,
          SHIPPING MARKS, INVOICE AMOUNT,MERCHANDISE,DESTINATION,NAME OF THE
          CARRIER TO BE SENT BY THE BENEFICIARY TO AL        INSURANCE CO.
          P.O.BOX 146 .,DUBAI,UAE.FAX NO.+971  282187  REFERRING TO OPEN
          COVER NO.I/OM/S/108/8  AND TO APPLICANT ON THEIR FAX NO.+971
          53319. (ATTN. SHIPPING DEPT).A COPY OF SHIPMENT ADVICE AND FAX
          TRANSMISSION REPORT MUST ACCOMPANY THE DOCUMENTS.
          +ORIGINAL INVOICE AND ORIGINAL CERTIFICATE OF ORIGIN MUST BE
          LEGALISED BY U.A.E. EMBASSY OR CONSULATE, IN WHICH CASE AN
          ADDITIONAL PHOTOCOPY OF LEGALISED INVOICE AND CERTIFICATE OF
          ORIGIN MUST BE SUBMITTED ALONGWITH THE DOCUMENTS FOR OUR RECORDS
          NON PRESENTATION OF ADDITIONAL PHOTOCOPY OF LEGALISED INVOICE AND
          CERTIFICATE OF ORIGIN WILL BE TREATED AS DOCUMENTS NOT COMPLYING
          WITH THE CREDIT TERMS.
```

(8) 중재조항

클레임조항과 중재조항이 있으며 클레임조항에는 클레임 제기기간, 제기방법 등을 명시한다. 무역계약에서 분쟁 발생 시 소송(Litigation)보다는 중재(Arbitration)가 훨씬 바람하다. 중재는 단심제로서 법원의 확정판결과 동일한 효력을 가지며 국내 중재는 약 5개월, 국제중재는 약 7개월 정도 걸려 소송에 비해 훨씬 신속하게 분쟁을 해결[17]할 수 있다. 또한 중재비용도 저렴하여 1심 소송비용의 40~90% 수준이고 뉴욕협약에 따라 회원국 간 상호 승인되어 강제집행이 보장된다. 그러나 무역분쟁 시 중재로 해결하기 위해서는 당사자 간에 합의가 전제되어야 한다. 합의 방식에는 ① 사전에 계약서의 한 조항으로 규정해 두는 방식(사전 중재합의)과 ② 분쟁 발생 이후에 별도의 서면으로 작성하는 방식(사후 중재합의)이 있으나 분쟁이 발생한 후에는 중재 합의가 어려워지기 때문에 사전 중재합의 방식이 더 바람직하다. 따라서 중재조항을 두되 중재기관, 중재 장소 및 준거법(Governing Law)을 포함시킨다.

그림 7 무역계약에서 중재조항 예

■ **사전중재합의(계약서에 중재조항 삽입)**

[중재조항]

Any disputes arising out of or in connection with this contract shall be finally settled by arbitration in accordance with the International
Arbitration Rules of the Korean Commercial Arbitration Board.
The number of arbitrations shall be [one/three]
The seat, or legal place, of arbitral proceedings shall be [city/country]
The language to be used in the arbitral proceedings shall be [language]

■ **사후중재합의(분쟁 발생 이후 서면으로 합의)**

We, the undersigned parties, hereby agree that the following dispute shall be referred to and finally determined by arbitration in accordance with the KCAB International Arbitration Rules : [brief description of the dispute]
The number of arbitrations shall be [one/three]
The seat, or legal place, of arbitral proceedings shall be [city/country]
The language to be used in the arbitral proceedings shall be [language]

---

17 더구나 당사자 신속절차 중재진행 합의 시에는 2~3개월 내 판정이 난다. 반면 소송은 대법원까지 2~3년이 소요된다.

수출신용장 접수

1 신용장 변경, 취소 및 양도

신용장 개설은행이 수출자 앞으로 신용장이 개설되었으니 해당 수출자에게 동 사실을 통보하도록 수출국내 거래은행(통지은행)에 지시를 하게 되며 수출자는 이 거래은행으로부터 신용장이 개설되었음을 통보받게 된다. 수출자가 수출신용장을 접수하였다 하더라도 신용장에 따라 그 내용(조건)이 수정, 취소될 수도 있다. 통상 신용장의 내용이 계약조건과 불일치하거나 계약이행에 변동사항이 발생할 경우 개설의뢰인(수입자) 또는 수익자(수출자)의 요청에 따라 신용장의 내용이 수정 및 취소될 수 있다.

신용장이 개설되어 수출자에게 통지된 이상, 신용장의 유효기간(expiry date) 내에 개설은행, 개설의뢰인(수입자), 수익자(수출자), 확인(통지)은행 등 신용장 거래 관계당사자 전원의 합의 없이는 신용장의 내용 변경이나 취소가 불가능한 신용장을 취소불능신용장(Irrevocable L/C)이라고 하고 개설은행이 수익자(수출자)에게 사전 통보 없이 일방적으로 신용장 조건 변경이나 취소가 가능한 신용장을 취소가능신용장(Revocable L/C)이라고 한다. 다만 취소가능신용장이라 하더라도 취소 및 조건 변경에 대한 통지를 받기 전에 해당 신용장에 의해 발행된 환어음을 이미 지급, 인수, 매입한 은행에 대해서는 개설은행이 상환의무를 지기 때문에 취소 및 조건 변동 통보는 어음 매입 이전에 통지은행에 통보되어야 한다. 아울러 신용장상에 취소불능(irrevocable)의 표시가 없는 경우에도 취소불능신용장으로 간주한다.

통지은행으로부터 신용장이 개설되었음을 통지받은 수출자는 가장 먼저 신용장상의 조건이 당초 매매계약서 내용과 상이함이 없는지를 확인하여야 하며 신용장 내도 시 우선 검토사항을 철저히 검토한 후, 변경하여야 할 사항이 발견되면 즉시 서면으로 개설의뢰인에게 그 변경 내용을 통보하고 개설은행과 통지은행을 경유하여 수익자의 동의를 확인토록 한다. 단, 취소불능신용장의 일부 조건을 변경 및 취소하고자 할 경우에는 전술한 바와 같이 개설의뢰인, 개설은행, 확인은행(확인신용장의 경우) 등 당사자 전원의 합의가 있어야 효력이 발생한다.

수익자(수출자)가 신용장 내용 변경을 요청하는 주요 사유로는 매매계약서 내용과 신용장 내용이 상이할 때, 계약 당시 언급되지 않았던 조항이 있을 때, 수용하지 못할 조건이나 제출 불가능한 서류를 요구할 때, 계약 당시와 변동 상황이 발생하였을 때(원자재 가격 인상으로 인한 단가 인상, 파업 및 자연재해 등으로 납기 준수가 어려울 경우 등) 등이 있다.

취소불능신용장의 내용 변경이나 취소 절차는 개설의뢰인(자신의 요청 또는 수익자의 요청에 의거)이 개설은행에 조건변경(취소) 요청 ▶ 개설은행이 통지은행에게 조건변경(취소) 요청서 발송 ▶ 통지은행이 수익자에게 조건변경(취소) 동의여부 확인 ▶ 수익자가 통지은행에게 조건변경(취소) 동의서 송부 ▶ 통지은행이 개설은행으로 수익자의 조건변경(취소) 동의서 송부 ▶ 개설은행이 개설의뢰인에게 조건변경(취소) 통보 순이다.

신용장에 「Transferable(양도가능)」이라고 기재되어 있는 신용장을 양도신용장(Transferable L/C)이라고 하며 신용장상의 수익자가 권리의 전부 또는 일부를 수익자가 지시하는 제3자에게 양도하는 것을 말한다. 신용장 양도는 수익자가 생산업자가 아니어서 생산업자로 하여금 직접 선적과 신용장의 매입신청을 하게 하는 경우와 무역업등록이 되어 있지 않아 직접 수출입 행위를 할 수 없을 때 무역업등록이 되어 있는 자에게 양도해 주는 경우, 쿼터 보유회사 앞으로 부득이 신용장을 넘겨 줄 필요가 있을 경우, 기타 업무수행상의 번거로움을 덜기 위해 이용된다.

따라서 신용장 양도 요건은 ① 신용장에 양도가능신용장(Transferable L/C) 및 분할청구가 허용된다는 사실이 기재되어 있어야 하고 ② 양도가능신용장은 한 번만 양도할 수 있으므로 자신(생산업자, 무역업등록이 되어 있지 않은 회사, 쿼터 미보유회사)이 제2의 수익자인지 확인해야 하며 ③ 양도되는 신용장의 조건은 원칙적으로 원 신용장 조건과 동일하여야 한다. ④ 또한 양도은행이 합의한 범위와 방법에 의해서만 양도된다.

신용장의 양도를 위해서는 수출자와 수입자가 매매계약 시 양도가능신용장 개설에 합의해야 한다. 양도가능신용장이 개설되면 수출자는 양도은행1에 양도신 청서를 제출한다. 양도은행은 양도 여부를 결정하게 되며 양도은행이 양도를 허용 하는 경우, 신용장에 양도통지서를 첨부해 양수인인 제2수익자에게 원본을 교부하 게 된다. 아울러 양도은행은 원수익자, 개설은행, 통지은행에 양도통지서 사본을 교 부한다.

2 신용장 접수 후 확인사항

신용장은 근본적으로 조건부 지급보증서이기 때문에 신용장이 개설되었다고 해서 100% 수출대금이 담보되는 것은 아니다. 따라서 신용장 개설 통보를 받게 되 면 신용장 draft를 꼼꼼히 확인해야 한다. 우선 수신된 L/C의 진위여부를 통지은행 의 협조를 얻어 확인한다. 신용장은 은행이 신용장 조건과 일치하는 선적서류를 담 보로 하여 수익자가 발행한 화환어음을 인수 · 지급 · 매입 할 것을 확약하는 조건부 지급 확약서이지만 개설은행 자체가 부실하면 대금 확보가 이루어지지 않을 수도 있다. 따라서 개설은행이 후진국의 소규모 은행이라든가 처음 들어 보는 은행이라 면 거래은행을 통해 개설은행의 신용상태를 확인해봐야 한다. 만일 개설은행의 신 용상태가 의심스러울 것으로 판단되거나 수입자 소재국의 정치, 경제 상태가 불안 정할 경우에는 개설은행과 동일한 지급의무를 지게 되는 확인은행이 지급을 확인해 주는 confirmed L/C로 변경 요청토록 한다.

다음에는 전술한 바와 같이 신용장상의 내용과 조건이 당초 계약서 내용과 (특 히 품목, 수량, 단가, 금액, 납기일 등과 네고할 때 구비서류 등) 동일한지 꼼꼼히 대조, 확 인한 후 다른 내용이 발견되거나 조건을 변경할 필요가 있다면 개설의뢰인(수입자) 에게 변경을 요청토록 해야 추후에 발생할지도 모를 분쟁을 사전 예방할 수 있다. 또한 신용장 자체의 모순이 있는지도 살펴 모순 내용이 발견되면 즉시 수정(Amend) 을 요청해야 한다. 예를 들어 신용장상에 CIF로 표시되었지만 B/L 발행 조건에 Freight payable(운임후지급)이 표시되었다면 신용장 자체 모순으로 하자서류가 되어

---

1 수익자가 신용장 양도절차를 신청할 수 있는 은행은 개설은행으로부터 양도은행으로 지정된 은 행임.

수출보험 효력이 상실되고 은행에서 매입도 하지 않게 된다. 마지막으로 신용장의 효력에 대한 특별한 내용 중 동 신용장의 조건이행이 불가능한 문항의 유무를 확인하고 이행 불가능한 조건이 있으면 이를 삭제하도록 요구한다.

07

수출승인 또는 수출요건 확인

1 수출입품목의 관리

　신용장을 접수 한 후, 주문물품 제작에 들어가기에 앞서 해당 제품을 수출할 때 한국에서 관련 기관의 승인 또는 허가를 받아야 하는지를 사전에 확인해야 한다. 물론 수출 시 수입자의 국가에서 필요로 하는 인증 또는 승인(허가) 절차는 없는지도 사전 확인해야 하는데 특히 인증 유무는 계약서 작성 전에 이미 조사하여 이에 대비해야 한다. 인증을 필요로 하는 국가의 바이어로부터 주문을 받아 계약을 체결했다 하더라도 해당국에서 요구하는 인증이 없는 경우에는 수출 자체가 불가능 할 뿐 아니라 인증을 받기까지는 많은 시간이 소요되기 때문이다.

　우리나라는 물품의 수출입에 대해 원칙적으로 자유이나 예외적으로 제한을 가하고 있다. 따라서 수출입 제한품목만을 별도로 발표하고 있으며 여기에 해당되지 않으면 수출입 자유품목으로 분류된다. 품목관리의 공고체계는 대외무역법에 근거한 수출입공고, 전략물자수출입공고 및 50여 개 개별법에 의한 제한내용을 취합해서 공고하는 통합공고로 이루어져 있다.

표 1 우리나라 대외무역법 제11조

제11조(수출입의 제한 등) ① 산업통상자원부장관은 헌법에 따라 체결·공포된 조약과 일반적으로 승인된 국제법규에 따른 의무의 이행, 생물자원의 보호 등을 위하여 필요하다고 인정하면 물품 등의 수출 또는 수입을 제한하거나 금지할 수 있다. <개정 2008. 2. 29., 2013. 3. 23.>

② 산업통상자원부장관이 헌법에 따라 체결·공포된 조약과 일반적으로 승인된 국제법규에 따른 의무의 이행, 생물자원의 보호 등을 위하여 지정하는 물품 등을 수출하거나 수입하려는 자는 산업통상자원부장관의 승인을 받아야 한다. 다만, 긴급히 처리하여야 하는 물품 등과 그 밖에 수출 또는 수입 절차를 간소화하기 위한 물품 등으로서 대통령령으로 정하는 기준에 해당하는 물품 등의 수출 또는 수입은 그러하지 아니하다. <개정 2008. 2. 29., 2013. 3. 23.>

③ 제2항 본문에 따른 수출 또는 수입 승인(제8항에 따라 수출승인을 받은 것으로 보는 경우를 포함한다)의 유효기간은 1년으로 한다. 다만, 산업통상자원부장관은 국내의 물가 안정, 수급 조정, 물품 등의 인도 조건 및 거래의 특성을 고려하여 대통령령으로 정하는 바에 따라 유효기간을 달리 정할 수 있다.
<신설 2013. 7. 30.>

④ 제3항에 따른 수출 또는 수입 승인의 유효기간은 대통령령으로 정하는 바에 따라 1년을 초과하지 아니하는 범위에서 산업통상자원부장관의 승인을 받아 연장할 수 있다. <신설 2013. 7. 30.>

⑤ 제2항에 따라 승인을 받은 자가 승인을 받은 사항 중 대통령령으로 정하는 중요한 사항을 변경하려면 산업통상자원부장관의 변경승인을 받아야 하고, 그 밖의 경미한 사항을 변경하려면 산업통상자원부장관에게 신고하여야 한다. <개정 2008. 2. 29., 2013. 3. 23., 2013. 7. 30.>

⑥ 산업통상자원부장관은 필요하다고 인정하면 제1항과 제2항에 따른 승인 대상 물품 등의 품목별 수량·금액·규격 및 수출 또는 수입지역 등을 한정할 수 있다. <개정 2008. 2. 29., 2013. 3. 23., 2013. 7. 30.>

⑦ 산업통상자원부장관은 제1항부터 제6항까지의 규정에 따른 제한·금지, 승인, 승인의 유효기간 설정 및 연장, 신고, 한정 및 그 절차 등을 정한 경우에는 이를 공고하여야 한다. <개정 2008.2.29., 2013. 3. 23., 2013. 7. 30.>

⑧ 제19조 또는 제32조에 따라 수출허가를 받거나 수출승인을 받은 자는 제2항에 따른 수출승인을 받은 것으로 본다. <개정 2013. 7. 30.>

1) 수출입공고

수출입공고란 대외무역법상 산업통상자원부장관이 수출입품목에 대한 직접적인 관리를 위하여 물품의 수출 또는 수입에 관한 승인품목, 허가품목, 금지품목 등의 구분에 관한 사항과 물품의 종류별 수량, 금액의 한도, 규격 또는 지역 등의 제한에 관한 조항 및 동 제한에 따른 추천 또는 확인 등에 관한 사항을 종합적으로 책정하여 공고한 것을 말한다. 이 공고는 실시 시간의 제한 없이 수시로 변경되며 국내에서 유통 소비가 이루어지지 않는 물품의 경우에는 수출입공고가 적용되지 않는다.

2) 통합공고

통합공고는 주무부서마다 다른 각각의 개별법령 및 품목, 수출입의 요건 및 절차 등을 모두 통합하여 산업통상자원부장관이 이를 일괄적으로 발표하는 고시이다. 수출입공고가 주로 경제적인 목표를 달성하기 위한 행정규제인 데 반하여, 통합공고는 일반적으로 공중도덕보호, 국민보건 및 안전보호, 사회질서 유지, 자연환경보호 등 주로 경제외적 목적에 해당하는 규제라는 점에서 다르다. 통합공고에는 수입물량 규제보다는 품질검사·형식승인 등 절차상의 요건확인을 통한 규제가 대부분이다.

3) 전략물자수출입공고

전략물자수출입공고란 산업통상자원부장관이 국제평화 및 안전유지, 국가안보를 위하여 필요하다고 인정하는 물품을 관계중앙행정기관과의 협의를 거쳐 고시하는 것으로서 전략물자의 수출제한 및 수입증명서발급에 관한 사항을 규정하고 있다.

참고자료

수출입 공고

(산업통상자원부 고시 제2014-161호, 2014. 9. 2)

제1조(목적) 이 고시는 대외무역법 제11조 제1항 내지 제5항의 규정에 의하여 물품등의 수출 또는 수입의 제한·금지, 승인, 신고, 한정 및 그 절차 등에 관한 사항을 규정함을 목적으로 한다.

제2조(통합공고와의 관계) 이 고시에 따른 수출 또는 수입승인에도 불구하고 대외무역법 제12조의 규정에 의한 통합공고 상에 수출 및 수입하고자 하는 물품의 수출·수입요령을 정한 것이 있는 경우에는 동 요령의 요건을 충족하여야 한다.

제3조(품목분류) 이 고시의 품목분류는 HS(Harmonized Commodity Description and Coding System) 상품분류에 의하며, 동 분류된 품목의 세분류는 관세·통계통합품목분류표(HSK)에 의한다.

제4조(수출금지품목) 별표1에 게기한 품목은 수출이 금지된다.

제5조(수출제한품목) 별표2에 게기한 품목은 각 품목별 수출요령에 따라 수출을 승인하여야 한다.

제6조(수입제한품목) ① 별표3에 게기한 품목은 각 품목별 수입요령에 따라 수입을 승인하여야 한다.
② 대외무역법 제16조의 규정에 의한 외화획득용 원료·기재를 수입하는 경우에는 수입제한품목이라

할지라도 별도의 제한없이 수입을 승인할 수 있다.

제7조(수출절차의 간소화)　산업통상자원부장관은 수출절차의 간소화를 위하여 특히 필요한 경우 별표 2의 수출요령에도 불구하고 수출승인기관을 따로 정하여 승인하게 할 수 있다.

제8조(세부승인요령의 공고등)　제5조의 규정에 의한 수출제한품목의 수출요령, 제6조의 규정에 의한 수입제한품목의 수입요령 및 제7조의 규정에 의한 수출절차 간소화를 위한 수출요령에서 정하는 승인기관의 장은 산업통상자원부장관의 합의(승인)를 얻어 동 세부승인요령을 공고하여야 한다. 다만, 단체의 경우에는 관계행정기관의 장을 경유하여야 한다.

제9조(수출입승인실적등의 보고)　수출입승인기관의 장은 연간 수출입승인실적을 별지서식에 의거하여 당해연도 경과 후 15일 이내에 산업통상자원부장관에게 보고하여야 한다.

제10조(재검토기한)　「훈령·예규 등의 발령 및 관리에 관한 규정」(대통령훈령 제248호)에 따라 이 고시 발령 후의 법령이나 현실여건의 변화 등을 검토하여 이 고시의 폐지, 개정 등의 조치를 하여야 하는 기한은 2016년 6월 27일까지로 한다.

부　　　칙

1. (시행일)　이 고시는 2007. 1. 1부터 시행한다.
2. (승인에 관한 경과조치)　이 고시 시행 이전의 수출입공고에 의하여 수출 또는 수입 승인을 받은 경우에는 이 고시에 의하여 수출 또는 수입 승인을 받은 것으로 본다.

부 칙(산업자원부고시 제2008-47호, 2008.3.1)

1. (시행일)　이 고시는 2008. 3. 1일부터 시행한다.
2. (승인에 관한 경과조치)　이 고시 시행 이전의 수출입공고에 의하여 수출 또는 수입 승인을 받은 경우에는 이 고시에 의하여 수출 또는 수입 승인을 받은 것으로 본다.
3. 철강재수입신고요령(산업자원부고시 제2006-125호, 2006.11.27)은 2008. 3. 1일부로 폐지한다.

부 칙(지식경제부고시 제2008-26호, 2008. 4. 24)

1. (시행일)　이 고시는 2008. 4. 24일부터 시행한다.
2. (승인에 관한 경과조치)　이 고시 시행 이전의 수출입공고에 의하여 수출 또는 수입 승인을 받은 경우에는 이 고시에 의하여 수출 또는 수입 승인을 받은 것으로 본다.

3. (일괄개정) 지식경제부 고시 제2009-193호("학술연구용품 국내제작 곤란물품 추천업무 처리규정" 등 일괄개정 고시)에 의거 제10조를 신설한다.

부   칙

이 고시는 2009년 8월 24일부터 시행한다.

부   칙

이 고시는 2010년 11월 15일부터 시행한다.

부   칙

이 고시는 2011년 2월 8일부터 시행한다.

부   칙

이 고시는 2013년 6월 28일부터 시행한다.

부 칙(산업통상자원부고시 제2014-2호, 2014. 1. 3)

이 고시는 2014년 1월 3일부터 시행한다.

부 칙(산업통상자원부고시 제2014-161호, 2014. 9. 2)

이 고시는 2015년 1월 1일부터 시행한다.

[별표 1] 수출금지품목

H S	품 목	수출요령
0208	기타의 육과 식용설육(신선·냉장 또는 냉동한 것에 한한다)	
40	고래, 돌고래류(고래목의 포유동물) 및 바다소(바다소목의 포유동물)의 것	다음의 것은 수출할 수 없음. ① 고래고기
0210	육과 식용설육(염장·염수장·건조 또는 훈제한 것에 한한다) 및 육 또는 설육의 식용의 분과 조분	

H S	품 목	수출요령
9	기타(육 또는 설육의 분과 조분을 포함한다)	
92	고래, 돌고래류(고래목의 포유동물) 및 바다소(바다소목의 포유동물)의 것	다음의 것은 수출할 수 없음. ① 고래고기
2516	화강암·반암·현무암·사암과 기타 석비용 또는 건축용의 암석	
1	화강암	⌐ 다음의 것은 수출할 수 없음 ① 자연석
11	조상의 것 또는 거칠게 다듬은 것	
12	톱질 또는 기타의 방법으로 단순히 절단하여 직사각형(정사각형을 포함한다) 모양의 블록상 또는 슬랩상으로 한 것.	
2516. 20	사암	
4301	생모피(모피사용에 적합한 머리부분·꼬리부분·발부분 및 기타 조각 또는 절단품을 포함하며, 제4101호, 제4102호 또는 제4103호에 해당하는 원피를 제외한다)	
80	기타의 모피(전신의 것에 한하며 머리 부분·꼬리부분·발부분의 유무를 불문한다)	⌐ 다음의 것은 수출할 수 없음. ① 개의 생모피
90	머리부분·꼬리부분·발부분 및 기타의 조각 또는 절단품으로서 모피제품으로 사용에 적합한 것	
4302	모피(유연처리 또는 완성가공한 것으로서 머리부분·꼬리부분·발부분 및 기타 조각 또는 절단품을 포함하고 조합하지 아니한 것 또는 기타재료를 가하지 않고 조합한 것에 한하며, 제4303호의 물품은 제외한다)	
1	전신모피(조합하지 아니한 것에 한하며 머리부분·꼬리부분·발부분의 유무를 불문한다)	
19	기타	
20	머리부분·꼬리부분·발부분 및 기타조각 또는 절단품(조합하지 아니한 것에 한한다)	⌐ 다음의 것은 수출할 수 없음. ① 개의 모피
30	전신모피 및 그 조각 또는 절단품(조합한 것에 한한다)	
4303	모피의류·의류의 부속품 및 기타 모피제품	
90	기타	다음의 것은 수출할 수 없음. ① 개의 모피제품

[별표 2] 수출제한품목

H S	품 목	수출요령
2505	천연모래(착색된 것인지의 여부를 불문하며, 제26류의 금속을 함유하는 모래를 제외한다)	다음의 것은 한국골재협회의 승인을 받아 수출할 수 있음. ① 규산분(SiO_2)이 90% 이하의 것
10	규사	
90	기타	
2517	자갈·왕자갈·쇄석(콘크리트용·도로 포장용·철도용 또는 기타 밸러스트용에 일반적으로 사용되는 것에 한한다). 싱글과 플린트(열처리한 것인지의 여부를 불문한다), 슬랙·드로스 또는 이와 유사한 산업폐기물의 매카담(이호의 앞부분에 열거한 물품들과 혼합한 것인지의 여부를 불문한다), 타르매카담 및 제2515호 또는 제2516호의 암석을 입상·파편상·분상으로 한 것(열처리한 것인지의 여부를 불문한다.	
10	자갈·왕자갈·쇄석·싱글과 플린트	1. 다음의 것은 승인없이 수출할 수 있음. ① 구석, 싱글과 플린트 2. 기타의 것은 한국골재협회의 승인을 받아 수출할 수 있음.
41	대리석의 것	

< 붙 임>

「대외무역법」 제11조의 규정에 의한 수출입공고(지식경제부고시 제2008-26호)를 다음과 같이 개정·고시합니다.

2010년 월   일
지식경제부장관

수출입공고중 개정고시

별표 2에 HS 4707100000, HS 4707300000, HS 4707900000(3개 품목)을 다음과 같이 추가 신설한다.

[별표 2] 수출제한품목

H	S		품 목	수출요령
4707			회수한 지 또는 판지(웨이스트와 스크랩)	한국제지원료재생업협동조합의 승인을 받아야 수출할 수 있음 ※ 승인기한 : 2010. 12. 31
	10	00 00	표백하지 아니한 크라프트지 또는 판지나 파형지 또는 판지제의 것	

H	S		품 목	수출요령
30	00	00	신문, 잡지 및 이와 유사한 인쇄물 등 주로 기계펄프로 만들어진 지 또는 판지의 것	까지
90	00	00	기타(선별하지 아니한 웨이스트와 스크랩을 포함한다)	

부 칙

이 고시는 2010년 0월 00일부터 시행한다.

표 2 통합공고 및 첨부파일

산업통상자원부고시 제2014 - 254호

통합공고(산업통상자원부고시 제2014-185호)를 다음과 같이 개정.고시합니다.

2014년 12월 24일
산업통상자원부장관

통합공고

1. 개정 이유

☐ 통합공고는 여러 법률에 산재되어 있는 수출입의 요건·절차에 관한 사항을 무역업자가 쉽게 파악할 수 있도록 하나의 공고에 통합하여 놓은 것으로써, 금번 통합공고 개정은 수출입 관련 개별법에서 변경된 품목별 수출입 요령의 변경사항을 반영하기 위함

2. 주요 개정내용

☐ 농림축산식품부(통합공고 본문 및 별표2 개정)

○ 「축산법」 제29조에 따라 수출입 신고대상이 되는 종축 및 생산능력과 규격을 정한 「수입종축등의 생산능력·규격기준」(농식품부 고시 제2011-116호, 2011.6.23.)개정으로 종오리에 대한 수입기준이 신설

- 통합공고 별표2 수입요령 개정

○ 사료검사요령 개정('14.4.29)에 따른 후속조치로 제29절 사료 등의 수입에 관한 내용의 개정

☐ 원자력안전위원회(통합공고 본문 및 별표1,2 개정)

○ 「핵물질 수출입요건확인 요령」 제정에 따라 핵물질 관련 품목의 수출입에 관련된 부분 개정

- 통합공고 본문 내용 개정'
' 수출입 관련 절차 용어를 '수출입 요건확인'으로 통일, 핵물질 수출입 요건확인 대상자 확대, 전략물자수출허가 대상 핵물질 제외, 핵물질 수출요건확인의 면제신청 조항 신설 등

- 통합공고 별표1 수출요령 및 별표2 수입요령 개정

☐ 기타개정

○ 지식경제부장관을 산업통상자원부장관으로 명칭변경

3. 시행일

① (시행일) 이 고시는 2015년1월1일부터 시행한다.
② (요건확인 세부요령 경과조치) 이 고시 시행이전의 제9조에 의한 요건확인기관의 세부요령 등은 이 고시에 저촉되지 아니하는 범위내에서 이 고시에 의한 것으로 본다.

첨부자료 : 📎 20141224_최종본.zip [2.7 MB]

파일명
(별표1)수출요령20141224.xlsx
(별표2)_수입요령20141224.xlsx
[별표19)국외반출승인대상-농수산...
[별지1호].hwp
[별표3] 마약종류.hwp
[별표4] 향정신성의약품 종류.hwp
[별표4-1] 원료물질 종류.hwp
[별표5] 수출수입등 허가대상 야생...
[별표6] 국제적멸종위기종.hwp
[별표7] 생태계교란생물 18종.hwp
[별표8] 멸종위기 야생생물.hwp
[별표9]국외반출 승인대상 1971종...
[별표10] 수입금지지역및수입금지...
[별표11] 폐기물부담금 및 재활용...
[별표12] 예치금 부담금 산출기준...
[별표12-1] 환경성보장제도 적용...
[별표13] 특정화학물질.hwp
[별표14-1] 폐기물국가간이동및...
[별표14-2] 바젤협약 및 OECD 폐...
[별표14-3] 수출입 신고대상 폐기...
[별표14-4] 폐기물 인계 인수 내용...
[별표15] 중국 및 베트남으로 수출...
[별표16] 지정검역물별 수입금지...
[별표17]미국수출 패류 검사대상...
[별표18] 고압가스수입요령.hwp
통합공고_개정고시_본문_전문(141...

2 수출승인 및 요건

우리나라는 대외무역법에 근거한 수출입공고상에 수출금지나 수출제한 품목이 아니라면 어떤 품목이라도 수출승인 없이 자유롭게 수출할 수 있다. 수출입공고에는 두 가지 방식이 있는데 수출입이 제한되는 품목만을 표시하여 공고하는 방식을 Negative List System이라고 하고 수출입이 허용되는 품목만을 표시하여 기재하는 것을 Positive List System이라고 한다. 우리나라는 Negative List System을 적용하고 있다. 즉 이 리스트에 없는 품목은 별도의 수출승인 없이 수출할 수 있다.[1]

현재 수출입에 제한을 받고 있는 품목은 ① 헌법에 따라 체결·공포된 조약이나 일반적으로 승인된 국제법규에 따른 의무를 이행하기 위하여 산업통상자원부장관이 지정·고시하는 물품 등 ② 생물자원을 보호하기 위하여 산업통상자원부장관이 지정·고시하는 물품 등 ③ 교역상대국과의 경제협력을 증진하기 위하여 산업통상자원부장관이 지정·고시하는 물품 등 ④ 방위산업용 원료·기재, 항공기 및 그 부분품, 그 밖에 원활한 물자수급과 과학기술의 발전 및 통상·산업정책상 필요하다고 인정하여 산업통상자원부장관이 해당 품목을 관장하는 관계 행정기관의 장과 협의를 거쳐 지정·고시하는 물품 등이다.

따라서 수출대상 물품이 대외무역법의 수출입공고상으로 수출금지품목이나 수출제한 품목일 경우에는 해당기관이나 단체로부터 수출승인(E/L)을 받아야 수출할 수 있으며,[2] 통합공고상으로 수출이 규제되고 있는 품목인 경우에는 해당 기관으로부터 수출요건 확인을 받아야 한다.

해당물품이 2개 이상의 법령에 관련되어 요건기관이 2개 이상이면 요건기관마다 확인을 다 받아야 수출할 수 있다.[3] 수출승인신청 시 구비서류는 ① 수출입승인신청서(업체용, 세관용, 승인기관용 : 산업통상자원부용) 및 사본(신청자가 신청한 경우만 해당한다.) ② 수출신용장, 수출계약서 또는 주문서 ③ 수출대행계약서(공급자와 수출자가 다른 경우) ④ 기타 수출승인기관에서 요구하는 서류 등이다.

---

1 수출승인을 받을 필요가 없는 대부분의 품목은 수출통관 시 간단히 Invoice, Packing list만으로도 수출 면장을 발급 받을 수 있다.

2 시행령을 통해 산업통상자원부장관은 수출제한품목의 수출승인건을 고시하는 관계 행정기관 또는 단체의 장에게 위탁해놓고 있다.

3 수출입공고와 통합공고는 상호 독립적인 관계이다. 따라서 어느 공고상에 제한이 있는 경우에는 이를 배제할 수 없다. 그러므로 수출입공고와 통합공고에 의한 제한내용을 동시에 충족시켜야 한다.

　　수출 승인기관의 장은 수출 승인을 하려는 경우, 수출승인 요건에 합당한지를 확인하여야 하는데 그 요건은 ① 수출하려는 자가 승인을 받을 수 있는 자격이 있는 자일 것 ② 수출하려는 물품 등이 수출입공고 및 이 규정에 따른 승인 요건을 충족한 물품 등일 것 ③ 수출하려는 물품 등의 품목분류번호(HS)의 적용이 적정할 것 등이다.

08

수출보험 가입

1 수출보험의 기능과 종류

　　수출보험이란 수입자의 계약 파기, 파산, 대금지급지연 또는 거절 등의 신용위험[1]과 수입국에서의 전쟁, 내란 또는 환거래 제한 등의 비상위험[2] 등으로 수출자 또는 수출금융을 제공한 금융기관이 입게 되는 손실을 보상함으로써 궁극적으로 우리나라의 수출을 촉진하고 진흥하기 위한 수출지원제도이다. 수출보험 가입을 통해 수출자는 수출대금을 받지 못하여 발생한 손실을 보상받을 수 있기 때문에 위험성이 있는 외상거래나 신규 수입자의 적극적인 발굴을 통한 신시장 개척 및 시장다변화를 도모할 수 있고 금융기관은 담보능력이 부족한 수출업체에 대해서도 수출보험증권이나 수출신용보증서를 담보로 활용하여 무역금융 지원 확대 및 위험도가 높은 수출거래에 대한 지원이 가능해진다. 현재 한국무역보험공사(이하「무보」)는 각종 대외거래와 관련하여 13개의 보험제도, 2개의 보증제도 및 기타 서비스를 제공하고 있다.

1　신용위험(Commercial Risk) : 수입자에 관련된 위험으로 수입자 또는 L/C 개설은행의 파산, 지급 불능, 지급거절, 지급지체 등으로 인한 수출대금 미회수위험
2　비상위험(Political Risk) : 수입국에 관련된 위험으로 전쟁, 내란, 혁명, 환거래제한 또는 모라토리움 선언 등으로 수출불능 또는 수출대금 회수불능위험

표 1 무보의 수출보험 종류
단기성 종목
결제기간 2년 이내 수출거래 대상
단기수출보험, 수출신용보증(선적전, 선적후, Nego), 중소기업Plus+보험 등
중장기성 종목
결제기간 2년 초과 수출거래 대상
중장기수출보험(선적전, 공급자신용, 구매자신용), 해외사업금융보험, 해외투자보험(주식, 대출금, 보증채무, 부동산에 대한 권리), 해외자원개발펀드보험, 해외공사보험, 수출보증보험, 이자율변동보험, 서비스종합보험(기성고·연불방식) * 해외투자(주식, 대출금, 보증채무, 투자금융, 부동산에 대한 권리), 해외자원개발펀드보험, 해외공사보험, 수출보증보험은 결제기간에 대한 제한이 없으나 통상 중장기거래와 관련하여 이용되는 경우가 많음.
기타 보험종목 및 서비스
환변동보험, 신뢰성보험, 수입자 신용조사 서비스, 해외채권 추심대행 서비스

그림 1 단기수출보험 사고 처리절차 개요도

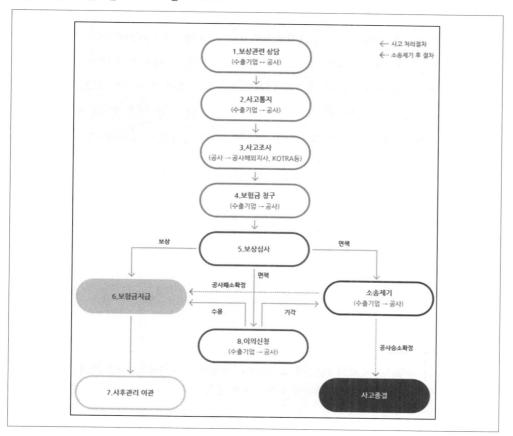

2 환변동보험

　　환변동보험3이란 수출 또는 수입을 통해 외화를 획득 또는 지급하는 과정에서 발생할 수 있는 환차손익을 제거, 사전에 외화금액을 원화로 확정시킴으로써 환율변동에 따른 위험을 헤지(Hedge)4하는 상품이다. 환변동보험(선물환방식)에 가입함으로써 환위험 관리여건이 취약한 중소기업들은 환위험을 손쉽게 헤지할 수 있어 보다 적극적으로 수출활동을 할 수 있게 된다. 한국무역보험공사에서는 수출기업들을 대상으로 환변동보험을 통해 환율 하락 시에는 손실을 보상하지만 환율 상승 시에는 이익금을 환수하게 된다.

　　한국무역보험공사의 환변동보험의 장점은 ① 최장 5년까지 환리스크 헤지 가능(청약시점부터 일반수출거래는 3년까지, 플랜트, 선박 등 중장기 수출계약건은 5년까지 헤지 가능) ② 저렴한 비용(계약이행 관련 증거금 또는 담보 제공 없이 저렴한 보험료만으로 이용 가능 : 6개월 동안 US$1백만 헤지 시 보험요율은 0.02%~0.03% <US$200~350>) ③ 자유로운 조기결제 실시(수출입계약의 변경, 수출대금 조기입금, 수입대금 조기지급 등 외화자금 흐름과 환위험 관리를 일치시킬 수 있도록 만기일 이전 조기결제 가능) ④ 외화자금의 실제 인도가 필요 없는 차액정산방식(실제 외화자금의 매매는 시중 금융기관과 이루어지며 한국무역보험공사와는 보장환율5과 결제환율 차이6에 따라 발생하는 원화차액만 정산)이라는 점이다.

---

3 보다 자세한 사항은 한국무역보험공사 홈페이지 → 보험종목 → 환변동보험을 참고한다.

4 환율변동에 따른 위험을 없애기 위하여 현재 수준의 환율로 수출이나 수입, 해외투자에 따른 거래금액을 고정시키는 것

5 보장환율＝청약일 시장 평균환율＋Swap Point
　Swap point＝현물환율×(한국금리－외국금리)×(기간/360)
　보장환율이란 한국무역보험공사가 보험계약자에게 보장하는 각 결제일별 환율

6 보험금 지급액＝보험금액×(보장환율－결제환율), 이익금 환수액＝보험금액×(결제환율－보장환율)

그림 2 환변동보험 거래구조

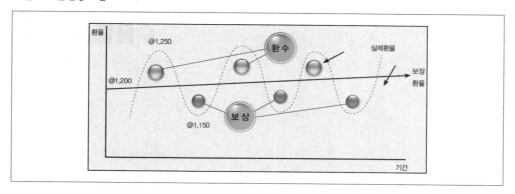

청약 당일 보험금을 납부해야 하며 보험요율은 보험계약자의 신용등급과 결제 기간에 따라 산정된다.

그림 3 인수한도 책정 신청서(환변동보험)

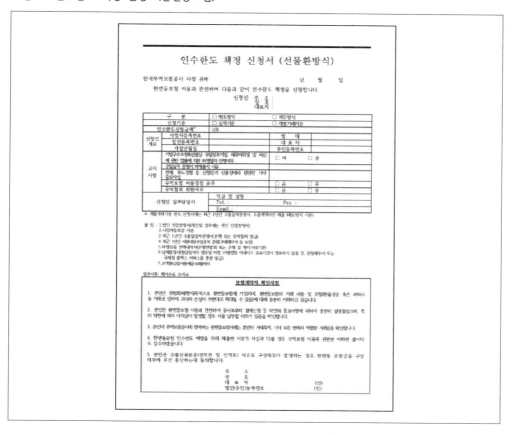

수출물품 조달

1 수출물품 및 원자재 확보

주문받은 수출물품을 확보하는 방법은 수출자가 운영하는 공장에서 수출물품을 직접 제조·생산하는 방법과 국내의 다른 기업이 생산했거나 보유하고 있는 완제품을 구입하는 경우로 분류된다. 또한 수출자가 직접 생산하는 경우, 제품 생산에 필요한 원부자재를 국내에서 구입하는 방법과 해외에서 수입하여 조달하는 방법이 있다. 국내에서 타회사가 생산한 완제품을 구입하거나 수출물품을 직접 생산하기 위해 필요한 원자재를 국내에서 구입할 때 내국신용장과 구매확인서를 주로 사용한다. 수출용원자재를 국내에서 또는 해외로부터 구입 시, 무역금융 지원을 받을 수 있으며 특히 수출용원자재 수입건에 대해서는 관세 환급 혜택이 주어진다.

자가 생산의 경우, 신용장이 내도된 이후에 생산에 착수하는 것이 바람직하다. 신용장 개설에 앞서 무역거래계약이 체결되었다 하더라도 일부 바이어들은 이런 저런 이유를 대가며 신용장 개설을 지연시키는 경우도 있으므로 특히 첫 거래인 경우, 신용장 개설이 확인된 이후에 작업에 들어가는 것이 좋다. 그러나 오랫동안 거래해 온 바이어라면 신용장 개설 전이라도 계약체결 후 바로 생산에 착수하기도 한다. 그리고 당초 계약대로 납기를 맞출 수 있도록 선적일 등을 감안하여 원자재를 확보하고 생산 진도율을 수시 점검토록 하며 불량률을 최소화하여 클레임을 당하는 일이 없도록 유념한다.

2 내국신용장

내국신용장은 흔히 Local L/C라고도 불리는데 내국신용장은 외국신용장 개설의 뢰인으로부터 받은 Master L/C를 담보로 하여 수출업자가 수출물품을 제조·가공하는 데 소요되는 원자재 또는 완제품을 국내에서 원활하게 조달할 수 있도록 은행이 국내 원자재 또는 완제품공급업자에게 내국신용장의 수혜 자격에 의한 조건을 충족시켰을 때 대금지급을 보증하는 국내용 신용장이다. 일반적으로 수출자의 거래은행에서 내국신용장을 개설·발행한다. 또한 내국신용장을 수령한 원자재 공급업자는 이 내국신용장을 근거로 제2, 제3의 내국신용장을 발행할 수도 있다. 이러한 경우는 제일 먼저 내국신용장을 수취한 원자재 공급자도 다시 다른 업체에 원료를 공급받아서 중간재를 생산하여 수출자에게 공급할 때 발생된다.

그림 1 내국신용장 개설신청서 및 취소불능내국신용장 예

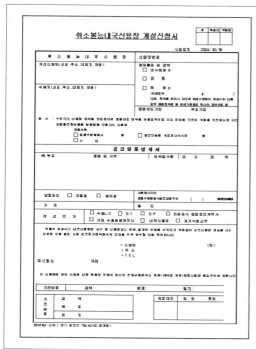

내국신용장은 수출자에게 있어서는 은행이 지급 보증을 해주는 것이므로 원자재의 조달을 현금의 지불없이 미리 확보할 수 있는 장점이 있고 공급업자 역시 은

행에서 지급을 보증하고 있으므로 안심하고 물품을 생산 할 수 있다. 또한 무역금융 융자대상 증빙으로 인정하여 제조 및 가공에 소요되는 생산자금과 수출용원자재 구입자금을 무역금융으로 융자한다. 그리고 내국신용장에 의한 물품공급 실적을 수출실적으로 인정하고 부가가치세 영세율[1]을 적용하는 등 국산 원자재 사용 촉진을 통한 외화가득률 제고에 중요한 역할을 한다.

표 1 내국신용장 업무흐름 과정
① 수출자(개설의뢰인)과 국내원자재공급자(수혜자)간 물품(완제품 또는 원자재) 매매계약체결
② 수출자는 거래은행에 내국신용장 개설의뢰
③ 개설은행은 공급자에게 내국신용장 개설통지
④ 수혜자는 거래은행에 생산자금 및 원자재 금융융자
⑤ 공급자는 수출자에게 물품공급 및 세금계산서 송부
⑥ 수출자는 수혜자에게 물품수령증명서 발급
⑦ 공급자는 거래(매입) 은행에 내국신용장 매입신청
⑧ 공급자 거래은행은 개설은행에게 내국신용장 어음 추심의뢰
⑨ 수출자는 개설은행에 대금 지급
⑩ 개설은행은 공급자의 거래은행에 환어음 결제
⑪ 공급자 거래은행은 공급자에게 대금 지급

수출자가 내국신용장을 개설하기 위해서는 국내 거래은행에 내국신용장 개설 한도가 설정되어 있어야 한다. 이 한도는 해외에서 내도한 Master L/C 또는 과거 1년간의 수출 실적을 기준으로 설정된다. 한국무역보험공사의 「수출신용보증(선적전)·수출용원자재 수입신용보증제도」를 이용하여 내국신용장을 발행할 수도 있다. 내국신용장의 업무흐름 과정은 [표 1]과 같다.

3 구매확인서

구매확인서란 내국신용장에 의하지 아니하고 국내에서 외화획득용 원료 또는 물품을 공급받는 경우에 외국환은행의 장이 내국신용장에 준하여 발급하는 서류이다. 내국신용장은 개설의뢰인의 화환신용장(Master L/C)을 근거로 발급되지만 구매확인서는 수출업자의 신청에 의하여 수출신용장, 수출계약서, 외화매입증명서 등을 근

---

1 영세율 제도란 매출과표(공급가액)에 적용하는 세율을 0으로 하여 세율을 적용하는 제도이다. 영세율이 적용되면 납부할 매출세액뿐 아니라 매입할 때 부담하는 매입세액도 환급받을 수 있기 때문에 사업자에게는 매우 유리한 완전면세제도라 할 수 있다.

거로 발급된다. 이는 무역금융 한도 부족이나 신용장을 수취하지 아니하고 현금으로 대금 결제를 받는 경우 등 내국신용장을 개설하기 어려운 경우, 수출지원금융 융자 대상에서 제외되는 데에서 오는 불이익을 보완하기 위한 제도로서 구매확인서에 의한 공급실적은 내국신용장에 의하여 공급한 것과 동일한 것으로 보아 수출업자에 대한 수출실적으로 인정되며, 부가가치세에 있어서도 영세율의 적용대상으로 규정하고 있다. 구매확인서와 내국신용장의 차이는 내국신용장은 외국환은행이 물품대금에 대한 지급확약을 하지만 구매확인서는 외국환은행의 지급보증이 없다는 점이다.

그림 2 구매확인서

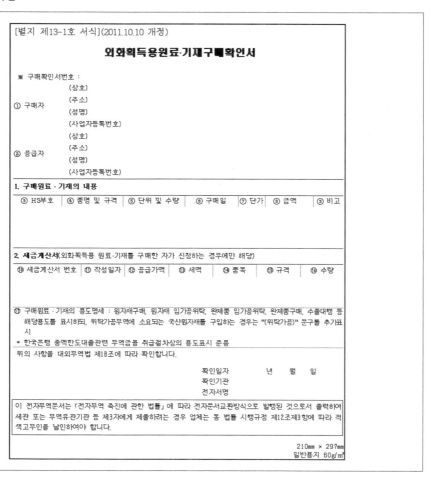

표 2   구매확인서 발급 절차
① 수출자와 국내 공급자의 물품공급계약 체결, 공급 완료 후
② 수출자는 Utra-Hub(www.ultrahub.or.kr)를 통해 한국무역정보통신에 구매확인서 발급 신청
③ 한국무역정보통신의 장은 구매확인서를 구매자와 공급자에게 이메일로 발급

표 3   내국신용장과 구매확인서 차이점

구분	내국신용장	구매확인서
관련법규	무역금융 취급세칙 및 절차	대외무역관리규정
개설(발급)기관	외국환은행	좌동
결제방법	은행에서 개설관리 및 내국신용장 환어음 결제	당사자 간 협의에 따른 결정
거래대상물품	수출용원자재 및 수출용 완제품	좌동
금융혜택 및 지급보증	- 수출금융 융자대상 - 지정 외국환은행의 지급보증	- 수출금융 수혜불가 - 지급보증 없음
발급신청 시 첨부서류	1. 수출신용장 2. 수출계약서 3. 외화표시물품공급계약서 4. 내국신용장 5. 당해업체의 과거 수출실적	1. 수출신용장 2. 수출계약서 3. 외화매입증명서 4. 내국신용장 5. 구매확인서 6. 외화획득용물품을 생산하기 위한 경우임을 입증하는 서류
개설(발급) 제한여부	당해업체의 원자재 금융융자 한도 내에서 개설 가능	당해업체의 거래증빙 서류 보유범위 내에서 제한없이 가능
공급실적의 수출실적 인정여부	수출실적으로 인정	좌동
영세율 적용	적용가능	좌동
관세 환급	환급가능	좌동

10

무역금융 수혜

1 무역금융의 의미 및 특징

무역금융이란 수출을 촉진하기 위해 외국환은행이 수출자에게 수출물품의 생산, 원자재 및 완제품 구매에 필요한 자금을 원화로 대출해주거나 원자재나 완제품 공급자에 대해 지급보증을 해주는 제도를 말한다. 수출자는 무역금융제도를 이용하여 해당 수출을 실현시키기 위해 국내 거래에서 소요되는 자금을 외국환은행으로부터 대출을 지원받을 수 있거나 은행이 지급보증을 해주기 때문에 당장 자기 자금이 부족해도 수출에 전념할 수 있게 된다.

무역금융은 다음과 같은 특징을 갖고 있다. ▲ 수출물품을 생산하는 데 소요되는 자금을 선적 전에 지원한 후, 수출대금으로 융자금을 상환토록 하는 선적 전 금융이다. ▲ 수출이행 전체 과정을 대상으로 생산자금, 원자재구매자금 및 완제품구매자금을 수출이행 과정별로 연계하여 소요시기에 맞추어 지원하므로써 불필요한 금융지원과 중복지원을 방지하고 있다. ▲ 내국신용장제도를 통해 수출용 원자재 생산자나 완제품 공급자들에게도 당초 수출자와 동등한 차원에서 금융이 지원되고 있다. ▲ 수출업체에 대하여 금융비용의 부담을 덜어줌으로써 수출경쟁력을 확보할 수 있도록 무역금융금리는 금융기관의 일반 자금 대출금리보다 다소 낮은 수준으로 지원되고 있다. ▲ 무역금융을 융자받은 수출자는 융자금을 수출용원자재 조달 또는 수출품 생산 자금으로만 사용해야 한다. 따라서 당초 목적 이외 자금의 유용 방지 차원에서 사후관리제도를 운영하고 있다. ▲ 외환거래법에 의거 기획재정부장관에게 외국환 업무등록을 한 외국환은행으로 취급은행이 한정되어 있으며 하나의 수출신용장 등과 관련된 무역금융의 취급(수입신용장, 내국신용장 개설 및 무역어음 대출) 및 수출대금의 영수는 동일한 외국환은행을 통하여 이루어져야 한다는 점이다.

2 무역금융 운용

무역금융제도는 수출자가 보유한 신용장을 건별로 체크하여 신용장 금액 범위 내에서 융자한도를 정하는 「신용장기준 금융방식」과 사업체의 과거 수출실적을 기준으로 융자한도를 부여해주는 「실적기준 금융방식」이 있다. 또한 수출자가 제조업체인가 비제조업체인가에 따라서도 분류되는데 제조업체인 경우, ▲ 수출용 완제품 또는 원자재를 제조, 가공 또는 개발하는 데 필요한 비용(생산자금) ▲ 수출용 원자재를 해외로부터 직수입하거나 내국신용장에 의하여 국내 구매하는 데 소요되는 비용(원자재자금) ▲ 생산자금, 원자재자금 구분 없이 일괄하여 지원하는 자금(포괄금융[1])으로 구분되며 비제조업체인 경우, 완제품 구매를 위한 내국신용장 개설 후 결제시점에 지원하는 자금(완제품구매자금)이 있다.

표 1 무역금융의 종류		
구분	종류	내용
용도별금융	생산자금	수출용 완제품 또는 원자재 제조 · 가공비 또는 개발비
	원자재자금	수출용 수입원자재를 직수입하거나 내국신용장에 의하여 국내 구매하는 데 소요되는 자금
	완제품 구매자금	수출용 완제품을 내국신용장에 의하여 구매하는 데 소요되는 자금
포괄금융	상기 제조 · 가공비, 수입 · 국산원자재 구매자금을 일괄하여 자금용도 구분 없이 지원하는 자금	

---

1 연간 수출실적이 5,000만 달러 미만인 수출업체에 대해서는 자금용도의 구분 없이 포괄적으로 지원하고 있다.

11

생 산

1 수출상품 생산 시 고려사항

　바이어와 계약을 통해 주문이 들어오면 기한 내 약정한 물품을 공급할 수 있도록 생산계획을 수립하여야 한다. 이때 고려해야 할 사항은 원자재 확보 방안, 생산공장의 캐파(Capacity), 선적일자와 Delivery 기간 등이다. 무리한 주문과 비계획적인 생산 시스템은 불량품 생산 또는 납기 미준수로 이어져 클레임 발생의 요인이 될 수 있다는 점을 명심한다. 일반적으로 수출물량은 국내 판매보다 훨씬 단위가 크기 때문에 자사의 생산능력을 고려하여 주문을 받아야 한다. 가능한 납품 전이라도 바이어에게 생산 진행 상황을 수시로 알려주면 바이어의 신뢰를 얻는 데 도움이 될 것이다. 수출자 입장에서 바이어로부터 받게 되는 클레임 대부분은 생산과정에서 이루어진다. 불량품 발생의 주원인은 불량자재 사용, 철저하지 못한 검품, 미숙한 생산자, 생산기계 불량, 바이어의 요구사항 미숙지 또는 미반영 등이다. 불량품 납품은 어렵게 확보한 바이어에게 불신감을 주게 되고 향후 수출시장 확대에 결정적인 저해요인이 된다는 점을 인식토록 한다. 납기 미준수 역시 자사공장의 생산능력을 무시한 무리한 수주, 원부자재 확보 차질, 선적 지연, 무역절차상 행정미숙 등이 주요인이라 할 수 있다.

2 생산비 절감 노력

생산비(제조원가)는 크게 재료비, 인건비, 기타경비[1] 등으로 구성된다. 생산비 절감은 수출경쟁력으로 이어지고 수출 회사의 명운을 가르게 된다. 그러나 무조건적인 생산비 절감은 불량품 생산으로 이어질 수 있으므로 수입자가 요구하는 수준을 만족시키면서 생산비를 절감하여야 한다. 제품의 생산원가를 분석하여 최대한 생산비를 절감할 수 있는 부분이 무엇인지를 파악한다. 가장 경쟁력 있는 원자재 조달처를 발굴하고 무역금융제도를 최대한 활용하며 물류비 등 간접비용 절감 방안을 찾아본다. 인건비는 워낙 하향경직성 경비이기 때문에 절감이 쉽지 않겠으나 인건비 절감을 위해 생산을 자동화하거나 외주를 줄 수 있는 방안이 있다면 적극 검토한다.

최근에는 국내에서 생산비 절감에 한계를 느낀 많은 수출기업들이 생산비 및 물류비 절감을 위해 주문 상품을 한국에서 생산하여 선적하는 것보다 제3국에서 생산 공급하는 방안을 모색하고 있다. 생산기지를 해외로 이전하게 되면 인건비, 물류비는 물론이고 지역에 따라 비관세로 수출할 수 있을 뿐 아니라 투자유치국으로부터 각종 혜택을 받을 수 있는 장점이 있다. 그러나 외국으로의 공장 이전은 단순히 현재의 인건비만 고려할 것이 아니라 향후 인건비는 해당국가의 노동 및 산업정책에 따라 변화할 수도 있다는 점을 감안하여야 한다. 아울러 현지인들의 노동생산성, 해당국가의 법과 제도(친(親)비즈니스 환경국가인지, 사회주의 국가거나 관료주의가 만연되어 있는 국가는 아닌지), 수출하려는 국가의 오더 흐름(과거 미주 오더는 중남미에서, 유럽 오더는 동남아시아에서, 일본 오더는 중국에서라고 할 만큼 오더의 흐름이 일정했으나 최근에는 이러한 흐름이 바뀌고 있다), 부대간접비, 투자인센티브(세금감면, 과실송금, 건물 및 토지 매입조건 등), 인프라 및 자재수급의 원활성 등을 다각도로 검토한 후 결정해야 한다.

---

1 기타경비로는 전력비, 수도광열비, 운반비, 감가상각비, 수리수선비, 특허권사용료, 기술료, 연구개발비, 시험검사비, 지급임차료, 보험료, 복리후생비, 보관비, 외주가공비, 소모품비, 통신비, 여비, 폐기물처리비, 도서인쇄비, 세금 및 공과, 기타 법정경비 등이 포함된다.

CHAPTER

12

검품 및 포장

1 검품(Inspection)

　　주문된 상품의 생산이 완료되었으면 포장하기 전에, 불량품은 발생되지 않았는지 당초 계약대로 상품이 생산되었는지를 파악하기 위해 검품(Inspection)을 실시하게 된다. 또한 일부 수출물품은 관련 법규에 따라 지정된 검사기관의 수출검사를 받아야 한다. 일반적으로 수출자가 스스로 검사하기도 하지만 계약서나 신용장상에 수입자가 현지를 방문하여 직접 검사하거나, 수입자 대리인이 검사하거나, 수입자가 지정한 검사기관이 검사하는 것으로 명시되어 있으면 그대로 실행되어야 한다. 또 일부 국가에서는 대행기관을 선정하여 자국으로 수출하기 전, 수출적합성 검사를 받고 수출적합승인서를 제시해야 한다. 검품은 생산 공정 단계마다 하는 경우도 있고 생산이 완료되면 일괄적으로 하는 경우도 있다. 또한 선적 전 검품[1]과 선적 후 검품[2]으로 분류되기도 한다. 아울러 일정 수량만을 임의로 골라(random sampling) 검

---

[1] 선적 전 검사(PSI: Pre-shipment Inspection)는 선적 전에 이루어지는 완제품에 대한 상세한 검사를 포함하는 무작위 검사이다. 선적 전 검사는 일반적으로 ISO 2859-1 혹은 기타 고객과 합의하여 정의된 통계 샘플링 절차에 따라 무작위로 선정된 샘플에 대해 제조업체의 부지나 항구에서 이루어진다. 검사 기준은 유형 확인, 제품 적합성, 안전, 기능, 마크 및 안전 표시, 품질(일관된 제작), 수량, 포장, 단위 완전성 및 합의된 규정의 준수 등을 포함한다(출처 : TUV 홈페이지).

[2] 선적 후 검사(Post-Shipment Inspection)는 제품이나 원자재가 항구나 의도된 목적지에 도착한 후 제품이나 원자재가 최초 구매시의 거래 약관을 준수하고 있는지에 관한 상세한 검사이다. 선적 후 검사의 평가 기준에는 선적 제품의 수량 및 품질 검증, 운송과 관련된 손상이나 저하 또는 컨테이너 포장이 운송 중 위조되었는지 여부 등이 포함된다. 선적 후 검사는 제조업체와 공급업체

품할 수도 있고 전 수량 모두 대상으로 검품할 수도 있다. 검품과정에서 정확한 품질과 바이어 요구조건이 반영되었는지를 중점적으로 살핀다. 불량품이 검출되었을 때는 즉시 정상품으로 교체토록 한다.

수입자가 직접 생산국을 방문하여 선적 전, 검품하기 어려울 때에는 전문검사기관이 검사를 대행한 후 이상이 없음을 증명하는 확인증을 첨부토록 하기도 하는데 대표적인 수출상품 사설 전문검사 대행기관으로 SGS(Soiete Generate de Surveillance)와 TUV(Technischer Überwachungsverein)가 있다. 우리나라에도 한국에스지에스(주)(www.sgsgroup.kr)와 TUV SUD Korea(www.tuv-sud.kr)가 수출상품 검사 대행서비스를 하고 있는데 검품 후 이상이 없으면 검품확인서(Inspection Certificate)를 발부해준다.

그림 1 검품확인서(Inspection Certificate)

에 분쟁의 해결을 도와줄 매우 중요하고 독립적이며 검증 가능한 정보를 제공한다(출처 : TUV 홈페이지).

검품에는 많은 시간과 경비가 투입되지만 수출입 양당사자들은 검품을 통해 부적합 제품의 공급 및 수령으로부터 야기되는 손실과 지연을 예방하여 클레임 소지를 없앨 수 있고 이에 따른 비용과 시간을 절약할 수 있다. 또한 수입업체는 각 공급처에 대해 품질을 보장하고, 범칙금 및 납기 미준수 위험을 줄이며 대금 지불 전 제품의 품질 및 수량을 확인함으로써 재무 위험으로부터 보호받을 수 있게 된다.

2 포장(Packing)

검품이 이루어지고 생산된 물품에 하자가 없으면 수출 포장을 하게 된다. 포장 잘못으로 인하여 제품이 파손되거나 부식되는 것을 미연에 방지하기 위해서는 제품과 수출될 지역의 특성에 따라 기상, 하역, 운송 및 보관 조건 등을 고려하여 포장하여야 한다.[3] 운송도중 변질될 가능성이 있는 품목은 더욱 주의를 기울여 포장한다. 예를 들어 정밀 설계로 제작된 기계류는 포장 박스 외부로 부터의 충격방지, 방청,[4] 방수처리를 해야 하며 반도체, 의약품 및 식품 등은 방습처리도 요구된다.

운송 중 변질이나 특별히 파손 될 위험성이 크지 않은 일반 제품들은 바블지, 골판지, 스티로폴, 폴리에치렌수지, 랩, 고무패드 및 포장지등을 이용하여 제품을 포장한 후 견고한 종이 박스에 넣어 운송회사에 운송을 의뢰한다. 수출품 발송 시 견고한 박스로 포장했다 하더라도 박스 안에 내용물이 가득차지 않아 빈 공간이 있을 경우, 운송 도중 눌리거나 습기가 차면 수입지에 도착했을 때 박스가 많이 손상되는 경우도 있다. 따라서 처음부터 발송할 수출품의 양에 맞는 박스를 준비하든가 빈 공간이 있다면 바블지나 종이 등으로 공간을 모두 채워 견고하게 포장하여야 한다. 수출회사에서 직접 상품을 포장하는 경우, 포장 미숙으로 인해 수출품이 파손되는 경우도 자주 발생하므로 예상되는 외부 충격에도 견딜 수 있도록 충격 완충용 포장재료를 이용한다. 특히, 포장 불량으로 인해 수출품이 손상되는 경우, 보험 청구가 어려워질 수 도 있다는 점을 명심한다.

또한 너무 많은 수량을 한꺼번에 포장하면 잘 생산된 물품이 손상될 염려가 있

---

3 수출물품 포장 시 5가지 유념사항 : ① 최대한 많이(한 포장단위에 상품을 많이 넣는다) ② 최대한 가볍게(무게는 운임을 비싸게 한다) ③ 최대한 튼튼하게(운송 중 함부로 다뤄도 내용물이 손상되지 않아야 한다) ④ 보기 쉽게(운송 중 남의 물건과 혼돈되지 않게 해야 한다) ⑤ 박스는 컨테이너에 맞게(컨테이너의 빈공간은 비용 낭비이다).

4 방청(防鏽 anticorrosive) : 금속에 녹이 생기는 것을 방지하는 것.

으므로 주의해야 하고 너무 무거워 운송에 어려움이 있다면 중량을 알맞게 조정해야 한다. 그리고 포장할 때마다 정확한 수량을 기재하는 것이 좋다. 이때 기재된 수량을 기준으로 세부 포장명세서(Detail Packing List)를 작성한다. 아울러 외부에서도 물품의 식별이 용이하고 수입자가 포장을 뜯지 않아도 내용물을 파악할 수 있도록 외부에 표기를 하여야 하는데 이를 Packing Mark 또는 Shipping Mark라고 한다. 또한 특별히 취급 주의를 요하는 상품이 들어있는 박스 겉면에는 다음과 같은 표시를 해둔다.

그림 2   운송품 취급 주의 표시

해상운송 및 해상보험 체결

1 해상운송

수출자는 주문상품을 운반하기 위해 선박회사와 운송계약[1]을 체결하고 일자에 맞추어 선적절차를 밟아야 된다.[2] 선박회사는 적기인도(timely delivery), 안전한 운송, 운송물류비 절감을 고려하여 선정한다. 따라서 저렴하고 빠른 운송수단과 최적의 운송경로를 선택하고 운송 단계별 신속·정확한 업무처리로 비용을 절감하도록 한다. 일반적인 선적절차는 다음과 같다.

1) 선적협의

화주는 적정 선박회사를 찾아 운송할 화물명세, 일시, 출발항(선적항), 도착항(하역항) 등을 알려주고 선박회사는 일정과 운임을 제시하여 운송 예약이 이루어진다.

2) 선적요청서 제출

화주는 B/L상에 표기 될 주요 운송정보와 해당화물의 상업송장, 포장명세서와 함께 선적요청서(S/R, Shipping Request)를 선박회사에 제출한다.

---

1 운송계약의 형태로는 정기선운송, 부정기선운송, 컨테이너선운송으로 분류된다.
2 그러나 통상 선박회사와 직접 계약하는 것이 아니고 포워딩회사를 이용한다.

3) 포장 및 출고준비

운송 중 수출상품을 충분히 보호할 수 있도록 견고하게 포장하여 선박회사와 합의된 시간 내 지정부두나 창고에 입고시킬 준비를 한다.

4) 출고 및 육상운송

화주는 화물의 출고준비가 끝나면 선박회사가 지정한 부두나 창고까지 운반한다. 컨테이너3 화물의 경우, 선박회사가 화주의 창고에서 부두구간까지의 내륙운송도 서비스하는 경우가 많다.

5) 화물인도 및 입고

컨테이너로 화물을 보내는 경우, 화주가 수배한 트럭과 화물이 선적항 컨테이너 전용야드(CY)까지 들어와 화물을 선박회사에 넘겨주게 되며 트럭이 전용야드 정문을 통과하는 순간 화물에 대한 관리책임이 선박회사로 이전된다. 선박회사는 컨테이너의 외관을 검사하고 봉인에 이상이 없으면 부두수취증(D/R : Dock Receipt)을 화주에게 발급한다.

6) 선하증권 발행

화물이 선박회사에 인수되면 선박회사는 화물이 이상 없이 인수되었다는 사실과 화주 요청대로 화물을 운송하여 지정 수화인에게 화물 인수 시와 유사한 상태로 인도할 것을 약속하는 내용의 선하증권(B/L : Bill of Landing)4을 화주에게 발급한다.

---

3 컨테이너 용량

종류	사이즈(길이·폭·높이)	적재용량(CBM)	최대 적재 용량(ton)
20피트	20·8·8.6	25~28	21
40피트	20·8·8.6	54~55	26
40피트 HQ dry	20·8·9.6	67.3	25

4 선하증권은 통상 3통 발행되며 대금과 화물을 수취하는 데 반드시 있어야 할 중요한 선적서류이다. FOB조건과 같이 선임후불(착불)인 경우에는 Freight collect라고 적히고 CIF, CFR, CIP등과 같이 선임 지불조건이면 Freight prepaid라고 적힌다.

2 해상보험

무역거래에서 보험이란 화물, 선박 및 운임을 보험목적물로 하여 운송 중 보험목적물이 멸실 또는 훼손될 경우를 대비하거나 이를 보존하기 위하여 경비를 지출함으로써 화물이나 선박의 소유권자가 입은 손해를 보험조건에 따라 보상하는 제도이다. 무역에서는 해상운송에 수반되는 육상위험도 보상의 대상이 되며 해상보험은 적하보험, 선박보험과 운임보험으로 구분되는데 적하보험은 화주가, 선박보험과 운임보험은 선주가 가입한다.

표 1 해상보험 주요 용어	
용어	해설
보험자 (Insurer, Assurer)	▪ 보험계약을 인수한 자로서 보험사고 발생 시 보험금을 지급할 의무를 지는 자(즉 보험회사)
보험계약자 (Policy Holder)	▪ 보험자와 보험계약을 체결하고 보험료를 지급하는 자
피보험자5 (Insured, Assured)	▪ 피보험이익의 주체로서 보험사고의 발생으로 인하여 손해를 입은 경우 보험자로부터 보상을 받을 수 있는 자
보험료 (Insurance Premium)	▪ 보험자의 위험인수에 대한 대가로 보험계약자가 지급하는 보수 → 즉 보험계약자가 보험 가입 시 보험회사에 지불하는 금액
보험금 (Claim Amount)	▪ 담보위험으로 피보험자가 재산상 입은 손해에 대해 보험자(보험회사)가 피보험자에게 지급하는 보상금 → 실손보상 원칙에 따라 부보금액 한도내에서 보상함
보험금액 (Amount Insured)	▪ 보험계약상 보험자가 지급하기로 약정한 최고 한도액(부보금액) → 보험가액의 범위 내에서 자유로이 정함
보험가액6 (Insurable Value)	▪ 피보험목적물의 실제 경제적 가치를 평가한 금액 → 보험가액과 보험금액이 동일해야 어떠한 경우라도 손해 전액을 보상받게 된다. → 보험가액은 일반적으로 상업송장가격의 110%가 국제상관례, 적하보험 요율서상에는 최고 150%까지 한도를 정하고 있으나 보험사에서는 대개 130%까지로 제한하고 있다.
피보험이익 (Insurable Interest)	▪ 보험의 목적에 보험사고가 발생함으로써 피보험자에게 경제상의 손해를 입힐 우려가 있는 경우에 이러한 보험의 목적과 피보험자와의 이해관계를 말한다.

---

5 보험료를 수출자가 부담하는 거래조건(예 : CIF)에서 수출자는 보험계약자, 수입자는 피보험자가 된다.

6 보험금액이 보험가액보다 작은 보험을 일부보험이라 하며 전손인 경우라 하더라도 보험금은 실손 액의 일부만 보상받게 되며 분손인 경우는 비례보상한다. 한편 보험금액이 보험가액과 동일한 보

그림 1 해상보험 계약의 당사자

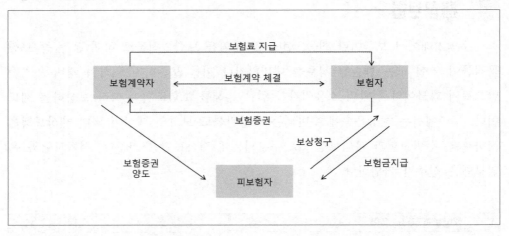

그림 2 해상보험증권 예

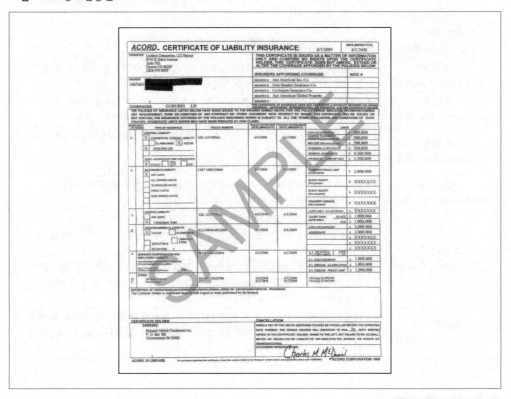

험을 전부보험이라 하며 전손인 경우 손해액 전체를 보상 받을 수 있게 되며 분손인 경우에도 실손보상된다.

해상위험이란 해상항해에 기인하거나 부수하여 발생하는 우연한 사고나 재해를 말하며 보험자가 손해를 보상하기로 약속한 위험을 담보위험, 법률이나 약관에 의해 보험자가 보상책임을 하지 않는 위험을 면책위험 그리고 담보위험과 면책위험 이외의 일체의 위험을 부담보위험이라고 한다.

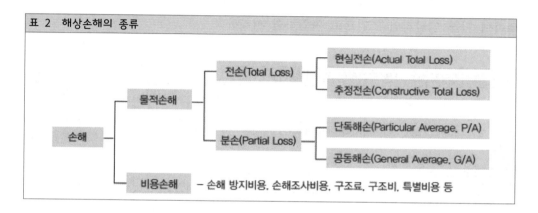

표 2 해상손해의 종류

해상손해란 해상위험으로 인하여 피보험 목적물의 전부 또는 일부가 멸실되거나 손상됨으로써 피보험자가 입게 되는 경제적 손실을 뜻하며 물적손해(피보험목적물 자체에 직접적으로 발생한 손해)와 비용손해(피보험목적물의 손해를 방지하고 경감시키기 위하여 들인 비용)로 구분된다.

표 3 해상손해의 종류

용어	해설
현실전손	▪보험목적물 완전 파괴 멸실, 피보험목적물 본래 성질 상실 및 회복불능, 선박의 행방불명 시 판정
추정전손	▪현실전손은 아니지만 현실전손을 피할 수 없고, 피보험 목적물의 가액을 초과하는 비용을 지출하지 않고는 현실전손을 피하기 어려운 경우 판정
단독해손	▪피보험목적물의 분손으로 공동해손7이 아니어서 손해를 피보험자 단독으로 부담
공동해손	▪피보험목적물에 발생한 손해를 이해관계자들이 공동 부담

수출자 입장에서는 CIF, CIP와 같이 수입자와의 계약 시 해상보험 가입이 의무인 경우 가입하게 되는데 보험가액은 CIF 가격에 피해복구 경비 10%를 더해 총

7 선박과 적재화물이 재난을 당했을 때, 공동의 이익을 위하여 선장이 취한 조치 때문에 생긴 손해를 말하며 이러한 희생과 비용은 위험을 면한 선주와 화주가 부담.

110%를 부보하여야 한다. 보험가입 조건은 런던보험자협회의 약관에 따라 ICC(A), ICC(B), ICC(C)로 구분한다. 커버 범위는 ICC(A)가 가장 넓고 보험료도 또한 높다. 따라서 특별한 조건이 없는 경우 수출자는 최소한의 위험을 부보한 조건으로 위험 가입을 해야 하므로 ICC(C)를 가입하여도 무방하다. 그러나 신용장에 어떤 가입조건 으로 하라고 지정되어 있다면 당연히 신용장을 따라야 하며 통상 포워딩회사에 문 의하여 가장 일반적인 조건으로 가입하면 편리하다.

표 4 보험가입조건에 따른 담보위험 및 면책위험			
담보위험	ICC(C)	ICC(B)	ICC(A)
화재 또는 폭발	○	○	○
본선 또는 부선의 좌초, 교사(육지나 갯벌에 배가 얹히는 것), 침몰, 전복	○	○	○
육상운송용구의 전복, 탈선	○	○	○
본선, 부선 운송용구의 타물과의 접촉, 충돌	○	○	○
피난항에서의 화물 하역	○	○	○
지진, 화산의 분화, 낙뢰	×	○	○
공동해손희생	○	○	○
투하(jettison)	○	○	○
갑판유실(washing overboard)	×	○	○
본선, 부선, 선창 운용용구, 컨테이너 지게차 또는 보관 장소에서의 해수, 호수, 강물의 유입으로 인한 손해	×	○	○
상기 이외의 멸실, 손상의 일체의 위험	×	×	○
공동해손, 구조비, 쌍방과실충돌	○	○	○
면책위험			
피보험자의 고의와 위범행위	×	×	×
통상의 누손, 중량, 용적의 통상의 감소, 자연소모	×	×	×
포장 또는 준비의 불안전(위험 개시 전, 피보험자에 의한 컨테이너 적입)	×	×	×
보험목적물의 고유의 하자	×	×	×
지연	×	×	×
선주, 관리자, 용선자, 운항자의 파산, 재정상의 채무 불이행	×	×	×
여하한자(=선원)의 불법행위에 의한 고의적 손상파괴	×	×	○
원자핵분열/원자핵 융합 또는 동종의 반응 또는 방사성 물질을 이용한 병기의 사용에 의한 멸실, 손상비용	×	×	×
선박, 부선의 불내항성, 선박, 부선 운송용 도구 컨테이너 등의 부적합	×	×	×

3 선적서류

수출물품 통관을 위해 준비해야 할 기본서류는 포장명세서(Packing List), 상업송장(Commercial Invoice), 선하증권(Bill of Landing, B/L), 항공운송 시 항공화물운송장(Air Way Bill) 및 수출보험(Export Insurance) 등이다. 이 밖에 국가에 따라 원산지증명서, 수입 승인이 필요한 품목에 대해서는 별도의 수입허가서(수입 승인), 인증관련 서류, 검품확인서 등을 요구하기도 한다.

(1) 포장명세서(Packing List)

1) 포장명세서란?

수출물품 운송 시 필요한 포장명세서란 수출품 포장에 관한 사항을 상세히 기재한 서류로 포장된 제품의 수량, 순중량, 총중량, 일련번호 등을 상세히 기재한다.8 그러나 내용물의 목록을 모두 쓸 필요는 없으며, 가격은 기재하지 않는다. 무역 거래 시, 기재 내용은 상업송장에 부수하여 거래 계약 성립에 따라 선적화물의 자세한 명세를 표시하게 된다. 그리고 선적된 화물을 일목요연하게 알아 볼 수 있도록 작성하는 것으로 송장을 보충하는 역할을 한다. 따라서 포장명세서는 상업송장 및 운송서류에 기재된 내용과 일치해야 한다.9

2) 포장명세서 작성요령

❶ Seller

매수인에게 상품을 판매하는 개인 또는 법인의 이름과 주소를 기재한다.

❷ Consignee

수출물품을 인도받는 개인 또는 법인의 이름과 주소를 기재하며 선하증권에 기재될 매수인과 동일해야 한다. 즉 신용장에 기명식이 아닌 지시식 선하증권을 요구

---

8 포장명세서는 운송도중 물건의 수량이 분실되지 않도록 하는 중요한 기능을 한다. 전체 박스의 수량이 몇 개인지, 그리고 박스 바깥에 표시된 15-13과 같은 수량 표시로 이 박스가 15박스 중 13번째 박스라는 것을 알 수 있다. 또한 전체포장을 뜯어보지 않고 박스에 어떤 제품이 얼마나 들어 있는지를 알 수 있게 되어 창고 및 재고 정리에도 많은 도움이 된다.

9 포장명세서의 수하인이 포장박스의 수하인과 일치해야한다. 순중량과 실중량은 제품의 내용물의 개수와 무게를 감안, 최대한 근사치를 만들어야 한다. 이 수치로 운송회사에서 운임을 책정하지는 않지만 통관과 비용 산정의 중요한 요소가 된다.

하는 "to the order of A" "to the order of Bank" 등으로 표시된 때에는 선하증권과 동일한 "to the order of A" "to the order of Bank" 등으로 기재하여야 한다. 전시품의 경우, Consignee는 통상 해당전시회 지정운송업체로 한다.

❸ Departure Date

화물을 적재한 선박이나 비행기가 출발하는 년, 월, 일을 기재하며 통상 B/L이나 Air Waybill 상의 선적일자와 일치시켜야 하나 송장 작성시점에서는 선적일자를 정확히 알 수 없으므로 예상되는 선적일자의 7일 전후로 기재하면 된다.

❹ Vessel/Flight

운송에 사용되는 선박/비행기 명칭을 기재하며 여러 가지 운송수단을 사용하는 경우 주된 운송수단을 기개하면 된다.

❺ From

운송수단이 출발하기로 예정된 항구나 공항의 명칭을 기입하는데 이는 신용장이나 계약서상의 적재장소와 일치하여야 한다.

❻ To

운송수단의 최종목적지인 항구, 공항 등의 명칭을 기재하며 신용장 또는 계약서상의 도착지와 일치하여야 한다.

❼ Invoice No. and Date

상업송장에 기재된 번호와 발행일을 기재한다.

❽ Buyer

상품을 구매한 개인 또는 법인의 이름과 주소를 기재한다. 신용장거래방식의 경우 신용장개설의뢰인이 Buyer가 되며 Buyer와 Consignee가 같은 경우에도 Buyer의 이름과 주소를 다시 기재한다. 한편 매도인(Buyer)과 수화인(Consignee)이 다른 경우, 즉 신용장개설의뢰인이 은행융자로 신용장을 개설하여 은행이 Consignee가 되는 경우 또는 매수인(Buyer)이 물품과 송장을 각각 다른 주소로 보내도록 요구하여 수화인(Consignee)란에 창고 등의 물품수령인의 주소를 기재하는 경우에는 Buyer란에는 실제 물품대금 지급의 의무가 있는 Buyer의 이름과 주소를 기재하여야 한다.

❾ Other Reference

거래상대방인 매수인이 신용장이나 계약서에서 특별히 요구한 사실을 기재한다. 예를 들면 원산지나 계약서 번호를 기재한다.

⑩ Shipping Mark

관련서류와 포장상품의 대조 점검을 용이하게 하고 화물을 도착지까지 신속하고 안전하게 운송할 수 있도록 간단하게 표시하여야 한다.

⑪ No. & Kind Pkgs

포장 종류당 화물의 개수를 기재하며 case, bundle, box 등 각 물품의 포장형태를 기록한다.

⑫ Goods Description

물품명세란에는 상품의 규격이나 품질뿐만 아니라 C/T No., Model No. 별로도 정확하게 기재하여 해당 물품을 성격별로 명확히 구분할 수 있도록 작성하여야 한다. 그리고 신용장이나 계약서상에서 full details list나 size & color assortment를 요구하는 경우 size와 color를 별도로 정확히 분류하여 작성하여야 한다. 신용장에서 포장방법을 요구하였을 경우에는 특별한 규정이 없더라도 그 내용을 반드시 Packing List 상에 명기하여야 한다.

⑬ Quantity or Net Weight

물품의 수량을 각 포장 case마다 구분하여 기재하며, 수량의 계산단위를 상품의 종류에 따라 적당한 단위를 사용한다.

⑭ Gross Weight

순중량에 외부포장재료의 중량을 합한 중량을 의미하는 것으로 B/L상의 중량과 일치하여야 한다.

⑮ Measurement

선적물품의 부피를 나타내는 것으로 이는 B/L상의 필수기재사항인 measurement와 일치하여야 한다. 일반적으로 용적의 계산단위는 CBM(Cubic Meter)를 주로 사용한다. 그리고 용적은 총중량 합계 및 순중량 합계와 함께 하단에 기재하는데 운송계약체결이나 운임결정에 기본적인 자료가 된다.

⑯ Signed by

포장명세서의 작성자가 서명한다.

그림 3 포장명세서 양식 및 첨부물

PACKING LIST					
① Seller(또는 Shipper/Exporter)			⑦ Invoice No., and Date		
② Consignee			⑧ Buyer(if other than consignee)		
③ Departure Date			⑨ Other Reference		
④ Vessel/Fright ⑤ From					
⑥ To					
⑩ Shipping Marks	⑪ No & Kind of pkgs	⑫ Goods Description	⑬ Quantity or Net Weight	⑭ Gross Weight	⑮ Management
			⑯ Signed by		

C/T NO.	ITEM	BARCODE	CODE No.	SIZE	INEER C/T		TOTAL Q'TY	
1~2	Basic with Heel Gray-red 1cm stripes	6417989950020	BAH35GRRD	36~41	50 PCS/1 INNER	4 INNER	10 CT	2,000 PCS
3	Basic with Heel Pink, Fuscia 1cm stripes	6417989950075	BAG35PPIFU	36~41	50 PCS/1 INNER	4 INNER	10 CT	2,000 PCS
4~5	Basic with Heel Gray muticdorstripe	6417989950181	BAH35S	36~41	50 PCS/1 INNER	4 INNER	10 CT	2,000 PCS
6~7	Basic with Heel Gray muticdorstripe	6417989950198	BAH42S	42~47	50 PCS/1 INNER	4 INNER	10 CT	2,000 PCS
8~11	Codsport with Heel Sneaker Black	6417989950105	CSHS35BK	36~41	50 PCS/1 INNER	4 INNER	10 CT	2,000 PCS
12~15	Codsport with Heel Sneaker Black	6417989950112	CSHS42BK	42~47	50 PCS/1 INNER	4 INNER	10 CT	2,000 PCS
16	Chercoal with Heel gray	6417989950129	CHH35GR	36~41	50 PCS/1 INNER	4 INNER	10 CT	2,000 PCS
17~19	Chercoal with Heel gray	6417989950136	CHH42GR	42~47	50 PCS/1 INNER	4 INNER	10 CT	2,000 PCS
20~21	Silver Health with Heel Black	6417989950150	SXH35BK	36~41	50 PCS/1 INNER	4 INNER	10 CT	2,000 PCS
22~23	Silver Health with Heel Black	6417989950150	SXH42BK	42~47	50 PCS/1 INNER	4 INNER	10 CT	2,000 PCS
24~26	Thermo (lerry) with heel fuchsia	6417989950204	THH35FU	36~41	50 PCS/1 INNER	4 INNER	10 CT	2,000 PCS
27~29	Thermo (lerry) with heel fuchsia	6417989950211	THH42FU	42~47	50 PCS/1 INNER	4 INNER	110 CT	22,000 PCS
	TOTAL					800 INNER	220 CT	44,000 PCS

(2) 송장(Invoice)

1) 송장이란?

상업송장은 수출자와 수입자간의 거래계약이나 매매계약조건을 입증하는 대표적인 서류로서 수출자가 수출통관할 때 통관용 상업송장을 작성하여 세관에 제출하는 역할과 대금청구 시 네고 서류로 활용되며 수입자 입장에서는 매입명세서로서의 역할을 해 수입세관 신고의 증명자료로 활용된다. 송장에는 상업송장(Commercial Invoice)과 영사송장(Consular Invoice), 세관송장(Customs Invoice) 등의 공용송장(Official Invoice)으로 나뉜다. 일반적으로 상업송장을 송장이라 한다.

상업송장의 형식은 자유롭게 변경이 가능하나 내용은 계약서에서 벗어나면 안 되며 특히 신용장 거래의 경우는 신용장에서 지정한 금액과 금액의 한도를 지켜야 한다. 적어야 할 제품의 종류가 많을 경우는 추가로 「을지」를 쓴다.

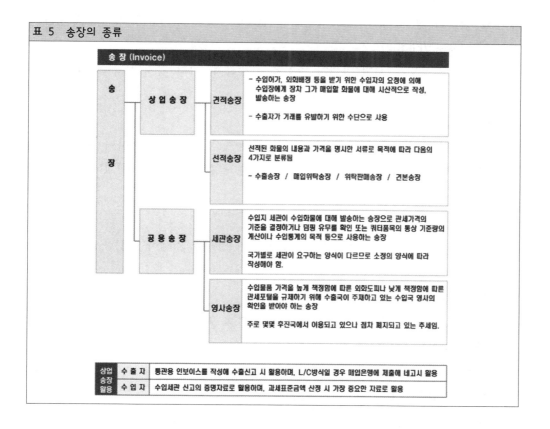

표 5 송장의 종류

송장 (Invoice)		
송 장	상업송장	견적송장	- 수입어가, 외화배정 등을 받기 위한 수입자의 요청에 의해 수입상에게 장차 그가 매입할 화물에 대해 사신적으로 작성, 발송하는 송장 - 수출자가 거래를 유발하기 위한 수단으로 사용
		선적송장	선적된 화물의 내용과 가격을 명시한 서류로 목적에 따라 다음의 4가지로 분류됨 - 수출송장 / 매입위탁송장 / 위탁판매송장 / 견본송장
	공용송장	세관송장	수입지 세관이 수입화물에 대해 발송하는 송장으로 관세가격의 기준을 결정하거나 덤핑 유무를 확인 또는 쿼터품목의 통상 기준량의 계산이나 수입통계의 목적 등으로 사용하는 송장 국가별로 세관이 요구하는 양식이 다르므로 소정의 양식에 따라 작성해야 함.
		영사송장	수입물품 가격을 높게 책정함에 따른 외화도피나 낮게 책정함에 따른 관세포탈을 규제하기 위해 수출국이 주재하고 있는 수입국 영사의 확인을 받아야 하는 송장 주로 몇몇 후진국에서 이용되고 있으나 점차 폐지되고 있는 추세임.

상업 송장 활용	수 출 자	통관용 인보이스를 작성해 수출신고 시 활용하며, L/C방식일 경우 매입은행에 제출된 네고시 활용
	수 입 자	수입세관 신고의 증명자료로 활용하며, 과세표준금액 산정 시 가장 중요한 자료로 활용

2) 송장 작성요령

❶ Seller

매수인에게 상품을 판매하는 개인 또는 법인의 이름과 주소를 기재하며, 상업송장에는 우측상단에 Manufacturer's I.D. Code를 기재하여야 한다.

❷ Consignee

수출물품을 인도받을 개인 또는 법인의 이름과 주소를 기재하며, 선하증권에 기재될 매수인과 동일해야 한다. 즉 신용장에 기명식이 아닌 지시식 선하증권을 요구하는 "to the order of 은행명" 등으로 표시된 때에는 상업송장에도 동일하게 "to the order of 은행명" 등으로 기재하여야 한다.

❸ Departure Date

화물을 적재한 선박이나 비행기가 출발하는 년, 월, 일을 기재하며 통상 B/L이나 Air Waybill상의 선적일자와 일치시켜야 한다. 그러나 송장 작성시점에서는 선적일자를 정확히 알 수 없으므로 예상되는 선적일자의 7일 전후로 기재하면 된다.

❹ Vessel/Flight

운송에 사용되는 선박/비행기 명칭을 기재하며, 여러 가지 운송수단을 사용하는 경우에는 주된 운송수단을 기재하면 된다.

❺ From

운송수단이 출발하기로 예정된 항구, 공항 등의 명칭을 기재하며 이는 신용장에 또는 계약서상의 적재지(Place of loading)와 일치해야 한다. 예) Busan Korea, Kimpo Korea

❻ To

운송수단의 최종 목적지인 항구, 공항 등의 명칭을 기재하며 신용장 또는 계약서상의 도착지와 일치하여야 한다.

❼ Invoice No. and Date

매도인(Seller)이 상업송장에 부여한 참조번호 및 송장 발행일을 기재한다.

❽ L/C No. and Date

신용장 번호 및 발행일을 기재한다.

❾ Buyer(if other than consignee)

상품을 구매한 개인 또는 법인의 이름과 주소를 기재한다. 신용장 거래방식의 경우 신용장 개설의뢰인이 Buyer가 되며 Buyer와 Consignee가 같은 경우에도 Buyer의 이름과 주소를 다시 기재한다. 한편 매수인(Buyer)과 수화인(Consignee)이 다른 경우, 신용장 개설 의뢰인이 은행융자로 신용장을 개설하여 은행이 Consignee 가 되는 경우 또는 매수인이 물품과 송장을 각각 다른 주소로 보내도록 요구하여 Consignee란에 창고 등의 물품수령인의 주소를 기재하는 경우에도 Buyer란에는 실제 물품대금 지급의 의무가 있는 Buyer의 이름, 주소를 기재하여야 한다.

⑩ Other References(또는 Remarks)

기타 참조사항 기재 난으로서 거래 상대방이 신용장이나 계약서에서 별도로 요구한 사항을 기재한다. 보통 원산지표시(Country of Origin), 관련 계약서나 오퍼번호와 발행일자 등이 기재된다(As per Sales Note No. 586 dated July 15, 2001).

⑪ Terms of Delivery and Payment

인도조건과 지불조건을 기재하여야 하며 지불조건은 INCOTERMS와 같은 정형화된 조건을 사용하여 정확하게 기술하고 사용통화도 US$ 등으로 명확히 표기한다. 예) FOB Busan, At sight L/C in US$

⑫ Shipping Marks

화인은 관련서류와 포장 상품의 대조 점검을 용이하게 하고 화물을 도착지까지 신속하고 안전하게 운송할 수 있도록 간단하게 표시하여야 한다.

⑬ No. & Kinds of Pkgs

포장종류당 포장화물의 개수와 각 물품의 포장형태를 drum, bale, box, case, bundle 등으로 기재한다.

⑭ Goods Description

물품명세란에는 규격(Specification), 품질(Quality), 등급(Grade) 등 해당물품에 대한 정확한 명세를 기재하여 다른 어떤 물품과도 명확히 구별할 수 있어야 한다. 그리고 물품명세서는 신용장상의 표현과 완전히 일치하여야 한다. 상업송장 이외의 기타서류에는 일반적인 용어(general term)로 표시할 수 있으나 상업송장에는 신용장상의 물품 명세와 일치되도록 하여야 한다.

⑮ Quantity

송장금액 계산의 기초가 되는 최소단위당 수량을 기재하며 수량의 계산단위는 일반적으로 다음과 같이 개수 혹은 도량형에 의하여 계산된다.

• 개수 → ▶ 상품수 : 개수(Piece), 조(Set), 다스(dozen) 등

▶ 포장수 : 상자(Case), 포(Bale), 부대(Bag) 등

• 도량형 → ▶ 중량 : 톤(ton), 파운드(Lb, libra), 킬로그램(kg)

　　　　　▶ 용적 : 입방피트(Cft : Cubic feet), 용적톤(M/T : Measurement Ton) 등

　　　　　▶ 길이 : 야드(Yard), 미터(Meter) 등

　　　　　▶ 면적 : 평방 피트(SF : Square Feet)

　　　　　　평방미터(SM : Square Meter) 등

아울러 수량결정시기(선적 수량조건 및 양륙 수량조건)와 과부족 용인조건(More or Less Clause)에 유의할 필요가 있으며 가능한 구체적이고 정확한 문언으로 표시해야 한다.

⑯ Unit Price

단위 수량당 가격을 기재한다. 예) US$ 3.50/kg

⑰ Amount

단위당 단가에 수량을 곱하여 총금액을 계산하되 제반비용을 첨가하여야 한다. 대량 구입에 따르는 할인이 있으면 차감하며 송장상의 금액(Amount)은 수입업자가 꼭 부담하여야 할 실채무액이 표시되어야 한다. 그리고 L/C상의 금액은 상업송장에 기재될 수 있는 최고금액을 의미한다. 그러므로 신용장상에 별도의 명시가 없는 한, 은행은 신용장이 허용하는 금액을 초과한 금액으로 발행된 상업송장의 수리를 거절할 수 있다.

⑱ Signed by

권한 있는 송장 작성자가 서명란(Signed by)에 서명한다.

<실서명(Handwriting) 혹은 스템프 날인서명 등도 가능함>

그림 4 상업송장 양식

COMMERCIAL INVOICE	
① Seller	⑦ Invoice No., and Date
	⑧ L/C No., and date
② Consignee	⑨ Buyer(if other than consignee)
③ Departure Date	⑩ Other Reference
④ Vessel/Fright ⑤ From	
⑥ To	⑪ Terms of delivery and payment

⑫ Shipping Marks	⑬ No & Kind of pkgs	⑭ Goods Description	⑮ Quantity or Net Weight	⑯ Unit Price	⑰ Amount
		⑱ Signed by			

ABC SOCK ORDER AUGUST 2014

CODE	DESCRIPTON	SIZE	QUANTITY	EUR/PR	FOB KOREA
BAH35BKGR	Basic with Heel Black-thin gray stripes	35-41			0.00
BAH42BKGR	Basic with Heel Black-thin gray stripes	42-48			0.00
BAH35GRRD	Basic with Heel Gray-red 1cm stripes	35-41			0.00
BAH42GRRD	Basic with Heel Gray-red 1cm stripes	42-48			0.00
BAH35ORTU	Basic with Orange-lurquise 1cm stripes	35-41			0.00
BAH42ORTU	Basic with Orange-lurquise 1cm stripes	42-48			0.00
BAH42BKBL	Basic with Heel Black-blue 1cm stripes	42-48			0.00
BAG35PPIFU	Basic with Heed Pink, Fuschia 1cm stripes	35-41			0.00
BAH42SS	Gray mulfodor stripes	42-48			0.00
BAH35SS	Gray mulfodor stripes	35-41			0.00
THH35-41FU	Thermo Heel Fuchsia	35-41			
THH42-48BL	Thermo Heel Dark Blue	42-48			
		Total	0		0.00

(3) 선하증권(Bill of Landing, B/L)

1) 선하증권이란?

선하증권10이란 해상운송계약의 증거서류이며 운송인이 화물을 인수 또는 선적했음을 증명하는 서류이다. 또한, 선하증권은 운송인이 증권에 기재된 화물을 수령 또는 선적하였다는 사실을 확인하고, 지정된 목적지까지 운송하여 증권의 정당한 소지인에게 화물을 인도할 것을 약속하는 유가증권이다. 선하증권의 기능을 나열하면 선박회사에 인도된 물품의 수령증이며 증권의 소유자나 피배서인이 물품의 인도를 주장할 수 있는 권리증서이다. 아울러 운송계약을 나타내는 증거서류이며 해상운송인이 운송물의 수령 또는 선적을 증명하고 양륙지에서 증권의 정당한 소지인에게 인도할 것을 약속하는 유가증권이다. 선하증권의 소지인은 선하증권과 상환으로 물건의 인도를 청구할 수 있다. 선하증권을 종류별로 구분하면 다음과 같다.

표 6 선하증권의 종류

기준	선하증권의 종류
발행시기	**선적선하증권(shipped B/L)** 화물이 실제로 선적된 후에 발행되는 증권으로 'Shipped' 또는 'Shipped on Board' 등의 문구가 표시되며 모든 선하증권은 선적선하증권으로 발행되어야 하는 것이 원칙
	수취선하증권(received B/L) 운송인이 선적을 약속한 화물을 화주가 지정된 창고에 입고시킨 후 화주가 요구할 경우 선적 전에 발행되는 증권으로 예정된 선박에서 선적이 안 되는 경우가 있기 때문에 L/C 상에 'Received B/L Acceptable'에 상응하는 문구가 없으면 은행에서 매입을 거절할 수 있음.
외관상 하자 유무	**무사고선하증권(clean B/L)** 화물 선적 당시에 화물의 포장상태 및 수량에 어떠한 손상 또는 과부족이 없이 발행되는 증권 및 과부족이 있을지라도 그 내용이 기재되지 않은 증권
	사고부선하증권(foul B/L 또는 dirty B/L) 화물 선적 당시에 화물의 포장상태 및 수량에 어떠한 손상 또는 과부족이 있어 그 내용이 기재되는 증권
수하인 표시	**기명식선하증권(straight B/L)**

---

10 선하증권은 수출자가 제시한 인보이스와 포장명세서를 근거로 선적 후 원본 3통을 발행한다. FOB 조건과 같이 선임후불(착불)인 경우에는 'Freight collect'라고 적히고 CIF, CFR, CIP 등과 같이 선임 지불조건이면 'Freight prepaid'라고 적힌다. 운송회사는 원본 B/L을 발행하기 전에 미리 오류 여부를 확인하기 위해 check B/L을 보내면 수출자는 내용이 제대로 되어있는지 확인해야 한다.

증권의 'Consignee'란에 수입자의 서명 또는 상호가 확실히 명기되어 있는 증권
지시식선하증권(order B/L) 증권의 'Consignee'란에 To Order, Order, Order of A 등의 문구가 기재된 증권이며 백지 배서로 양도가 가능함.

2) 선하증권 작성요령

❶ Shipper

송하인의 성명 또는 상호를 기재하며 혼동이 예상될 때는 주소를 명기하여 명확히 하는 것이 좋다.

❷ Consignee

T/T 방식이나 D/P, D/A 방식에서는 수입상의 상호 및 주소가 기재되나 신용장 방식에서는 신용장상에 표시된 문구에 따라 TO ORDER, TO ORDER OF SHIPPER, TO ORDER OF 개설은행명 등이 된다(상업송장상의 Consignee와 일치시켜야 함).

❸ Notify Party

대개 신용장에 Notify Accountee라 기재되며 신용장 개설의뢰인, 즉 수입업자 또는 수입업자가 지정하는 대리인이 통지처(화물도착 시 연락처)로 기재된다.

❹ Ocean Vessel

화물을 수송하는 해상운송 선박명이 기재된다.

❺ Port of Loading

화물을 선적하는 항구명 및 국명이 표시된다.

예) "Busan, Korea", "Incheon, Korea"

❻ Place of Receipt

송하인으로부터 운송인이 화물을 수취하는 장소로 "Busan C.Y" "Busan C.F.S" 등으로 표기한다.

❼ Voyage No.

운송선박의 운송회사나 선박회사가 임의로 정한 일련번호가 기재되는데 1항차는 출발항에서 목적항을 거쳐 출발항에 회항하는 것으로 한다. 수출·수입을 구별하기 위하여 East, West, South, North 등을 표기한다.

❽ Port of Discharge

화물의 양륙항 및 국명이 기재된다.

❾ Place of Delivery

운송인이 책임지고 운송하여 수하인에게 인도하여 주는 장소를 명기한다.

❿ Final Destination

화물의 최종 목적지를 표시하나 선하증권에 운임이 계상되어 있지 않는 경우는 단지 참조사항에 불과하다. 그리고 복합운송이 아닌 경우에는 기재되지 않는 경우가 많다.

⓫ B/L No.

선사가 임의로 규정한 표시번호를 기재한다. 통상 선적항과 양륙항의 알파벳 두 문자를 이용하고 번호를 일련번호로 쓴다.

"BO-5001" : Busan-Osaka, "HMBU-9001" : Hamburg-Busan 등으로 표시된다.

⓬ Flag

선박의 등록국적을 나타낸다. 해상 사고 시는 국제적 관례인 기국주의에 의한다.

⓭ Container No.

화물이 적재되는 Container No.를 표기한다.

⓮ Seal No.

Container에 적재된 화물에 봉인을 한 Seal No.를 표기한다.

⓯ No of CONT or other PKGS

컨테이너 숫자나 기타 포장개수를 기재한다. 예) 1 CNTR(컨테이너)

⓰ Description of Packages and Goods

Packing List 및 Invoice에 기재된 상품의 내용을 열거 기재하며 B/L No.도 통상 표시된다.

⓱ Gross Weight, Measurement

등록 검량회사에서 검측된 중량 및 용적이 명기된다. Packing List, Invoice와 일치되지 않는 경우 Remark를 부기하여야 한다. 화물에 이상이 있으면 송하인에게 화물파손보상장(Letter of Indemnity : L/I)을 요구하여 첨부시킨다. 수출입의 경우 Packing List와 B/L이 상이한 경우 통관되지 아니하므로 세심히 작성되어야 한다.

⓲ Freight and Charges

상품의 운송에 따른 제반비용의 명세로 Freight, C.A.F, B.A.F, C.F.S Charge,

Wharfage 등이 통상 표시되며 Through B/L인 경우는 Inland Charge가 표시된다.

⑲ Revenue Tons

중량과 용적 중에서 운임이 높게 계산되는 편을 택하여 표시한다. 즉 총중량과 총용적에 각각의 운임단가를 곱하여 총중량의 운임이 총용적보다 클 경우는 "K/T"를, 총용적이 클 경우는 "CBT"을 표시한다.

⑳ Rate

Revenue ton당의 운임단가 및 C.F.S Charge, Wharfage, B.A.F, C.A.F의 Percent 등이 표시된다. Wharfage의 경우 국내에서는 1톤 이하는 무조건 올림으로 산정하고 있어, 만일 7.001CBM이라면 8CBM으로 계산된다.

㉑ Per

용적단위 또는 중량단위로 표시하고 Full Container의 경우는 Van 단위로 표시한다.

㉒ Prepaid Collect

C.I.F 조건의 수출일 경우는 Prepaid난에 운임을 계산하여 표시한다. F.O.B 조건의 수출일 경우는 Collect란에 계산 표시한다. 또한 운임의 지불조건은 Description of Goods난에 "Freight Prepaid" "Freight Collect"라고 통상 표시되므로 혼동은 되지 않으나 간혹 기재되지 않는 경우도 있으므로 구별하여 각각의 난에 기재하는 것이 좋다. 또한 복합운송의 경우는 각 구간마다의 운임을 표시하여 계산하는 것이 복합운송을 명백히 표시하는 방법이다. 그러므로 구간표시를 하고 구간 운임 계산을 나타내는 것이 좋다.

㉓ Freight Prepaid At

C.I.F 수출조건인 경우 운임이 지불되는 장소를 나타낸다. 즉 화물이 부산에서 선적 운송되고 서울에서 운임이 지불되는 경우는 "Seoul, Korea"라고 기재한다. Freight Prepaid의 경우, 운임이 지불되지 않으면 B/L 발행자는 특별한 상거래가 없는 한 B/L을 발행 교부하지 않는다.

㉔ Freight Payable At

F.O.B 수출조건으로 운임이 수하인 부담인 경우에 수하인의 운임 지불장소가 기재된다. 운임이 지불되지 않으면 운송인 또는 대리점은 화물인도지시서(D/O : Delivery Order)를 발행 교부하지 않는다.

㉕ No. of Original B/L

Original B/L의 발행통수를 기재한다. Original B/L은 통상 3통을 한 세트로 발행하는데 그 숫자에는 제한이 없다. Original B/L에는 "Original" "Duplicate" "Triplicate" 등의 문구가 있고 은행과의 거래를 위하여 "Negotiable"이라는 문구도 표시된다. Original B/L의 경우에는 발행통수에 관계없이 그 한 장이라도 회수되면 나머지는 유가증권으로서의 효력을 상실한다(상법 816조). B/L Copy의 경우는 "Copy Non—Negotiable"이라 기재되며 B/L Copy는 유가증권으로서의 효력이 없고 단지 참조적인 서류에 불과하다.

㉖ Place of Issue

B/L의 발행 장소가 기재된다.

㉗ On Board Date and Issue

B/L의 On Board Date가 기재되며 선적일과 발행일자는 보통 일치된다. Date of Issue가 On Board Date 보다 늦을 수는 있으나 빠른 경우는 B/L의 선 발행이 되므로 은행에서 매입을 거절당할 수 있다. On Board의 하단에는 B/L 발행자의 Signature가 표시된다.

㉘ Carrier Name

B/L 발행권자의 Signature가 표시된다. B/L 발행권자는 은행에 Signature를 등록하고 있으며 일단 발행권자가 Signature한 후 B/L을 수정할 경우에는 재발급을 하든가 또는 "Correction" 도장을 날인한 후 Signature해야 한다. 그러나 중량 및 용적 등 상품의 가격에 영향을 미치지 않는 부분에는 Correction 도장만 날인해도 유효하다.

그림 5 선하증권 양식

Bill of Lading						
①Shipper/Exporter ABC TRADING CO. LTD. 1. PIL-DONG, JUNG-KU. SEOUL, KOREA			⑪B/L No. ; But 1004			
②Consignee TO ORDER OF ABC BANK						
③Notify Party ABC IMPORT CORP. P.O.BOX 1, BOSTON, USA						
Pre-Carriage by	⑥Place of Receipt PUSAN, KOREA					
④ Ocean Vessel WONIS JIN	⑦Voyage No. 1234E		⑫Flag			
⑤Port of Loading ⑧Port of Discharge ⑨ Place of Delivery ⑩ Final Destination(For the Merchant Ref.) PUSAN, KOREA BOSTON, USA BOSTON, USA BOSTON, USA						
⑬Container No. ⑭Seal No. Marks & No	⑮No. & Kinds of Containers or Packages	⑯Description of Goods	⑰Gross Weight	Measurement		
ISCU1104	1 CNTR	LIGHT BULBS (64,000 PCS)	4,631 KGS	58,000 CBM		
Total No. of Containers or Packages(in words)						
⑱Freight and Charges	⑲Revenue tons	⑳Rate	㉑Per	㉒Prepaid	㉓Collect	
㉓Freight prepaid at	㉔Freight payable at	㉖Place and Date of Issue May 20, 1999, Seoul Signature				
Total prepaid in	㉕No. of original B/L					
㉗Laden on board vessel Date Signature May 21, 1999		㉘ABC Shipping Co. Ltd. as agent for a carrier, zzz Liner Ltd.				

(4) 항공화물운송장(AWB : Air Way Bill)

1) 항공화물운송장이란?

항공수송[11] 화물에 대하여 하송인과 운송인 사이에 화물의 운송 계약이 체결되었다는 것을 증명하는 서류로 해상운송에서의 선하증권(B/L)에 해당하며 국제항공

---

[11] 항공운송의 특징 : 신속정시성(운송시간이 짧고 정시에 맞추어 운송), 안정성(수송 중 화물의 멸실 및 훼손가능성이 적음), 고운임성(비싼 운임으로 고가품 화물이 주종).

수송협회(IATA)에 의해 그 양식과 발행방식이 규정되어 있다. 이 운송장은 운송계약 체결의 증거 서류, 운송물품의 영수증, 운송요금의 청구서, 보험증명서, 세관신고 서류, 항공회사에 대한 운송품 취급, 발송, 인도에 관한 서류의 역할을 한다. 통상 수입자는 항공화물운송장 원본 보다는 팩스나 이메일로 사본을 먼저 받게 되며 항공화물 역시 보통 서류보다 수입국에 먼저 도착하는 것이 일반적이다(2~3일 내에 도착). 따라서 포워딩회사가 항공기에 화물을 실었다는 통지를 보내주면 수출자는 바로 바이어에게 이 사실을 통지하고 운송장도 이메일이나 팩스로 보내야 한다.12 (원본은 차후 우편으로 보냄13) 또한 항공화물은 보통 무게를 주된 운송비의 기준으로 하지만 부피도 같이 측량하여 더 비싼 요금을 적용하므로 항공으로 발송할 때는 운송비를 감안하여 지나치게 무겁거나 크게 포장하지 않도록 해야 한다.

2) 항공화물운송장 작성 원칙

화주가 작성하는 것이 원칙이나, 실제로는 항공사나 항공사로부터 권한을 위임받은 대리점에서 작성하는 것이 통례다. 대리점에서 운송장을 작성할 경우, 화주신고서(Shipper's Letter of Instruction) 및 신용장(L/C), 상업송장(C/I) 등 선적서류와 일치하도록 작성하고 원칙적으로 해당 화물을 전량 인수한 후에 발행한다. 아울러 항공사 및 대리점은 수하인, 하송인, 출발지, 도착지 등 운송장상의 필수적 기재사항이 빠짐없이 기재되도록 확인한다.

---

12 은행을 경유하지 않는 송금방식인 경우, 항공화물운송장을 바이어에게 직접 보내고 L/C, D/A, D/P 방식인 경우에는 해당은행(개설은행, 추심의뢰은행)에 제시하여 네고하거나 추심은행으로 발송 의뢰한다.

13 신용장을 사용할 경우, 원본 3통을 제시해야 하는 해상운송장과는 달리 항공화물운송장은 1통만 제시한다.

그림 6 항공화물운송장 예

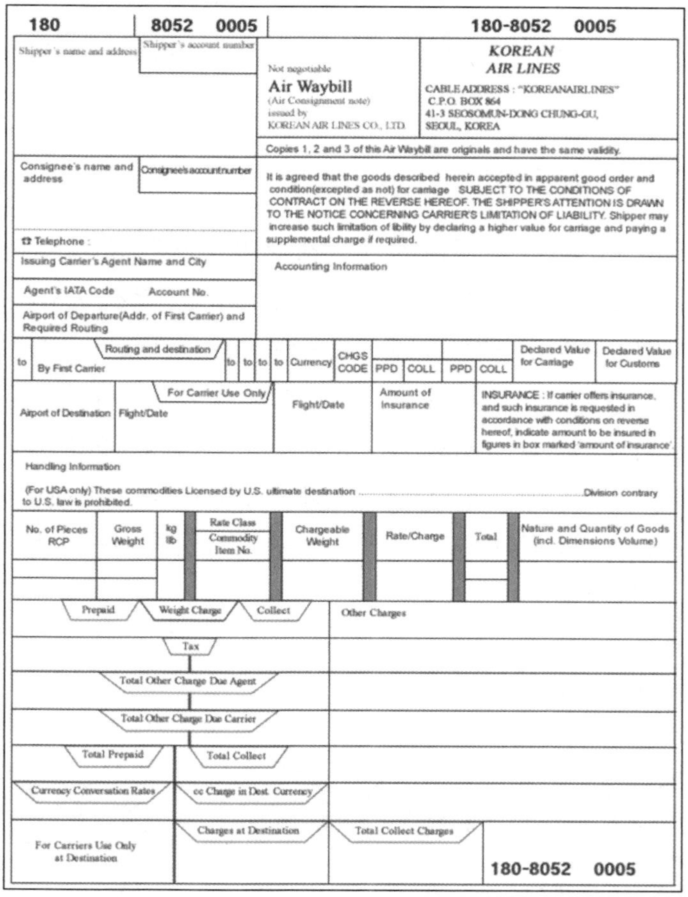

180 | 8052 0005 | 180-8052 0005

Shipper's name and address | Shipper's account number

Not negotiable
Air Waybill
(Air Consignment note)
issued by
KOREAN AIR LINES CO., LTD.

KOREAN
AIR LINES
CABLE ADDRESS : "KOREANAIRLINES"
C.P.O. BOX 864
41-3 SEOSOMUN-DONG CHUNG-GU,
SEOUL, KOREA

Copies 1, 2 and 3 of this Air Waybill are originals and have the same validity.

Consignee's name and address | Consignee's account number

It is agreed that the goods described herein accepted in apparent good order and condition(excepted as not) for carriage SUBJECT TO THE CONDITIONS OF CONTRACT ON THE REVERSE HEREOF. THE SHIPPER'S ATTENTION IS DRAWN TO THE NOTICE CONCERNING CARRIER'S LIMITATION OF LIABILITY. Shipper may increase such limitation of libility by declaring a higher value for carriage and paying a supplemental charge if required.

☎ Telephone :

Issuing Carrier's Agent Name and City

Accounting Information

Agent's IATA Code | Account No.

Airport of Departure(Addr. of First Carrier) and Required Routing

to | Routing and destination / By First Carrier | to | to | to | to | Currency | CHGS CODE | PPD | COLL | PPD | COLL | Declared Value for Carriage | Declared Value for Customs

Airport of Destination | Flight/Date | For Carrier Use Only | Flight/Date | Amount of Insurance | INSURANCE : If carrier offers insurance, and such insurance is requested in accordance with conditions on reverse hereof, indicate amount to be insured in figures in box marked 'amount of insurance'.

Handling Information

(For USA only) These commodities Licensed by U.S. ultimate destination .... Division contrary to U.S. law is prohibited.

No. of Pieces RCP | Gross Weight | kg lb | Rate Class / Commodity Item No. | Chargeable Weight | Rate/Charge | Total | Nature and Quantity of Goods (incl. Dimensions Volume)

Prepaid | Weight Charge | Collect | Other Charges

Tax

Total Other Charge Due Agent

Total Other Charge Due Carrier

Total Prepaid | Total Collect

Currency Conversion Rates | cc Charge in Dest. Currency

For Carriers Use Only at Destination | Charges at Destination | Total Collect Charges

180-8052 0005

(5) 원산지증명서(Certificate of Origin)

1) 원산지증명서란?

원산지증명서란 수출물품이 우리나라에서 재배, 사육, 제조 또는 가공된 것임을 증명하는 문서를 말한다. 이러한 원산지증명서는 화환어음의 부대서류로서 수출물품의 원산지를 확인하기 위한 통관 필요서류로서 적성국의 생산물인가를 판별할 목적으로 이용되기도 한다. 또한 수입국의 관세특혜 적용 여부에 따라 특혜원산지증명서와 비특혜원산지증명서로 구분된다. 원산지증명서는 수출입 물품의 실질적 원산지를 증명하는 자료로서, 당해 물품의 원산국 또는 선적국의 정부 및 정부가 인정하는 기관에서 발행한다. 현재 우리나라에서는 일반원산지증명서(비특혜)의 경우, 전국 69개 상공회의소에서 발급하고, 관세양허원산지증명서(특혜) 및 FTA 원산지증 명서는 전국 69개 상공회의소, 47개 세관, 2개 자유무역지역관리원에서 발급하고 있다.

2) 원산지증명서 발급절차[14]

원산지증명서를 발급받기 위해서는 우선 서명등록과 공인인증서를 준비해야 한다. 서명등록이란 각종 무역서류 인증을 위한 사전절차로서 기업의 서명권자 정 보를 비롯한 기업정보를 상공회의소에 사전 등록하는 것으로서 인증받고자 하는 증 명서에 사용되는 서명의 위조나 타인의 서명 도용 행위를 방지하기 위하여 발급신 청자의 서명을 미리 등록하는 제도이다. 공인인증서는 상공회의소 홈페이지 공인인 증센터 메뉴를 이용하여 인증서 발급신청서를 작성하고, 작성한 신청서와 첨부서류 를 구비하여 관할지 상공회의소 또는 공인인증서 등록대행기관을 방문하여 대면 확 인 절차를 거친 후 발급받게 된다.

그림 7 원산지증명서 발급절차

---

14 보다 자세한 정보는 대한상공회의소 홈페이지 방문 http://cert.korcham.net

그림 8   원산지증명서

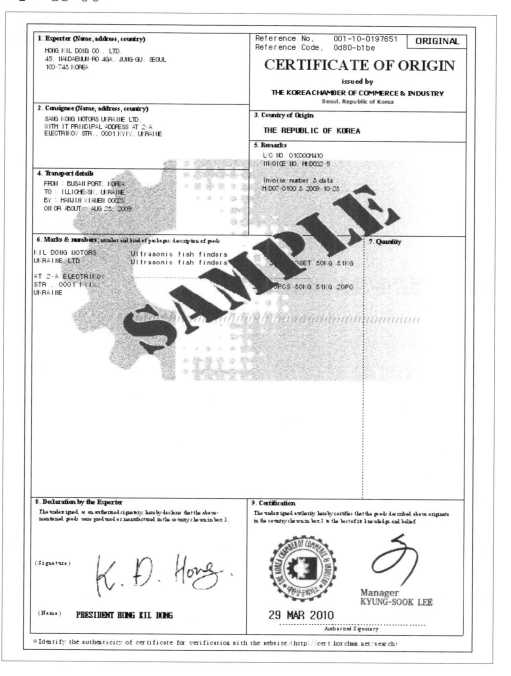

CHAPTER

14

수출통관

1 수출통관의 의미 및 절차

수출하고자 하는 물품은 외국으로 반출되기 전 대외무역법 및 관계법령 등에 의하여 수출이 가능한 물품인지와 대금영수방법에 대하여도 외국환거래법 등 관계 법규에 의거 제약이 없는지 사전 확인을 받아야 한다. 따라서 수출통관절차라 함은 수출하고자 하는 물품을 관할세관장에 수출신고를 한 후 신고수리를 받아 물품을 우리나라와 외국 간을 왕래하는 운송수단에 적재하기까지의 절차를 말하는 것이다. 현재 수출신고는 EDI(Electronic Data Interchange)방식 또는 인터넷을 통한 신고 방식 으로 신속하게 통관을 진행할 수 있으며, 신문 등 보도용품이나 카탈로그 등은 간이 수출신고 절차에 의한 더욱 간소화된 방법으로 수출통관을 할 수 있다.

수출물품에 대하여는 검사생략을 원칙으로 하고 있으나, 우범기준에 따른 전산 선별 발췌검사 등 필요한 경우 예외적으로 검사를 실시하는 경우도 있다. 이때 부정 수출이나 원산지 표시위반, 지식재산권 위반 등이 적발되면 관세법 등 관계법규에 의거 처벌될 수 있다. 수출신고가 수리된 물품은 수출신고 수리일로부터 30일 이내 에 우리나라와 외국 간을 왕래하는 운송수단에 적재되어야 한다. 다만, 적재스케줄 변경 등 부득이한 사유가 있는 경우에는 통관지 세관장으로 부터 적재기간 연장승 인을 받을 수 있다. 또한, 적재기간 내에 적재되지 아니하는 경우에는 수출신고 수 리가 취소될 수 있으며 관세환급도 불가능하니 유의하여야 한다.

그림 1   수출통관절차

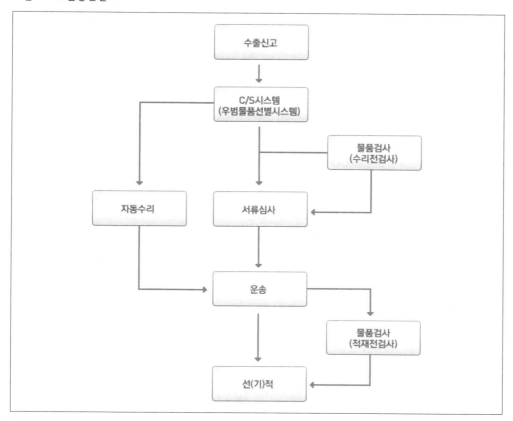

2   수출신고 및 수출신고필증

물품을 수출하고자 하는 자는 당해 물품을 선적하기 전까지 수출하고자 하는
물품이 장치된 소재지를 관할하는 세관장에게 수출신고를 하고 수리를 받아야 한
다. 현행 수출통관절차는 수출신고자가 서류 없이 전자문서(EDI)로 신고내용을 세관
에 전송하면 세관에서 컴퓨터상의 신고화면을 확인하고 신고수리를 신고자에게 전
산통보해주는 「EDI 수출통관시스템」으로 운영되고 있다.[1] 많은 수출업자들은 관세
사를 통하여 수출신고를 하고 있으며 이때 필요한 상업송장, 포장명세서, 수출승인

---

1 관세청은 수출업체의 편의 제고를 위해 무역관행상 발생할 수 있는 경미한 수출신고 사항은 출항
  전까지 자율정정을 전면 허용하기로 했다. 자율정정은 신고인이 수출정정을 세관에 신청하는 경우
  세관직원 심사 없이 전산시스템에서 자동 수리하는 것을 말한다.

서2를 거래하고 있는 관세사에 Fax로 송부하면 된다. 수출신고는 관세청에서 정한 신고서 양식에 수출신고서 작성요령에 따라 작성하여야 하며 수출신고 된 물품에 대한 신고서의 처리방법은 「자동수리」, 「심사 후 수리」 및 「검사 후 수리」 3가지가 있다.

표 1 수출신고 처리방법	
구분	내용
자동수리	전산에 의하여 자동으로 수리되는 것을 말하며, 검사대상 또는 서류제출대상이 아닌 물품은 수출통관시스템에서 자동수리 된다.
심사 후 수리	자동수리대상이 아닌 물품 중 검사가 생략되는 물품으로 세관직원이 신고내용을 심사하고 수리를 하는 방법이다.
검사 후 수리	수출물품에 대하여는 검사생략이 원칙이나 수출시 현품의 확인이 필요한 경우와 우범물품으로 선별된 물품 중 세관장이 검사가 필요하다고 판단한 물품에 대하여 수출물품을 실제로 검사하고 수출신고를 수리하는 방법이다.

수출신고가 효력이 발생되는 시점은 관세청통관시스템에서 신고번호가 부여된 시점으로 한다. 그리고 수출신고 후 수리를 받으면 세관은 수출자에게 수출신고필증을 교부하게 되는데 통상 이를 면장(Export Permit)이라 부른다. 즉 수출신고필증이란 세관이 수출자에게 물품이 수출됨을 증명하는 서류이다. 포워더는 수출자에게 팩스로 면장을 보내주고 차후 원본을 우편으로 발송한다. 수출자는 이 필증사본을 선박회사나 항공운송회사로 보내야 해당 수출물품이 항구나 공항의 면세구역으로 반입이 가능해진다. 수출면장이 발급될 시 확인해야 할 사항은 수출면장에는 FOB가격을 기준으로 기재되므로 CIF나 C&F일 경우에는 FOB가격을 산출하여 수출면장에 기재하도록 한다. 둘째, 결제통화가 미화가 아닌 다른 달러인 경우(예 : 캐나다 달러, 호주 달러), US$로 적히는 경우도 있으므로 반드시 확인한다. 아울러 해당물품이 관세환급 대상인지도 확인한다.

---

2 수출승인이 필요 없는 품목은 수출승인서를 제출하지 않아도 된다.

그림 2   수출신고필증

15

화물선적 및 수출대금회수(네고)

1 화물선적

수출신고수리일로부터 30일 이내에 수출자(화주)는 해상운송계약을 체결한 선박회사의 선박에 수출품을 선적하여야 한다. 일반화물의 경우, 화주는 선박회사로부터 교부받은 선적지시서[1](S/O : Shipping Order)를 본선에 제출한 후, 일등항해사의 서명을 받고 선적을 완료한다. 선적이 완료되면 등록검량업자가 화물의 용적과 중량을 점검한 후 본선수취증(M/R : Mate's Receipt)을 발급받게 된다. 화주는 본선수취증을 선박회사에 제출하고 선하증권(B/L)을 발급받게 된다.

---

1 선적지시서란 선주 또는 선박대리점이 본선 1등 항해사 앞으로 발행하여 선적을 지시하기 위해 작성하는 문서를 말한다. 송화주 또는 대행 하역회사에서 화물을 본선으로 운반하면, 하역책임자는 선적 지시서와 대조하여 미리 준비된 선적 계획에 따라 화물을 선적한다.

그림 1 선적지시서(S/O)과 본선수취증(M/R)

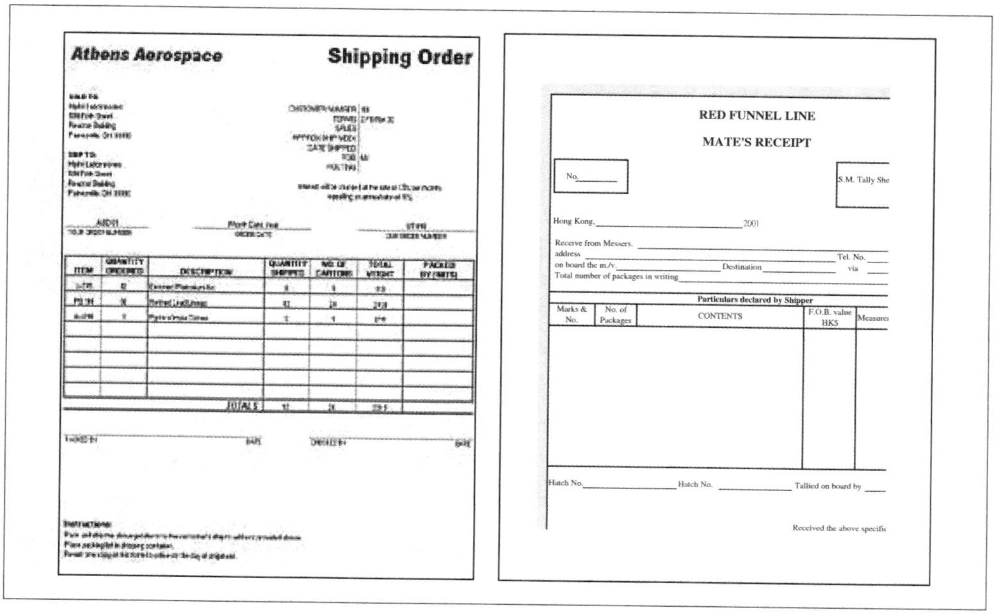

　　콘테이너 화물의 경우, 국내 운송업체는 수출자 혹은 화주의 의뢰를 받아 수출 화물을 컨테이너에 적입한 후 봉인하여 CY(Container Yard)에서 CY Operator에게 인도하게 된다. 콘테이너야드에 도착된 화물의 용적 및 중량 점검이 끝나면 부두수취증(D/R : Deck Receipt)이 화주에게 발급된다. 화주가 선박회사에 부두수취증을 제시하면 선박회사는 선하증권(B/L)을 발급하게 된다. 통상적으로 직물의 예를 들면 선박을 통해서 수출할 경우에는 용적으로 선박운임비를 청구하기 때문에 부피가 어느 정도냐에 따라 선박운임비가 결정되고 항공기의 경우에는 중량으로 항공운임비를 청구하기 때문에 중량의 과다에 따라 항공운임비가 달라질 수 있다.

그림 2 부두수취증(D/R) 및 CY Operator

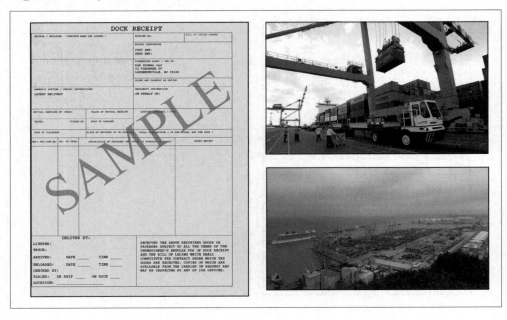

매매계약에 따라 수출자는 계약품의 선적 전 또는 선적 후, 본선명, 선적일, 선적항 등이 게재된 선적통지문(Shipping Advice)을 이메일, TLX 또는 Cable로 수입자에게 보내게 된다. 수출자는 선적통지문을 보낸 후, 선적서류의 사본 등을 항공편으로 발송한다. 특히 수입자가 해상보험을 가입해야 하는 FOB, CFR 등의 경우는 선적통지가 보험부보 시점에 중요한 참고사항이 된다.

선적통지문에는 선사명(Name of Shipping Company), 선박명(Name of Vessel), 출항일 및 예상 출항일, 선적항, 상품 및 수량, 선하증권 번호 등이 포함된다. 해상보험은 이 통지문을 근거로 가입하기 때문에 위험이 시작된 후에도 가입할 수 있어 소급적용이 가능하나 지나치게 시간이 흘러간 뒤에 가입하게 되면 문제가 생길 수 있다.

그림 3 선적통지문

```
                    ABC CORP.
        13, Heolleung-ro, Seocho-gu, SEOUL, KOREA
        Tel : 82-2-***-***   Fax : 82-2-***-***

        TO : ABC INSURANCE PTE LTD.        DATE : 29 MAY. 2010


                   SHIPPING  ADVICE

        WE HEREBY CERTIFIED THAT-

        ADDRESSING TO ABC INSURANCE PTE, LTD, 10 HOE CHIANG
        ROAD,
        HEX13-00 KEPPEL TOWERS SINGAPORE 089315 ADVISING
        SHIPMENT
        DETAILS BY OCEAN VESSEL AND REFERRING TO COVER NOTE
        NO.00010406
        AFTER SHIPMENT HAS BEEN EFFECTED AS FOLLOWS.


        SHIPMENT :
           - SHIPPING DATE : 29 MAY, 20102
           - VESSEL NAME  : HD SPRINTER 077S
           - 40,000 PAIRS OF TOE SOCKS
           - AMOUNT       : SGD46,795.77



                              --------------------
                                 ABC CORP.
                                 GIL-DONG HONG
```

2 수출대금회수(네고)

화물의 선적이 끝나면 신용장에 지시된 대로 네고 서류를 작성하여 은행에 제출하면 은행에서는 서류가 신용장의 내용과 비교하여 정확하게 작성되었는지를 검토하고 하자가 없으면 수출자의 통장에 수출대금을 미리 입금 시켜준다. 이를 네고(Nego)라고 부른다. 만약 수출자가 무역금융을 받은 경우에는 이를 공제하고 지급한다. 이로써 수출자는 수출대금을 회수하게 되며 수출자의 서류를 매입한 수출자의 거래은행은 매입은행이 된다. 매입은행 입장에서 볼 때 환어음의 매입은 일종의 여

신행위이며 매입은행은 매입대금을 신용장 개설은행에 상환 청구하거나 환거래은행 (Correspondent bank)을 통해 수입자에게 추심하게 된다. 따라서 외국환은행의 입장에서는 수출환어음 매입은 국내 수출기업을 지원하는 선적후 수출금융이므로 수출자에 대해 이자 및 제수수료를 요구하게 된다. 수출대금은 승인된 결제 방법에 의하여 회수기간 내 전액 회수되어야 하며 기한 내 회수되지 않거나 초과 영수 시, 기간을 연장받거나 미회수처리허가 또는 초과영수처리를 받아야 한다.

원만하게 네고가 이루어지기 위해서는 ① 신용장에서 요구하는 모든 서류를 제시했는지? ② 신용장에서 요구하는 부수대로 구비 했는지? ③ 제시할 개개 서류가 신용장에서 요구하는 제반 조건을 모두 충족하고 있는지? ④ 환어음 및 제반서류가 상호 간의 연관성과 기재사항에 있어 모순되는 부분은 없는지? ⑤ 개개 서류가 자격 있는 발행기관에서 발행되었고 서명을 받았으며, 소정의 형식을 구비했는지? ⑥ 환어음, 선하증권, 보험증권 등 유가증권의 권리가 정당하게 양도되었는지? 등이 먼저 검토되어져야 한다. 신용장에서 요구하는 서류작성 시 오타가 발생하지 않도록 유의하여야 하며 하자 발생 시 바이어가 이를 수용하여도 L/C 개설은행이 대금 지급을 고의로 지연시키는 경우도 종종 발생한다. 네고에 필요한 서류는 일반적으로 상업송장, 선하증권(항공 발송 시에는 항공화물송장), 보험서류, 포장명세서, 원산지증명서 및 기타서류 등이며 각각 3세트를 준비해야 한다. 원본 1세트는 신용장 개설은행에 보내지고 사본 2세트 중 1세트는 매입은행에 제출하며 남은 1세트는 수출자가 보관한다. 아울러 수출자는 『수출신고필증』과 『선적서류매입(추심)의뢰서』를 첨부하여 『환어음』을 발행, 외국환은행에 제출한다. 『선적서류매입(추심)의뢰서』란 외국환은행이 제출된 환어음과 선적서류를 심사한 후 하자가 없으면 이를 매입하게 되는데 이때 수출자가 외국환은행과 기 약정한 바에 의해 『환어음』 및 선적서류를 매입해 줄 것을 외국환은행에 의뢰하는 신청서를 말한다.

그림 4 선적서류매입(추심)의뢰서

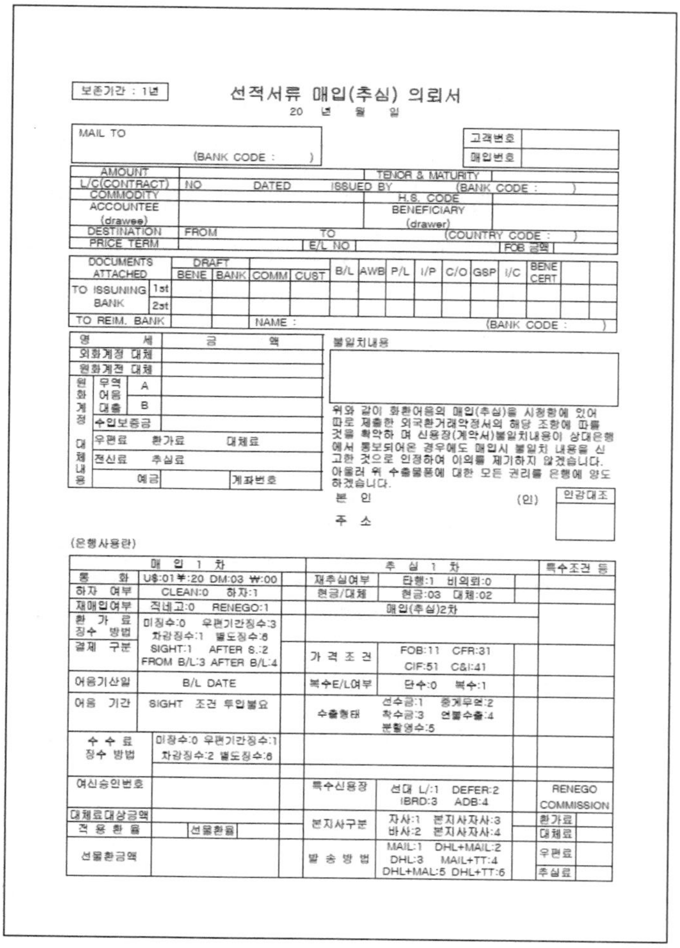

보존기간 : 1년

선적서류 매입(추심) 의뢰서

20 년 월 일

MAIL TO (BANK CODE :)

고객번호	
매입번호	

AMOUNT		TENOR & MATURITY	
L/C(CONTRACT)	NO DATED ISSUED BY (BANK CODE :)		
COMMODITY		H.S. CODE	
ACCOUNTEE (drawee)		BENEFICIARY (drawer)	
DESTINATION	FROM TO (COUNTRY CODE :)		
PRICE TERM	E/L NO	FOB 금액	

DOCUMENTS ATTACHED		DRAFT BENE	DRAFT BANK	COMM	CUST	B/L	AWB	P/L	I/P	C/O	GSP	I/C	BENE CERT		
TO ISSUNING BANK	1st														
	2st														
TO REIM. BANK				NAME : (BANK CODE :)											

명세		금액	
외화계정 대체			
원화계전 대체			
원화계정	무역어음대출 A		
	무역어음대출 B		
	수입보증금		
대체내용	우편료 환가료 대체료		
	전신료 추심료		
	예금		계좌번호

불일치내용

위와 같이 화환어음의 매입(추심)을 시청함에 있어 따로 제출한 외국환거래약정서의 해당 조항에 따를 것을 확약하 며 신용장(계약서)불일치내용이 상대은행에서 통보되어온 경우에도 매입시 불일치 내용을 신고한 것으로 인정하여 이의를 제기하지 않겠습니다. 아울러 위 수출물품에 대한 모든 권리를 은행에 양도하겠습니다.

본 인 (인)

주 소

인감대조

(은행사용란)

매입 1차			추심 1차			특수조건 등
통화	U$:01 ¥:20 DM:03 ₩:00		재추심여부	타행:1 비의뢰:0		
하자 여부	CLEAN:0 하자:1		현금/대체	현금:03 대체:02		
재매입여부	직네고:0 RENEGO:1		매입(추심)2차			
환가료 징수 방법	미징수:0 우편기간징수:3 차감징수:1 별도징수:6					
결제 구분	SIGHT:1 AFTER S.:2 FROM B/L:3 AFTER B/L:4		가격조건	FOB:11 CFR:31 CIF:51 C&I:41		
어음기산일	B/L DATE		복수E/L여부	단수:0 복수:1		
어음 기간	SIGHT 조건 투입불요		수출형태	선수금:1 중계무역:2 착수금:3 연불수출:4 분할영수:5		
수수료 징수 방법	미징수:0 우편기간징수:1 차감징수:2 별도징수:6					
여신승인번호			특수신용장	선대 L/:1 DEFER:2 IBRD:3 ADB:4		RENEGO COMMISSION
대체료대상금액			본지사구분	자사:1 본지사자사:3 바사:2 본지사자사:4		환가료
적용환율	선물환율					대체료
선물환금액			발송방법	MAIL:1 DHL+MAIL:2 DHL:3 MAIL+TT:4 DHL+MAL:5 DHL+TT:6		우편료
						추심료

3 환어음

환어음이란 어음의 발행인(drawer)이 지급인(drawee)에 대하여 일정 기일에 일정금액을 일정장소에서 지시인 또는 소지인(bearer)에게 무조건 지급할 것을 위탁하는 요식증권이자 유통증권이다. 무역거래에서 환어음 당사자 중 발행인(drawer)은 환어음을 발행하고 서명하는 자로 수출자가[2]되며 지급인(drawee)은 대금지급을 해

2 경우에 따라서는 어음 발행인이 지정하는 제3자(매입은행 등)도 drawer가 될 수 있다.

야 하는 수입자이고 수취인(payee)은 수입업자와 거래하고 있는 은행 즉, 환어음을 매입한 은행이 되나 신용장을 개설한 은행 혹은 개설은행이 지정한 은행이 될 수도 있다.

환어음은 일반적인 약속어음과 같은 점도 있고 차이점도 있다. 일반적으로 보통어음의 경우, 물건을 사는 사람이 파는 사람에게 어음을 제시하고 물건을 받는다. 그러나 환어음[3]은 일반 약속어음과는 달리 파는 사람(수출자)이 사는 사람(수입자)에게 돈을 달라고 제시하는 어음이다. 또한 돈을 받는 사람이 반드시 수출자가 아니라 은행이 될 수도 있으며 지불되는 돈이 한국 돈이 아닌 외국 돈으로 지불된다는 점에서 환(換)이라는 단어가 사용되는 것이다.

그림 5 환어음의 구성

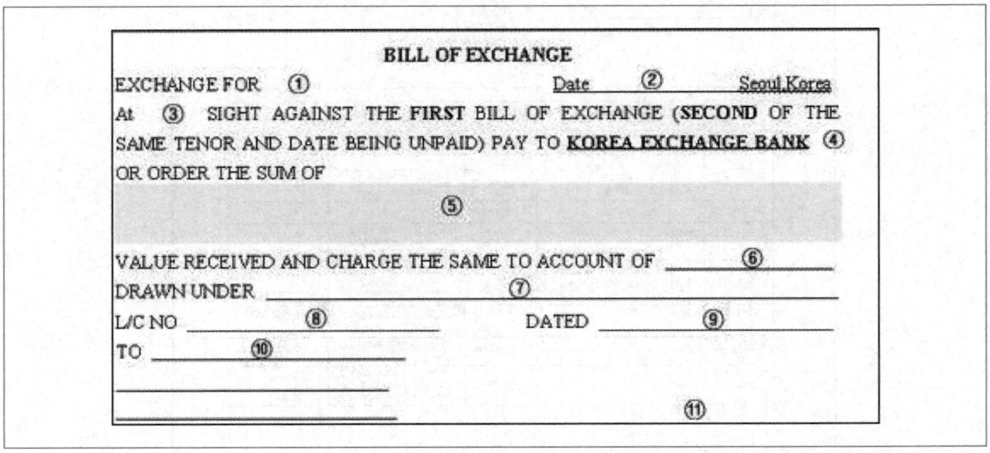
BILL OF EXCHANGE

EXCHANGE FOR ① Date ② Seoul,Korea

At ③ SIGHT AGAINST THE **FIRST** BILL OF EXCHANGE (**SECOND** OF THE SAME TENOR AND DATE BEING UNPAID) PAY TO **KOREA EXCHANGE BANK** ④ OR ORDER THE SUM OF

⑤

VALUE RECEIVED AND CHARGE THE SAME TO ACCOUNT OF ⑥

DRAWN UNDER ⑦

L/C NO ⑧ DATED ⑨

TO ⑩

⑪

① 어음금액 : 환어음 금액, 상업송장 금액과 일치, 숫자로 기재

② 발행지 및 발행일자 : 환어음 발행지의 도시명까지 기재

③ 만기의 표시 : 만기일 표시방법(결제조건)

- 일람출급 : AT SIGHT
- 일람 후 정기출급 : AT 30 DAYS AFTER SIGHT
- 발행일자 후 정기출급 : AT 30 DAYS AFTER B/L DATE
- 확정일출급 : ON 20XX년 X월 X일

---

3 환어음중에서 선적서류와 함께 발행되는 환어음을 화환어음(Documentary bill of exchange)이라 하고 선적서류가 수반되지 않은 어음을 무화환어음(Clean bill of exchange)이라고 한다.

④ 어음금 수취인 : 매입은행(발행인 또는 발행인이 지정하는 제3자)

⑤ 어음금액 : 어음금액을 문자로 표시, 숫자금액과 일치(문자금액이 우선)

⑥ 계정결제인 : 환어음 발행인이 지급인에게 지시하는 내용,
　　　　　　　신용장상의 Accountee

⑦, ⑧, ⑨ : 신용장 개설은행, 신용장 NO, 신용장상 발행일자

⑩ 어음지급인(DRAWEE) : 어음금액의 지급인과 지급지를 기재,
　　　　　　　도시명까지 기재

⑪ 어음발행인의 기명날인 : 환어음을 발행한 자, 신용장상의 수익자가 기명날인,
　　　　　　　화환어음약정 시 은행제출 서명감과 일치

CHAPTER
16

관세환급과 사후관리

1 관세환급

관세환급은 과오납(過誤納)에 대한 경우, 위약물품에 대한 경우, 수출용원자재에 대한 경우 등이 있으며 그 환급절차는 각각의 경우마다 다르다. 과오납의 환급이란 착오로 인하여 납부하여야 할 세액보다 과다하게 납부하였음을 사후에 발견하고 이를 납세의무자에게 돌려주는 것을 말한다. 세관장이 확인한 과오납금은 납세의무자의 청구가 없는 경우에도 이를 환급해줘야 한다. 과오납금을 과다 환급하여 다시 이를 징수할 경우에는 가산금을 부과한다. 위약물품에 대한 환급이란 수입신고가 수리된 물품이 계약 내용과 상이하여 수출자에게 반송하거나 세관장의 승인을 얻어 폐기하는 경우 이미 납부한 관세의 전부 또는 일부를 환급하는 것을 말한다.

일반적으로 관세환급이란 물품 수출 후, 해당 수출품을 생산하기 위해 필요한 원부자재를 수입할 때 지급했던 모든 세금1을 돌려받는 제도를 의미한다. 따라서 환급을 받는 사람은 관세를 지불한 수입자가 아니라 수출자가 된다. 관세환급을 받는 방법으로는 수출자가 직접 관세청에 신청하여 받는 방법과 소정의 수수료를 지불하고 관세사를 통해 받는 방법이 있다. 관세환급은 과정이 복잡하여 대부분 관세사에게 의뢰하며 관세사에게 신청할 때는 그동안 모았던 수출신고필증을 보여주어야 한다. 또한 관세환급용 통장을 별도로 만들어 관세청에 신고해야 한다.

---

1 여기서 모든 세금이란 관세, 특소세, 교통세, 주세, 교육세, 농특세 등을 의미한다.

그림 1 관세환급 요건

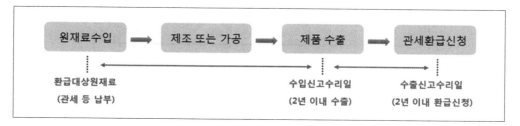

관세환급을 받기 위해서는 수출자가 수출제품에 필요한 원재료를 해외에서 수입하여 그 수입신고수리일로부터 2년 이내에 해당 제품을 수출하고 수출신고수리일로부터 2년 이내에 세관에 신청하여야 환급받을 수 있다.

환급방법에는 간이정액환급(定額還給)과 개별환급(個別還給)의 2가지가 있다. 간이정액환급 방법은 정부가 정하는 일정한 금액(정액환급율표 상의 금액)을 소요원재료의 수입 시 납부세액으로 보고 환급금을 산출하도록 하는 방법이고 개별환급방법은 수출물품 제조에 소요된 원재료의 품명·규격·수량과 동 원재료 수입 시 납부세액을 원재료별로 개별적으로 확인하여 환급금을 산출하는 방법이다.

그러나 중소기업들이 원재료를 일일이 분석하여 환급액을 산정해야 하고 증빙서류를 갖추기란 쉽지 않다. 그래서 중소기업들의 수출을 지원하고 환급절차를 간소화하기 위해 도입된 제도가 「간이정액환급제도」이다. 이 제도의 혜택을 받을 수 있는 기업은 중소기업기본법에 의한 중소기업이면서 환급 신청년도가 속하는 연도의 직전 2년간 매년 환급액이 6억원 이하인 제조업체여야 한다. 수출자와 수출품의 생산자가 다른 경우에는 생산자가 직접 환급 신청해야 하며 생산하지 않는 수출자가 환급 신청을 하는 경우에는 개별환급제도를 이용해야 한다. 또한 간이정액환급율표2에 기재되어 있는 물품만 해당되며 HS Code(10단위)가 일치되어야 한다. 간이정액환급율표는 매년 개정되며 환급 기준일은 환급 신청일 기준이 아니고 수출신고수리일 기준이다.

2 간이정액환급율표는 최근 6월 이상 기간 동안의 수출물품의 품목번호별 평균환급액 또는 평균납부세액을 기초로 하여 적정한 환급액을 정하는 환급률표이다.

그림 2 환급신청서

환 급 신 청 서(갑)

① 환급신청인 주 소 상 호 성 명 | 신청인부호 | 사업자등록번호

⑤ ※접수번호 | 처리기간 : 3일

기관부호	년도	일련번호

② 신청관세사

⑥※ 접수일자

③ 제출번호

⑦ 환급구분 (1 : 연산품정액, 2 : 간이(W), 3 : 개별, 4 : 자동간이)

④ 제조자 주 소 상 호 성 명 | 통관고유번호 | 사업자등록번호

⑧※ 결정일자

⑨ 추가환급

⑩ 수 출 물 품 규 격			세 종	금 액
			⑰ 관 세	
			⑱ 특 소 세	
			⑲ 교 통 세	
⑪ H S	⑫ 부 호	⑬ 형 태	⑳ 주 세	
			㉑ 교 육 세	
⑭ 수출금액(FOB)	⑮ 수출물량	⑯ 단 위	㉒ 농 특 세	
㉔ 지급은행 은 행 명		본(지)점	㉓ 계	
코 드 번 호				
온라인구좌번호				

총 ( ) 행

ⓐ행번호	수출신고번호 ⓑ세 관	ⓒ 과	ⓓ 신고번호	ⓔ 란	ⓕ 수리일자	ⓖ 수출물량	ⓗ 수출금액 (FOB)

결재	담 당	주 무	과 장	장

관세환급을 위해 필요한 서류는 간이정액환급 시에는 환급신청서와 수출신고필증이며 개별환급 시에는 환급신청서, 수출증빙서류(수출신고필증, 물품반입확인서 등), 납세사실증명서류(수입면장, 기납증, 분할증명서), 소요량계산서 및 조견표 등 기타 참조서류들이다.

그림 3 간이정액환급율표

세 번	품 명 간이정액환급율표	수출금액(FOB) 1만원당 환급율
0202.30-0000	뼈 없는 것	160
0303.23-0000	틸라피아[오레오크로미스(Oreochromis)종]	100
0303.24-0000	메기[판가시우스(Pangasius)종 · 실루러스(Silurus)종 · 클라리아스(Clarias)종 · 익타루러스(Ictalurus)종]	100
0303.25-0000	잉어[사이프리너스 카르피오(Cyprinus carpio) · 카라시우스 카라시우스(Carassius carassius) · 크테노파린고돈 이델루스(Ctenopharyngodon idellus) · 하이포프탈미크티스(Hypophthalmichthys)종 · 시리누스(Cirrhinus)종 · 마일로파린고돈 피세우스(Mylopharyngodon piceus)]	100
0303.29-0000	기타	100
0303.42-0000	황다랑어[터너스 알바카레스(Thunnus albacares)]	120
0303.44-0000	눈다랑어[터너스 오베서스(Thunnus obesus)]	160
0303.56-0000	날쌔기[라키센트론 카나둠(Rachycentron canadum)]	100
0303.57-0000	황새치[자이피어스 글래디어스(Xiphias gladius)]	160
0303.68-0000	블루 화이팅스(blue whitings)[마이크로메시스티우스 포우타소우(Micromesistius poutassou) · 마이크로메시스티우스 오스트랄리스(Micromesistius australis)]	100
0303.69-9000	기타	100
0303.84-0000	농어[디센트라르쿠스(Dicentrarchus)종]	100
0303.89-2000	갈치	100
0303.89-6000	꽁치(학꽁치를 포함한다)	100
0303.89-9099	기타	100
0304.62-0000	메기[판가시우스(Pangasius)종 · 실루러스(Silurus)종 · 클라리아스(Clarias)종 · 익타루러스(Ictalurus)종]	50
0304.63-0000	나일 퍼치[라테스 니로티쿠스(Lates niloticus)]	50
0304.69-0000	기타	50
0304.72-0000	해덕[멜라노그라무스 애그레피누스(Melanogrammus aeglefinus)]	50
0304.73-0000	검정대구[폴라치우스 비렌스(Pollachius virens)]	50
0304.74-0000	민대구[메루키우스(Merluccius)종 · 유르피키스(Urophycis)종]	50
0304.79-0000	기타	50

환급액은 FOB 원화기준 수출(공급)금액×이표의 해당금액/10,000이다.

2 사후관리 및 클레임

계약물품의 선적을 완료하고 네고가 끝났다고 하더라도 안심해서는 안 된다. L/C거래에서 네고는 매입은행이 수출자에게 수출대금을 선지불한 것에 불과하다. 만일 수입자가 선적서류 인수나 대금지불을 뚜렷한 사유 없이 거부하거나 지연시키게 되면 개설은행의 매입은행에 대한 대금상환이 이루어지지 않거나 지연될 수 있다. 이 경우, 매입은행은 수출자에 대해 수출대금 환수를 요구하거나 지연에 따른 이자를 부과하게 된다. D/P 거래에서 수입자가 서류인수와 수입대금 지불을 거부한다면 발송한 계약물품을 한국으로 되돌려 보내든가, 현지에서 다른 방법으로 처리해야 한다. 더구나 일종의 외상거래인 D/A 거래인 경우, 바이어가 계약물품은 찾아가고 약속기한 내 대금지불을 하지 않게 되면 수출대금 회수는 불가능해진다. 실제로 다수 중소기업들이 D/A 거래 후, 바이어로부터 대금회수가 안되어 어려움을 겪고 있다. 따라서 이러한 불상사가 발생하지 않도록 수입자와의 신뢰관계를 지속적으로 구축해나가야 하며 반드시 한국무역보험공사를 통해 수출보험에 가입해두어야 한다.

　아울러 무역거래에서 수출자와 수입자간 분쟁이 발생치 않도록 하는 것이 가장 바람직하다. 그러나 현실적으로 국가 간 거래에서 분쟁이 자주 발생하기 때문에 이를 최소화하고 발생 시 신속하고 원만하게 해결할 수 있는 방안을 사전에 마련하는 것이 중요하다. 국내 상거래와 달리 무역거래는 양 당사자가 지리적으로 멀리 떨어져 있고 시차가 존재하며 법률, 제도, 통용 화폐, 상관습 및 국제거래 시스템의 발전 정도는 물론이고 언어, 문화 등도 상이하며 더구나 경제가 서로 다른 국가의 당사자 간 금융, 운송, 보험 등 복잡한 요인이 있기 때문에 국내거래보다 훨씬 많은 위험 요소가 내포되어 있다. 특히 일부 비양심적인 수출자나 수입자 중에는 이러한 점을 악용하여 분쟁을 유도하거나 사기 행각을 벌이기도 한다. 무역분쟁은 당사자 일방의 과실이나 태만, 또는 과도한 욕심에 의하여 계약이 완전히 이행되지 못하였을 때 가장 많이 발생하며 시장 상황이 좋지 않을 경우, 수입자가 수출자로부터 구입한 물품에 경미한 하자가 있거나 설령 하자가 없는데도 불구하고 제기되기도 한다. 또한 고의적 의도를 갖고 계획적으로 계약서나 신용장에 함정을 설치하여 계약이행을 방해하므로써 클레임을 제기하는 경우도 있다.

　무역거래에서 수출자가 주로 직면하는 가장 흔한 분쟁 요인은 수입자로부터의 수출대금 지불이 지연되거나 거부되는 경우이다. 그 다음으로는 수입자가 이런 저런 이유로 주문을 계속 미루거나 갑자기 취소하고 경우에 따라서는 정당한 사유없이 상품 수령을 거부하거나 수출업체로 반송하는 경우이다. 또한 여러 구실을 대며 클레임을 제기하기도 한다. 수입자에게 예상되는 주요 분쟁 요인은 수출자보다 훨씬 다양하다. 처음부터 주문한 상품이 전달되지 않을 수도 있고 주문과 다른 상품이나 불량품이 선적될 수도 있으며 주문량과 상이한 수량으로 전달되거나 약속한 납기 준수나 A/S가 이루어지지 않을 수도 있다. 또한 경우에 따라 수출자가 현지 마케팅 비용을 지원해주기로 했는데 이를 지키지 않거나 독점 에이전트 계약을 체결했음에도 불구하고 제3자에게도 제품을 공급하는 수출자도 있을 수 있다.

P•A•R•T

02

정형화 해외마케팅 프로그램

걸 음 마 실 무 해 외 마 케 팅

01

해외비즈니스출장

1 해외비즈니스출장 목적

　　해외비즈니스출장은 많은 수출기업들이 가장 많이 활용하는 해외마케팅 수단이다. 대부분 수출기업들은 기존 거래 바이어로부터 추가 오더를 받기 위해 또는 신규 바이어를 찾기 위해서 개별적으로 비즈니스 해외출장을 다녀온다. 기업들 중에는 바이어와의 상담을 위해 출장을 가기도 하지만 시장 및 투자환경조사나 바이어 이외 방문국의 주요 인사들을 접촉하기 위해 출장을 실시하기도 한다. 비즈니스 출장도 한개 국가만 다녀오는 경우도 있고 일정에 따라 여러 국가를 방문하는 경우도 있다. 해외전시회나 무역사절단에 참관 또는 참가하면서 그 전후로 이어서 다른 국가들을 방문하기도 한다. 과거에는 해외출장이 쉽지 않았고 비용도 많이 들었기 때문에 한번 출장 나가면 한달 이상 장기간으로 해외 체류하는 경우도 흔히 있었으나 최근에는 통상 1주에서 열흘 전후의 출장이 가장 흔하다. 일반적으로 10일이 넘는 출장은 육체적으로 뿐만 아니라 정신적으로도 피곤하여 시일이 흐를수록 상담의 효율성도 떨어지고 특히 회사 대표가 장기간 해외출장을 가게 되면 최고 결정권자 부재로 인해 한국 내 회사 업무에 지장을 초래하는 경우도 있으므로 출장기간을 너무 길게 잡는 것은 바람직하지 못하다. 수출회사 실무자들 역시 너무 길게 해외출장을 가게 되면 출장기간 중 만났던 다수 바이어들에 대한 사후관리도 집중적으로 할 수 없어 소홀해질 수 있으며 상담 성과에 대한 스트레스로 건강마저 해칠 수 있음을 유념해야 한다.

개별 해외비즈니스출장은 단체로 움직이는 무역사절단과는 달리 출장자 임의대로 출장지와 출장기간, 체류호텔 등을 정할 수 있어 편리할 수 있으나 출장자가 출장준비에서부터 현지 활동 등 모든 일정과 교통, 식사, 호텔예약, 통역, 샘플통관 등을 처리해야 한다. 또한 개별적으로 움직이다 보니 무역사절단에 비해 출장비가 더 많이 들 수 있다는 단점도 있다.

회사대표가 출장을 가는 경우도 그러하겠지만 특히 실무자가 해외출장을 가게 되면 업무적 스트레스는 대단하다. 현지에 도착하자마자 상담에 임해야 하는데 시차 존재, 능숙하지 못한 영어(현지어), 바이어의 집요하고 무리한 요구, 익숙하지 못한 현지 상관습에 더해 가뜩이나 성과를 거두어야 한다는 생각으로 몸과 마음이 피폐해질 수 있다. 따라서 회사대표나 상사는 부하직원을 해외 출장 내보낼 때 과도한 업무 부담을 받지 않고 편안한 마음으로 출장을 다녀올 수 있도록 마음의 여유를 주는 것이 오히려 더 좋은 성과로 이어질 가능성이 높아진다.

수출기업들마다 출장목적이 상이하더라도 체류기간 동안 얼마나 시간을 효율적으로 관리하여 소기의 목적을 달성하느냐가 중요하다. 출장자 역시 비즈니스 출장은 단순한 관광여행이 아니므로 출장 목적을 인식하고 성과를 극대화할 수 있도록 철저한 사전 준비와 전략이 필요하다.

2 해외비즈니스출장 사전준비

비즈니스 출장을 계획하고 있는 수출기업은 출장을 실시하는 목적과 목표를 먼저 수립해야 한다. 신규 바이어 발굴, 기존 바이어로부터 추가 주문, 시장테스트, 시장정보수집, 투자환경 조사, 현지 주요인사 면담 및 파트너 물색 등 기업 입장마다 출장 목적이 상이하다. 그리고 그 목적 달성을 위해 이번 출장에서 실현해야 할 달성가능한 합리적인 목표를 설정한다.

표 1 해외출장계획서	

해외출장계획서

출장자	
출장목적	
항공일정	
출장지별 숙소	
세부일정	
바이어별 특이사항	
출장비용	▪ 항공료 ▪ 숙박료 ▪ 식　대 ▪ 일　비 ▪ 해외활동비
출장 준비물	

　몇 명의 바이어를 발굴하고 최소한 몇 건의 신규주문(initial order)을 받을 것인지, 추가 오더를 얼마나 받아올 것인지 계량적 목표를 정하도록 한다. 다음에는 설정된 목표를 달성하기 위한 전략을 수립한다. 여러 명의 바이어들을 정해 시장을 다방면으로 공략할 것인지 1~2명의 바이어를 정해 집중 공략할 것인지, 처음부터 이윤을 남기면서 오퍼할 것인지 처음에는 다소 손해를 보더라도 미래를 위해 출혈수출을 할 것인지 등 각 기업들이 처한 입장에 따라 전략은 상이할 수 있다. 그러나 이러한 전략을 수립하기 전에 현지시장 상황을 명확히 파악해야 한다. Kotra의 해외시장조사제도를 활용한다든가 Kotra 해외시장뉴스(http://news.kotra.or.kr)나 무역협회 해외시장 정보사이트(www.kita.net)를 방문하여 관련 정보를 활용한다. 또한 출장에 앞서 바이어와의 상담일정, 현지 인사나 방문처에 대한 일정을 확정하여야 한다. 상담할 바이어 또는 방문인사에게 출국 전, 이메일이나 전화 등으로 일정을 최종 확인토록 한다. 따라서 해외출장을 실시하기 전 해외출장계획표를 작성해두는 것이 바람직하다.

그림 1 Kotra 해외시장뉴스 국가정보

국가 일반	·국가 개요	·정치사회동향	·한국과의 주요 이슈
경제	·경제지표 DB ·지역무역협정 체결현황	·경제동향 및 전망	·주요 산업동향
무역	·수출입동향 ·대한 수입규제동향 ·지식재산권 ·시장 특성 ·주요 전시회 개최일정	·한국과의 교역동향 및 특징 ·관세제도 ·통관절차 및 운송 ·바이어 발굴 ·수출 성공실패사례	·수입규제제도 ·주요 인증제도 ·수출유망품목 ·상관습 및 거래 시 유의사항 ·수출 시 애로사항
투자	·투자환경 ·한국기업 투자동향 ·주요 투자법 내용 ·진출형태별 절차 ·투자진출 시 애로사항 ·금융제도	·투자 인센티브제도 ·한국기업 진출현황 ·투자방식 ·투자법인 철수 및 청산 ·노무관리제도 ·외환관리 및 자금조달	·외국인 투자동향 ·투자진출 성공실패사례 ·투자진출형태 ·투자입지여건 ·조세제도
비즈니스 참고정보	·물가정보 ·이주정착 가이드 ·출입국 및 비자제도 ·유관기관 웹사이트	·취업유망분야 및 유의사항 ·생활여건 ·관광, 호텔, 식당, 통역 ·KOTRA 무역관 안내	·비즈니스 에티켓 ·취향정보 ·출장 시 유의 및 참고사항

　　출장을 여러 번 다녀간 적이 있는 국가라면 몰라도 처음 출장을 가거나 몇 차
례 다녀왔더라도 출장국에 대한 정보가 부족하다면 Kotra 정보사이트의 「국가정보」
및 「국가별 출장자료」를 검색해보도록 한다. 특히, 국가정보의 「시장특성」과 「상관
습 및 거래 시 유의사항」은 반드시 숙지하고 출장을 가도록 한다.

　　다음은 출장자의 여권 유효기간이 충분한가를 체크한다. 일부 국가에서는 비자
발급 시 최소 여권 유효기간이 6개월 이상 남아있을 것을 요구하기도 한다. 아울러
출장국이 우리나라와 비자면제협정이 체결되어 있는 국가인지, 현지 도착 후 공항
입국 시 비자를 받을 수 있는 국가인지 혹은 한국주재 출장국 대사관이나 명예영사
관을 통해 사전 비자를 받아야 입국이 가능한 국가인지를 반드시 확인토록 한다. 사
전 비자 취득을 요구하는 국가 중에는 현지 인사나 기관의 초청장이 있어야 비자를
발급해주는 국가도 있으며 비자 신청이 가능한 일자와 시간 및 발급 소요기간이 국
가마다 상이하기 때문에 해당 대사관을 통해 이 점도 반드시 사전 확인토록 한다.

그림 2 　비자발급 관련 주한알제리대사관 공지사항

비자,공증 담당 영사과 직통번호 02 794 5036 (월,목,금 전화상담 가능)	
알제리로의 입국을 원하시는 대한민국 국적자는 사전에 비자를 발급받아야 합니다. 도착 비자는 존재하지 않습니다.	
접수	매주 화, 수 9:30-11: 30/13:30-16:00 (라마단 기간 동안 별도 공지) * 서류완비시접수완료됨을 알려드리며 서류가 불충분한 경우 접수 불가함을 유념하십시요
발급	접수일로부터 2주일 후 매주 화,수 9:30-11: 30 / 13:30-16:00(라마단 기간 동안 별도 공지) *발급일은 접수증(visa fee receipt)에 명시되어 있습니다. * 발급 시 접수증 원본을 반드시 지참하셔야 합니다.
	발급일이 정부 지정 공휴일 또는 이슬람 종교 축일일 경우 발급 기간 및 업무 시간이 변동 될 수 있으니 '공지사항'란을 참조하시기 바랍니다.
금액	비자/공증 수수료는 환율변동에 따라 변동 되오니 신청하시기 전에 **대사관 홈페이지 '비자와공증 수수료 공지'** 를 확인하십시요. *금액은 **현금**으로만 지불 가능합니다 (수표,신용카드,계좌이체 등의 기타 지불 방법 불가능)
주의사항	구비서류는 영문 또는 불문으로 작성 (취업비자 구비 서류의 경우 아랍어 가능). 비자 수령 시 반드시 접수증(visa fees receipt)을 제출하여야 합니다. 퀵서비스 접수나 우편접수는 불가능합니다. 한국 외 국가에 체류 중인 한국인은 해당국의 체류증 소지시에 한하여 비자를 발급받을 수 있습니다. 준비서류는 해당국 주재 알제리 대사관에 문의 바랍니다.

　아울러 항공권을 구입하고 체류할 호텔도 예약해둔다. Kotra 각 무역관 홈페이지(www.kotra.or.kr)를 방문하면 초기화면 왼쪽 상단에 무역관이 소개하는 호텔 및 통역정보를 얻을 수 있다. 이외 현지화에 대한 환전[1](특히 신용카드를 사용할 수 없거나 사용이 제한적인 국가에서는 현금을 준비해야 한다)을 해두고 상담에 필요한 충분한 샘플, 카탈로그 및 명함 등 상담자료를 준비하며 공항 통관 시 문제가 될 만한 제품에 대해서는 사전에 적정한 조치를 취해두어야 한다. 현지 도착했을 때 공항 픽업이나 현

---

[1] 환전은 출국 전, ❶ 우리나라 은행에서 하는 방법, ❷ 인천공항에 가서 하는 방법, ❸ 현지 도착하여 현지 공항에서 하는 방법, ❹ 현지 시내 은행이나 환전소에서 하는 방법, ❺ 체류호텔에서 하는 방법 등이 있다. 방법마다 환율이 상이하기 때문에 어디에서 환전하는 것이 유리한지 사전 확인이 필요하다. 일반적으로 ❶과 ❹가 가장 유리하며 특히 블랙마켓이 존재하는 일부 국가에서는 적발되지 않는다면 블랙마켓이 가장 유리하다. 현지 공항에 도착하여 불법 환전을 권유하는 불법 환전상이 있다면 이들은 피하는 것이 좋다.

지 교통편을 어떻게 해결할 것인지도 대비해둔다. 기존 바이어가 있다면 공항 픽업을 요청하는 것도 고려해 본다. 그 외 출국 전 핸드폰 로밍도 해두는 것이 바람직하며 비상시를 대비하여 방문국 주재 한국대사관이나 무역관 연락처를 미리 챙기도록 한다.

표 2 비즈니스 해외출장 전 체크포인트

구분	체크포인트
√	출장을 실시하는 목적과 목표는 수립되었는가?
√	목표를 달성하기 위한 전략은 무엇인가?
√	현지시장 상황을 파악하고 있는가?
√	현지 일정은 수립되었는가? - 상담스케줄, 면담인사 및 방문처 약속시간 및 장소 - 출장기간 중 출장국의 공휴일, 종교휴일, 휴가시즌 등
√	출장국의 출장가이드북을 읽어보았는가?
√	여권기간은 충분하고 비자 취득에는 문제가 없는가?
√	항공권은 구입하였는가?
√	호텔은 예약하였는가?
√	환전은 하였는가?
√	신용카드 사용이 가능한 국가인가?
√	방문기간 중 출장국의 날씨는 확인하였는가?
√	상담 자료는 준비하였는가?
√	휴대 물품(샘플 등)에 대한 공항 통관상 문제는 없는가?
√	Kotra에 바이어 발굴 요청은 하였는가?
√	공항도착 후 픽업을 요청하였는가?
√	현지 통역은 준비되어 있는가?
√	소개받은 통역에게 사전 상담품목 정보를 제공하였는가? - 품목의 특성 및 장점, 상담 통역 시 강조할 사항 등
√	현지에서 교통편은 어떻게 이용할 것인가?
√	휴대폰 로밍은 어떻게 처리할 것인가?
√	비상연락망(현지공관, Kotra)은 확보되었는가?

3 Kotra 해외비즈니스출장 지원

Kotra 해외비즈니스출장은 「고객 맞춤형 서비스」로서 전 세계 86개국 소재 127개 Kotra 해외무역관2을 통해 기업 출장 진행 시 유료로 바이어 상담주선, 교신

---

2 단, 2018년 4월 현재, 외교부 여행금지국으로 지정된 3개 지역 무역관(다마스커스, 바그다드, 트리

지원(2개월) 등 각종 해외 비즈니스 업무를 지원해주는 사업이다. Kotra는 고객으로부터 해외세일즈출장과 해외투자 환경조사 출장 서비스 요청 시 이 사업을 통해 현지 활동을 지원한다. Kotra 해외비즈니스출장과 해외투자 환경조사 출장 서비스에는 일반서비스와 프리미엄서비스가 있는데 일반서비스는 기본적으로 3~4개사 바이어를 상담주선 해주며 2개월간 교신을 지원한다. 한편 프리미엄서비스는 일반서비스에 통역,3 차량을 포함한 상담지원이 추가된다. 이 경우 무역관 현지직원이 상담 시 동행하여 통역을 겸할 수도 있다. 서비스 수수료는 무역관 주재 지역에 따라 상이한데 일반서비스4는 기본 3~4개사 상담지원 시 지역별로 구분하여 50~70만원(부가세 별도), 프리미엄서비스 역시 지역별로 구분하여 100~140만원(부가세 별도)을 수수료로 부과한다.

표 3 Kotra 해외비즈니스출장 지원 수수료

유형	일반서비스	프리미엄서비스
서비스 내용	상담주선+교신지원(2개월)	상담주선+상담지원(통역, 차량포함)+교신지원(2개월)
상담방법	무역관 제공 스케줄에 따라 2일간 기업이 자체적으로 진행	무역관 직원이 상담지원(2일간 최대 4건)
대상기업	통역 차량 지원 불요기업 및 독자적으로 상담진행 가능 기업	통역, 차량 지원 필요기업 및 무역관 부대지원이 필요한 지사화 사업 관심 기업
부대서비스	없음(무역관 보유 상세자료로 대체) * 호텔예약, 통역, 차량 임차 등 기업이 직접 진행	일부 치안 불안국가 대상 공항 출·영송 지원 가능
수수료	지역별 차등 40~60만원(2개사 이하 주선) 50~70만원(3~4개사 주선) <부가세 별도>	지역별 차등 80~120만원(2개사 이하 주선) 100~140만원(3~4개사 주선) <부가세 별도>

* 공정거래위원회가 발표한 30대 기업에 해당되는 경우, 수수료 2배 적용
* 프리미엄서비스에서 상담 방문지가 편도 120Km 이상인 경우, 별도 차량 임차료 발생

폴리) 수행 제외.

3 일부 지역은 현지어 – 한국어 통역이 불가할 수 있으며(예 : 현지어 – 영어, 현지어 – 불어) 이 경우 해당 언어(영어, 불어 등) 사용자 출장이 필수이다.

4 일반서비스의 경우에는 상담주선 시 Kotra 무역관 직원이 동행하지 않으며 프리미엄서비스 이용 시에만 무역관 직원 동행하에 바이어 상담주선과 통역 및 차량을 지원한다.

표 4 Kotra 해외비즈니스출장 목적별 서비스 내용

출장 목적	서비스 유형	서비스 내용
해외세일즈출장	일반서비스 프리미엄서비스	• 해외바이어 발굴 및 상담 주선 • 일정주선(호텔 및 차량 예약, 통역원 알선) • 출장안내자료(현지체재정보) 제공 • 현지 체류 시 애로사항 지원
해외투자 환경조사 출장	일반서비스 프리미엄서비스	• 관할지역 투자환경 브리핑 • 현지 한국투자업체, 투자유치기관, 투자대행 서비스 기관, 로펌 등 상담주선 • 일정주선(호텔 및 차량 예약, 통역원 알선) • 관할지역 투자환경 개황 및 투자관련 참고 자료 제공

Kotra 해외비즈니스출장 지원을 받기 위해서는 최소 출국 한달 반 전에 신청하여야 하며 해당 무역관에서는 최대 2일(주말 제외) 동안 기본 4개사 바이어와의 상담을 주선해주나 상담품목, 현지시장여건, 상담주선 준비기간 등에 따라 상담주선 업체수가 이보다 적게 주선될 수도5 있다. Kotra는 출장 3일 전까지 상담일정표를 요청 고객에게 발송해준다. 상담요청품목은 한 무역관당 2개까지만 가능하다. 따라서 무역관이 정확한 바이어를 발굴할 수 있도록 출장지원 신청 시 회사 소개자료, 제품설명서를 가능한 영문자료로 파일 첨부하여야 한다.

그림 3 Kotra 해외비즈니스출장 지원 진행 절차

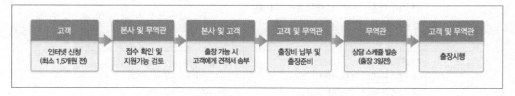

Kotra 해외무역관을 통해 통역을 알선 받는 경우에는 출장 전, 직접 통역원을 접촉하여 수출상품에 대한 정보를 제공해서 통역원이 해당 상품을 확실하게 이해할 수 있도록 한다. 또한 일반서비스 이용 시 가능하면 현지 지리에 밝은 통역원을 소개 받아 출장 기간 중 바이어를 방문하거나 시장조사 시 통역원이 운전하여 안내할 수 있도록 렌트카를 대여받는 것도 바람직하다.

비즈니스 출장지원을 의뢰한 국내기업은 해당 무역관이 사전에 제공하는 바이어 상담 일정을 확인한 후, 출장을 떠나기 전 해당 바이어에게 이메일이나 팩스를

5 이 경우, 일부 수수료를 환불받을 수 있다(표 3 참조).

통해 Kotra 주선으로 상담을 하게 되어 반갑다는 편지와 함께 상담 예정 품목에 대한 영문설명서나 사진 혹은 샘플을 미리 보내 바이어의 관심을 끌어 놓는 것도 상담 성과를 높일 수 있는 좋은 방법이다. 보통 비즈니스 출장 시, 상담 장소는 바이어 사무실, 출장자 투숙 호텔 또는 무역관 상담실에서 이루어지는데 대부분 바이어의 의사를 반영하여 결정한다. 따라서 출장자는 상담 장소와 시간을 명확하게 숙지하고 있어야 한다. 해외비즈니스출장 지원 서비스는 출장자가 원하는 시간과 장소에서 바이어를 소개받거나 상담할 수 있다는 장점이 있는 반면, 개별 출장인 관계로 출장비가 많이 들고 경우에 따라서는 일일이 바이어를 직접 찾아다녀야 하기 때문에 출장기간이 길어질 수도 있다는 단점이 있다.

그림 4 비즈니스 출장지원 상담일정표 샘플

바이어
상담일정표

☞ 회사명 (국문) :
☞ 회사명 (영문) :

2000. 00. 00

kotra

Korea Trade-Investment Promotion Agency
(★영문명으로 무역관명★)

Meeting Schedule

No.	기업명(중문)	기업명(영문)	미팅 시간
1			
2			
3			
4			
5			
6			
7			

＊ 상기 자료는 Kotra ○○○무역관 (KBC)에서 현지 유관품목 취급 기업들을 대상으로 참가기업 안내자료 발송, 회신 접수, 담당자 확인 및 상담 등 일련의 현지 마케팅 활동을 실시하여 각 바이어의 참가 희망사항을 최대한 반영해 작성되었습니다. 따라서, 일부 기업의 경우 취급품목이 일치하지 않는 상황이 발생할 수 있으며, 바이어들의 사정 및 현장 상담진행상황에 따라 일정 또한 변경 가능함을 양해바랍니다. 감사합니다.

□ 업체 정보

1. 바이어 연락처
   - 회사명 :
   - 담당자 :

Address 주소		
Homepage 홈페이지		
Year of Establishment 설립연도		
Number of Employees 직원수		
Registration Capital 등록자본금		
Type of Business 회사유형		
Main Products (Items) 주요제품		
Contact Point	Name/Status 이름/직위	
	E-mail 이메일	
	Telephone/Fax 연락처	
	Language 언어	
Degree of Interest 관심정도		
Detailed Information on the company 회사 세부사항		

Kotra는 「열린무역관사업」을 통해 해외무역관 중 지원 가능한 무역관을 대상으로 국내 사업자등록증을 소지하고 있는 대한민국 기업에게 무료로 사무공간을 제공해주고 있다. 따라서 이 사업을 통해 해외출장 중 무역관을 상담 장소나 간단한 업무를 할 수 있는 공간으로 활용할 수 있다.

그림 5　Kotra 열린무역관

「열린무역관사업」을 신청한 기업들은 업무일 기준 1회 최대 5일간 무역관 사무실을 이용할 수 있다(단 무역관별 분기당 1회만 가능하며 현지 공휴일과 통역지원은 불가). 사무공간에는 컴퓨터 포함 책상과 전화 및 팩스, 인터넷 시설이 갖추어져 있으며 상담 및 회의실로도 활용이 가능하다. 일부 무역관6에서는 화상회의 지원도 가능하다. 「열린무역관사업」이용을 원하는 기업은 출장 2주 전까지는 Kotra 본사에 신청하여야 하며 접수 확인 및 일정 검토 후 신청기업에게 개별 통지해준다.

그림 6　Kotra 열린무역관 진행 절차

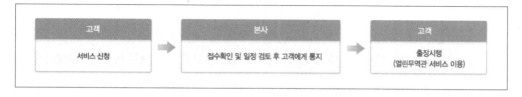

---

6 화상회의 지원이 가능한 무역관 : 프랑크푸르트, 뉴욕, 베이징, 두바이, 요하네스버그, 도쿄, 싱가포르, 뉴델리, 멕시코시티, 모스크바

무역사절단

1 무역사절단의 특성

무역사절단1은 개별 해외비즈니스 출장과는 달리 여러 기업들이 목표로 하는 해외시장을 단체 방문하여 사전에 정해진 일정에 따라 바이어들과 단체 및 개별 상담을 통해 성과를 창출하는 프로그램이다. 보통 조합이나 협회 등 수출 유관기관에서 회원사 위주로 사절단을 구성하여 Kotra 지원을 받아 파견하기도 하고 지자체가 관내 기업들의 해외마케팅을 지원하기 위해 예산을 부담하면서 Kotra에 바이어 상담 주선을 의뢰하기도 한다. 종전 무역사절단은 4~5개국을 방문하는 관계로 출장 기간이 2~3주가 넘는 경우도 있었으나 최근에는 2~3개국을 방문하고 파견 기간은 1주에서 10일 정도가 가장 많으며 통상 10개사 내외가 참가한다. 한 지역에 보통 2박 3일 내지 3박 4일 정도 체류하면서 하루는 단체상담, 남은 기간은 개별상담이나 시장조사, 기관방문 등의 일정으로 이루어진다. 무역사절단은 현재 내수만 하고 있으나 품질과 가격 등에 자신이 있는 내수기업, 신규로 개발한 제품을 해외시장에서 평가받고 싶은 벤처중소기업, 무역실무나 외국어(영어) 등에 자신이 없지만 수출하고자 하는 중소기업, 시장개척을 위해 방문하고 싶으나 워낙 험지2라서 개별로 출

---

1 무역사절단은 파견기관에 따라 「시장개척단」이라고도 부른다.
2 아프리카와 같은 오지국가나 치안 불안국가, 개별비자 획득이 어려운 국가, 기업 자체적으로 바이어 발굴이 어렵고 방문하더라도 바이어를 일일이 찾아가 상담하기 어려운 국가 등이 이에 해당한다.

장을 가기가 힘든 기업, 해외 출장비용이 부담되어 출장을 포기한 자금사정이 어려운 중소기업 그리고 글로벌 시장에 승부수를 던지고 싶은 수출 초보기업 등이 주로 참가하고 있다.

표 1 무역사절단 파견 기관별 연도별 실적				
파견기관	Kotra	지자체	유관기관	총파견횟수
2011년	53회 (1,012개사)	104회 (860개사)	56회 (554개사)	213회 (2,426개사)
2012년	63회 (1,231개사)	114회 (950개사)	56회 (492개사)	233회 (2,673개사)
2013년	57회 (996개사)	117회 (1,026개사)	62회 (551개사)	236회 (2,573개사)
2014년	52회 (854개사)	106회 (932개사)	68회 (643개사)	226회 (2,429개사)
2015년	59회 (1,373개사)	116회 (1,013개사)	52회 (471개사)	227회 (2,857개사)
2016년	40회	119회	62회	221회
2017년	-	87회	127회	209회

* 주요 유관기관은 경기중기종합지원센터, 중소기업중앙회, 인천경제통상진흥원 등임.

무역사절단은 파견기관에서 현지 상담주선뿐 아니라 항공, 호텔, 통역, 현지교통편 및 기관방문까지 준비해주기 때문에 참가기업들은 상담준비에만 전념하면 된다. 더구나 대부분의 무역사절단은 파견(지원)기관에서 상담장 임차료, 현지교통편 등과 같은 공통경비 이외에 일부 지자체는 통역비 및 출장자 항공임까지 부분 지원해주기 때문에 참가기업들은 예산을 절감할 수 있는 이점이 있다. 아울러 단체파견 시에는 항공임, 호텔비 등에서 할인을 받을 수도 있다. 그러나 단체로 움직이다 보니 개별 활동에 제약을 받게 되며 통상 3개 지역 방문 시, 그중에는 자사 제품의 시장성이 좋지 않은 지역도 있을 수 있으며 경우에 따라서는 경쟁사들과 같이 참여할 수도 있다. 일반적으로 선진국보다는 후진국이나 신흥미개척시장으로 파견되는 무역사절단에 참가하는 것이 바람직하다. 미국이나 유럽과 같은 지역에서는 한국에서 무역사절단이 방문한다고 해서 유력 바이어들이 상담장으로 몰려들지 않는다. 특히, 뉴욕과 같이 큰 도시에서는 호텔 상담장에서 단체 상담으로 이루어지기 보다는 참가기업들이 약속된 바이어들을 일일이 개별적으로 찾아가 상담하는 형식으로 이루어질 수도 있다. 후진국에서는 선진국보다 바이어들의 반응이 좋으나 약속을 하고도 실제 상담장에 나타나지 않는 바이어들도 많이 있다는 점에 유념해야 한다. 단체 상담 시 상담은 오전 9~10시부터 시작되어 오후 5시 전후해서 종료된다. 상담 약속 건수는 품목과 지역에 따라 상이하나 통상 4~5건 정도가 주선되며 많으면 매 시간 마다 상담 약속이 정해질 수도 있다. 상담이 길어지면 다음 바이어와의 약속이 순연 될 수 있으므로 당초 일정대로 상담하고 추가 상담이 필요하면 다음날 개별적으로 만나 상담을 지속한다.

2 무역사절단 참가 시 유념사항

Kotra 본사 담당부서에서는 지자체, 유관기관 및 해외무역관 등과 협의하여 연 간 파견일정을 Kotra 홈페이지에 등재하고 있다. 또한 파견 지자체(주관처)에서도 개 별 모집을 한다. 따라서 참가 희망기업들은 무역사절단 참가 신청 전에 방문지들이 자사 품목의 유망지역인지를 먼저 살펴봐야 한다. Kotra의 경우, 파견 전에 해당무 역관으로부터 참가신청기업들 제품의 시장성을 검토받은 후 파견기업들을 선정한 다. 3개 국가를 방문한다고 할 때 적어도 2개 국가로부터 시장성이 있는 것으로 검 토되는 경우에만 참가토록 한다. 무역사절단 참가를 통해 처음 방문하는 국가라면 그곳에서 오더를 받으면 좋겠지만 당장의 오더가 없더라도 방문지 시장을 파악할 수 있었으며 우리 회사의 명함을 뿌릴 수 있는 기회가 되었다는 점에서 의의를 찾 도록 하고 너무 조바심을 내거나 과잉 기대를 하지 않도록 한다.

그림 1 Kotra 무역사절단 진행절차

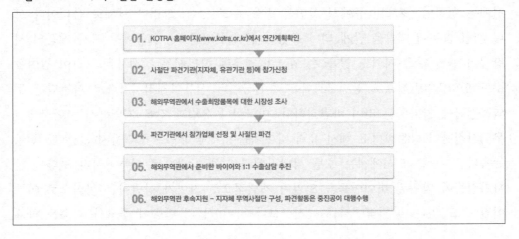

참가신청을 한 후, 해당 무역관에서 정확한 바이어들을 물색하여 상담 주선을 할 수 있도록 참가기업의 이메일 주소와 함께 제품 카탈로그, 상품설명서 등을 무역관에 제공한다. 대부분의 무역관에서는 미리 현지에서 만날 바이어 명단을 보내주므로 출국 전, 각 바이어들에게 자사 소개와 함께 약속시간에 상담장에서 만나자는 이메일이나 팩스를 발송토록 한다. 아울러 배정된 한국인(또는 현지인) 통역에게도 사전에 상담 품목 관련 정보를 제공하여 통역원이 상품을 제대로 이해하고 통역에 임할 수 있도록 한다. 특히, 통역에게는 상담 예정품목의 특성과 장점 그리고 상담 시 강조해야 할 사항 등을 미리 알려줘 준비토록 한다. 상담을 위해 충분한 샘플과 홍보 자료를 준비하되 과다한 샘플이나 고가 샘플을 휴대하는 경우에는 별도 인보이스를 준비하고 해당 무역관에도 미리 알린다. 불가피하게 과다한 샘플을 갖고 가는 경우에는 여행용 가방 여러 개에 분산해서 휴대하도록 한다. 최근에는 많은 참가기업들이 제품과 자사를 소개하는 동영상이 담긴 USB를 갖고 가기도 한다. 방문지에 도착하면 호텔 체크인을 한 후, 무역관 주최로 사전간담회에 참석하게 되는데 이 때 관장이나 관원으로부터 현지 상관습, 경제 및 시장동향 등에 대한 설명을 잘 듣고 숙지하도록 한다. 이때 무역관에서는 단체상담일정표를 참가기업들에게 배포한다. 상담 예정 건수가 많다고 항상 좋은 것은 아니다. 얼마나 가능성이 있는 바이어와 상담이 주선되어 있느냐가 오히려 더 중요하다고 할 수 있다. 현지 도착 당일에는 내일의 단체상담을 위해 일찍 잠자리에 들도록 한다.

그림 2 무역사절단 단체상담 및 현지무역인 오찬회

단체상담일에는 상담시작 1시간 전에 상담장으로 내려와 통역들과 인사한 후 상담준비를 하도록 한다. 샘플과 상담자료를 비치하고 노트북의 인터넷 연결 상태

를 확인토록 한다. 통상 1개 상담건당 1시간 정도의 배열로 상담일정이 수립되어 있으니 시간 내 상담을 완료하고 추가 상담이 필요한 경우에는 단체상담이 끝난 후 별도 상담을 갖도록 한다. 시간이 지났어도 약속한 바이어가 나타나지 않으면 무역관 직원에게 바이어가 오고 있는지 취소되었는지 확인해줄 것을 요청한다. 자사 제품과 별 관계없는 바이어라고 판단되면 예의를 갖추면서 상담을 조기 종료토록 한다.

무역사절단 참가를 통해 많은 바이어들을 만나려고 하는 것보다는 가능성이 높은 바이어를 선택하여 집중하는 것이 더 효과적이다. 오더로 이어질 가능성이 높은 바이어는 가급적 별도 시간을 내서 추가로 만나도록 하되 가능하면 바이어 사무실(회사, 매장, 공장 등)에서 만나는 것이 바람직하다. 단체상담이 종료되면 파견기관에서 상담성과표 제출을 요청하게 된다. 당일 만난 바이어들 중 샘플오더를 받았거나 3개월 내 주문이 확실한 건에 대해서는 계약액에 기재토록 하고 계약이 확실하지 않지만 귀국 후 사후관리를 통해 6개월 내 오더가 예상되는 건에 대해서는 상담액에 예상금액을 적도록 한다. 단체상담 이후에는 참가기업들이 자체적으로 약속한 바이어 또는 단체상담에서 만났던 바이어들 중, 추가 상담이 필요한 바이어들과 개별상담을 하거나 시장조사, 유통업체 및 수출 유관기관을 방문하는 일정으로 활동하게 된다.

3 무역사절단 성과극대화 방안

무역사절단 참가기업들도 파견 전에 해당지역의 시장정보를 최대한 수집하여 그 시장을 이해한 후 시장에 맞는 제품을 준비하여 전략적으로 상담에 임해야 한다. 해외전시회와는 달리 무역사절단 참가 시에는 샘플을 별도 발송하지 않고 직접 휴대해야 하기 때문에 충분한 샘플을 준비할 수 없다. 대표 상품만 휴대하도록 하고 가능하면 카탈로그, 도면, 동영상 등을 활용토록 한다. 현지에서 경쟁할 수 있는 제품을 갖고 오는 것이 상담 성과를 거양할 수 있는 1차 관건이라 할 수 있다. 무역관에서 아무리 좋은 바이어를 상담 주선해주어도 참가기업 제품의 경쟁력이 없거나 수출기업 측에서 무리한 요구를 하게 된다면 바이어가 주문을 기피하게 된다.

무역사절단은 개별 해외비즈니스출장과는 달리 기존에 알고 있는 바이어들과 상담하기보다는 무역관 소개로 바이어들과 처음 만나는 경우가 대부분이다. 그것도

1시간 내로 첫 상담을 마쳐야 하기 때문에 서로를 파악하기에는 너무 짧은 시간이다. 따라서 무역관이 얼마나 정확한 적격 바이어와 상담 주선을 해주느냐가 성과를 가름하는 2차 관건이 된다. 참가기업은 무역관이 정확한 바이어를 찾아낼 수 있도록 충분한 상품정보를 제공해야 하고 어느 분야의 바이어를 발굴하는 것이 적격 바이어를 찾아내는 첩경인지 가이드를 제시해 준다면 무역관에서도 바이어 발굴에 많은 도움이 될 것이다.

단체상담일 오전에 2~3명의 바이어들과 상담하다 보면 대충 그 지역 시장상황을 파악할 수 있게 되고 바이어들의 요구사항, 자사제품에 대한 바이어 평가들을 종합하여 오후에는 이들 정보를 토대로 보다 융통성 있게 상담을 하도록 한다. 바이어들 중 그 시장에 대해 잘 알고 있거나 성약 가능성이 높은 바이어들이 나타난다면 참가기업 측이 먼저 당일 저녁 또는 그 다음날 다시 만날 것을 제안한다. 당일 저녁에 만나기로 한다면 저녁식사까지 이어져 친해질 수 있는 기회를 갖는 것이 좋다. 특히 중동, 아프리카 또는 후발개도국 바이어들에게는 인간관계 형성이 비즈니스에 많은 도움을 주기 때문이다. 상담 시 교섭해야 할 사항이 있다면 바로 결정하여 답변 주지 말고 추가 상담에서 또는 귀국 후 결정해 알려주는 것이 좋으며 출장자가 대답할 수 없는 경우에는 본사 결정권자와 전화통화 후 답변하는 것도 바람직하다. 따라서 출장자는 한국과 시차가 있더라도 본사 결정권자와 항상 통화할 수 있는 체제를 갖추고 무역사절단에 참가토록 한다. 단체 상담일에 만났던 바이어들의 각 의견이 모두 옳다고는 할 수 없겠지만 공통적인 의견이 있다면 경청해서 상담 전략에 반영해야 한다. 자사 제품 가격이 너무 높다든가 최소주문량이 너무 많다든가 결제조건이 너무 경직되어 있다든가 등 바이어의 지적사항을 잘 유념토록 한다. 오더 가능성이 현저히 낮은 바이어가 아닌 이상 약속된 바이어들과는 최선을 다해 상담을 하도록 하고 귀국 후, 진행상황을 봐가며 최종적으로 1~2명의 바이어로 압축해 나가도록 한다. 특히, Kotra 파견 무역사절단에 참가하는 경우, 귀국 후에도 Kotra의 사후 A/S 지원제도를 적극적으로 활용토록 하며 필요하다면 해당 무역관 지사화사업에 참여하여 전담직원으로부터 성약될 때까지 집중적인 지원을 받도록 한다.

표 2   무역사절단 숙지사항
▪ 무역사절단 성과는 기본적으로 자사 제품의 경쟁력에 달려있다는 점을 명심하라.
▪ 자사제품에 대한 시장성이 낮은 것으로 평가되는 지역으로 파견되는 무역사절단에는 참가하지 않는다.
▪ 가능한 선진국보다는 후진국, 미개척 신흥시장 위주로 참가한다.
▪ 방문국 무역관의 무역사절단 담당직원에게 자사제품을 확실하게 이해시켜 적격 바이어와 상담 주선할 수 있도록 한다.
▪ 방문국의 시장상황과 상관습을 미리 파악하고 참가한다.
▪ 방문국에 맞는 상품과 가격을 제시한다.
▪ 방문국 당 1~2명의 바이어를 선택하여 집중 공략한다.
▪ 가능성이 높은 바이어는 체류기간 중 다시 한번 만난다.
▪ 성약가능성이 높은 바이어가 발굴되면 Kotra 지사화 사업에 참여하여 무역관의 집중적인 후속지원을 받도록 한다.
▪ 통역 채용 시 통역요원에게 사전 교육을 확실히 시킨다.

03

수출상담회

1 수출상담회의 장·단점

　　수출상담회란 한국 상품 수입을 희망하는 구매단 또는 개별 바이어들을 국내로 초청하여 국내기업들과의 1 : 1 수출 상담 기회를 제공하는 프로그램으로 모든 품목을 대상으로 대규모 해외 바이어들을 유치하는 「종합품목 수출상담회」와 전기전자제품, 자동차부품 등 특정품목의 바이어로 국한하여 실시하는 「전문품목 수출상담회」, 중남미, 중국, 중동 등 해외 주요지역별로 유력 바이어들을 유치하는 「지역별 수출상담회」로 구분된다. 수출상담회는 Kotra가 단독으로 개최하기도 하고 지자체나 유관기관 또는 전시주최자의 의뢰를 받아 개별행사로 또는 국내전시회와 병행하여 개최하기도 한다. 특히, 지자체가 Kotra에 의뢰하여 개최하는 수출상담회의 경우에는 관내 기업에게만 참가 자격을 부여한다. 의뢰기관(주최 측)은 참가 바이어에 대해 차별적으로 항공임, 숙박비 등을 제공한다. 따라서 주최 측에서는 한정된 예산으로 바이어에게 이와 같은 참가 인센티브를 제공해야 하기 때문에 선별적으로 바이어들을 초정하는 경우가 대부분이다. 주최 측은 이 행사를 통해 전시장, 호텔 상담장 또는 실내체육관에 상담데스크를 설치하여 바이어와 국내 수출기업들이 약속된 시간에 만나 상담할 수 있는 기회를 제공한다. 따라서 수출상담회의 성과는 얼마나 구매력을 구비한 우량 바이어들을 유치하고 이들 바이어들에게 경쟁력을 갖춘 국내 적합 수출기업들을 소개해주느냐에 달려있다.

그림 1   종합품목 수출상담회인 Buy Korea와 성남 비즈니스 플라자

수출상담회는 우리나라 수출기업들이 많은 시간과 예산을 투입하여 해외로 나가 바이어를 상담하는 것이 아니라 바이어들을 우리나라로 초청하여 상담기회를 제공하는 프로그램이기 때문에 수출기업 입장에서는 복잡한 시장조사와 바이어 발굴에 들어가는 노력을 절감하고 시간과 예산을 절약하면서 국내에서 비교적 편안하게 상담할 수 있다는 장점이 있다. 물론 주최기관에서는 행사장 마련과 바이어 초청경비를 투입해야 하지만 국내기업들에게 많은 수출상담의 기회를 제공한다는 점에서 다른 사업에 비해 상대적으로 그다지 큰 비용이 드는 사업이 아니다. 또한 수출시장이 침체되어 국내 수출기업들의 사기가 떨어져 있을 때 대규모 수출상담회 개최는 시장분위기를 전환할 수 있는 계기가 될 수 있다.

이러한 장점에도 불구하고 수출상담회는 바이어와 국내수출기업간의 미스매칭(mismatching) 가능성(바이어가 수입을 희망하는 품목과 관련성이 없거나 적은 국내수출기업과의 상담주선 가능성)과 국내기업간의 과당경쟁이 초래될 수 있다는 단점이 있다(한 바이어를 두고 여러 국내기업이 서로 오더를 받기 위해 과당경쟁을 벌일 수 있는 가능성). 또한 일반적으로 수출상담회 행사에는 선진국의 대형 바이어들보다는 후진국 바이어들이 주로 참가하며 주최 측의 준비가 소홀하면 내실은 없고 전시성 행사로만 그칠 우려도 있다.

2 수출상담회 활용방안

수출상담회는 수출기업들이 큰 비용과 많은 노력을 들지 않고 국내에서 세계 각국의 바이어들을 만나 상담할 수 있기 때문에 많은 호응을 받고 있다. 수출상담회 참가를 희망하는 국내기업들은 Kotra 및 지자체 또는 유관기관 홈페이지에서 연간

사업계획을 확인한 후, 참가기업 모집기간 중 주최기관에 사업 참가 신청을 하면 된다. 수출상담회를 주최하는 측(주로 지자체)에서는 행사추진 일정에 따라 관내 기업들을 대상으로 수출상담회 참가 의향을 조사한 후, 참가희망 기업명단과 수출품목 내역을 Kotra 무역관으로 보내 그에 적합한 바이어 유치를 의뢰하게 된다. 바이어 유치가 완료되면 주최 측은 각 바이어별로 국내수출기업과의 상담일정을 수립하게 되는데 무역사절단과 마찬가지로 통상 1개 상담에 1시간 정도를 배정한다. 상담일정은 대부분 행사일 2~3일 전에 확정되지만 가능한 바이어 현지 출국 전, 상담 예정인 바이어들에게 간단한 자사 소개와 함께 이번 행사를 통해 성과 있는 상담이 되었으면 좋겠다는 인사메일을 미리 보내두는 것도 좋은 방법이다.

수출상담회 참가 국내기업들은 약속된 시간에 상담장으로 나와 해당 바이어들과 상담을 하게 되는데 예정된 시간 내에 상담을 종료하여야 한다. 바이어의 다음 상담 시간까지 여유가 있다면 현장에서 상담을 계속하여도 무방하며 행사 종료 후, 그날 저녁이나 다음날 별도로 시간을 내서 바이어에게 수출기업의 본사나 공장을 보여주고 더 심도 깊은 상담을 하는 것도 바람직하다.

또한 무역상담회에서는 해당 바이어가 다른 국내경쟁기업들과 계속 상담하는 경우도 많이 있어 국내기업들 스스로 과당경쟁을 하거나 바이어가 경쟁을 유도하는 경우도 있으므로 전략적으로 상담에 임해야 한다. 당장 오더를 받기 위해 출혈수출을 감행하는 것은 결코 바람직한 전략이 아니다. 그러나 바이어로부터 오더를 받기 위해 자사 제품의 경쟁력을 설명하고 자사와 거래 시 타경쟁사들에 비해 어떤 이점이 있는지를 객관적으로 보여주는 것은 꼭 필요하다. 예를 들어 자사만 갖고 있는 특허 및 디자인 제시, 단순 무역업체가 아닌 생산업체라는 사실, 탄력적인 최소주문량 수용, 바이어가 원하는 결제방법 수용, 빠른 Delivery, 무료 샘플 제공 후 시장테스트를 거쳐 주문하도록 제안하는 것 등도 내세울 수 있는 장점이 될 수 있다.

그림 2 수출상담회 진행절차

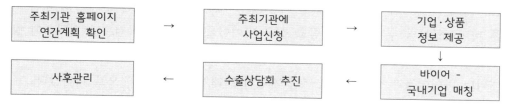

해외전시회

1 해외전시회의 장·단점

해외전시회 참가는 수출시장 개척을 위한 많은 해외마케팅 수단 중 가장 효과적인 수단으로 알려져 있다. 짧은 시간에 한 장소에서 많은 바이어들과 상담할 수 있으며 다양한 시장정보를 수집할 수 있고 인적 네트워크도 강화할 수 있기 때문이다. 이런 이유로 우리나라뿐 아니라 세계 각국은 자국 기업의 수출진흥을 위해 해외전시사업을 적극 지원하고 있다. 특히, 정부 보조금 지급과 불공정한 무역거래를 엄격히 규제하고 있는 WTO 체제하에서도 중앙 및 지방정부의 해외전시회 지원은 허용되고 있다. 실제 해외전시회에 나가보면 선후진국을 막론하고 많은 국가들이 국가관을 구성하여 대거 참가하고 있으며 특히 미국이나 중국과 같이 규모가 큰 국가에서는 중앙정부보다는 주(州)나 성(省)단위로 단체관을 구성하여 참가하기도 한다.

해외전시회 참가가 기업들에게 가져다주는 혜택을 살펴보면 우선 해외전시회는 기업들에게 구매 촉진의 기회를 제공한다. 대부분의 기업들은 전시회를 통해 기존 바이어로부터 추가 오더를 받고 신규 바이어들을 발굴할 목적으로 전시회에 참가한다. Kotra 조사에 의하면 국내 중소기업들은 해외전시회 1회 참가 시 평균 50명 내외의 바이어들과 상담하며 1~5건 가량의 거래가 이어지는 것으로 나타났다.

또한 해외전시회는 신제품, 신기술을 소개하고 테스트할 수 있는 기회를 제공한다. 실제 삼성전자나 LG전자는 세계적인 가전제품 전시회인 라스베가스 가전박람회(CES)와 바르셀로나 모발월드콩그레스(MWC)에 매년 대규모로 참가하여 많은 참관객들의 기대를 모으며 신제품을 선보이고 있다. 아울러 자사의 CEO나 고위 임원들을 파견하여 현지에서 영향력 있는 비즈니스맨들과 네트워킹 및 협력의 기회를 모색하기도 한다.

일반 중소기업들도 해외전시회 참가를 통해 최신 시장정보를 입수할 수 있다. 많은 기업들이 신제품을 전시하기 때문에 신제품 동향, 경쟁기업들의 마케팅 전략 등을 파악할 수 있고 많은 바이어들과 상담하는 과정에서 바이어들의 생각과 시장 흐름을 접하게 되며 또한 부대행사로 개최되는 각종 세미나 참석을 통해서도 시장정보를 얻을 수 있다. 이와 함께 자연스레 자사 제품에 대한 경쟁력도 파악할 수 있게 된다.

그림 1 해외전시회는 가장 효과적인 마케팅수단이다.

해외 유명전시회에는 세계 각국으로부터 영향력 있는 유력 바이어들이 대거 참가할 뿐 아니라 많은 일반인들도 찾아오기 때문에 전시회 참가를 통해 기업 브랜드를 강화하고 이미지를 집중적으로 홍보할 수 있다. 예를 들어 모터쇼의 경우, 수십만명에서 적어도 수만명의 참관객들이 몰려들기 때문에 많은 자동차 제조업체들이 모터쇼 참가를 통해 신차를 선보이고 자사 브랜드를 널리 알리고 있다. 전시회를 통한 홍보는 인쇄매체나 방송에 비해 비용도 상대적으로 적게 들 뿐 아니라 홍보 효과도 훨씬 큰 것으로 조사되고 있다.

대기업들뿐 아니라 중소기업들도 유명 해외전시회에 참가함으로써 언론을 상대로 홍보 기회를 잡을 수 있으며 이러한 언론 홍보는 추후 바이어와의 상담에 적극 활용할 수도 있다. 이외 많은 기업들은 해외전시회를 통해 직원들의 경험을 축적시키고 마케팅 능력을 함양시키기 위한 교육 훈련 차원에서 참석하기도 한다. 아울러 비록 전시회 참가가 기업 사정상 어렵더라도 그동안 꾸준히 참가해 온 전시회에 불참하게 되면 기존 거래선이나 경쟁 기업들로부터 부정적인 평가를 받을 수 있다는 우려를 불식시키기 위해 꾸준히 참가하는 기업들도 있다. 대부분의 전시주최자들은 기존 참가해 왔던 기업들에게 부스 배정에서 우선권을 부여한다. 따라서 계속해서 참가해 왔던 전시회에 어떤 이유로 불참한 후 추후 다시 참가할 경우, 지금까지의 좋은 부스 위치에서 불리한 위치로 배정받을 수도 있기 때문에 이러한 점도 기업들의 전시회 참가 중단 결정을 주저하게 만드는 요인이 되기도 한다.

이와 같은 다양한 장점에도 불구하고 해외전시회는 다른 해외마케팅수단에 비해 많은 비용을 투입해야 한다는 점에서 중소기업들에게는 큰 부담이 되고 있다. 미국이나 유럽에서 개최되는 전시회는 참가비도 매우 비쌀 뿐만 아니라 유명 전시회 개최기간 중에는 항공임과 호텔비가 천정부지로 오르고 전시품을 선박이나 항공편으로 운송해야 하는 등 부대비용도 많이 든다는 단점이 있다. 또한 인기 있는 해외전시회의 경우, 치열한 경쟁률 때문에 부스 배정을 받지 못해 참가를 포기할 수밖에 없는 경우도 있고 원하는 위치 또는 원하는 만큼의 부스 배정이 어려울 수도 있다. 이 밖에 해외전시회에 참가하기 위해서는 많은 시간과 인력 투입이 요구된다. 다른 마케팅 수단과는 달리 해외전시회 참가를 위해서는 최소 1년 전부터 준비해야 하며 매번 참가 시마다 새로운 상품을 개발하여 출품하여야 바이어들의 관심을 끌 수 있다는 점도 참가기업들에게 짐으로 작용된다.

2 해외전시회 참가 준비

UFI 통계에 따르면 전 세계에서 연간 3만여 건의 전시회가 개최되고 있는 것으로 나타났다. 따라서 신규 전시회를 찾고 있는 기업들은 이 많은 전시회 중 어느 전시회를 참가해야 좋은 성과를 올릴 수 있을지 고민이 되지 않을 수 없다. 물론 Kotra가 관리하고 있는 전시포털 사이트인 GEP(www.gep.or.kr)을 방문하면 Kotra 해외무역관이 발굴한 유망전시회와 중앙정부 및 지자체에서 참가 예정인 해외전시회 관련 정보를 검색할 수 있다. 그러나 개별기업이 단체참가가 아닌 자체적으로 선정하여 참가하려고 한다면 최우선적으로 참가하려는 전시회가 자사의 전시회 참가 목적과 목표에 부합되는지를 살펴야 한다. 수출을 목적으로 참가하는 전시회라면 아무리 참관객이 많다 하더라도 참관객 대부분이 전문바이어가 아닌 일반인들이라면 큰 성과를 기대할 수 없기 때문이다. 또한 개최국 이외 해외에서 얼마나 많은 참가업체와 참관객들이 오는지도 파악해야 한다. 이러한 데이터는 해당 전시회의 국제화 정도를 설명해 주기 때문이다.

어떤 전시회에 참가할 것인가 못지 않게 중요한 것이 어떤 제품을 갖고 나갈 것이냐를 결정하는 것이다. 전시회에 꾸준히 참가한다하더라도 매년 똑같은 제품을 출품한다면 바이어들의 큰 주목을 받을 수 없다. 무엇보다도 제품의 품질, 가격, 디자인, 기술 개발, 아이디어 면에서 경쟁력을 갖추어야 하며 매년 이들 분야에서 업그레이드된 제품을 출품하여야 한다.

해외전시회에 참가하더라도 바이어가 자사 부스로 찾아오기를 마냥 기다릴 수만은 없기 때문에 사전 마케팅 활동이 반드시 필요하다. 기존 거래하고 있는 바이어에게 가장 먼저 전시회 참가 사실을 알리고 약속 시간을 잡는다. 그리고 참가기업이 이미 확보하고 있는 바이어 명단—특히 종전 전시회에서 만났던 바이어—도 활용하며 부족할 경우에는 해당 전시회에 종전 참가했거나 이번에 참가하는 업체들을 대상으로 사전 마케팅 활동을 전개한다. 이들 명단은 전시회 홈페이지에서 검색하거나 주최자가 종전 발간했던 참가업체 디렉토리에서 얻을 수 있다. 흔히들 전시회 참가기업들을 경쟁상대로만 인식하는 경우가 많은데 참가업체들 중에는 다른 공급업체로부터 상품을 조달받아 전시회에 나오는 업체들도 많이 있다. 즉, 참가업체들이 모두 제조업체는 아니다. 설사 제조업체라 하더라도 부품을 외부로부터 조달받아 생산하는 기업들도 많이 있으므로 이들과 상담하다 보면 의외로 협업의 길이 열릴 수도 있다. 따라서 전시회에 참가하기 전, 이들 업체들을 대상으로 전시회 기간 중 미팅을 하자는 초청장을 보낸다면 어느 바이어들보다 쉽게 현장에서 상담할 수 있는 기회가 주어질 가능성이 높다.

또는 Kotra에 해외시장조사를 의뢰하여 바이어 명단을 제공받을 수도 있다. 이외 현지 조합, 협회 및 비즈니스 관련 단체 회원명부, 각종 발간자료 등을 통해서도 잠재 바이어 명단을 확보할 수 있다. 다만, 종전 해당 전시회를 참관했던 방문자 정보는 가장 우수한 정보가 될 수 있겠지만 대부분의 전시주최자들은 이들 명단을 공개를 하지 않기 때문에 입수는 거의 불가능하다.

바이어 명단이 확보되면 이메일로 초청장을 발송하는데 이메일에는 전시회 개요, 회사소개 및 연락처, 참가 시 부스 방문 요청, 출품 예정 전시품 소개, 거래희망

의사와 부스 위치 그리고 방문 시 혜택 등이 포함되어야 한다. 이러한 이메일은 전시회 개최 2~3개월 전에 발송한 후, 회신이 없으며 2~3주 후에 재발송하는 것이 바람직하다. 특히, 관심을 표명한 바이어에게는 출품 제품에 대한 구체적인 정보를 송부한 후, 부스에서의 상담을 약속한다. 초청장은 현재 고객, 미래 타깃 고객, VIP 예상 고객 및 전년 전시회 참가 고객 등으로 구분하여 작성하되 전시회 무료 입장권을 동봉하거나 방문 기념품을 증정하는 등 인센티브를 제시하면 더 큰 효과를 기대할 수 있다. 그리고 전시회 기간 중 초청장을 받고 참관하는 방문객 숫자를 별도 파악해 둔다.

이 밖에 전시회 공식 디렉토리에 광고를 게재하거나 전시장 옥내·외 배너 광고, 현지 신문 및 산업관련 잡지 광고 및 보도자료 배포, 대기업들이 자주 활용하는 대규모 리셉션 개최 등도 좋은 사전 마케팅 수단이 될 수 있다. 특히, 전시회 기간 중 흔하지는 않지만 국내외 언론과 인터뷰 기회가 주어진다면 적극적으로 응한다. 비록 국내 언론에 보도된 자사 관련 기사라도 훗날 외국 바이어들에게 보여준다면 좋은 마케팅 자료로 활용할 수 있기 때문이다. 이외 최근에는 해외전시회 참가기업들을 위해 사전마케팅을 대행해주는 기업들도 생겨나고 있으므로 이들 대행사를 이용하는 것도 바람직하다.

3 해외전시회 현장활동

통상 전시회 개최기간은 3~4일이며 하루 8시간 내외로 개장한다. 따라서 전시회에서 의자에 앉아 1시간 정도 상담할 수 있는 바이어는 하루에 많아야 6~7명 정도이다. 전시장 부스 내에서 짧은 시간 동안 효과적인 상담을 위해 해야 할 행동과 삼가야 할 행동을 구분하여 나열하자면 다음과 같다.

우선 전시회 참가 시 해야 할 행동을 보면 ▲ 항상 부스를 찾아오는 바이어에게 친절하고 웃는 낯으로 대한다. 좋은 인상은 좋은 전시품 만큼이나 중요하다. 바이어가 들어오면 바로 응대할 수 있는 적극적인 자세를 취한다. ▲ 바이어와의 상담 일지를 꼼꼼하게 작성한다. 상세한 기록을 남기지 않으면 많은 바이어를 만나고 귀국하여 사후조치를 하려고 해도 누가 누구였고 어떤 이야기가 오고갔는지 기억할 수가 없다. ▲ 유력 바이어에게 증정할 판촉물 또는 기념품을 준비한다. 바이어도 전시장에서 여러 참가업체를 만나게 되는데 회사명이 새겨진 간단한 기념품(주로 우리나라 전통공예품)을 받게 되면 기념품을 준 회사를 오래 기억할 수 있을 것이다. ▲ 바이어 접대용 다과를 준비한다. 우리나라 전통과자나 차와 같은 접대용 다과는 상담을 훨씬 부드럽게 만들어 주기 때문이다. ▲ 시간을 내어 경쟁사의 제품 정보를 최대한 수집한다. 전시회 참가 목적은 단순히 상담만을 위함이 아니다. 시장 트랜드나 경쟁사들의 전시기법 등을 파악할 수 있는 절호의 기회로 활용해야 한다.

　　▲ 전시회 개최시간을 준수한다. 이미 개장이 되었는데 전시 부스에 늦게 나온다든가 아직 끝나지 않았는데 부스에서 조기 퇴거하는 일이 없도록 한다. ▲ 통역에게 전시품에 대한 정보를 제공하고 사전 교육한다. 통역은 전시품에 대한 전문가도 아니고 비즈니스에 통달하지 않을 수도 있다. 따라서 전시품에 대한 특징, 용어, 상담 시 주안점 등 상담에 필요한 지식을 갖추도록 미리 교육해야 한다. ▲ 전시회 기간 중 부스로 출근하면 전시품을 정리하고 주변을 청소한다. 전시회 기간 중 많은 참관객들이 부스로 들어오다 보면 전시품이나 홍보자료가 흐트러져 있을 수도 있고 부스 안이 지저분해 질 수 있다. 항상 부스 안을 청결하게 유지한다. ▲ 복장은 정장을 하고 면도, 두발 상태 등 외모를 확인한다. 전시회 출장자는 참가업체의 얼굴이다. 깔끔한 인상은 신뢰구축에 많은 도움이 된다. ▲ 입장 배지 및 신분증은 항시 소지한다. 많은 전시회들이 최근 지구촌 곳곳에서 발생하고 있는 테러로 인해 전시회 출입자들을 엄격히 통제하고 있다. 입장 배지가 없으면 출입을 불허한다. ▲ 전시장 내 분실 사고를 당하지 않도록 유의한다. 전시장에는 소매치기와 좀도둑이 많으므로 전시장, 호텔 및 식당에서 항상 소지품 관리에 유의하여야 한다. 귀중한 샘플, 여권, 지갑 등은 잠금장치가 있는 장소에 보관하는 등 안전에 주의하여야 한다. 전시장 내 분실사고는 선진국이라고 해서 예외가 아니다. ▲ 다음 날 전시회를 위해 가능한 일찌감치 잠자리에 든다. 시차 적응도 되지 않은 상태에서 긴장의 끈을 놓치지 않고 계속 상담한다는 것은 매우 피곤한 일이다. 따라서 좋은 컨디션을 유지해야 상담에 열중할 수 있으며 이를 위해 충분한 휴식과 숙면이 요구된다.

　　반면에 전시회에서 삼가야 할 행동을 열거하면 ▲ 부스에서 식사하지 않는다. 특히 부스에서 도시락이나 컵라면을 먹게 되면 강한 음식 냄새로 바이어들에게 불쾌감을 줄 수 있다. 이는 국가관의 이미지와 다른 참가기업의 상담에 많은 피해를 줄수 있으므로 자제해야 한다. 식사는 카페테리아 등 식당을 이용한다. ▲ 부스를 비우지 않는다. 부득이 부스를 비울 때에는 통역, Kotra 직원 또는 인접부스 참가자에게 언제 돌아온다는 말을 반드시 남기도록 한다. ▲ 바이어가 안와도 무료한 표정을 짓거나 좋지 않는다. 딱딱한 표정은 바이어들이 부스로 들어오고 싶은 마음을 가시게 만들 수도 있다. ▲ 부스 밖으로까지 통로에 전시품을 전시하지 않는다. 전시장 복도는 좁은 편인데 여기에 전시품이나 홍보대를 설치하는 것은 참가규정에 위배되어 제재를 받게 된다. 특히 비상구는 반드시 비워두어야 한다.

　　▲ 구매 의사가 없는 바이어로 속단하고 무시하지 않는다. 이번은 아니더라도 시간이 흐른 뒤 얼마든지 구매할 수도 있기 때문이다. ▲ 지키지 못할 약속이라면 하지 않는다. 상담 중 이것 저것 약속하고서는 귀국 후 아무런 조치도 취하지 않는 행위는 신뢰구축에 치명적인 악영향을 미치게 된다. 따라서 상담 중 꼭 실행할 수 있는 것만 약속하도록 한다. ▲ 호객 행위나 직매 행위를 하지 않는다. 대부분의 전시회에서는 직매를 허용하지 않고 있으나 전시품의 직매 행위에 관하여 전시주최자마다 다를 수 있으니 사전 확인이 필요하다. ▲ 자사 부스 이외 장소에서 프로모션을 하지 않는다. 부스로 바이어의 방문을 유도하기 위해 전시장 내를 돌아다니며 또는 공공 장소에서 홍보물을 배포하지 않는다. ▲ 전시회 기간 중에는 음주하지 않는다. 극소수지만 일부 참가사들 중에는 전일 음주 후 술 냄새를 풍기며 상담에 임하는 경우도 있었다. 항상 상쾌한 분위기에서 상담에 임하도록 한다. ▲ 단체로 전시회에 참가하는 경우, 지나친 개별 행동은 하지 않는다. 지나친 개별 행동으로 같이 참가하는 다른 업체에게 부담을 주어서는 안 된다.

　　많은 비용과 시간, 인력을 투입해서 참가하는 전시회인 만큼 국제 비즈니스맨으로서 품격 있는 행동을 하는 것이 참가성과를 높이는 중요한 요인이라는 점을 항상 명심한다.

4　해외전시회 성과극대화 방안

　　해외전시회에 참가하기 위해서는 오래전부터 준비를 해야 하고 아무리 외부로부터 예산 일부를 지원받는다 하더라도 작게는 수백만원부터 많게는 수천만원까지 참가기업들이 자체부담을 해야 하기 때문에 선뜻 해외전시회 참가 결정하기를 주저하는 국내 중소기업들도 많이 있다. 더구나 외부자금 지원 없이 필요예산 전액을 자체 부담해야 한다면 더욱 고민스러워진다.

　　많은 예산과 시간 그리고 인력을 투입하여 참가하는 해외전시회에서 소기의 성과를 거두기 위한 노하우는 무엇일까? 해외전시회 참가 성과극대화를 위한 10계명을 제시하면 다음과 같다.

① 우선 목적에 맞는 전시회를 찾아야 한다. 전 세계에서 연간 3만건이 넘는 전시회가 개최되고 있다. 개최장소, 시기, 품목, 전시회 성격 등을 면밀히 검토하여 참가할 전시회를 선정하되 필요 시 참가신청 전, 참관을 통해 직접 눈으로 확인해보거나 적어도 이전에 참가했던 동종업체 또는 Kotra 해외무역관을 통해 관련 정보를 최대한 수집한다.

② 참가하기로 결정하였다면 조기 신청한다. 조기 신청함으로써 참가비 할인 혜택과 부스 배정에서 우선권을 받을 수 있기 때문이다.

③ 외부 기관의 재정지원을 최대한 활용한다. 중앙정부나 지자체, Kotra와 같은 수출지원기관에서는 많은 예산 및 해외마케팅 활동을 지원하고 있다. 단체참가 전시회로 지원할 것인지 개별참가 전시회로 지원할 것인지를 결정한 후, 지원신청기한을 염두에 두고 제출 서류를 미리 준비해 둔다. 또한 각 파견기관별 신청업체 선정기준을 미리 파악하여 심사에서 높은 점수를 받을 수 있도록 요건을 갖추어둔다.

④ 참가업체 매뉴얼을 꼼꼼히 숙지한다. 전시품 운송과 반입/반출, 디렉토리 원고 제출, 기타 서비스 신청 및 호텔 예약 등 주최 측이 제공하는 전시회 참가에 필요한 정보를 세세히 살핀다. 참가업체 매뉴얼은 해당 전시회 홈페이지에 등재되기도 하고 우편(이메일 포함)으로 발송되기도 한다.

⑤ 사전 마케팅 활동에 최대의 역량을 투입한다. 아무리 많은 바이어들이 방문하는 전시회라도 사전 마케팅 활동은 반드시 필요하다. 바이어 정보를 최대한 입수하여 바이어들을 상대로 사전 마케팅 활동에 혼신을 쏟아야 한다.

⑥ 전시회 개최 지역의 상관습과 시장 상황을 알고 전시품을 준비한다. Kotra 해외시장뉴스(http://news.kotra.or.kr)를 방문하거나 시중에서 관련 도서를 구입하여 이들 정보를 사전 숙지한다.

⑦ 예기치 않은 상황에 항상 대비한다. 전시품 미도착, 통관 불허 및 지연, 전시품 고장, 파손, 도난 등을 대비하여 전시품에 대한 대비책을 마련하고(예 : 카탈로그, 상품설명서, 샘플, 동영상 USB 등 상담 자료를 별도 휴대한다.) 예상 밖의 예산 집행 가능성에 대비하여 예비비도 별도 책정한다.

⑧ 전시주최자가 제시한 규정을 준수한다. 금지품목 반입, 불법 직매, 디자인 및 상표 침해 행위, 경우에 따라 허락되지 않는 전시장 내에서의 사진 촬영, 호객 행위, 전시회 종료 후 폐기물을 부스에 그대로 놔두고 떠나는 행위 등 전시주최자가 금지

하는 행위는 절대하지 않는다.

⑨ **눈높이를 낮춘다.** 지나치게 높은 목표 책정은 오히려 역효과가 날 수 있다. 성과가 기대보다 못했다고 하여 바로 포기하지 말고 극단적인 경우가 아닌 한 전시회는 최소 3번은 계속 참가하는 것이 바람직하다. 그리고 성과가 기대에 미치지 못했다면 그 원인을 파악하고 보완하여 다음 전시회를 준비한다.

⑩ **전시회가 끝나면 그때부터 본격 시작이다.** 전시회에서 모든 거래 행위가 끝나는 것이 아니다. 전시회를 마치고 돌아와 얼마나 사후관리를 철저하게 하느냐가 전시회 성과 승패를 좌우한다. 해외전시회는 가장 효과적인 마케팅 수단이라는 사실은 다수 해외 전시전문기관의 연구뿐 아니라 국내 수출기업들 대상 설문에서도 항상 명확하게 드러나고 있다. 철저한 준비와 성과분석 그리고 사후관리야 말로 해외전시회 참가를 성공으로 이끄는 지름길이라 할 수 있겠다.

표 1 지속적인 전시회 참가를 강조하는 인터뷰 기사
홀5F의 아시아관에서 단연 돋보이는 관은 한국관으로 페어기간 동안 참관객이 몰렸지만, 몇몇 업체에만 몰리는 '부익부 빈익빈' 현상이 유독 심화됐다. 한국관에 참가한 한 업체 대표는 "지속적으로 홍콩주얼리페어에 참가하는 이유는 단골 고객들과의 미팅도 한 몫한다"며 "단골 고객의 관리를 잘 해나가면서 소수일지라도 신규 바이어의 만남을 효과적으로 엮어나간다면, 참관객이 몰리든 몰리지 않든 그건 중요하지 않다"고 강조했다. 한국관을 찾은 한 바이어는 "한국관이 마운팅, 완제품, 실버 등 각 업체별로 특색있게 구색을 맞춰나간다"면서 "좀 더 공격적으로 한국관을 홍보하고 어필해 간다면 홍콩주얼리페어에서 큰 효과를 거둘 것"이라고 전했다. [출처] 주얼리신문, '부익부 빈익빈' 심화된 2014년 9월 홍콩주얼리쇼

5 단체참가 해외전시회 활용방안

해외전시회 참가 방법으로는 단체참가와 개별참가 2가지 방법이 있는데 두 방법 모두 일장일단이 있으므로 기업 실정에 맞는 방법을 선택하도록 한다. 단체참가 전시회는 중앙정부(산업부와 중소벤처기업부)의 예산을 지원받아 Kotra와 중소기업중앙회가 파견하고 있다. 이외 각 지자체가 독자적으로 지방관을 구성하여 파견하기도 하고 수출유관기관이 자체 모집하여 해외전시회에 단체로 참가하기도 한다. 해외전시회 단체참가를 희망하는 기업들은 파견기관 홈페이지에서 참가 희망 전시회를 선정한 후 모집 기한 내 신청을 하면 되나 경쟁률이 있는 경우, 각 파견기관마다 선발기준에 따라 참가업체로 선정될 수도 있고 탈락할 수도 있다. 단체로 참가하게 되면 파견기관이나 단체에서 전시회 선정 및 참가신청을 비롯하여 전시품 운송사와 여행사 선정, 현지에서의 교통편의, 통역알선 등 각종 준비사항을 대행해주므로 참가업체는 전시품 마련과 상담 준비에만 몰두하면 된다. 또한 단체로 참가하게 되면 전시품 운송비를 포함하여 항공료, 현지 숙박비 등이 개인적으로 참가하는 경우에 비해 상대적으로 저렴해지며 현지 이동 시에도 단체로 움직이기 때문에 훨씬 편리하다. 단체 파견 해외전시회 중에는 중앙정부나 지자체로부터 예산 지원을 받을 수 있다는 장점도 있다. 그 밖에 전시회 참가 준비를 위한『참가업체 매뉴얼』에 수록된 주요 정보를 파견기관이나 단체에서 요약 정리하여 정보를 제공하기 때문에 많은 시간을 내어 별도로 번역해서 숙지할 필요도 없다. 더구나 단체 파견 전시회는 여러 유사 전시회 중 가장 성과가 기대되는 유망전시회로 엄선되기 때문에 잘못된 전시회 선정으로 인한 낭패를 크게 줄일 수 있다. 대부분의 단체 파견 전시회는 참가 경쟁률이 높기 때문에 파견기관이나 단체에서 참가신청업체를 객관적으로 심사하여 참가여부를 결정한다. 따라서 자사가 전시회에 참가사로 선정되었다는 것은 그만큼 참가 성과가 기대될 수 있는 자격을 갖추었다는 것을 의미한다. 특히 Kotra 단체 파견 해외전시회는 참가기업 및 유관기관을 대상으로 실시한 수요조사, 해당 무역관의 추천, 과거 참가성과 및 고객만족도, 정부의 경제정책 등을 감안하여 엄선된다.

그림 2 단체참가 해외전시회(Kotra 한국관)

아울러 단체가 아닌 개별적으로 참가 신청을 해서는 부스를 배정받을 수 없는 경우도 흔히 있기 때문에 단체파견 전시회를 이용하기도 한다. 또한 오랫동안 단체로 참가해 온 전시회라면 부스 위치 배정에서도 유리할 수 있고 개별참가에 비해

조기에 대규모로 참가 신청을 하므로 대부분 할인 혜택을 받게 된다. 단체파견 해외 전시회는 국내 유사(관)기업들이 파견되기 때문에 기업들 간 정보교환과 상호 협력 분야 개발도 가능하고 인적 네트워크 구축에도 도움이 된다. 이외 단체파견 전시회 는 주관기관이 중심이 되어 한국관 또는 단체관 형태로 참가하기 때문에 참가기업 들은 부스 설치에 따로 신경을 쓸 필요도 없을 뿐 아니라 개별적으로 참가하는 기 업들은 비용절감을 위해 주로 주최 측이 제공하는 일률적인 형태의 조립식부스를 이용하는 반면, 대부분의 단체참가 전시회는 훨씬 고급스러운 독립식부스 형태로 참가한다. 또한 한국관을 구성하여 참가하는 경우,「KOREA 브랜드」효과도 함께 얻 을 수 있다는 장점이 있다.

　　그러나 단체파견 해외전시회 참가도 많은 단점을 갖고 있다. 우선 기관이나 단 체가 파견하는 전시회는 연간 수백건에 지나지 않아 정작 각 기업이 참가하려는 전 시회가 그 명단에 빠져 있는 경우가 아주 흔하다. 기업이 참가하려는 특정 해외전시 회가 단체파견 대상 전시회에 포함되어 있지 않다면 개별적으로 참가할 수밖에 없 다. 또한 인기 유망 해외전시회는 경쟁률이 높아 탈락 가능성도 있으며 설사 자사가 전시회 참가업체로 선정되었다 하더라도 기업이 원하는 만큼의 부스를 할애 받지 못 할 수도 있다. 대부분의 단체파견 전시회는 1개사당 1개 부스 배정을 원칙으로 하기 때문이다. 단체파견 해외전시회는 한국관 또는 단체관이라는 이름으로 여러 기업들 이 전시장 내 한 공간에 밀집되어 있기 때문에 같이 참가하고 싶지 않은 국내경쟁사 와 가까운 위치에서 참가할 수도 있고 개인행동이 제약될 수도 있다. 그러나 단체파 견 해외전시회의 가장 큰 문제점은 한국 참가기업들의 부스가 세부품목에 관계없이 단체관(국가관)으로만 배치된 전시장이나 특정분야(품목) 전시장으로 배정될 경우, 전 문바이어들은 그들이 관심을 갖고 있는 전문품목 전시관 위주로 방문하기 때문에 우리나라 참가업체들의 바이어 부스 내방률이 크게 떨어질 수도 있다는 점이다.

　　Kotra가 단체파견 전시회에 참가한 기업들을 대상으로 조사한 설문에 의하면 이와 같은 단점에도 불구하고 많은 중소기업들이 단체 참가를 선호하는 이유는『주관 기관의 지원 서비스(80.2%)』▷『KOREA 브랜드 이미지 활용 가능(66.2%)』▷『개별 참가 대비 저렴한 직접경비(부스장치, 운송비 등)(63.8%)』▷『부스 확보 용이(62.6%)』 ▷『단체 참가로 인한 출장비(항공, 숙박 등) 경감(40.46%)』▷『우수한 한국관 장치 (33.8%)』▷『엄선된 유명 전시회 참가 가능(31.4%)』▷『전시회 참가 경험 및 인력 부족(12.0%)』순으로 나타났다.

그림 3   단체 및 개별참가 선호 요인

(단위 : %, n=603)

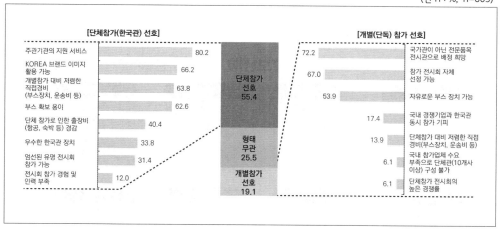

6 Kotra 개별참가 해외전시회 지원

　해외전시회 참가경험이 없거나 적은 기업의 경우, 세계 각국에서 개최되는 많은 전시회 중 어느 전시회에 참가하는 것이 가장 큰 성과가 올릴 수 있을 것인지 그리고 참가할 전시회를 선정했다 하더라도 어떻게 신청하고 참가 준비를 해야 할지 몰라 망설이는 경우가 많이 있다. 이러한 문제점을 해소하기 위해 Kotra는 수출바우처사업의 일환으로 우리 기업의 개별참가 해외전시회에 대해서도 참가준비 컨설팅에서 상담바이어 주선 및 현장 상담 주선까지 맞춤형 해외전시회 참가지원 서비스를 제공하고 있다. 제공되는 기본서비스에는 기업이 참가하려는 해당 전시회 부스임차 안내 및 참가신청, 장치디자인 컨설팅(기본부스), 전시품 운송사 정보제공 및 운송일정 안내 등 전시회 참가지원1과 바이어 리스트 제공(10개사) 및 상담주선(3건) 등 사전마케팅지원, 단기 전담인력을 투입하여 전시회 기간 중 현장에서의 상담지원과 함께 2개월간의 사후지원이 포함된다. 부가서비스로는 품목별 주요 전시회 정보 제공 및 참가계획 수립 등 전시회 사전준비 컨설팅과 부스 신청 등 참가지원, 독립부스 장치디자인 컨설팅, 기본제공 상담주선 3건 이외 추가 바이어 상담주선, 공항 출·영송 및 호텔－전시장간 교통지원, 전시회 통역지원 등이 있으며 부가서비스

---

1 참가비 대납은 부가서비스를 이용해야 한다.

는 별도 협의를 거쳐 결정한다. 해외전시회 참가지원을 위한 신청 및 제공절차는 [그림 4]와 같다.

그림 4 Kotra 해외전시회 참가지원 신청·제공 절차

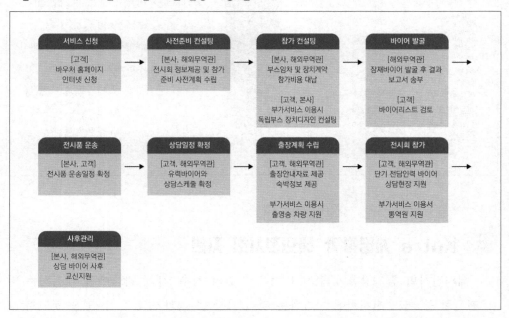

05

사이버상담회

1 사이버상담회 장·단점

　　최근 인터넷의 발달로 화상을 통해 바이어들과 실시간 상담을 할 수 있는 사이 버 상담회가 확산되고 있다. 바이어는 해외 현지에서, 국내기업은 지방에서, 통역은 서울에서 상담을 하는 3차원적 사이버 사업이 진행되기도 한다. 사이버 상담은 비용 이 거의 들지 않고 통역 지원하에 바이어들과 화면을 통해 대면하면서 상담을 할 수 있기 때문에 거리와 언어 장벽을 뛰어 넘을 수 있는 장점이 있다. 특히, 중남미 나 아프리카와 같이 거리가 멀고 치안이 불안하며 비용도 많이 들어 직접 출장을 가기가 어려운 지역의 바이어들과도 상담을 할 수 있는 장점이 있다. 또한 화면을 통해 상품을 직접 보여줄 수 있고 실시간 상담이 이루어지므로 성약까지 진행이 비 교적 수월할 수도 있다. 아울러 그동안 이메일 등 간단한 연락만 주고받았던 잠재바 이어와 온라인 상담을 통해 보다 효과적인 거래가 창출될 수 있으며 한번으로 끝나 는 일반 상담회와는 달리 수출 성사가 일어날 때까지 상담을 지속할 수 있다는 점 도 사이버상담의 장점이라고 할 수 있다. 따라서 사이버 상담회를 『저비용·고효율 비즈니스』라고 평하기도 한다.

그림 1 사이버 상담중인 국내 수출기업과 현지 바이어

그러나 한국과 멀리 떨어져 있는 국가의 바이어들과 사이버 상담을 하기 위해 서는 시차의 어려움이 있고 화면을 통해 상품을 설명해야 하는 관계로 실제 상품을 현지에서 보여주며 하는 대면 상담보다는 효과가 많이 떨어지는 것이 사실이다. 또 한 인터넷 사정이 양호하지 못하면 화질이 떨어지고 통화도 끊기는 경우가 있다. 아 울러 바이어들이 찾는 품목을 공급할 수 있는 국내 수출기업들을 정확하게 찾아 연 결해 주는 것이 가장 중요하다.

2 사이버상담회 활용방안

사이버상담회는 실제 얼굴을 직접 보고 하는 대면상담이 아닌 화상상담인 관계 로 바이어에게 제품을 직접 보여줄 수도 없고 많은 상담자료를 제시할 수도 없는 한계가 있다. 따라서 바이어가 원하는 바가 무엇인지 사전에 철저한 준비를 하고 상 담에 임해야 하며 통역을 활용할 수는 있지만 번잡하기 때문에 바이어와 직접 커뮤 니케이션을 하는 데 지장이 없을 정도로 외국어 실력을 갖춘 사람이 상담자로 나와 야 한다. 또한 상담자는 바이어 질의에 신속하게 답변할 수 있을 정도로 상품에 대 해 해박한 지식을 갖고 있어야 하며 바이어에게 상품에 대한 정보를 제한된 화면으 로 모두 설명할 수 있도록 샘플, 상품설명서 등을 철저하게 준비토록 한다. 그러나 현실적으로 사이버상담회를 통해 바로 수출로 연결되는 경우는 많지 않다. 따라서 사이버상담회에서는 바이어의 의향을 파악하고 자사 제품을 소개하는 과정을 통해 계약 가능성을 올려놓고 바이어를 한국으로 초청하든가 수출기업이 현지를 방문하 여 대면상담을 하기도 한다. 즉 사이버상담회는 대면상담에 앞서 실시하는 보조적

인 마케팅수단으로 주로 활용된다.

사이버상담회는 Kotra, 중소벤처기업부, aT센터 등 수출지원기관에서 자주 개최하고 있으며 특히 Kotra는 해외 바이어와 일대일 상담을 할 수 있도록 「상시 영상 수출상담장」을 마련하고 365일, 24시간 운영하고 있으며 사이버상담을 원하는 수출기업은 언제라도 이용할 수 있도록 서비스하고 있다. 사이버상담을 희망하는 기업은 바이코리아(www.buykorea.org)에서 바잉오퍼를 검색해 상담희망 바잉오퍼를 선택하며 상담희망 오퍼가 없을 경우, 상담희망 국가와 품목을 지정하면 된다. 참가기업의 개별부담금은 없으며 화상상담과 통역 등을 지원받을 수 있다. Kotra는 사후관리 차원에서도 사이버상담회를 운영하고 있다. 이는 무역사절단, 수출상담회, 전시회 등 Kotra 사업에 참여해 상담했던 바이어와의 추가 미팅을 주선하는 프로그램이다. 참가를 희망하는 기업은 참여한 Kotra 사업명을 확인한 후, 첨부된 신청서를 작성하여 이메일로 송부하면 된다. 이와 별도로 Kotra는 사이버상담회를 통해 해당 바이어가 위치한 지역 해외무역관과 본사가 공동으로 바이어와 기업 간 일대일 비즈니스 미팅을 일일이 주선해주고 있다.

그림 2 Kotra 본사 「상시 영상 수출상담장」과 알제무역관에서 사이버상담중인 수출기업과 바이어

그림 3   buyKOREA 사이버상담

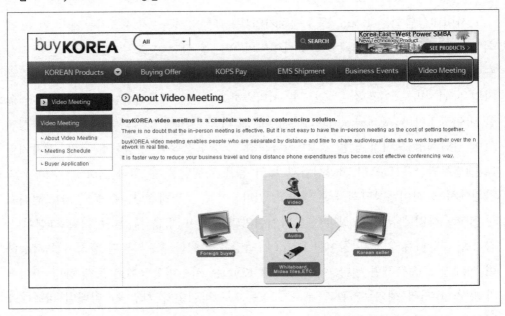

CHAPTER

06

온라인마케팅

1 온라인마케팅 실태

　요즘은 인터넷의 발달과 보급으로 인터넷을 통해 바이어를 발굴할 수도 있고 자사 제품을 포스트 하여 B2B거래도 할 수 있다. Kotra, 무역협회 등과 같은 무역진흥기관과 단체에서도 국내업체의 제품 홍보 및 바잉오퍼 전파를 통한 거래알선과 결제뿐만 아니라 배송 관련 일괄 프로세스를 제공하는 사이트를 운영하고 있으며 국내 사설전문기업들도 이와 비슷한 사이트를 개설 운영하고 있다. 또한 해외에서도 알리바바, 콤파스와 같은 유명 전자상거래 사이트가 운영되고 있다. 온라인마케팅은 많은 비용과 시간을 투입하지 않고서도 좋은 바이어들을 발굴할 수 있다는 장점 때문에 시간이 갈수록 더욱 활성화되고 있다.

표 1 국내외 유명 전자상거래 사이트

제공기관	사이트	특징
Alibaba	www.alibaba.com	세계 최대 거래 알선사이트
tradeKorea.com	www.tradekorea.com	무협 운영 해외거래알선사이트
Trade NAVI	www.tradenavi.org>바잉오퍼	Kotra(BuyKorea), EC21, Gobizkorea, tradeKorea 등 4개 기관 통합검색 가능
BUY KOREA	www.buykorea.org>해외마케팅>해외오퍼정보	Kotra 운영 해외거래 알선사이트 - Kotra 기업회원에 한해 검색 가능
EC21	www.ec21.com	한국 최대 글로벌 B2B 사이트
Gobiz	www.gobizkorea.com	중진공 운영 B2B 사이트

ecplaza	www.ecplaza.com	영어, 중국어, 일어, 한국어 4개 언어 지원 사이트
globalsources	www.gobalsources.com	전시회 정보를 활용한 고급 바이어정보 제공
Tpage	www.tpage.com	
Kompass	www.kompass.com	
Thomas register	www.thomasnet.com	
Tradekey	www.tradekey.com	

　회원제 또는 유료로 운영되고 있는 이들 사이트를 통해 수출기업들은 자사 제품 정보를 등재함으로써 관심 바이어들이 주문할 수도 있고(Selling Offer) 수입을 희망하는 바이어들의 인콰이어리를 검색하여 수출기업들이 공급의사를 표명할 수도 있다(Buying Offer). 이와 같은 전자상거래 사이트에서는 얼마나 많은 그리고 유효한 바이어와 공급자들의 정보가 수록되어 있고 노출되느냐가 실제 거래로 이어질 수 있는 관건이라 할 수 있다. 특히, 목표시장으로의 수출을 희망하는 기업들은 목표시장 바이어들이 올린 인콰이어리에 대해 적극 회신 및 대응을 하도록 한다.

그림 1 BUY KOREA의 Selling Offer와 Buying Offer

2 국내 대표 e-마켓플레이스

(1) buyKOREA(www.buykorea.org)

buyKOREA.org는 Kotra가 운영하고 있으며 전 세계 바이어와 한국공급업체를 연결해 주는 포털 사이트이다. 국내 B2B e-마켓플레이스 가운데 유일하게 한국 상품 해외홍보, 해외 구매정보 중개는 물론 거래대금 결제(KOPS),[1] EMS 국제배송 등 거래프로세스를 모두 지원한다.

---

1 KOPS(Kotra Online Payment Service)는 국내 수출업체가 샘플이나 소액 수출거래 시 수입자로부터 기존은행송금방식(T/T)으로 결제 받는 대신 수입자의 신용카드(Visa, MasterCard)로 손쉽고 안전하게 결제를 받을 수 있는 서비스. Kotra가 해외시장개척 지원사업의 일환으로 중소기업수출대금 회수 편의를 도모하기 위해 시행. 바이어의 카드결제 완료시점 +5 영업일 후 수출자가 지정한 은행계좌로 입금(원화지급). 카드부도(사고발생)시 미화 1만 달러 이하 결제 건에 한해 월 누적 최대 미화 5만 달러까지 수출보험 수혜 가능. 건당 결제금액의 2.6%(수출보험료 및 부가세 포함, 원화정산)의 이용수수료가 부과되며 회원가입비 및 연회비는 무료임.

표 2	바이코리아 제공정보
구분	주요 내용
수출상품 등록	▪ 계정당 수출상품 50개까지 등록 가능 ▪ 유투브(YouTube)에 등록한 상품 동영상을 바이코리아에 등록 가능
바잉오퍼 조회 검색	▪ Kotra 및 해외바이어가 등록한 구매 오퍼 검색 가능
인콰이어리 발송, 수신	▪ 바잉오퍼 검색 후 연락 희망 바이어에게 메일 발송 가능 ▪ 자사 상품을 검색한 바이어로부터 메일 수신 가능
수출대금 결제	▪ KOPS 서비스 이용을 통해 바이어는 수출대금을 온라인상에서 신용카드로 결제하고, 국내기업은 원화계좌로 결제대금 수취 가능 <별도 계약 필요>
수출상품 발송	▪ EMS 배송신청 기능을 통해 수출상품 발송(할인율 최대 15%) <별도 계약 필요>
화상미팅	▪ 바이어와 국내업체간 온라인상으로 미팅 진행 가능
해외기업정보	▪ 기업당(연간 200건 무료) 해외기업정보 조회 가능
비즈니스행사	▪ Kotra의 오프라인 사업신청 가능

buyKOREA의 장점은 50개 품목까지 무료 등록이 가능하며 올앳페이 전자결제 시스템(www.allatpay.com) 또한 무료로 가입하고 사용할 수 있으므로 소량의 샘플 주문을 편리하게 현지 바이어가 결제할 수 있다. 또한 잦은 소량 배송 물량이 많은 기업들은 15% 할인된 가격으로 EMS로 보낼 수 있으며 제품에 관심 있는 바이어들이 보내온 인콰이어리를 확인한 후에 별도로 견적서를 송부하고 결제 받을 수 있다. 이용 방법은 바이코리아(www.buykorea.org)[2] 회원으로 가입하고 등록하면 되며 이용료는 무료이다. 현재 제공하고 있는 정보는 [표 2]와 같다.

---

2 buyKOREA 앱 다운 방법 :
  - 안드로이드(Android) Play Store에서 buyKOREA 검색＞buyKOREA 앱 선택 후 [설치] 버튼 클릭 후 다운로드
  - 아이폰(ios) APP Sotre에서 buyKOREA 검색＞buyKOREA 앱 선택 후 [받기] 버튼 클릭 후 다운로드

그림 2 바이코리아 거래 프로세스

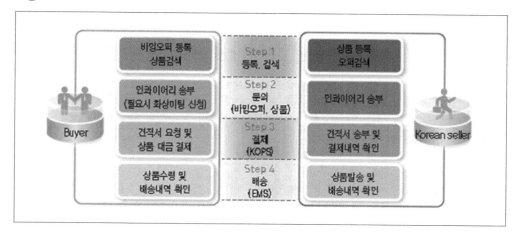

(2) tradeKorea.com(www.tradekorea.com)

한국무역협회가 2007년부터 운영하고 있는 tradeKorea는 우리나라 수출기업의 온라인 글로벌 시장개척을 지원하고 해외기업과의 거래를 활성화하기 위해 제공하는 글로벌 거래알선 사이트다. 이 사이트를 통해 무역협회 주최 전시·상담회의 창구 역할 및 사전·사후 마케팅 플랫폼 기능으로 활용되며 수출초보기업에게 온라인을 활용한 효율적인 해외 바이어 대상 홍보와 매칭 전문가 상담을 지원해주고 있다. 인도, 태국, 브라질, 인도네시아 등 전 세계 40여 개 해외 우수 B2B 사이트 및 유관기관 협력 네트워크를 구축하고 있으며 영문－국문－중문 3개 사이트를 중심으로 바이어와 판매자간 거래 알선 서비스를 지원한다. 수출기업들은 이 사이트를 통해 해외바이어들과 1:1 매칭 서비스를 받을 수 있으며 tradeKorea 기업회원은 B2B마켓에서 자사 상품을 등록할 수 있다.3 또한 회원가입 및 등급 업그레이드를 포함하여 모든 서비스 이용이 무료이며 회원등급(점수제)에 따라 서비스가 차등 지원되고 있다.

---

3 무역협회에서는 해외직판 온라인 쇼핑몰 플랫폼(B2C)인 케이몰(Kmall24.com)을 별도 운영하고 있다.

표 3 tradeKorea를 통해 제공되는 서비스 내역
tradeKorea를 통해 제공되는 서비스 내역
▪ 빅바이어 상시거래알선 글로벌 유통 100대 바이어를 온라인상으로 초청하여 국내업체와 상시적으로 거래알선 지원
▪ 해외바이어 구매오퍼 무역협회로 들어오는 해외 바이어의 인콰이어리를 공개해 국내업체의 수출기회 확대
▪ 해외비즈니스 매칭서비스 무역협회 해외지부 및 해외 마케팅오피스에서 1:1 타깃마케팅 후 복수의 바이어 정보 제공
▪ 바이어DB 타겟 마케팅 협회가 보유한 DB검색을 통해 원하는 해외바이어 정보 무료 제공
▪ 업종/단체 해외마케팅지원 지자체/업종별 단체의 수출유망품목 및 소속업체에 대해 무역협회 본/지부가 융합하여 Minisite제작, tradeKorea 온라인관 구축, 해외비즈니스 매칭서비스 등 전반적인 온라인 수출마케팅 지원
▪ SNS활용 수출마케팅지원 SNS를 통해 해외바이어에게 tradeKorea 국내회원의 기업/정보를 홍보하고, 관심있는 바이어와의 매칭을 지원
▪ Minisite 제작지원사업 유망수출기업에게 무료 영문 Minisite 제작 지원
▪ 외환은행 수수료 우대 서비스 무역협회와 외환은행이 온라인 무역거래에 대한 수출금융서비스를 지원하기 위하여, 수출입계약 및 국내업체간 거래에 대해 제공하는 수수료 우대 혜택
▪ 전시회 참가바이어 재매칭 서비스 국내외에서 개최된 글로벌 전시회에 참가한 바이어중 지속 소싱을 희망하는 유력 바이어를 섭외하여 온라인 매칭을 할 수 있도록 지원
▪ 온라인 거래알선 성공 스토리 무역협회 tradeKorea.com을 통해 거래알선 성공스토리 제공

표 4 tradeKorea 회원등급 및 서비스 내용	
회원등급	서비스 내용
Trader	▪ 트레이더 ▪ 트레이드코리아 일반 가입 회원
Gold Trader	▪ 골드트레이더 ▪ 매월 지난 6개월 동안의 활동 지수를 산정하여 상위 5% 이내에 속하는 회원에게 부여(한 개의 골드메달 수여)
Gold Plus Trader	▪ 골드 플러스 트레이더 ▪ 매월 지난 6개월 동안의 활동 지수를 산정하여 상위 1% 이내에 속하는 회원에게 부여(두 개의 골드메달 수여)

표 5	tradeKorea.com 크레딧 적립 및 활용		
구분		적립 및 활용방법	크레딧
적립 (+)	회원가입 /로그인	회원가입	+100
		기업정보 입력(개인회원 ▶ 기업회원)	+200
		로그인(1일 1회)	+5
		tradeKorea 가입 연수(가입 후 1년마다 자동)	+50
	상품 등록	신규 상품 등록(등록상품 승인 시) - 셀러 전용 서비스	+20
		상품 정보에 동영상 등록(상품당 1회) - 셀러 전용 서비스	+15
	인콰이어리 발신/회신	인콰이어리 또는 오퍼 발신	+10
		빠른 인콰이어리 회신(24시간 이내 회신 시)	+20
		인콰이어리 회신(수신 24시간 후 회신)	+10
	기타	한국무역협회 이사상사회원	+500
		한빛회 회원	+300
		기타(tradeKorea.com에서 KTA ePay 상품 수출 시 200 크레딧 지급 등)	+300
활용 (-)	tradeKorea 서비스 이용	tradeKorea.com 상품검색 상위노출(1주일) 서비스 이용-셀러 전용 서비스	-30
		거래제안서(C/L) 추가	-20
		바이어 DB 타깃 마케팅(발송 1건당)-국내 셀러 전용 서비스	-1
		프리미엄 인콰이어리 발송-해외바이어 전용	-50

tradeKorea.com[4]은 회원사들의 활동에 따라 활동 점수인 '크레딧'을 제공하고 있으며 이 크레딧은 동 사이트에서 제공하는 다양한 서비스 이용 시 활용할 수 있다.

(3) Gobizkorea(www.gobizkorea.com)

1996년에 출범한 고비즈코리아는 중소기업진흥공단이 운영하고 있는 대표적인 중소기업 B2B 사이트이다. 다양한 중소기업제품들을 온라인을 통해 외국에 홍보하는 동시에 여러 수출마케팅 지원사업을 함께 제공하고 있다. 거의 대부분 무료로 운영되고 있는 이 사이트는 고비즈코리아를 통해 바이어를 발굴한 중소기업들을 위해 무역전문가들을 투입하여 수출까지 무사히 연계 시켜주는 등 오프라인 방식 밀착형 사후관리에 중점을 두고 있다. 이외 홈페이지 제작지원, 현지어번역, 글로벌 바이어

---

4 2015년 현재, 사이트 가입자는 국내 10만 3,000개, 해외 10만 2,000개사 등 20만 5,000개사이다. 전 세계 145만 해외바이어 데이터베이스를 보유하고 있고 구매오퍼만 5만 5,000건에 달하며 수록 상품만 약 50만개가 있다. 전 세계 사이트 순위 5,728위(국내 128위)로 90%가 해외 방문객이다.

구매알선까지 서비스하고 있다. 고비즈코리아는 최대 15만개가 넘는 신뢰성 있는 국내 중소기업 상품이 등록되어 있고 약 45만명에 이르는 외국바이어 정보(DB)를 보유하고 있어 외국 바이어 측에서 구매 제안을 직접 받을 수 있는 것이 장점이다. 고비즈코리아가 제공하고 있는 「온라인 구매오퍼 사후관리 서비스」는 번역문서의 감수, 외국어 계약서 조율 등 최초 바이어 접촉에서부터 수출까지 단계적으로 지원해주는 서비스이다.

표 6　온라인 구매오퍼 사후관리 서비스 상세 지원업무	
▪ 각종 외국어문서 번역(5개 국어 중 택 1) ▪ 번역물 감수 ▪ 바이어 문의 진위성 감별, 바이어 발굴 ▪ 바이어 신용조사 ▪ 바이어 방한지원	▪ 계약서 작성 및 조율 등 각종 협상 대행 ▪ 무역실무 대행 ▪ 수출시 목적국 수입통관지원 ▪ 홍보, 마케팅컨설팅 지원 ▪ 기타 해외마케팅 관련 컨설팅 지원

그림 3　온라인 구매오퍼 사후관리 서비스 진행절차

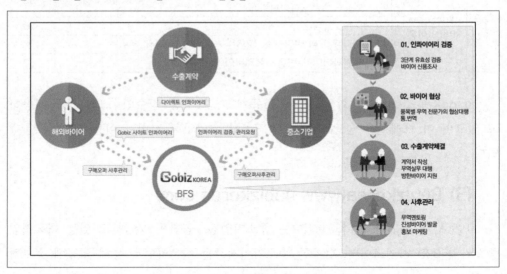

　　신청자격은 제조업 및 지식서비스업을 영위하는 중소기업(영문 상품페이지 상품 개수가 1개 이상인 기업회원)이어야 하며 특히 신규회원은 기업회원 가입 후 매뉴얼을 참조하여 영문 상품 1개 이상 등록 후 신청이 가능하다. 신청기간은 고비즈코리아에 등재하며 선착순 마감한다. 고비즈코리아 한글 사이트를 접속하여(www.gobizkorea.or.kr), 온라인으로 신청하며 참가업체 부담금은 없다.

(4) EC21(www.ec21.com)

EC21은 2000년 한국무역협회로부터 분사(分社)한 이후 글로벌 B2B e-마켓플레이스인 www.ec21.com을 운영하고 있다. 이 사이트는 매달 1,200만명이 방문하며 350만개 가량의 상품이 등재되어 있고 매달 50만건의 인콰이어리가 새로 올라오고 있다. 회원별로 차등 운영되고 있으며 가장 높은 등급인 TRADE PRO의 연간회비는 1,395달러이고 TRADE OK의 연간회비는 495달러이다. 그리고 무료회원에게도 제한된 범위 내에서 서비스를 제공하고 있다.

표 7 EC21 회원별 혜택

Free Membership VS. Premium Membership	Free Member	TRADE OK	TRADE PRO
Priority Search Listing	3rd Ranked	2nd Ranked	1st Ranked
Display Products	15	50	100
Display Selling Leads	20	200	Unlimited
Number of Inquiries to send per day (Max.)	20	40	60
Access to New Buying Leads	After 7 Days	Real Time	Real Time
Access to 3 Million Global Buyer Database	X	O	O
Priority Search Listing	X	O	O
Free Company Verification Service	X	O	O
Free Credit Report Service	X	X	Up to 3 times
Get Free Advertising Packages	X	X	O

(5) ecplaza(www.ecplaza.com)

1996년 국내 최초 인터넷 무역사이트로 개통하여 현재 전 세계 230개 국가의 100만 회원들이 이용하는 사이트로 바이어 검색부터 해외 홍보, 거래상담, 계약체결까지 무역의 전 과정을 지원하고 있다.

그림 4 YES e-MP 솔루션 구성도

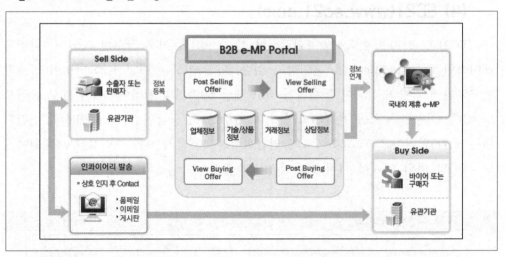

특히 ecplaza는 우리나라 최초로 수출기업들이 인터넷을 통해 기업정보, 거래정보, 상품정보 또는 문의 및 상담정보를 등록하고 정보열람이 가능하도록 e-MP (Markek Place) Portal에 게재함과 동시에 업무제휴를 통해 국내외 B2B e-마켓프레이스에 게재하여 해외바이어에게 홍보가 가능하도록 서비스하고 있다. 이 사이트 역시 회원제로 운영되며 무료회원, YES Silver, YES Gold 등 유료회원이 있다.

표 8 ecplaza 회원별 혜택

제공되는 서비스 항목		무료회원	YES Silver	YES Gold
연회비(원)		0	495,000	3,500,000
포인트		0	4,950	35,000
Search Result		-	Priority	TOP Priority
Selling Leads와 Products 작성 가능 수		50/50	200/200	1000/1000
Selling Lead 작성 시 사용 가능한 Keywords 수		1	5	10
회사 홈페이지 종류		Basic	Premium	Premium
Global Buyer DB 접근 권한		X	O	O
MTO에서 Buyer의 개별 이메일주소 접근 권한		X	O	O
Circular Letter 빌더 제공		X	O	O
Circular Letter 발송 가능 수		X	400/1달	제한없음
ECPlaza.NET 매거진 지면 제공		X	X	O
제3자 신용정보 인증서비스		X	O	O
사이트 광고	One-A-Day	X	X	O(2번)
	Spotlight Product	X	X	O(7번)

| Spotlight Trade Leads | X | X | 0(14번) |
| Hot Trade Leads | X | X | 0(28번) |

(6) Trade NAVI(www.tradenavi.org)

Trade NAVI는 정부, 지자체, 수출유관기관 등 많은 기관이 개별적으로 제공하는 무역관련 정보를 통합하여 제공하고 있는 무역정보사이트로서 이를 통해 우리나라 주요 e-마켓플레이스(GobizKotrea, ecplaza, tradeKorea, buyKOREA, EC21)가 제공하는 거래알선 정보를 한번에 모두 검색할 수 있다.

「TradeNAVI＞해외마케팅＞해외오퍼정보」로 들어가 원하는 오퍼를 클릭하면 당초 게재되었던 해당 e-마켓플레이스로 연결되어 정보를 검색할 수 있다.

그림 5 TradeNAVI 해외오퍼정보

해외시장조사

1 해외시장조사 목적

일반적으로 해외시장조사란 어느 한 기업이 특정시장을 목표로 본격적인 마케팅 활동을 수행하기 전에 판매 또는 수출하려는 제품에 대한 현지 수요동향, 생산동향, 경쟁동향, 유통경로, 적정 거래처, 진출방안 및 유의사항, 인증요구 여부, 관세 및 비관세장벽 등 관련 정보를 사전 파악하여 목표시장을 선택하고 시장진입 가능성 및 그 방법을 도출함으로써 부정확한 정보나 불확실성으로 인해 잘못된 판단을 하거나 결정하는 오류를 최소화하고 성과를 극대화하기 위한 사전 대비책이라 할 수 있다. 그러나 해외시장조사는 이와 같은 특정 국가로의 상품 수출을 위해서만 필요한 것이 아니라 대형 프로젝트 수주, 해외로의 생산시설 이전을 포함하여 해외직접투자와 현지법인, 지사 및 사무소 설치, 외국기업과의 합작 및 제3시장으로의 공동 진출 등 비즈니스 영역 확대를 위해 목표국가의 정치, 경제, 사회 등 제반 여건과 정책, 법령 및 제도, 산업 전체를 파악하려는 조사도 포함된다.

해외시장조사의 목적을 구체적으로 제시하면 첫째, 신시장을 개척할 수 있는 가능성을 타진할 수 있다는 점이다. 어떤 해외시장에서는 지금 당장 수요가 없거나 적더라도 구매자들의 소득수준, 생활방식, 자연조건, 산업의 발달 정도 등에 따라 향후 얼마든지 수요를 창출할 수 있기 때문이다. 예를 들어 2010년을 전후해서, 당시 1인당 국민소득이 5천 달러 가량 되었던 요르단 소비자들은 신차를 구입할 형편은 안 되었지만 소득수준 향상에 따라 값싸고 연비 좋은 한국산 중고차를 많이 구입하였을 뿐 아니라 요르단은 인근국들로의 재수출 통로 역할을 하고 있었기 때문에 한때 우리나라 전체 중고차 수출량의 1/3 가량이 요르단으로 팔려나간 적이 있었다. 특히 신차보다 부품 교체율이 높은 중고차의 경우, 더 많은 자동차부품을 찾게 되어 국산자동차부품 수출이 크게 늘어났으며 이는 한국산 배터리, 타이어 구입으로 이어졌다. 또한 한국산 중고차에 만족한 현지 소비자들 중에는 이어서 우리나라 신차를 구입하는 경우도 많이 있었다. 따라서 꾸준한 해외시장조사를 통해 이와 같은 시장 트랜드를 파악하고 현지 마케팅을 강화함으로써 시장을 선점할 수 있게 된다.

둘째, 시장개척 가능성이 있을 것으로 전망된다면 보다 심도 깊은 시장조사를 통해 적절한 현지 진출 방법을 찾아낼 수 있다. 직접수출을 할 것인지, 에이전트를 선정하여 판매를 대행토록 할 것인지, 우회수출을 할 것인지 아니면 현지에 생산기지를 건설할 것인지 등이 결정된다. 경우에 따라서는 우리기업이 직접 유통망을 구축하여 현지 판매를 시도할 수도 있다. 일례로 알제리의 경우, 자국 산업을 보호하고 국산품 구입을 촉진하기 위해 수입규제를 강화하면서 자국에서 생산, 조립된 제품에 대해서는 할부구입을 허용하고 있으며 더구나 자동차와 같은 일부 품목은 수입허가증을 보유한 수입상만이 쿼터 범위 내에서 수입을 허용하고 있다. 따라서 보다 많은 제품을 알제리에서 판매하기 위해서는 현지에 생산 기지를 건설하는 것이 가장 바람직한 마케팅 방법이라 할 수 있다.

셋째, 다양한 현지 마케팅 수단을 결정할 수 있다. 지역마다 해외전시회, 무역사절단, 개별세일즈출장, Kotra 지사화사업, 인큐베이터사업 참가 등 여러 가지 마케팅 수단을 조합하여 마케팅 전략을 수립할 수 있다. 해외시장 개척을 위한 다양한 수단이 있지만 지역 특성에 맞는 마케팅 수단을 강구하여야 효과적인 성과를 올릴 수 있기 때문이다.

넷째, 기존 시장을 확대하기 위해 각 시장에서 자사 제품에 대한 경쟁력을 끊임없이 모니터링하고 각 마케팅 성과와 반응을 측정할 수 있다는 점이다. 현재 잘나가고 있는 제품이라 하더라도 새로운 경쟁기업들이 출현할 수 있고 시장 상황 급변으로 수요가 격감할 수도 있다. 시장 변화에 대한 지속적인 모니터링과 바이어 설문을 통해 소비자들이 원하는 기능, 디자인 개발과 함께 가격경쟁력과 A/S 확충 방안뿐 아니라 자사 제품에 대한 소비자들의 인식을 파악할 수 있게 된다.

다섯째, 현지 사업 파트너 및 바이어의 신용상태, 영업 및 재정 능력 등을 파악할 수 있다. 첫 거래 바이어의 경우, 신용조사를 통해 바이어의 신용도, 회사의 재무 상태 등을 파악하면 우려 없이 선적에 전념 할 수 있을 뿐 아니라 이러한 정보는 수출보험 가입 시에도 요구되기도 한다. 특히, 에이전트 선정 시 현지조사를 통해 에이전트의 신뢰도, 제품에 대한 전문지식 보유 여부, 마케팅 능력(유통망/판매망, 디스트리뷰터 확보 및 시장개척 능력, A/S능력 등), 재정능력, 현지 홍보능력, 현지 정부·언론·유력인사와의 네트워킹 능력, 정보 수집능력, 현지 평판 등을 파악함으로써 부적격 에이전트 선정이라는 위험을 사전에 회피할 수 있다.

결국 해외시장조사란 목표시장에서 현지의 생산·수요 및 소비·수출입·경쟁동향, 유통구조, 진출 시 유의사항 및 마케팅 확대방안, 자사제품에 대한 현지 바이어들의 평가, 바이어 정보, 관세 및 비관세장벽 그리고 통상관련 정보(국가의 정책이나 규제 등)를 취득하여 효과적인 진출 전략 수립을 위해 필요한 과정이며 아울러 바이어와 상담 후 성과를 담보하기 위해 바이어에 대한 신용조사도 반드시 해외시장 조사 범주에 포함시켜야 할 항목이라 할 수 있다.

일반적으로 수출기업들이 필요로 하는 해외정보 유형으로는 진출하려고 하는 국가정보, 통상정보, 경제·무역관련 정보, 상품 및 산업정보, 입찰관련 정보, 해외투자정보, 전시정보 및 바이어정보 등이 있다. 수출기업들에게 필요한 각종 해외시장정보를 종합적으로 제공하는 국내 대표 사이트로는 Kotra 해외시장뉴스(http://news.kotra.or.kr)와 무역협회 사이트(www.kita.net)가 있다.

그림 1 Kotra 해외시장뉴스 http://news.kotra.or.kr

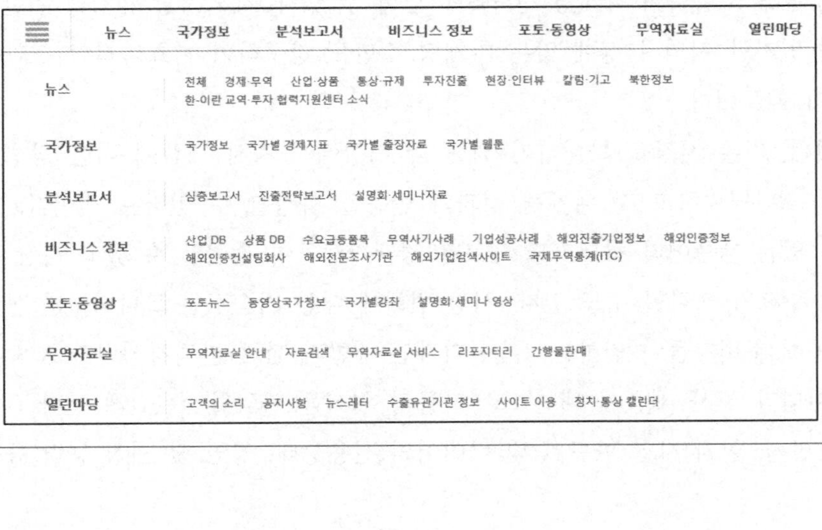

그림 2 무역협회 사이트 www.kita.net

2 해외시장조사 방법

비즈니스와 관련된 해외정보를 획득하는 방법은 타기관이나 언론이 조사하여 공개한 정보를 활용하는 방법, 정보 수요자(주로 수출기업)가 현지를 방문하여 직접 조사하는 방법 그리고 전문기관이나 사설 전문조사업체 등 외부에 조사를 의뢰하는 방법이 있다. 세 가지 방법 모두 장단점이 있으므로 정보 수요자의 상황에 따라 어느 한 가지 방법을 선택하거나 병행 실시할 수 있다.

(1) 공개 정보를 활용하는 방법

최근에는 인터넷의 발달로 시간과 장소에 구애받지 않고 쉽게 국내외에서 생산된 해외시장정보를 취득할 수 있다. 또한 인터넷뿐만 아니라 신문, 잡지, 전문서적 등을 통해서도 좋은 정보를 얻을 수 있다. 이미 공개된 정보를 활용하는 방법은 조사에 필요한 인력과 시간, 그리고 소요예산을 크게 줄여준다. 특히, 우리나라는 Kotra, 무역협회, 중소기업청 수출지원센터 및 지자체지원센터를 포함하여 여러 수출지원 기관과 단체들이 경쟁적으로 새로운 해외시장정보를 생산하여 전파하고 있기 때문에 많은 수출기업들이 이 방법을 통해 정보를 취득하고 있다. 특히, 최근 수출기업들은 정부, 공기관 및 수출유관기관이 생산하는 정보를 한눈에 검색할 수 있는 종합무역정보서비스 사이트인 『트레이드네비』를 통해 많은 정보를 얻고 있다. 인터넷이 널리 보급되기 전까지만 해도 Kotra에서는 『일간해외시장』, 무역협회에서는 『일간무역』을 인쇄물 형태로 발간하여 배포하였다. 현재 이들 간행물들은 모두 폐간되었으나 대신 정기적으로 이메일을 통해 새로운 정보가 전파되고 있다. 현재 Kotra는 Kotra 해외시장뉴스 사이트를 통해 Kotra 해외시장뉴스, 해외무역관뉴스레터, 주간투자뉴스 등을 등재하고 있으며 이 중 『Kotra 해외시장뉴스』는 매주 화/목 2차례 이메일로 국내기업들에게 전파되고 있다. 신청은 「Kotra 해외시장뉴스 > 열린마당 > Kotra 해외시장뉴스」로 들어가 상단 [신청하기]를 클릭하면 된다. 한편, 무역협회에서는 신청만 하면 매일 아침 메일로 『굿모닝 KITA』라는 무역뉴스를 이메일로 발송해주는 서비스를 제공하고 있는데 이것은 국내외 무역정보를 수집하여 전문가의 선별 및 편집을 통해 무역업체에게 필요한 핵심정보를 제공하는 무역정보서비스이다.

수출지원 기관들의 인터넷을 통한 정보 전파와 함께 국내 유일의 무역전문 신문인 『주간무역』은 매주 월요일, 32~48면의 타블로이드판 종이신문을 발간하고 있다. 이 매체는 무역 관련 뉴스, 정보, 컬럼 등을 다루며 세부적으로는 국제통상, 무역정책, 제도, 산업, 기술, 트랜드, 물류, 전시글로벌마켓 등의 지면과 기획물, 인터뷰, 컬럼 등으로 구성하여 우편발송 및 직배로 배포하고 있다. 이와 함께 『주간무역』은 무료 인터넷 사이트(http://weeklytrade.co.kr)를 운영하고 있는데 이 사이트를 통해서도 다양한 해외시장정보를 얻을 수 있다. 또한 각 조합이나 협회 홈페이지에는 관련 산업의 해외시장동향 정보가 수시 업데이트되어 게재되고 있으며 주간 또는 월간으로 발행되는 정기간행물에도 기업에 도움이 되는 양질의 정보가 수록되어 있으므로 이것들을 잘 활용토록 한다.

아울러 국내 수출지원 유관기관들이 유·무료로 제공하는 각종 비즈니스 관련 정보를 정기적으로 받아보고 필요로 하는 정보를 축적하도록 한다. 최근에는 수출지원 유관기관, 협회 및 단체 등에서 수시로 시장설명회를 개최하고 있으므로 관심 있는 분야를 다루는 설명회에 적극 참가하도록 한다. 이와 함께 Kotra나 무역협회, 한국능률협회에서는 지역전문가 양성 프로그램,[1] 해외벤치마킹 연수 등 각종 교육 프로그램도 운영하고 있으므로 이들 교육프로그램 참여를 통해 사내 우수 조사 인력을 양성하도록 한다.

타기관이 생산하여 공개한 정보를 통해 시장을 조사하는 방법은 이와 같은 많은 장점에도 불구하고 정작 알고 싶은 정보를 찾을 수 없는 경우도 있고 미흡하게 등재되어 있거나 정보를 생산하는 기관과 단체에 따라 업데이팅되지 않은 오래된 정보가 수록되어 있는 경우도 있다. 특히, 외국기관의 사이트에서 정보를 얻고자 한다면 어느 사이트를 방문해야 하는지도 알아야 하며 설사 관련 사이트를 찾아내었다 하더라도 사이트에서 작성된 언어를 해독할 수 있어야 한다. 또한 선후진국에 따라 사이트에 등재된 정보 업데이팅 정도가 천차만별인 점도 유념해야 한다. 우리나라와 같이 신속하게 각종 통계가 업데이팅되는 국가들도 있지만 대부분의 후진국들은 2~3년 전 작성된 통계가 여전히 올라와 있는가 하면 이미 개정되어 더 이상 유효하지 않은 규정들이 실려 있기도 하고 외국인이 이해하지 못하게 서술되어 있는 정보도 많이 있다. 또 경우에 따라서는 신뢰할 수 없는 과장 정보가 수록되어 있거나 앞뒤가 맞지 않는 통계가 제시되어 있는 부실 사이트도 있으므로 주의해야 한다.

(2) 직접조사방법

해외시장조사의 또 다른 방법으로는 수요자가 직접 관련 국가를 방문해서 현지 바이어와 도매상 및 유통업체 그리고 관련 기관을 접촉하여 필요한 정보를 수집하는 방법이다. 현지를 직접 방문하여 발품을 팔아가며 취득한 정보는 가장 우수한 정보가 될 수 있다. 그러나 무턱대고 현지를 방문한다고 해서 원하는 정보를 얻을 수 있는 것은 아니다. 현지로 떠나기 전에 어디서 무엇을 조사할 것인지 철저한 사전 계획이 필요하다. 따라서 현지를 방문했을 때 시장조사를 도와줄 기관, 가이드 또는 현지거래처 등이 섭외되어 있다면 보다 용이하게 시장조사를 할 수 있을 것이다. 해

---

1 Kotra 아카데미에서는 신흥시장 및 선진시장을 중심으로 지역전문가 양성을 위한 교육과정을 운영하고 있다. 이 과정에서는 지역별 경제현황, 문화특성, 비즈니스 관습, 진출유망시장, 시장 특성, 산업구조, 진출 성공사례 및 해외투자 진출 실무 등을 교육하고 있다.

외시장조사를 위해 현지를 방문하게 되면 인근지 Kotra 무역관을 반드시 찾아가 현지 시장상황에 대해 설명을 듣도록 한다. 또한 출장지의 유통단지, 백화점, 도·소매상 밀집지역을 방문하여 어떤 상품이 어떤 가격으로 판매되고 있는지를 파악한다. 도·소매상들을 직접 만나 필요한 정보를 수집하는 것도 바람직한 방법이다. 이때 파악하고자 하는 정보와 질의서를 미리 준비해간다. 일반적으로 매장에서는 인기 상품들이 가장 눈에 잘 띄는 곳에 진열된다는 점도 감안하여 매장을 살펴보도록 한다. 출장 전 소개받은 바이어나 교포무역인들이 있다면 이들을 통해서도 좋은 정보를 얻을 수 있다. 상공회의소 등 무역관련 기관을 방문하려면 사전 약속을 해두어야 한다. 따라서 지역에 따라 직접 방문조사는 번거롭고 어려울 수도 있다.

반면, 해외전시회는 짧은 시간 동안 한 장소에서 많은 시장정보를 제공해준다. 이런 점에서 볼 때 해외전시회 참가 또는 참관을 통해 시장트랜드를 조사하고 자사 제품의 경쟁력을 파악하는 방법이 가장 효율적인 직접조사 방법이라 할 수 있다. 전시회에 출품된 상품과 바이어들의 반응을 살피고 부대행사로 개최되는 세미나에 참석하거나 출품된 상품 중 우수상품으로 선정된 전시품들을 보여주는 별도 전시관을 방문하여 최근 시장 동향을 파악하고 신상품에 대한 아이디어를 구하도록 한다.

비단 해외전시회 참가뿐만 아니라 무역사절단, 수출구매상담회 등에도 적극 참가하게 되면 바이어와의 상담 과정에서 필요로 하는 정보를 취득할 수 있다. 상담을 하다보면 자연스럽게 바이어로부터 현지 시장에 관한 생생한 현지정보를 얻을 수 있기 때문이다. 그러나 이때 한 바이어의 말만 듣고 시장 전체를 판단해서는 안 된다. 이외 진출하려는 국가 또는 인근국가에 거래 관계가 있는 바이어나 파트너가 있다면 이들을 활용하여 현지 정보를 취득하는 것도 바람직한 방법이다. 또한 Kotra 해외시장뉴스의 국가정보는 각 국가별 수출 및 투자 유관기관 연락처를 제공하고 있으므로 이들 기관의 홈페이지를 검색하거나 이메일을 통해 필요로 하는 정보를 요청할 수도 있다. 특히, 투자진출과 관련된 정보나 전시회 참가 정보는 각국 또는 전시주최자들이 경쟁적으로 제공하는 경향이 있다.

정보 수요자가 직접 시장조사를 하는 경우 외부기관에 조사 의뢰할 때 지불해야 하는 조사대행비용을 절감할 수 있을 뿐만 아니라 직접조사를 통해 얻은 정보는 대외로 유출될 가능성이 거의 없어 독점적으로 활용할 수 있다. 또한 정보 수집과정을 통해 인적 네트워크를 확대할 수 있을 뿐 아니라 정보 수집을 직접 수행하다보면 나름대로 정보수집 요령을 파악하고 그 능력을 배양할 수 있다는 장점이 있다.

그러나 직접조사는 현지 출장에 필요한 경비와 많은 시간이 소요되고 특히 정확한 정보원을 찾기가 쉽지 않을 뿐 아니라 설사 정보원을 찾았다하더라도 접근이 용이하지 않은 경우도 있다. 또한 조사 전문가가 아니다 보니 부정확하거나 불완전한 정보 수집이 될 수도 있다는 단점이 있다.

(3) 외부기관에 의뢰하는 방법

공개된 정보만을 활용하는 방법으로는 필요한 정보를 충분히 얻을 수 없거나 아예 원하는 정보를 찾지 못할 경우도 있다. 그렇다고 정보 수요자가 직접 해외시장조사를 수행하기에는 언어, 법률 및 제도의 차이, 시차 그리고 정보원에 대한 접근 곤란 등으로 인해 대부분의 기업들은 Kotra, 무역협회 및 사설 전문기관 등 외부에 조사를 의뢰하여 필요한 정보를 취득한다.

외부 전문기관에 조사를 의뢰하는 경우, 조사비용 또는 수수료를 지불해야 하고 일정기간이 지나면 조사기관이 관련 정보를 공개하거나 다른 기업들에게도 제공할 수 있으며 경우에 따라서는 의뢰자가 기대하는 만큼의 정보가 나오지 않을 수도 있다는 단점이 있다. 그러나 전문기관이 수행하는 만큼 통상 일반인들이 조사하는 것보다는 양질의 정보가 생산될 가능성이 높아 신뢰성과 정확성이 담보될 수 있으며 특히 의뢰인이 요구하는 대로 맞춤형 정보 제공이 가능하다는 장점도 있어 많은 기업들이 유료시장조사제도를 활용하고 있다.

세계 각국에 많은 조직망을 보유하고 있는 Kotra의 경우, 무역관이 별도의 많은 인력과 시간을 투입하지 않고 답변할 수 있는 간단한 문의 사항(예: 관세율, 연락처, 간단한 수출입절차 등)에 대해서는 일과시간 기준 48시간 내에 무료 회신해주고 있다. 이러한 서비스를 받기 위해서는 tradedoctor.kotra.or.kr을 방문해서 『온라인상담』을 클릭하여 신청해야 한다. 이 사이트에는 『자주 묻는 질문(FAQ)』이 별도 항목으로 설치되어 묻고자 하는 질문이 이 항목에 있는지를 먼저 검색한다.

이와 별도로 Kotra는 [표 1]과 같이 『해외시장조사사업』을 통해 전 세계 해외 무역관(86개국 127개 무역관)을 활용하여 사업 파트너 연결 서비스, 맞춤형 시장조사 서비스 등을 유료로 제공하고 있다. Kotra 『해외시장조사사업』을 이용하는 대부분의 국내 수출기업들은 이 사업을 통해 잠재 바이어 발굴을 요구한다. 종전에는 Kotra가 조사 의뢰 수출기업의 품목을 취급하거나 관심을 표명한 바이어들 위주로 리스트를 작성하여 바이어 정보를 제공하였음에도 불구하고 막상 국내 수출기업이 이들 바이어들을 접촉할 때 바이어의 관심을 끌지 못했다면 바이어들로부터 회신조차 없는 경우도 있었다. 이러한 문제점을 해소하기 위해 Kotra는 종전 단순 잠재바이어 조사제도를 폐지하고 「사업파트너 연결지원」 프로그램을 신설하여 신청고객 제품에 관심을 보인 해외 수입업체 조사를 통해 기본 3개사를 발굴, 소개한 후 2개월간 발굴 해외 수입업체와의 거래교신을 밀착지원하고 있다. 이 서비스 수수료는 부가세 포함 33만원이며 잠재바이어2 3개사 초과 발굴 시 건당 5만원이 추가 청구된다. 신청기업이 착수금으로 33만원을 입금하면 사전 시장성조사가 이루어지는데 시장성조사 결과, 조사 불가 시에는 33만원이 전액 환불된다. 이 서비스를 이용하려는 기업들은 표준화된 해당 품목정보 one-page(영문품목소개서)-주요 수록내용 : 제품명, HS CODE, 제품경쟁력, 제품 사양, 주력 상품 사진-를 의무적으로 Kotra에 제출하여야 하며 작성에 어려움을 겪는 수출기업들을 위해 Kotra가 3만원의 별도 수수료를 받고 대리 작성해 주기도 한다. 아울러 2개월간 해당무역관과 Kotra 본사 신청기업별 담당 수출전문위원 간 교신지원 내역이 기록된다.

표 1 Kotra 해외시장조사 서비스		
서비스 유형	서비스 내용	수수료
사업 파트너 연결 서비스	① 신청 고객의 제품에 관심을 보인 해외 수입업체 조사 ② 발굴 해외 수입업체와의 거래 교신 밀착지원(2개월)	30만원(3개사 발굴 및 교신지원) 해외수입업체 추가 발굴 시, 건당 5만원 부가
맞춤형 시장조사	수요동향, 수입동향/수입관세율, 경쟁동향, 수출동향, 소매가격동향/유통구조, 품질인증제도, 생산동향, 기타 등 조사	항목 당 15만원 (예 : 수요동향+경쟁동향=30만원)
해외수입업체 연락처 확인	기업 존재여부, 대표 연락처 확인 (※구매담당자 연락처 제공 불가)	연간 6개사까지는 무료, * 초과 신청 시, 건당 1만원의 별도 수수료 부과
원부자재 공급선 조사	조사 신청 기업의 수출을 위한 완제품 가공 및 제조에 필요한 원부자재 공급업체 발굴	30만원
수출대금 미결제 조사	무역보험공사(KSURE) 전용서비스	

* 상기 수수료는 부가세(10%) 불포함 가격임
* 공정거래위원회가 발표한 30대 기업체 해당하는 경우 수수료 2배 적용

---

2 여기에서 잠재바이어란 서비스 신청 국내업체의 제품을 즉시 오더하고자 하는 바이어가 아니라 관련 제품을 취급하는 회사로 신청업체 제품에 관심을 보인 '해외수입업체'를 의미한다.

표 2 교신지원내역

교신지원내역(예시)

1. 신청고객명 : 대한물산
2. 해당 품목명(HS. CODE) : 741220000
3. 지원기간 : 2017.11.1.~ 2017.11.30
4. 바이어명 및 교신내역

바이어명	교신일자	교신방법	교신내용	바이어 반응	본사확인
ALI	'17.11.1	유선	거래제안서 수신 확인	수신완료 했으며 회신 주겠음	검토완료
ALI	'17.11.9	메일	거래제안서에 대한 의견 요청	내부검토 중이며 3일 후 연락하겠음	11월 12일 확인 필요

그림 3 one-page(영문품목소개서)

Export Item

<u>Item:</u> *Photovoltaic street pole SYSTEM COMPONENTS:

HS code: 741220000

*Photovoltaic street pole SYSTEM COMPONENTS:
-Inverters
-Batery
-steel round pole

Competitiveness:
- One touch type pipe connection tool for air pressure piping

Features
- One action inserts the tube to release and connect easily
- The PC type has interior and exterior hexagonal shapes for efficient piping in limited spaces
- The main body of the PL and PT types is a rotating structure for efficient piping.
- The screw section has O-ring, or Teflon coated.

Specifications
- Fluid type: Air (no other gases or liquids)
- Working pressure: 0~150 PSI / 0~9.9Kgf/cm² (0~990kPa)
- Negative pressure: -29.5 in Hg / -750mmHg (-750Torr)
- Working temperature: 32~140°C
- Applicable Tube: Polyurethane and Nylon

Major product models

One-Touch Fittings modelSpeed Controllers model   *Tube model*

[PC]   [PL]   [NSC][PU]

이 사업의 진행절차는 [그림 4]와 같다.

그림 4 Kotra 해외시장조사사업(사업파트너연결지원) 진행 절차

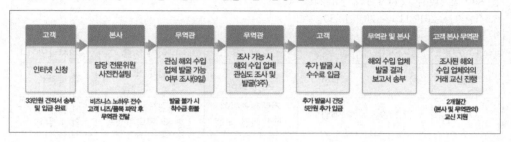

그러나 Kotra에서는 유료 해외시장조사 서비스를 신청하기 전에 무료 Kotra 해외기업 DB 검색 서비스3와 Kotra 해외무역관 주재 86개국 해외마케팅 기초정보4를 먼저 활용해 보고 미흡하면 이 제도를 활용하도록 추천하고 있다. 한편 각 유형당 조사기간은 수수료 납부 확인 후, 사업파트너 연결서비스는 5~6주, 맞춤형 시장조사는 3주, 바이어 연락처 확인은 2주, 원부자재공급선 조사는 3주 정도가 소요된다. 그렇지만 ▲ 조사의뢰 품목이 해당 국가의 수출제한 품목에 속하거나 관련 제품 수입 바이어가 없는 경우 ▲ 사전 시장성 검토 결과, 경쟁력이나 수요가 없을 것으로 추정되는 경우 ▲ 충분한 자료가 없어 의뢰인이 원하는 기대수준의 조사를 수행할 수 없는 경우 ▲ 의뢰인이 신청한 조사항목이 3개월 내 기 조사된 건으로 먼저 서비스를 받은 기업을 보호하기 위해 다른 업체에게 공개해서는 안 되는 경우 ▲ 그리고 해당 무역관의 업무과부하로 조사 수행이 어려울 경우에는 조사가 불가능하거나 조사기한이 조정될 수도 있다. 한편 의뢰인은 Kotra 보고서 내용이 미흡한 경우, 2개월 내 A/S신청이 가능하다.

한편 무역협회에서도 맞춤정보 서비스를 실시하고 있다. 「무역협회 홈페이지 > 무역정보 > 해외시장동향 > 맞춤 해외시장 정보 > 서비스 안내 혹은 맞춤정보 push 서비스 신청」으로 들어가면 된다. 서비스 신청 화면에서 관심 대륙/국가와 관심업종, 관심 키워드를 입력한 후 신청하게 되면 해외시장 심층 연구보고서, 무역협회

---

3 http://www.buykorea.org/mb/BKLOGINC.html?paramType=fb
클릭하면 DB검색이 가능하다.

4 http://www.kotra.or.kr/downdocu/KHSBFM047M_down.pdf
클릭하면 pdf화일로 작성된 『해외마케팅기초정보』를 열람할 수 있다.

해외지부 및 마케팅오피스 등에서 수집한 해외시장 동향 및 최신 뉴스와 기타 무역 관련 정보(국가정보, 무역통계, 관세율 정보, 바이어 정보, 인증 정보, 세율 정보) 등을 매주 원하는 이메일이나 모바일앱 등을 통해 지속적으로 받아볼 수 있다.

다음으로 사설 해외진출컨설팅 전문업체에 의뢰하는 방법이 있다. 사설 컨설팅 전문업체들은 조사나 마케팅 관련 다수 전문인력을 보유하고 있으며 해외네트워크를 활용하여 고객이 요구하는 시장정보를 유료로 제공하고 있다. 비교적 정교한 조사보고서를 제공하고 있지만 상당한 조사비용을 지불해야 한다. 이들 사설 전문업체들은 산업 또는 상품별로 세분하여 주기적으로 업데이팅된 자료를 생산하여 판매하기도 한다. 이들이 생산하는 자료에는 특정 주제에 대한 체계적인 정보, 전문 애널리스트에 의한 조사/분석 정보, 국가별/지역별 시장동향 및 예측정보, 기업분석, 기술동향 및 시장점유율이 포함되어 있으며 새로운 사업계획, 신제품 개발, 국내 및 해외진출 등 중요한 의사결정에 꼭 필요한 정보를 제공하고 있다. 그리고 이들 자료는 pdf화일, Hard Copy형태 또는 Web Access 형태로 제공된 로그인 정보로 판매된다. 이 밖에 사설 전문업체들은 고객으로부터 의뢰받은 특정 지역 및 상품에 대한 맞춤형 조사를 대행해주기도 한다. 한편 국내에서 영업 중인 한 민간 전문업체는 기초시장조사, 심층시장조사, 산업전문조사 그리고 실시간 모니터링을 통한 해외 현지 정보를 선별 분석하여 고객에게 제공하는 서비스를 공급하고 있다. 특히 성공적인 해외 진출을 위해 꼭 필요한 핵심 시장정보만을 제공하는 기초시장조사의 경우, 수출입무역통계와 국가별 산업통계 등을 반영한 정량적 지표와 현지 시장트렌드 및 전문가 의견 등 경쟁현황을 분석한 정성적 지표를 활용하여 가장 적합한 수출유망 타깃국가를 선정하고 경쟁사와 경쟁제품에 대한 벤치마킹과 분석을 통해 적격 바이어 발굴 포인트를 찾아주고 있다. 또한 유통채널 구조와 현황을 파악하고 유통채널별 전문가를 대상으로 반응을 파악하여 최적의 진출루트를 제시해준다. 또한 조사의뢰기업의 요구에 기반한 맞춤형 조사기획과 타깃시장에 대한 심층분석을 통해 해외 진출전략을 수립할 수 있도록 심층시장조사도 대행해주고 있다. 이 조사를 통해 시장동향, 경쟁동향, 유통정보, 진입장벽 등에 대한 심층적인 시장정보가 제공될 뿐 아니라 의뢰사가 원하는 특정 항목을 위한 맞춤형 시장조사도 포함된다. 아울러 바이어 심층분석을 통한 바이어 유형 별 1:1 프로모션 및 세일즈 전략을 수립할 수 있도록 보고서가 작성되며 바이어 유형분석, 발굴활동, 검증활동, 심층분석을 통한 접근 전략을 제시해 준다. 사설 조사전문업체에게 맞춤형 시장조사를 의뢰하는 통상적인 절차는 조사의뢰 → 가능여부검토(조사비용/기간 제시) → 의뢰인과의 협의를 통해 구체적인 조사항목 결정 및 계약서 작성 → 계약체결 → 조사착수 → 중간보고 → 최종 결과물 제출로 이루어진다.

표 3 국내외 해외시장조사 전문업체	
해외시장조사 전문업체	홈페이지
▪ EC 21	kr.ec21.com
▪ 글로벌인포메이션	www.giikorea.co.kr
▪ PK&WISE	www.pknwise.com
▪ 한국콤파스	www.kompass.co.kr
▪ 프랑스사업개발시장조사	www.bizconsulting.eu.com
▪ SBD	www.marketresearch.co.kr
▪ 아이피알포럼(주)	www.ipr.co.kr
▪ 쿠루이컴퍼니	kurui.co.kr
▪ LPR GLOBAL	www.lprglobal.com
▪ 마크로밀엠브레인	www.embrain.co.kr
▪ (주)QM&E 경영컨설팅	www.qme.co.kr
▪ 프로스트&설리번인터네셔널	www.frost.com
▪ (주)씨앤드림	www.cndream21.com
▪ (주)국제그린컴퍼니	www.igmcg.co.kr
▪ (주)퓨투로인포	www.futuroinfo.co.kr
▪ (주)인사이터스	www.insightors.com
▪ (주)엠케이차이나컨설팅	www.mkchina.com
▪ (주)비에스알코리아	www.bsrkorea.com
▪ (주)솔투로	www.soltoro.co.kr
▪ (주)이암허브	www.iiam.co.kr
▪ 한국엘로우페이지(주)	www.yellowpage-kr.com
▪ (주)화동인터네셔널	www.hwadong.net
▪ (주)한국에스큐아이	www.ksqi.kr
▪ (주)글로벌코넷	www.konet.or.kr
▪ (주)만물행	www.nihao118.com
▪ 한영회계법인	www.ey.com/kr/
▪ (주)에이제이트레이드파트너스	www.tradepartners.co.kr
▪ (주)지비에스	www.gbskorea.com
▪ (주)웨비오	www.wevio.com
▪ (주)제이앤아이글로벌	www.jniblobal.com
▪ (주)코리아리서치센터	www.kric.com
▪ 카이스트지역혁신센터	http://kcri.kaist.ac.kr

▪ 유로모니터인터네셔널 (외국) 　- 한국어 버전 가능	www.euromonitor.com
▪ Booz Allen & Hamilton(외국)	www.boozallen.com
▪ Mckinsey & Company (외국)	www.mckinsey.com
▪ D&B (외국)	www.dnb.com

그림 5　Kotra 해외시장뉴스 해외전문조사기관

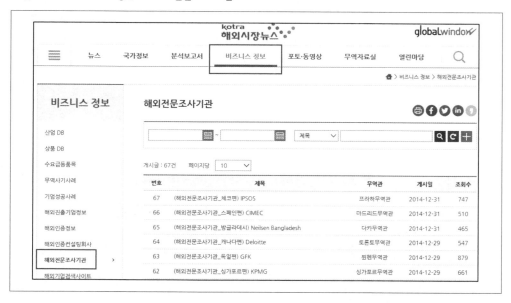

끝으로 해외 현지 전문조사 기관에 직접 의뢰할 수도 있는데 「Kotra 해외시장
뉴스>비즈니스 정보>해외전문조사기관」을 방문하면 해외주요국의 현지 조사기관,
서비스 내용 및 연락처를 안내받을 수 있다. 조사 전문기관이라 보고서 내용은 우수
하지만 조사의뢰비가 매우 비싼 편이다.

통합무역정보서비스(www.tradenavi.or.kr) 트레이드내비

  무역협회가 운영하고 있는 통합무역정보서비스로서 트레이드내비는 정부, 지자체, 수출유관기관 등 많은 기관에 산재된 단편적인 무역관련 정보들을 통합하여 관심국가/관심품목에 따라 맞춤형으로 정보를 제공하고 있으며 이를 위해 연계기관 수도 45개로 대폭 늘어났다. 관세청, 농수산물유통공사, 중소기업진흥공단, 한국콘텐츠진흥원, 대한상공회의소뿐만 아니라 Kotra, 무역협회, 무역보험공사, 중소기업진흥공단 등 정부 및 공공기관, 협회 및 단체에서 제공하는 다양한 정보를 연계하여 제공하고 있다. 또한 기존에는 정확한 HS 품목코드 6단위를 입력해야 품목별 정보를 검색할 수 있었지만, 시스템 개편을 통해 의약품, 자동차 등 품목명으로도 검색이 가능해 관심 있는 국가와 품목명만으로 초보 무역인도 필요한 모든 정보를 찾아볼 수 있다.

통합무역정보서비스 메인화면

  또한 트레이드네비는 전 세계 49개국의 세율, 규제, 인증, 비관세장벽, 지원사업 정보를 통합 제공하고 있으며 특히 관심 국가 품목을 입력하면 국가정보, 세율, 규제, 전시회, 오퍼 등 모든 정보를 분류 가공하여 검색결과로 나타나는 등 사용자 중심의 개별 맞춤형 서비스가 제공되고 있다.

통합무역정보서비스가 제공하는 세부 항목	
항목	제공정보
뉴스	해외시장동향, 해외관세동향, 기술규제동향, 수입규제동향, FTA뉴스, EEN(유럽경제협력네트워크) 유관기관뉴스, 전문가 칼럼, 동영상무역정보(KITA, Kotra)
FTA/관세	품목별정보검색, 관세안내, FTA현황, FTA원산지, FTA사후 검증대응
무역규제	비관세장법, TBT통보문, 환경규제, 해외인증, 해외규격, 수입요건, 전략물자, 수출장벽, 반덤핑규제, 분쟁일괄규제, 규정안내
해외마케팅	해외오퍼정보, 해외조달정보, 해외전시회정보, 국가별시장정보, 국가별법령정보, 해외시장보고서, 유망시장진출보고서
해외기업정보	무역협회, Kotra, 무역보험공사, 중소기업진흥공단
수출지원	무역통상진흥종합시책, 분쟁해결/규제대응, 무역지원사업정보, 무역지원제도, 무역정보제공기관, 글로벌무역정보MAP, 서비스산업정보MAP, 무역정보안내지도, 무역용어/서식
무역애로	Trade SOS, Trade Doctor, FTA 1380, 전문가상담안내 애로사례모음
무역통계	한국, EU, 미국, 중국, 홍콩, 일본, 인도, 대만 ASEAN, 브라질, 러시아, 터키, 호주, 캐나다, 칠레, 페루, 멕시코, 세계무역, 세계경제, 맞춤분석, 남북교역, 부품소재

P•A•R•T

03

특성화 해외마케팅 프로그램

PART 03

걸음마 실무 해외 마케팅

Kotra(www.kotra.or.kr)

1 지사화사업

　　Kotra는 해외 네트워크가 빈약한 국내중소기업들을 위해 2000년부터 지사화사업을 추진하고 있다. 지사화사업은 해외무역관이 수출기업의 해외지사와 같은 역할을 수행하며 시장조사, 수출거래선 발굴에서 거래성사 단계에 이르기까지 해외판로 개척 활동을 1 : 1로 밀착 지원하는 사업이다. 2017년부터 기존 지사화사업은 수출지원기반활용사업의 일환으로 3개 기관의 유사사업(Kotra－지사화사업, 중소기업진흥공단－민간네트워크, OKTA－글로벌 마케터)을 통합하여 사업 참여기업의 선택의 폭을 확대하였다.

　　지사화사업은 시장조사와 수출거래선 발굴, 거래상담, 현지출장지원 등 다양한 해외마케팅을 대행해 주고 있으며 참가 목적에 따라 여러 방식과 형태로 지원된다.[1] 이때 지원품목은 HS Code 6단위 기준 1개 품목에 한한다. 참가희망기업은 신청 시 진입, 발전, 확장 중 1개 단계와 수행기관(Kotra, 중진공, OKTA) 1개를 지정한다. 신청기업은 해외시장성 및 수출역량 평가를 거쳐 지사화사업 참여기업으로 선정된다. 지사화사업 참가비를 보면 진입단계는 50만원이고 발전단계는 지역별 물가수준을 반영하여 250~350만원(부가세 포함, 지역별 차등 요율적용)으로 차등 적용되며 확장단계는 계약금액에 따라 700~1,050만원 수준이다.

---

1 단, 계약체결 대행, 무역클레임 해결 및 법적 분쟁 등 Kotra와 해외무역관의 법적 성격상 지원할 수 없는 사항은 지원대상에서 제외된다.

그림 1   지사화사업 진행절차

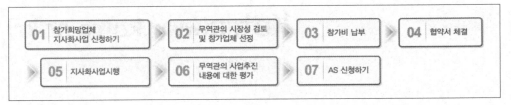

지사화사업은 고객과 해외무역관이 1년간 해외시장을 개척하는 사업으로 최적의 대상지역 선정을 위해서는 해당 해외무역관에 조사대행을 의뢰해 현지 시장에 대해 세밀한 사전조사를 하는 것이 바람직하다. 또한 Kotra는 다양한 고객수요를 반영하기 위해 지사화사업 부가서비스를 제공하고 있다. 일반 지사화사업이 수출기업의 해외판로 개척활동을 1:1로 지원하는 반면, 부가서비스는 수출업체의 개별 세일즈랩 고용이나 사무실 임대, 수출촉진/투자유치와 관련된 업체 요청사항 등을 선별 수용지원하는 서비스이다.

표 1   지사화사업 부가서비스 종류

서비스명	개요
마이오피스	* 무역관과 협의를 통해 선정 ▪ 업체가 자사직원을 무역관에 파견, 상주시켜 지사업무를 수행하게 하는 등 무역관을 자사의 사무실로 사용 ▪ 업체는 사무실 임대료 등 제반 운영비를 참가비로 부담 ▪ 무역관은 업체직원의 현지활동을 지원하되 무역관 자체적으로 결정

세일즈랩	* 수출바우처 제도를 통해서만 신청 가능
	  (www.exportvoucher.com 또는 www.수출바우처.com)
	▪ 희망업체가 자비부담으로 시장개척을 담당할 현지직원을 고용하여 자사 수출마케팅에 독점적으로 활용
	▪ 업체는 직원 채용경비 및 제반운영비를 참가비 형태로 부담
	▪ 무역관은 세일즈의 전문경력이 있는 직원을 채용하고 관리하며 업체의 현지 마케팅 업무를 지원
	  단, 직원채용 시 현지 노동법상 용역형태로 채용

거래선관리 서비스	* 수출바우처 제도를 통해서만 신청 가능 (www.exportvoucher.com 또는 www.수출바우처.com) ▪ 현지 에이전트 혹은 바이어 등 희망업체가 보유한 거래선과 정기적으로 접촉·관리

표 2 지사화사업 100% 활용 10계명
① 지사화사업 신청 전, Kotra 『해외시장조사제도』를 활용하여 해외마케팅 가능성이 있는 무역관을 선정한다.
② 지사화사업 전담직원에게 수출상품을 철저하게 숙지시킨다.
③ 지사화사업 전담직원에게 상담에 필요한 각종 자료 및 샘플을 충분히 제공한다.
④ 지사화사업 전담직원과 커뮤니케이션을 강화한다.
⑤ 지사화사업 전담직원의 요청 및 문의사항에 대해 즉각 회신 및 조치한다.
⑥ 지사화사업 전담직원의 방한 시, 적극적으로 만나며 공장 안내를 한다.
⑦ 지사화 참가기업 수출 담당자가 1년에 적어도 한 차례 이상 현지를 방문한다.
⑧ 해당 무역관에서 추진하는 각종 사업에 적극 참여한다. (예 : 해외전시회, 구매상담회, 무역사절단 등)
⑨ 지사화사업 성과(특히, 성약)가 있으면 해당 무역관에 알린다.
⑩ 지사화사업은 최소 한번 이상 계약을 갱신한다.

지사화사업의 성과 여부는 국내기업의 적극적인 참여 자세와 해외 무역관 지사화 전담직원의 책임감에 달려있다. 지사화사업 참여가 확정되면 국내기업은 해당 무역관 지사화 전담직원이 수출 상품에 대해 확실하게 숙지할 수 있도록 각종 자료와 샘플 등을 제공한다. 또한 현지 전담직원이 마케팅 활동을 할 수 있도록 상담에 필요한 기초 자료를 충분히 공급하며 전담직원의 요청, 문의사항에 대해 신속하고 적극적으로 회신한다. 또한 시장성이 충분하다면 가능한 협약 기간 중 국내기업의 수출 담당자가 현지를 직접 방문하는 것이 바람직하다. 지사화사업 참여기업은 무역관 지사화사업 전담직원을 자사 직원과 같이 인식하고 충분한 배려, 커뮤니케이션 및 적극 활용하는 자세를 가져야 한다.

그림 2 암만무역관 지사화업체인 P사와 S사가 현지를 방문하여 계약하는 모습

Kotra는 지사화사업 참가기업들의 기존 거래선 관리 및 신규 바이어 발굴에 도움이 될 수 있도록 자체 개발한 사이버상담 시스템을 무료로 제공하고 있다. Kotra 지사화업체들에 제공되는 사이버상담 시스템은 사이버상담 및 회의, 채팅, 상담내용 저장 등 다양한 기능을 보유하고 있다. 프로그램은 www.buykorea.org에서 다운로드 받을 수 있다.

지사화 사업 성공사례(암만무역관)

제목 : 맞춤형 플랜트와 철저한 A/S를 통해 신시장 개척						
품 목	품목명 아스팔트혼합플랜트 (Asphalt Mixing Plant)					
업체명	기업명 (주)○○○					
업체 담당자	이름	○○○	전화	0000 0000	이메일	○○○○○○

□ 지사화 사업 참여 동기
■ 요르단 지역으로 수출 경험이 전혀 없었던 동사는 20XX년, 암만에서 개최되었던 『이라크 재건 박람회』에 참가하여 이라크, 요르단 지역의 시장 개척 가능성을 확인한 후,

■ 보다 집중적인 지원을 받기 위해 암만무역관 지사화 사업에 참여

■ 전후 이라크 재건과 요르단의 인프라 확대에 따라 Asphalt Mixing Plant의 수요가 매우 클 것으로 전망되어 당관도 사업 참여를 적극 권유함.

□ 전략
■ 당관은 (주) ○○○의 요르단 시장 진출을 위해 다음과 같은 3가지 기본 전략을 제시하였음.
 - 최대한 가격경쟁력을 확보할 것. 특히, 최근 중국산이 요르단에 진출하면서부터 가격이 구매를 결정하는 가장 중요한 요인이 되었음.
 - 현재와 같이 한국산 품질에 대한 좋은 이미지를 계속 유지할 것
 - 철저한 A/S와 함께 납품 기한을 최소화할 것

□ Action Plan
■ 지사화 담당 현지직원을 (주)○○○에 파견하여 제품에 대한 철저한 교육 실시
■ ○○○ 제품에 맞는 타켓 바이어 선정
■ 이탈리아 및 중국 등 경쟁국 제품과의 차별성 부각
■ 좋은 바이어가 있으면 해외영업담당 이사가 즉시 파견되어 상담함.

□ 성과

- 암만무역관 지사화 사업에 참여한 이래, 당관의 지원으로 H사, D사, 및 A사로 부터 주문을 받아 총 2,873,810달러를 수출하였음.

- 글로벌 경제위기로 인해 요르단 건설경기가 다소 위축되었다가 금년 하반기부터 건설경기가 회복 조짐을 보이고 있어 요르단에서의 주문이 지속될 것으로 예상됨.

- 요르단에서의 (주)○○○ 명성은 인근국인 시리아, 레바논까지 전파되어 이들 지역으로의 수출 성과도 조만간 가시화 될 것으로 전망됨.

□ 성공 요인

- 또한 바이어들의 요구에 맞는 맞춤형 플랜트를 공급하고 정기적인 A/S를 위해 지사화사업과는 별도로 현지인을 채용하여 현지 지사를 운영하고 있음.
  - 특히, 설치 단계서부터 이상 없이 작동 시 까지 본사 엔지니어가 직접 요르단을 방문하여 서비스하고 있으며 고장 시에는 지체 없이 엔지니어를 파견하여 철저한 A/S를 하고 있음. 이와 같은 철저한 A/S가 현지 바이어들 사이에 널리 알려지게 됨.
  - 현지 마케팅을 위해 암만 무역관 지사화사업 담당자를 100% 활용하고 있으며 지사화 담당 현지 직원과 가장 완벽하게 커뮤니케이션과 협업이 이루어지고 있는 고객임.

- 이와 함께 매년 5월 암만에서 개최되고 있는 Project Near East(舊 이라크 재건박람회)에 지속 참가하고 있으며 내년에는 레바논에서 개최되는 건축기자재 박람회에도 참가할 예정임.

Kotra는 지사화사업의 통합 운영으로 최대 가입가능 지역에 제한되어(2018년 기준, 1개사당 최대 8개 지역) 추가 가입을 하지 못하는 기업들을 위해 지사화사업과 유사한 Kotra 해외진출 토탈 패키지(A형 – 9개월, B형 – 6개월) 서비스를 새로 도입하였다. 이 사업 역시 해외 무역관을 통한 현지 시장조사, 바이어 발굴 및 상담, 현지 출장 등을 지원하는 기본서비스와 이외 전시회 참가, 매체홍보 등 영업활동을 지원하는 부가서비스로 구분된다. 서비스가격은 국비 지원이 없기 때문에 지사화사업 보다 비싸다. 2017년 현재, 토탈 패키지 (A)형은 무역관당 800~1,000만원이며 (B)형은 500~700만원으로 국가·지역별로 차등 부과하고 있다. 또한 부가서비스 가격은 유형에 관계없이 실제비용＋수수료(2.5~5%)이다.

구분	Kotra 해외진출 토탈 패키지 (A) 9개월	Kotra 해외진출 토탈 패키지 (B) 6개월
기본서비스	❶ Kotra 담당자 방문상담 　현지 시장환경 설명 및 수요 재확인 ❷ 마케팅 기본 정보 보고서 　(1회, 6개 항목 15페이지 내외) ❸ 잠재 바이어 리스트 제공 　(최대 10개사) ❹ 타깃 바이어 선정 및 집중 　마케팅(3~4개사) ❺ 현지 출장 지원 　(2회, 현지직원 동반, 통역 차량 제공) 　* 현지 출장은 바이어 방한 상담으로 　대체 가능	❶ Kotra 담당자 방문상담 　현지 시장환경 설명 및 수요 재확인 ❷ 마케팅 기본 정보 보고서 　(1회, 6개 항목 15페이지 내외) ❸ 잠재 바이어 리스트 제공 　(최대 6개사) ❹ 타깃 바이어 선정 및 집중 　마케팅(2~3개사) ❺ 현지 출장 지원 　(1회, 현지직원 동반, 통역 차량 제공) 　* 현지 출장은 바이어 방한 상담으로 　대체 가능
부가서비스	서비스 기간 중 현지 전시회 참가, 홍보, 판촉행사 개최, 바이어 방한 상담회 등 영업활동 지원(사전 협의 필요)	서비스 기간 중 현지 전시회 참가, 홍보, 판촉행사 개최, 바이어 방한 상담회 등 영업활동 지원(사전 협의 필요)

표 3 Kotra 해외진출 토탈 패키지 서비스 내용

2 수출인큐베이터사업

해외시장 개척을 위하여 현지법인 또는 지사를 설치코자 하는 수출유망품목 중·소제조업체(제조업 전업률 30% 이상)와 지식기반서비스업 영위 중소기업을 대상[2]으로 사무 공간(1개사당 3~4평) 및 공동회의실, 사무집기 및 전화·인터넷 등을 제공하고 현지인 마케팅전문가와 법률·회계 컨설턴트의 자문 및 컨설팅을 제공하는 사업이다. 이 밖에 정보제공, 행정지원 및 생활정착서비스도 지원한다. 현재 Kotra는 미국, 중국, 인도 등 14개국에 22개 인큐베이터를 운영하고 있다.

---

2 입주희망기업은 중진공 소정 입주신청서(법인인감 날인본), 사업자등록증명원 1부, 파견자 이력서 1부, 파견자 재직증명서 1부, 입주활동계획서(온라인 신청서 상에 첨부, 출력), 최근 3개연도 재무제표 및 중소기업 지원사업 통합관리시스템 정보 활용을 위한 동의서 1부를 제출한다.

표 4 지원사항

서비스	내용
사무공간 제공	▪ 개별 사무공간 및 공동회의실, 창고 등 ▪ 사무용집기 및 전화, 인터넷 등
전문컨설팅 지원	▪ 마케팅전문가에 의한 시장정보 수집, 분석제공 ▪ 법률 및 회계고문의 자문 ▪ Kotra 해외마케팅 사업 활용을 통한 수출 마케팅 지원 (현지시장조사, 바이어발굴, 유망전시회 및 상담회 참가, 공동물류센터 이용 등)
중소기업 수출사랑방 지원	▪ 단기 출장 중소기업 지원 - 1회 최대 14일, 연간 30일 범위 내 사무공간, 서비스 및 행정지원 등

표 5 설치지역 및 입주규모(2018년 2월 현재)

설치지역		입주규모	설치지역		입주규모
중국	베이징	21	멕시코	멕시코시티	9
	상하이	26	인도	뉴델리	16
	광저우	14	미국	뉴욕	23
	충칭	7		LA	23
	시안	7		워싱턴	12
베트남	호치민	12		시카고	18
	하노이	15	독일	프랑크푸르트	15
일본	도쿄	15	러시아	모스크바	10
싱가포르	싱가포르	10	UAE	두바이	11
칠레	산티아고	7	카자흐스탄	알마티	7
태국	방콕	10	미얀마	양곤	10

인큐베이터별 공실발생 시, 수시로 모집·선정한다. 참여 희망기업은 수출인큐베이터 홈페이지(www.sbc-kbdc.com)를 통해 온라인으로 신청하며 증빙자료3는 온라인 신청 후 우편으로 제출한다. 선정심사 기준은 경영평가<재무평가, 경영자 평가 등>(20%), 제품의 시장성<수출실적 등>(30%), 현지진출지원 인프라 구축<파견예정자 능력 등>(35%), 수출인큐베이터 지원효과(15%)이며 수출유망중소기업/INNO-BIZ/벤처기업/녹색신성장동력 중소기업 등에게는 평가 시 가점이 부여된다.

---

3 중진공 소정 입주신청서(법인인감 날인본), 사업자등록증명원 1부, 파견자 이력서 1부, 파견자 재직증명서 1부, 파견자 고용보험 가입이력 내역서(www.ei.go.kr) 출력분, 입주활동계획서(온라인 신청서상에 첨부, 출력), 최근 3개연도 재무제표(국세청 홈택스(www.hometax.go.kr) 출력분, 외감법인의 경우 외부감사보고서도 추가 제출) 중소기업지원사업 통합관리시스템 정보 활용을 위한 동의서 1부

수출인큐베이터 참가 기업들은 소정의 입주보증금4과 월 임차료를 지불해야 하는데 월 임차료는 지역과 사용면적에 따라 차등 부과된다.5 아울러 전화, 인터넷 사용 등 관리비도 업체가 실비 부담한다. 입주 계약기간은 1년 기준이며 추가 1년 연장이 가능하다.

그림 3 수출인큐베이터 사업 진행절차

그림 4 광저우 수출인큐베이터 내부(왼쪽) 및 시카고 수출인큐베이터 외부

---

4 입주보증금 : 1개사당 500만원(2018년 2월 현재)

5 월 임대료 부담(입주 1년차 기준, 2018년 2월 현재) : 입주업체별 사용면적에 따라 차등 부과, 시안, 하노이, 호치민, 알마티, 방콕, 양곤(10만원 내외) 상하이, 광저우, 충칭, 도쿄, 산티아고, 멕시코시티, 뉴델리, 뉴욕, 도쿄, LA, 워싱턴, 시카고, 프랑크푸르트, 모스크바(15~20만원 내외), 베이징(30만원), 두바이(15~35만원), 싱가포르(41만원) 내외
• 입주 1년차 20%, 2년차 50%, 3·4년차 100% 부담
• 전화, 인터넷, 전기 사용 등 관리비 실비 부담

한국무역협회
(www.kita.net)

1 수출지원 바우처 서비스

무역협회에서는 2018년부터 회원사의 수출 초기단계에 필요한 준비활동을 보다 실질적으로 지원하기 위해 「수출지원 바우처(Voucher) 서비스」를 시행하고 있다. 무역협회는 회원으로 가입한 중소 무역업체를 대상으로1 수출준비, 바이어 발굴 및 수출이행 과정에서 소요된 비용을 회비납부 연차기준에 따라 차등지원(지원한도 내에서 총사업비용 90~100% 직접지원, 0~10% 회원사 자체부담2)하고 있으며 이용희망 회원사는 협회가 지정한 수출지원 바우처 가운데 희망하는 서비스를 선택(복수 선택)하여 신청하고, 사업지원 대상으로 선정되면 자체 부담으로 비용을 선집행한 뒤 정산을 받게 된다.

---

1 수출단계별 바우처 서비스 신청제한 기업은 ① 금융기관 등으로부터 채무불이행으로 규제중인 업체 또는 대표자 ② 휴·폐업중인 업체 ③ 대외무역법 제53조의 2 및 제54조 각호의 1에 해당하는 범죄로 유죄를 선고받고, 그 형 집행종료 후 3년이 경과되지 아니한 자가 대표자인 업체 ④ 기타 사회적 물의를 일으킨 업체 또는 대표자이다.
2 통번역 서비스는 자부담 면제(이용비용 100% 지원)

표 1 신청자격 및 지원기준(2018년 기준)

구분	로얄 (가입 21년 이상)	골드 (가입 11~20년)	실비 (가입 1~10년)
① 기본지원금	90만원	70만원	50만원
② KITA멤버십 카드 보유3	10만원	10만원	10만원
지원금 합계4 (①+②)	100만원	80만원	60만원

　　배정된 지원금은 수출 단계별로 [표 2]와 같은 용도에 사용되며, 무역협회 회비 완납 회원사(신규회원사 포함) 대상으로 비용이 집행되고 지원금 정산이 이루어진다.

표 2 수출단계별 바우처 서비스

수출준비	바이어 발굴
(1) 외국어 통번역	(5) 해외 바이어 조사/해외시장 조사
(2) 외국어 홍보동영상	(6) 해외바이어 신용조사
(3) 외국어 카탈로그 제작	(7) 글로벌 B2B 사이트 이용료
(4) 무역아카데미 재직자 연수	(8) 수출상품 해외광고

　　사업 진행절차는 「kita.net 메인＞KITA 회원전용서비스＞수출금융지원·포상＞ 수출지원 바우처」로 들어가5 반드시 회원사 대표ID를 사용하여 로그인한다. 이용신청 시 업체별 지원금 한도를 확인 후, 이용을 원하는 서비스를 선택하고 서비스별로 지원금을 배정한다. 협회에서는 사업 신청 후 3 영업일 이내 회원사에게 휴대전화 문자로 선정을 통보해주며 승인 완료 업체는 사업시행과 선비용 집행 후 온라인으로 관련 증빙(세금계산서 사본 등) 및 결과보고서를 첨부하여 지원금 정산을 신청하면 된다. 신청분에 한해 정산금은 매월 1회(익월 초) 일괄 지급된다.6 이때 승인된 해당 서비스 이용기간은 승인 후 최대 3개월 이내(필요 시 2개월씩 총 3회 연장가능7)이며 외

---

3 추가지원금은 2016년 이후 KITA멤버십 카드를 신규로 발급받은 업체에 한함.
4 이용가능 서비스 중 통번역 서비스를 제외하고는 전체소요비용 중 10%는 업체에서 부담.
5 이용신청 바로가기 : http://membership.kita.net/fai/vouc/voucherInfo.do
6 단, 통번역 서비스 이용기업은 별도의 신청없이 월단위로 자동정산된다.

국어 통번역 서비스는 별도 이용기간 없이 사업종료 시(12월)까지 이용이 가능하다. 무역협회가 사업수행 업체 또는 이용가능 기관을 지정한 외국어 통번역, 무역아카 데미 연수, 해외시장조사/바이어발굴, 해외바이어 신용조사는 반드시 해당기관을 이 용하여야 한다.

그림 1 수출단계별 바우처 서비스 시행 및 이용절

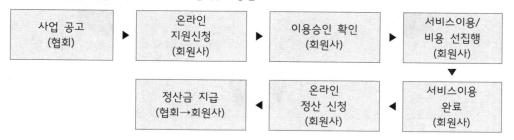

2 해외비즈니스 매칭서비스

해외비즈니스 매칭서비스는 중소기업의 해외시장개척지원을 위해 신흥 전략시장 과 한국무역협회 해외지부 소재 지역에서 국내업체 제품에 관심을 보이는 바이어를 발굴하여 신청국내기업에게 제공하는 사업이다. 서비스 가능지역으로는 브라질, 러시 아, 인도, 일본, 미국, 중국, 유럽(영국, 프랑스, 벨기에 한정), 싱가포르, 베트남 등 11개 국이며 향후 변동 및 확대될 가능성도 있다. 한국무역협회 해외지부 및 해외 마케팅 오스피에서 1:1 타깃 마케팅 후, 발굴된 복수의 바이어 정보를 선정업체에게 무료 제공하게 된다. 이 서비스는 tradeKorea 기업회원을 대상으로 하되 tradeKorea에 상품정보가 충실하게 기입되어 있고 담당자 연락처 정보가 유효한 업체여야 한다. 각 지역별로 매월 15~20개사를 선착순 지원한다. 또한 업체당 연간 3회 지원하며 1회 신청당 1개 지역 서비스를 원칙으로 한다. 접수기한은 수시로 진행되며 매월 말일에 접수가 마감된다. 신청방법은 한국무역협회 홈페이지(www.kita.net)를 통해 신청서 작성 후 제품 영문브로셔 파일과 함께 이메일(ebizcenter@kita.net)로 송부하면 된다.

7 연장방법은 바우처 온라인 메뉴 내 '이용관리/정산' 메뉴에서 연장.

그림 2 해외비즈니스 매칭서비스 흐름

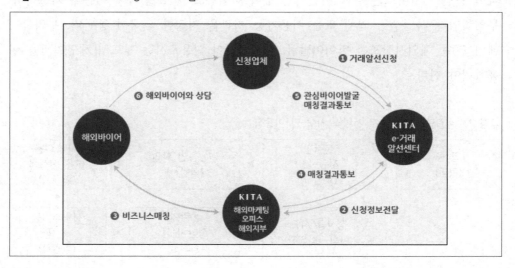

3 외국어 통번역 지원

　무역협회 회비 완납 회원사로 수출지원바우처 서비스 신청업체를 대상으로 지원언어는 영어, 중국어, 일본어 등 총 18개어[8]이며 수출과정에서 발생되는 문서의 통·번역을 지원한다. 지원내용 중 번역[9]은 수출관련 무역서신, 수출계약서, 카탈로그, 회사소개서 및 소비자용 매뉴얼 등이며 이와 함께 국내에서 진행되는 바이어 상담, 전시회, 공장 견학 시 통역 및 전화통역도 포함된다.

　단가는 (http://tradesos.kita.net) → 통번역지원서비스를 방문하여 파악한다. 통번역신청은 온라인 신청만 가능하다.

---

8 영어, 불어, 독일어, 스페인어, 이태리어, 포르투갈어, 중국어, 일본어, 태국어, 몽골어, 베트남어, 말레이·인도네시아어, 러시아어, 우즈벡어, 헝가리어, 이란어, 아랍어, 터키어 등 18개어.

9 번역은 초벌 번역만을 제공하며 주요 문서의 감수는 개별 시행한다.
　2장 미만은 24시간 이내, 10장 미만은 3~4일 내에 서비스되나 영어를 제외한 기타 언어는 2~3일이 더 소요된다.

그림 3 통번역 지원서비스 신청방법

1) 번역

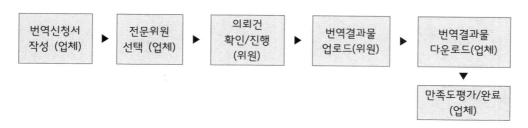

번역 결과물을 다운로드 후 수정사항이 있을 경우, 신청내역조회에서 수정요청할 수 있으나 다운로드 후 3일이 경과하면 자동완료 처리된다.

2) 통역

3) 국제전화통역

그림 4 통번역 지원서비스 진행절차

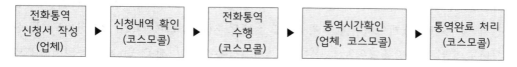

03

중소기업수출지원센터
(www.exportcenter.go.kr)

1 수출유망중소기업 지정

중소벤처기업부에서는 성장 가능성이 높은 수출중소기업을 매년 1천여 개씩 발굴하여 중소벤처기업부, Kotra, 무역보험공사 등 23개 수출유관기관의 유대지원을 통해 수출유망중소기업으로 육성할 목적으로 매년 상·하반기 지원계획을 공고하고 있다. 신청자격은 중소기업기본법 제2조 제1항의 규정에 의한 중소기업으로 제조업 또는 서비스업을 경영하고 신청 전년도 수출실적(내국신용장 수취액 포함)이 미화 500만 달러 미만인 기업이다. 수출유망중소기업 지정횟수는 2011년 이후부터 2회로 한정하나 지정기간 중 전년대비 직수출 증가율이 연평균 20% 이상인 경우, 3회까지도 지정 가능하다.[1]

참여희망기업은 중소벤처기업부의 지원계획 공고에 명시되어 있는 기간 중 온라인을 통해 신청서를 접수[2]한다. 접수 시 신청서류는 ▲ 수출유망중소기업 지정신청서 및 수행이행계획서(인터넷 접수) ▲ 전년도 재무제표(현장확인) ▲ 전년도 및 신청년도의 수출실적증명원[3](현장확인) ▲ 개인신용정보의 제공 및 활용동의서(인터넷

---

1 2011년 이전 지정 횟수는 무관.

2 온라인 신청방법 : http://www.exportcenter.go.kr → 회원가입 → 로그인 → 수출지원사업 → 수출유망중소기업 사업신청 → 지정신청서, 이행계획서 입력 → 신청완료.

3 수출실적증명원 : 외국환은행장, 한국무역협회, 한국관세무역개발원이 발행한 증명원(간접수출증명

접수) 등이다. 수출유망중소기업 선정 여부는 서류평가<신청자격 기본요건(중소기업 여부, 수출실적 등), 신용정보조회(채무불이행 여부 등), 대외무역법 위반 여부 등>와 현장평가<세부평가 기준에 따라 현장 실태조사>를 거쳐 지방청별「중소기업수출지원지역협의회의」가 최종 심의 의결한다.

그림 1 추진 절차

수출유망중소기업으로 선정되면 자금 및 보증지원, 해외마케팅 지원 참여 우대 및 국가기술은행(NTB) 정보 서비스 무료이용 등 다양한 혜택을 받을 수 있다.

표 1 수출유망중소기업 주요 우대지원내용	
지원내용	참여기관
[자금 및 보증지원] ▪ 수출신용보증료 할인, 보증한도 및 비율 우대, 보증심사 완화 ▪ 수출입금융, 여신지원 시 금리 및 수수료, 환전 수수료 및 환가료율 우대	신용보증기금 기술보증기금 한국무역보험공사 한국수출입은행 시중은행
[해외마케팅 지원 참여우대] ▪ 국방 절충교역 대상품목 추천 및 참여 시 우대, 해외전시회·박람회 참가 시 우선지원, 수출인큐베이터 사업 참여 시 우대 등 ▪ 바이어 발굴, 상담대행 등 해외시장개척활동 지원	중소기업청 방위사업청 중소기업진흥공단 한국무역협회 대한무역투자진흥공사 중소기업기술혁신협회
[기타] ▪ 국내외 기술시장정보 분석 제공, 국가기술은행(NTB) 정보 서비스 무료 이용 등	한국산업기술진흥원, 한국과학기술정보연구원

2 수출성공패키지사업

수출성공패키지사업은 내수 및 수출 실적 100만 달러 미만 기업에 대해 수출 준비활동 및 해외시장 진출 마케팅을 지원하여 수출액 확대 및 글로벌 역량을 강화

원은 은행 및 KTNET에서 발행한 구매확인서, 로컬 L/C)

할 수 있도록 지원하기 위해 실시하고 있으며 선정된 기업들은 무역교육, 현지시장조사, 디자인 개발 등 해외진출 준비활동 및 온·오프라인 해외진출 마케팅 활동을 패키지로 지원받을 수 있다.

그림 2 수출성공패키지사업 개요(2018년 기준)

지원대상기업4은 전년도 수출실적 100만 달러 미만의 기업(간접수출포함)으로서 중소기업기본법 제2조의 규정에 의한 제조업, 제조업 관련 서비스업 또는 지식기반 관련 서비스업을 영위하는 중소기업이다. 또한 전년도 수출실적에 따라 '수출기업화'5 및 '수출고도화'6로 구분하여 총사업비의 50~70% 범위 내에서 차등 지원하고 있다.

---

4 2018년 기준 신청 제외대상업체는 ◆ 휴·폐업 기업 또는 가동 중에 있지 않은 기업 ◆ 국세 또는 지방세 체납으로 규제중인 자 또는 기업 * 단, 사업신청 전 국세·지방세 등의 특수채무 변제 완료자 또는 기업은 신청 가능 ◆ 민사집행법에 의하여 채무불이행자명부에 등재되거나, 전국은행연합회 등 신용정보 집중기관에 채무불이행자로 등록된 경우 * 단, 회생인가를 받은 기업, 중소기업진흥공단 등으로부터 재창업자금을 지원받은 기업 등 정부·공공기관으로부터 재기지원 필요성을 인정받은 자(기업)는 참여 가능 ◆ 보조금법 위반 등으로 정부 지원 사업에 참여제한 제재 중인 자 또는 기업 ◆ 2017년도 수출지원기반활용(수출바우처) 사업(중기부 : 수출성공패키지, 고성장기업 수출역량강화, 차이나하이웨이, 글로벌강소기업 해외마케팅/산업부 : 수출첫걸음지원, 월드챔프육성, 소비재선도기업육성, 중견기업 해외맞춤형 지원, 해외전시회 개별참가지원)에 참여중인 기업으로 아직 사업이 종료되지 않은 기업 * 단, '17년도 1차 선정기업(사업기간 '17.5.1 – '18.4.30)은 사업 종료 이전이라도 금번 모집에 신청가능 * 추후 중복지원 적발시 보조금 환수가 발생할 수 있으며, 이에 따른 책임은 모두 해당기업에 있음 ◆ 2018년도 수출지원기반활용(수출바우처) 사업의 참여기업으로 선정된 기업(산업부, 중기부, 농림부, 해수부, 특허청 등 5개 부처 수출바우처 활용 사업) ◆ 수출지원 필요성이 낮은 신용조사 및 추심대행업(75,993), 인력공급 및 고용알선업(751), 병·의원(861,862) 업종은 제외 ◆ 수출지원기반활용사업에 수행기관으로 참여하고 있는 기업.
5 (수출기업화) 내수기업, 전년도 수출실적 10만 달러 미만 중소기업.
6 (수출고도화) 전년도 수출실적 10만 달러 이상~100만 달러 미만.

표 2 수출성공패키지사업 지원한도(2018년 기준)			
구분	지원요건	정부지원금	지원비율
수출기업화	내수기업 및 수출 10만 달러 미만	최대 2,000만원	매출액 100억원 미만 : 70% 매출액 100~300억원 미만 : 60% 매출액 300억원 이상 : 50%
수출고도화	수출 10~100만 달러 미만	최대 3,000만원	

총사업비	정부지원금	기업분담금
100%	총사업비 50~70%	총사업비 30~50% 이상

* 단, 마케팅 서비스 공급기관(수행기관)과 계약 시 부가가치세는 선정기업 부담.

중소기업진흥공단
(www.sbc.or.kr)

1 고성장기업 수출역량강화사업

고용 또는 매출 증가율이 높은 고성장 (가젤형)기업을 발굴하여 맞춤형 수출마케팅 활동 지원을 통해 수출기반구축 및 수출확대를 지원하고자 시행하는 사업이다. 선정된 고성장기업은 자율적으로 계획한 수출마케팅프로그램(브랜드개발, 온라인마케팅, 외국어 포장 디자인 개발 등 수출마케팅 수행에 필요한 소요경비를 바우처 방식으로 지원 <연간 1억원 한도>) 수행에 필요한 소요경비를 지원받게 된다.

2018년 기준, 신청자격은 상시 근로자 수가 5인 이상인 수출 중소기업1으로 최근 4개년('14~'17년)간 ① 상시근로자 수 또는 매출액이 연평균 20% 이상 성장하거나(수도권 외 지방기업은 연평균 15% 이상) ② 수출액이 연평균 10% 이상 성장한 수출액 100만 달러 이상인 중소기업이다. 협약기간은 최대 1년 이내로 하며 매출액 규모별로 차등 지원한다.

표 1 고성장기업 수출역량강화사업 지원한도(2018년 기준)			
매출액	지원금액	지원비율	협약기간
100억원 미만 기업	1억원	70%	최대 1년 이내
100억~300억원 미만 기업		60%	
300억 이상 기업		50%	

---

1 수출 중소기업 : 직접 수출액 기준으로 '17년 수출실적이 있는 중소기업.

총사업비	정부지원금	기업분담금
100%	총사업비 50~70%	총사업비 30~50% 이상

* 개별 프로그램 수행비용은 지원비율로 구성되며, 초과분은 참여기업 부담

고성장기업 수출역량강화사업 참여기업들은 중기부-중진공의 수출지원사업 및 Kotra, 무역협회 등 정부, 유관기관과 동일한 세부 지원사업 중복 활용이 불가능한다. 수출바우처 홈페이지(www.exportvoucher.com)에서 온라인으로 신청하며 동 사업 신청 및 선정절차는 [그림 1] 및 [그림 2]와 같다.

그림 1 고성장기업 수출역량강화사업 온라인 신청절차

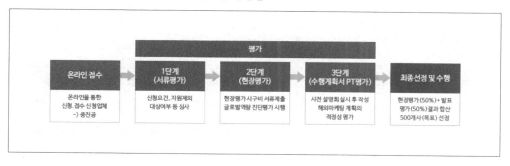

그림 2 고성장기업 수출역량강화사업 선정절차

2 해외 대형유통망 진출사업

해외 대형유통망 진출사업은 FTA 확대 등 무역환경 변화에 맞춰 B2C 위주의 새로운 수출전략 마련이 요구됨에 따라, 자력으로 해외 대형유통망 진출이 어려운 국내 생산 우수중소기업의 제품을 모집하여 해외 바이어에게 제공할 수 있도록 온

라인 DB를 구축하고, 선정된 제품은 현지화 컨설팅, 해외중소기업전용매장 입점, 물류 및 AS 지원 등을 통해 해외 대형유통망 진출의 전 과정을 지원하는 사업이다. 지원대상은 중소기업기본법상 제조영위 중소기업이 생산한 유통망 진출이 유망한 Made in Korea 제품이며 지원 내용에 따라 무료 혹은 일부 비용을 참가기업이 부담하게 된다.

표 2 주요 진출 대상 유통망	
국가	진출대상 유통망(예시)
미국	BJ's, CVS, Price Chopper, Stot&Shop, COSTCO, Sam's Club, QVC 등
독일	에데카(Edeka), 기쎈 갤러리아, 온라인 쇼핑몰(아마존 한국관) 등
중국	온라인 쇼핑몰/홈쇼핑(아마존 차이나, Metro, 경동상성, 우한 홈쇼핑)
인도네시아	롯데마트 자카르타 끌라빠가딩점(중소기업 전용매장)

이 사업에 참여하는 기업들은 수출 유망상품 DB 및 소싱시스템 구축을 통해 해외 대형 유통망 진출과 함께 현지화 컨설팅, 현지시험·인증 등 현지화에 필요한 서비스를 지원받게 된다. 또한 물류 및 AS 지원센터를 통해 창고, 상품공급, 재고관리, 배송, AS 등에서도 도움을 받을 수 있다. 아울러 유통매장 안에 '중소기업제품 전용매장'도 설치 운영되며 바이어를 초청해 정기적으로 바이어 상담도 개최한다. 2018년 3월 현재, 중진공은 LA, 선양, 충칭 및 싱가포르 등 4곳에 해외전시판매장을 운영하고 있다. 매장 운영절차는 상품발굴 및 선정 > 상품 수출입 및 입점지원 > 전시/판매 및 홍보마케팅 > 대금정산 및 재고처리 순으로 이루어진다.

그림 3 지원내용

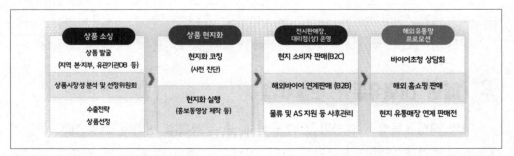

신청절차는 DB등록 → (1차) 서류평가 → (2차) 실물평가(선정위원회) → 최종 선정의 총 4단계로 진행된다.

표 3 참가기업 선정절차

업체신청	(1차) 서류평가	(2차) 실물평가	지원기업 선정
소싱시스템 DB등록	시장성, 현지화 등 서류평가	전문가 등으로 구성된 실물평가	사업별 지원기업 선정
중진공 상품소싱팀	중진공 상품소싱팀 수행사	상품선정위원회	중진공

그림 4 해외 대형유통망 진출사업 소개

한국무역보험공사
(www.ksure.or.kr)

1 신용조사

　한국무역보험공사(이하 '무보'로 표기)는 전 세계 신용조사기관과 협약 체결을 통해 수입자의 기본정보부터 재무정보에 이르기까지 토탈정보를 조사하여 매년 5만 여건 이상의 국외기업신용조사 서비스를 국내기업들에게 제공하고 있다. 무보의 신용조사를 이용하기 위해서는 무보가 운영하고 있는 사이버영업점 회원으로 가입해야 한다. 이를 위해 무보 홈페이지(www.ksure.or.kr)를 방문해서 초기 메인화면 또는 사이버영업점 메뉴를 접속하여 『회원사가입』 → 『사업자등록증송부』 → [승인] → 『회원가입』 순으로 진행한다. 이때 사업자등록증이 필요하다. 이어 로그인을 한 후 『신용조사』 → 『신용조사신청 메뉴』를 선택한다. 그러나 무보 DB를 검색하여 해당 바이어회사의 정보가 있다면 따로 신용조사를 의뢰하지 않고 기존 조사자료를 구매한다. 기존 조사자료는 최근 6개월 내 조사가 완료된 건이다.

　기존 자료가 없다면 해당 바이어 회사의 기본정보를 입력하여 신규 조사를 의뢰한다. 신용조사를 의뢰할 때 필요한 정보는 바이어가 속한 국가명, 상호, 주소, 전화번호 및 대표자명(대표자명을 모를 경우 관계자 이름이라도 알아야 한다)이다. 이들 기초정보가 없으면 신용조사가 불가능하다. 이외 팩스번호나 이메일 등을 알고 있으면 조사가 더 수월하게 이루어질 수 있다.

표 1 무협 신용조사 의뢰 절차	
의뢰 순서	세부 절차
1. 사이버영업점 회원가입	• www.ksure.or.kr 접속 • 초기 메인화면 또는 왼쪽 사이버영업점 메뉴 접속 • 회원가입 → 사업자등록증송부 →『승인』→ 회원가입
2. 로그인	• 로그인 • 공인인증서 등록
3. 신용조사 신청	•『신용조사>신용조사신청』메뉴 선택 • 공사 DB검색 • 조사방법 선택(구매/신규신청) • 국외기업 기본정보 입력 → 신청완료
4. 공사에 의한 신용조사 및 평가	• 보고서 접수(평균 조사기간 3~4주 소요) • 접수된 보고서 검토 후 등급평가
5. 보고서 조회	• 사이버영업점 접속 •『신용조사 → 신용조사 내역 및 보고서 조회』메뉴에서 보고서 조회 가능
6. 수수료 납부	• 보고서 발급 익월초(1일) 세금계산서 일괄 발급 • 가상계좌로 수수료 납부 • 공사 담당자 확인 후 수수료 수납

　　무보의 해당 국외기업에 대한 신용조사 기간은 통상 3~4주가 소요되며[1] 국외기업의 자산과 업종에 따라 국외기업 유형(제조 일반기업, 비제조 일반기업 등)을 구분하고 회사 규모, 수익성, 안정성 및 유동성 등 재무적 요소와 종업원 수, 조사기관 등급 등 비재무적 요소로 각각 평가 점수를 배정한 후 각 항목의 점수를 합하여 총점에 해당되는 등급을 최종 확정하게 된다. 해외신용조사기관으로부터 입수된 국외기업 신용정보를 근거로 무보의 평가기준에 따라 기업들의 신용등급을 평가하고 있는데 A~F급은 무역보험 가입 시 인수가능 등급이며(A급이 최고등급임) G급은 인수제한 등급(보험가입 여부를 영업담당자를 통해 문의 가능)이고 R급은 보험가입이 불가능한 인수불가 등급을 의미한다. 이때 신용등급의 유효기간은 1년이다.

---

1 각국의 상이한 공휴일, 축제, 종교행사, 근무관행 등에 따라 소요기간이 길어질 수도 있음.

표 2 무보 신용조사 등급 기준	
수입자 신용등급	신용상태 & 설명
A	Excellent 수입자의 지급능력이 탁월하고 재무적으로 우수한 신용등급 유지
B	Very Good 수입자의 지급능력이 양호하고 전반적으로 강한 재무적인 신용상태 유지
C	Good 수입자의 지급능력 및 전반적인 신용상태 양호
D	Average 수입자의 전반적인 신용상태가 보통 수준
E	Poor 수입자의 지급능력이 열등한 상태이고 전반적인 신용상태가 낮은 수준
F	Very Poor 수입자의 지급능력이 매우 열등한 상태이고 전반적으로 불안정한 신용상태
G	Cautious or Uncertain 수입자의 신용상태가 불량인 수준으로 추정되거나 신용정보 자료 불충분으로 정확한 신용상태를 평가하기 어려운 상황
R	Restricted or Bankrupt 수출보험사고가 난 상태이거나 이와 관련된 수입자 또는 영업중지나 파산선고를 당한 수입자

* A-F 정상등급(무역보험 지원가능등급),
  G, R 불량등급(무역보험 지원제한등급)

표 3 무보 신용조사 수수료(2018년 2월 현재)				
보고서 종류	기업규모	가격(VAT 포함)		
		일반조사	재무제표 미비	신용조사 불가자 또는 장기소요 (40일초과)
요약 보고서	중소·중견기업	33,000원	22,000원	면제
	대기업	66,000원	22,000원	면제
Full Report	중소·중견기업	45,500원	33,000원	면제
	대기업	99,000원	33,000원	면제

무보가 제공하는 신용조사 보고서에는 특정 국외기업의 일반현황, 신용등급평가정보 및 수출보험이용정보 등이 수록된 『요약보고서』와 신용조사보고서 원본까지 제공되는 『Full Report』 등 두 종류가 있는데 수수료는 각각 상이하다. 또한 6개월 이내 기 평가되어 새로 또는 추가 조사하지 않고 기존 자료를 구매하는 방법이 있고 처음 조사되거나 기존에 조사된 적이 있더라도 6개월 이상이 지나 신규로 조사가 필요한 경우도 있다. 기존 자료를 구매하는 경우 신청 당일 받아볼 수 있지만 신

규로 조사해야 하는 경우, 접수 후 통상 3주가 소요된다. 또한 현지 사정에 따라 재무자료를 입수하지 못해 보고서 내에 포함되지 않을 수도 있으며 미주 및 일부 아시아 지역에서는 신용조사기관의 사정에 따라 『Full Report』가 제공되지 않을 수도 있다. 『요약보고서』에는 국외 기업개요, 최근 신용평가 이력, 특이사항, 주요주주, 관계회사, 거래은행, 결제상태, 결제조건, 무역보험이용정보, 재무사항, 주요재무항목 추가정보(매출액, 순자산, 순이익, 부채비율 추이), 산업, 국외기업과 동종업종 평균신용등급 비교, 국가정보, 국가등급, 무역보험 국별인수 방침, 해당국가 정치 및 경제동향 등이 포함된다.

무보를 통한 신용조사 수수료는 보고서 종류(요약보고서, Full Report)와 기업규모(중소·중견기업, 대기업) 그리고 재무제표가 포함 여부에 따라 상이하다. 또한 신용조사 자체가 불가능하거나 40일 이상이 소요된 경우는 수수료가 부가되지 않는다. 또한 수수료 수납방식은 후불제를 채택하고 있다. 무보는 당월 중 조사 완료 건에 대한 수수료를 익월 1일자로 일괄청구하며 이때 세금계산서도 동시 발행된다. 특히 무보는 2010년 1월부터 청구서와 세금계산서를 매월 초 마스터 사용자 이메일로 발송하고 있다. 신용조사 의뢰인은 세금계산서 발행 월 27일까지 수수료를 납부해야 하며 이때까지 수수료를 납부하지 않을 시에는 향후 신용조사서비스를 이용할 수 없게 된다.

2 수출보험

(1) 단기수출보험(선적후)

한국수출보험공사(K-sure)를 통해 가입할 수 있는 단기수출보험(선적후)[2]은 수출자가 수출대금의 결제기간 2년 이하의 수출계약을 체결하고 물품을 수출한 후 수입기업(또는 L/C 개설은행)의 지급불능, 지급지체, 수입화물에 대한 인수 거절 등 신용위험과 전쟁위험, 송금위험, 환거래 제한 등이 포함되는 비상위험 등을 보상해주는 보험 상품이다.

---

[2] 보다 자세한 사항은 한국무역보험공사 홈페이지(www.ksure.or.kr) → 보험종목 → 단기성보험 → 단기수출보험(선적후)를 참고한다.

그림 1 단기수출보험 절차

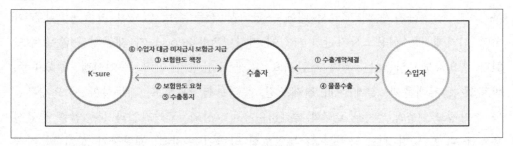

이 상품은 결제기간 2년 이내의 일반수출, 위탁가공무역, 중계무역, 재판매 거래 시 가입이 가능하다. 또한 수출보험의 성격상 손실의 발생이 있어야 하므로 유상수출에 한정되며 무상수출은 제외된다. 이용요건은 수출자의 경우, 국내에 주소를 둔 수출기업으로 한국수출보험공사가 판정한 수출자 신용등급 F급 이상이고 수입자는 국별인수방침 인수제한국3에 소재하지 않는 수입자로 수입자 신용등급 F급 이상이어야 한다. 아울러 보험증권 유효기간은 최종 수출일로부터 1년(수출실적 없을 경우 한도책정일로부터 1년)으로 한다. 주요 계약사항은 [표 4]와 같다. 보험료는 평균 2.74% 수준이며, 기간이 짧을수록 수입자의 신용등급이 우수할수록 저렴하며 중소 중견기업 및 우수고객에 대해서는 보험료 우대 혜택을 제공하고 있다.

표 4 주요 계약사항	
구분	내용
보험계약자	수출자
보험가액4	수출대금
부보율5	- 일반수출, 위탁가공무역 : 중소기업 100%, 중견기업 97.5%, 대기업 95% - 중계무역 : 95% 이내 * 상시 부보율은 무보가 별도로 정한 국별인수방침에 따라 달라질 수 있음
보험금액6	보험가액 × 부보율
지급보험금	(손실액 − 면책대상손실) × 부보율
보험료7	보험금액 × 보험요율

---

3 '15. 7월 기준 소말리아, 아프가니스탄, 예멘, 팔레스타인, 부탄, 시리아, 리비아, 베네수엘라, 그리스 등 9개국.

4 보험가액 : 보험사고 발생 시의 경제적 손실(수출보험에서는 통상 수출금액).

5 부보율 : 보험사고 발생 시 보험금을 산정하기 위하여 손실액에 곱하여야 할 보상비율. 약관의 규정 또는 계약내용에 따라 K−sure가 정함.

보험가입을 위해서는 수입자의 유효한 신용등급 파악이 필수이며 청약은 반드시 물품 선적 이전(최소 물품 선적 10일 전에 청약)에만 가능하다. 개별보험의 경우, 수출자는 선적 후 10 영업일 이내 사이버영업점을 통해 수출을 통지하고 수출한 다음 달 25일까지 보험료를 납부해야 한다. 또한 보험계약자는 반드시 약관에 명시된 기한 내 사고 발생 통지를 하여야 하며 비상위험 등 일부의 경우를 제외하고는 통상 사고발생 통지일로부터 1개월이 지나야 보험금 지급청구가 가능하며 보험금은 보험금 청구를 받은 날로부터 2월 이내에 지급한다. 그러나 단기수출보험은 수출자보험으로서 약관의 면책사항에 해당하거나 수출계약 이행과정에서 귀책이 있는 경우 보상을 받을 수 없다.

단기수출보험(선적후) 계약 예시

■ 한도 책정 및 통보
  - 수출자는 신용조사가 완료 후 이용에 제한사항이 없는 수입자에 대하여 보상한도 US$ 20만 요청
  - 수출자가 사이버영업점을 통해 신청한 US$ 20만 인수한도 책정 후 「한도책정 통보문」 발송

■ 보험관계 성립
  - 수출자는 US$10만 선적 후 10영업일 이내 사이버영업점을 통해 US$ 10만 수출통지

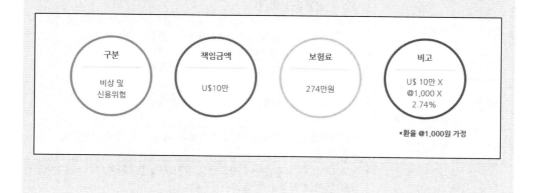

구분	책임금액	보험료	비고
비상 및 신용위험	U$10만	274만원	US$ 10만 X @1,000 X 2.74%

*환율 @1,000원 가정

---

6 보험금액 : 보험자(K−sure)가 지급할 수 있는 최대 보상한도금액.

7 보험료 : 보험요율은 수입자 신용등급(L/C거래인 경우 개설은행 소재 국가등급), 결제조건 및 결제 기간에 따라 결정.

■ 보험료 납부
 - 수출한 다음달 25일까지 보험료 274만원 납부

■ 결제기간 만기 시
 - 수출대금 입금
  • 사이버영업점을 통해 결제통지 등록으로 보험관계 종결
 - 수출대금 미입금
  • 수출대금이 결제되지 않을 시 만기일로부터 1개월 이내 사고발생통지
  • 만기일로부터 2개월 뒤 보험금 지급청구
  • 보험금 지급청구일로부터 2개월 이내 보험금 지급

선적 후 단기수출보험제도의 가입절차와 보상절차는 각각 [표 5] 및 [표 6]과 같다. 한편 이 보험에 가입하였더라도 [표 7]은 보상받을 수 없는 사유(면책사유)에 해당한다. 신청서류는 국내기업 신용조사 의뢰서(공통제출 서류 포함), 수출거래실적 증명서 등이며 제출서류는 무보 홈페이지(www.ksure.or.kr) 우측『신청서류』또는 메뉴상단『정보마당 → 신청서류』에서 다운로드 받는다.

표 5	단기수출보험제도 가입절차	
단계	절차	진행 방식
1	보험가입 상담 (수출자 → 무보)	• 수출자가 가입 신청한 모든 수출거래를 보험으로 인수하지 않으며, 일정 요건 체크 후 보험가입 절차 진행
2	신용조사 (수출자 → 무보)	• 수입자 신용등급 평가 - 무보 DB에 수입자정보가 없는 경우 수출자는 사이버영업점을 통해 수입자 신용조사 의뢰(국외기업신용조사-신청-신용조사 신청) • 수출자 신용등급 평가(재무평가) - 무보홈페이지의 신청서류 작성 후 서면으로 신청
3	한도신청 (보험청약) (수출자 → 무보)	• 사이버영업점을 통해 청약(단기수출보험-청약-한도신청)
4	한도책정	• 거래예상물량, 결제조건, 수입자 신용도 등을 고려하여 보험가입 가능금액을 산출
5	보험증권 발급 (무보 → 수출자)	• 한도 책정 후 수출업체에 한도책정 통지문이 발송되며, 이후 사이버영업점을 통하여 보험증권 발급이 가능
6	수출통지 (보험관계성립)	• 사이버영업점을 통하여 통지(단기수출보험-통지관리-수출통지 등록) - 개별보험[8]의 경우, 물품을 선적한 후 10영업일 내에 무보에 수출통지

---

8 개별보험이란 수출자와 특정 수입자와의 거래에 대하여 개별적으로 위험을 평가하여 수출보험에 가입하는 방식

	(수출자 → 무보)	- 포괄보험9의 경우, 수출한 다음날 20일까지 일괄 통지
7	보험료 납부 (수출자 → 무보)	▪ 수출통지 후 일정기간 이내에 보험료 납부 - 개별보험의 경우, 수출한 다음달 25일까지 납부 - 포괄보험의 경우, 수출한 날의 익익월 10일까지 납부
8	결제통지 (수출자 → 무보)	▪ 사이버영업점을 통하여 통지(단기수출보험-통지관리-결제통지 등록) - 수출통지건에 대한 수입자의 입금 완료 확인 후 결제통지 - 회전방식인 경우 결제통지 시 동일건에 대한 한도가 되살아남

표 6 단기수출보험제도 보상절차		
단계	절차	진행 방식
1	사고발생 통지 (수출자 → 무보)	보험계약자는 수출대금이 결제되지 않은 경우에는 결제기일로부터 1월 이내에 무보에 서면으로 사고발생을 통지해야 함 사고발생 통지를 할 경우에는 무보 홈페이지 『신청서류』에 게시된 첨부자료를 사고발생통지서와 함께 제출
2	무보의 사고조사 (무보)	무보는 보험계약자가 제출한 서류를 토대로 수출자 및 수입자 조사를 통하여 사고원인과 수출자의 귀책여부10 판정을 위한 기초자료 수집
3	보험금 청구 및 보험금 지급 (무보 → 수출자)	▪ 사고발생통지를 한 보험계약자는 서면으로 보험금 지급을 청구하여야 함 　(청구시점은 사고사유에 따라 상이, 약관 제22조 참조) ▪ 무보는 사고조사가 완료되고 보험금 청구가 접수되면 수출자의 귀책여부를 심사하여 보험금 지급여부를 결정 ▪ 보험금은 보험금 청구를 받은 날로부터 2월 이내에 지급. 다만, 무보가 보상판정에 필요한 서류 제출을 요구한 경우에는 자료 제출 요청일부터 자료 제출일까지의 기간이 보험금 지급시한에 추가

표 7 단기수출보험에서 보상받을 수 없는 사유(면책사유)
▪ 연속수출로 인한 손실 　- 수출건에 대해 결제일이 도래하였으나 수입자가 이를 지급하지 않고 있는 경우 약관은 향후 수출건에 대한 대금결제능력이 없는 것으로 간주 　- 즉, 수출자가 동일한 수입자에게 계속적으로 수출하는 경우, 이전 선적건의 수출대금이 결제일로부터 30일이 경과한 날까지 결제가 되지 않은 상태에서 추가적으로 수출한 거래에서 발생한 손실에 대해서는 보험금을 지급하지 않음. ▪ 보험계약자(수출자), 보험계약자의 대리인이나 피사용인의 고의 또는 과실로 인하여 발생한 손실 　- 물품하자, 선적기일 미준수, 계약조건 위배 등 수출계약 이행과정에서 수출자의 귀책이 있는 경우 ▪ 물품의 멸실, 훼손 또는 기타 물품에 대해 발생한 손실 　- 물품의 멸실, 훼손 등으로 인한 손실로써 수출자가 수입자에게 대금청구권이 없는 경우

---

9 포괄보험이란 사전에 수출자와 무보가 포괄보험 특약을 체결함으로써, 특정상품 또는 결제 조건 등 미리 대상 수출거래의 범위를 정하여 일괄적으로 수출보험에 가입하는 방식

10 단기수출보험은 수출자보험으로서 약관의 면책사항에 해당하거나 수출계약 이행과정에서 수출자의 귀책이 있는 경우 보상 받을 수 없다.

- 보험계약자가 법령을 위반하여 취득한 채권에 대해 발생한 손실
  - 마약거래, 인신매매 등

- 수출거래가 아래의 경우에 해당될 때
  - 신용장방식 수출거래에서 신용장조건으로 명시된 서류가 당해 신용장조건에 일치하더라도 그와 별도로 신용장개설은행의 대금지급책임이 면제 또는 경감될 수 있는 내용을 포함하고 있는 경우(조건부신용장)

- 보험계약자가 약관상 무보에 알려야할 고지의무11를 위배함으로써 발생한 손실

- 인수한도를 책정 받고 수출을 하였으나 수출 통지를 하지 않는 경우

- 보험료를 납부하지 않은 경우

- 기타 조사에 협조할 의무 등 약관상 수출자의 의무사항을 위배함으로써 발생한 손실

　　단기수출보험(선적전) 운영방식에는 개별보험과 포괄보험이 있는데 개별보험이란 수출자와 특정 수입자와의 거래에 대하여 개별적으로 위험을 평가하여 수출보험에 가입하는 방식이고 포괄보험은 사전에 수출자와 K-sure가 포괄보험 특약을 체결함으로써 특정상품 또는 결제조건 등 대상 수출거래의 범위를 미리 정하여 일괄적으로 수출보험에 가입하는 방식이다. 이 두 방식의 장단점은 [표 8]과 같다.

표 8 개별보험과 포괄보험의 장단점

구분		개별보험	포괄보험
주요내용		개별거래별로 보험청약 및 가입 (결제기간 2년 이내 거래)	일정범위의 대상거래를 정한 후 대상거래 전체를 가입 (결제기간 180일 이내 거래)
장점	수출자	고위험거래에 대해서만 선택적 보험가입 가능	고위험거래에 대한 보험가입 용이
	K-sure	고위험거래에 대한 인수거절 가능	위험분산 용이
단점	수출자	고위험거래 가입 곤란	저위험거래 가입 의무
	K-sure	위험분산 곤란	고위험거래 인수 의무

(2) 중소중견Plus+보험

　　중소중견Plus+보험이란 보험계약자인 수출기업이 연간 보상한도에 대한 보험

---

11 보험계약자는 인수한도 신청 및 수출통지시에 무보가 서면으로 요구한 사항 및 기타 손실을 입을 우려가 있는 중요한 사실을 무보에 알려야 함.

료를 납부하며, 수입자 위험, 신용장 위험, 수입국 위험 등 보험계약자가 선택한 담
보위험으로 손실이 발행할 때 무보가 책임금액 범위 내에서 손실을 보상하는 보험
이다. 현행 단기수출보험이 개별 수출거래 건별로 보험계약이 체결된 반면, 중소중
견 Plus＋보험은 수출기업의 전체 수출거래를 대상으로 위험별 책임금액을 설정하
여 운영되고 있다. 이용자 요건은 무보 기준으로 수출자 신용등급 G급 이상이고 전
년도(최근 1년간) 수출실적이 US$ 50백만 이하인 중소중견기업이며 보험증권 유효기
간은 1년이다. 이 보험의 주요계약사항은 [표 9]와 같다.

표 9 중소중견Plus+보험 주요계약사항

구분	중소기업	중견기업
이용자요건	▪ 수출실적 US$ 50백만 이하 G급 이상 중소중견기업 ▪ 단기수출보험(포괄·준포괄 농수산물패키지) 이용업체는 제외	
담보위험	▪ (기본) 수입자 위험, 　　　신용장 위험 ▪ (특약) 수입국 위험, 　　　무역클레임 위험	▪ (기본) 수입자 위험, 　　　신용장 위험 ▪ (특약) 수입국 위험
대상거래	결제기간 1년 이내	결제기간 180일 이내
보험계약 대상 수입자	청약(신규 추가)시 사전등록 (20개사 이내)	청약(신규 추가)시 사전등록 (10개사 이내)
	▪ 수입자 신용조사 생략 ▪ 신용등급 R급 : 30일 이상 결제지연 업체, 고위험 인수제한국가 소재 수입자 제외	
위험별 책임금액	▪ 기본위험 : 최대 US$ 500천 ▪ 수입국위험 : 최대 US$ 1백만 ▪ 클레임위험 : 최대 US$ 50천 ▪ 최소책임금액 : US$ 10천	▪ 기본위험 : 최대 US$ 500천 ▪ 수입국위험 : 최대 US$ 1백만 ▪ 클레임위험 : 담보 안함 ▪ 최소책임금액 : US$ 100천
보상비율	100%	90% 이내
기타	▪ 수출통지 : 없음 ▪ 국별인수방침 : 고위험 인수제한 국가에 한해 적용 ▪ 보험계약기간 : 1년 단위 체결, 갱신 ▪ 보험료 납부 : 연간보험료 선납	

중소중견Plus＋보험에서 위험별 보험료는 다음과 같다.

위험별 보험료＝위험별 책임금액×위험별 기본요율×(1±Underwriter 할인·할증
률)×(1±보험계약 손해율별 할인·할증률)

중소중견Plus＋보험은 단기수출보험과는 달리 수입자 신용조사, 인수한도심사
및 수출통지가 생략되므로 보험가입기간이 단축되고 수출자의 부담이 경감되는 장
점이 있다. 이 두 보험의 이용절차를 비교하면 [표 10]과 같다.

표 10 단기수출보험과 중소중견Plus+보험 이용절차 비교	
단기수출보험	중소중견Plus+보험
① 수출자 신용조사	① 수출자 신용조사
② 수입자 신용조사	② 거래 수입자 등록(20개 이내) * 중견기업은 10개 이내
③ 인수(보상)한도 신청	③ 책임금액 선택/보험료 납부
인수(보상)한도 심사	• 수입자 신용조사 및 인수한도 심사 절차 생략 → 보험가입기간 단축 • 수출통지 절차 생략 → 수출자 부담 경감
④ 보험증권 발급	
⑤ 수출통지	
⑥ 보험료 납부	

중소중견Plus+보험이 수출 초보기업들에게 유리한 점은 첫째 절차가 간소하여 이용이 편리하다는 점이다. 기업은 보험 가입 시 사전에 지정한 수입자와의 연간 전체 수출거래에 대한 위험을 보장받는 반면, 다른 수출보험제도와 달리 수출통지[12] 및 수입자 신용조사[13] 등을 요건으로 하지 않기 때문에 인력이 부족한 영세한 수출기업들이 손쉽게 이용할 수 있다는 것이 큰 장점이다. 둘째, 실질적 보험료 부담이 거의 없다. 가령 중소기업이 수입자, 신용장 위험, 수입국 위험, 클레임 위험 등 모든 종류의 위험을 US$ 10만 규모로 보장받고자 할 경우 보험료는 약 150만원 수준에 불과하다. 특히 중소벤처기업부 외에도 무역협회(업체당 150만원) 및 일부 지자체(업체당 1~5백만원)에서 관련 보험료를 지원받을 수 있어 기업은 실질적 자기 부담없이 수출이행 후 대금미결제와 관련한 위험에 적극 대비할 수 있다.[14] 두 보험의 차이점은 [표 11]과 같다.

---

12 수출통지란 수출보험 가입 후 수출거래발생시마다 무역보험공사에 수출거래(선적) 사실을 통보하는 것이다. 기존 단기수출보험에서는 수출통지를 한 거래에 대해서만 보험혜택을 받을 수 있다. 하지만 중소기업 Plus+보험은 보험가입 후 1년간 이루어진 모든 거래에 대해서는 수출통지 없이 보상을 받을 수 있다.

13 수입자 신용조사란 보험대상 수출거래의 수입자 신용도를 조사하는 것으로 수출보험 가입 절차 중 하나이다. 기존 수출보험에서는 해외 신용조사 기관을 통하여 수입자 신용조사를 실시한다. 이로 인하여 가입이 까다롭고 시간도 오래 걸렸으나 중소기업Plus+보험에서는 이 절차를 생략하여 빠르고 쉽게 보험에 가입하실 수 있다.

14 주간무역(2013.3.29) 중소기업을 위한 든든한 무역안전망, 무역보험에서 인용.

표 11 단기수출보험과 중소중견Plus+보험의 차이점

구분	단기수출보험	중소중견Plus+보험
부보대상거래	개별 수출거래	전체 수출거래
보험료 계산·납부	거래건별 계산·월납	책임금액 기준 계산 연 1회 납부
수출통지	필요	불필요
국별인수방침	적용	고위험 인수제한국가만 적용
수입자 신용조사	필요	불필요
인수(책임한도)	수입자별 책정	위험별 선택

제출서류는 중소중견Plus+보험 청약서 등이며 무보 홈페이지 『신청서류』에서 다운로드 받는다. 최근에는 중소기업들의 수출 확대를 위해 한국무역협회와 각 지자체가 회원사나 관내 업체들을 대상으로 중소중견Plus+보험료를 지원하고 있다.

중소중견Plus+보험계약 예시

환율 1,000원으로 상정

■ (예시1) 연간 수출실적 U$ 10백만 중견기업

구분		책임금액	보험료	비고
기본위험 (U$50만 범위)	수입자 위험	U$40만	4.8백만	U$40만 × 1.2% × 1,000
	신용장 위험	U$10만	0.2백만	U$10만 × 0.2% × 1,000
선택위험 (U$1백만 범위)	수입국 위험	U$50만	0.1백만	U$50만 × 0.02% × 1,000
책임금액 합계		U$1백만		
보험료 함계		5.1백만원		

■ (예시2) 연간 수출실적 U$1백만 중소기업

구분		책임금액	보험료	비고
기본위험 (U$30만 범위)	수입자 위험	U$20만	1.6백만	U$20만 × 0.8 × 1,000
	신용장 위험	U$10만	0.2백만	U$10만 × 0.2% × 1,000
선택위험 (U$1백만 범위)	수입국 위험	U$50만	0.1백만	U$50만 × 0.02% × 1,000
책임금액 합계		U$80만		
보험료 함계		1.9백만원		

3 해외채권추심대행서비스

해외채권추심대행서비스란 수출 또는 기타 대외거래와 관련하여 발생한 해외 미수채권(수출미수금)에 대하여 한국무역보험공사(이하「무보」)가 해외 네트워크를 통해 채권회수를 대행하는 서비스이다. 무보는 오랜 기간 해외채권추심업무 관련 축적된 경험과 13개 해외지사 및 57개 현지추심기관 등 전 세계적 네트워크를 구축하여 미수채권을 보유하고 있는 수출기업 및 은행 등을 대상으로 저렴한 비용으로 대행서비스를 제공하고 있다.

그림 2 해외채권추심대행서비스 진행절차

상담 및 제출서류 준비
제출서류 : 채권추신위임장(www.ksure.or.kr의 접속 후 우측 신청서류 - 채권추심에서 다운로드), 법인등기부등본, 사업자등록증 사본 등

▼

채권자 : 채권추심 신청/무보 접수통보 및 수수료 안내공문 발송
신청처 : 무보 국외보상채권부

▼

채권자의 위임확인서 발송
무보의 요청에 따라 채권자의 위임확인서 발송

▼

무보의 추심활동 착수 및 투심활동 진행상황 통보
무보의 추심활동 착수 및 투심활동 진행상황 통보

▼

채권추심 성공 및 채권추심 종결
성공수수료 정산 후 채권자 계좌에 회수금 송금

해외채권추심대행서비스의 신청비용은 무료이며 채권회수 시 실제로 회수된 금액 기준으로 채권추심기관 및 채무자 소재지역별로 달리 책정된 수수료를 부과하게 된다. 또한 채무자 재산조사, 소송 등 법적절차 진행시 관련 비용을 선납해야 한다. 무보는 신청서류 접수 후 의뢰자에게 위임관계 성립 공문인 위임확인서를 팩스 및 이메일로 보내주고 의뢰인은 공문에 첨부된 위임확인서에 직인 및 날인해서 위임확인서 원본을 무보 앞으로 송부하면 된다. 또한 채권이 전액 회수되거나 채권추심이 불가능한 상태라고 무보가 판단할 경우 채권추심은 종료된다. 해외채권추심대행서비스 신청 시 필요한 서류는 [표 12]와 같다.

구분		구비서류	대리인의 경우
의뢰인 관련서류	법인	사업자등록증 사본	위임장, 신분증
		법인인감증명서	
		사용인감계(사용인감 사용 시)	
	개인	사업자등록증 사본	위임장, 신분증
		신분증	
		인감증명서	
채권관련서류		채권추심위임장	-
		계약서, 선적서류, 환어음, 수출입자간서신, 신용조사보고서, 제3자 지급보증서, 거래경위서, 기타 참고자료	

표 12 해외채권추심대행서비스 신청 시 필요 서류

또한 ▲ 채권이 원인무효이거나, 채권의 소멸시효 완성 등 계속적인 추심진행의 실익이 없는 경우 ▲ 채무자가 파산 또는 사망하여 추심이 불가능한 경우 ▲ 채무자가 실제적으로 변제자력이 없거나, 소재가 1년 이상 파악되지 않는 경우 ▲ (추심진행을 위한) 채권자의 답변 및 의견을 요구했으나, 이에 대해 회신을 하지 않는 경우 ▲ 채권자가 추심진행에 필요한 비용을 지급하지 않는 경우 ▲ 소송 이외에 추심방법이 없을 시 채권자가 소송 진행에 동의하지 않는 경우 ▲ 채권추심을 위한 진행과정에서 무보가 채권추심업무가 불가능하다고 판단되는 경우에는 추심위임이 해지된다.

대한상사중재원
(www.kcab.or.kr)

1 알선(Mediation)과 조정(Conciliation)

무역거래에서 수출자와 수입자 간에 분쟁이 발생하여 당사자 간 직접 해결이 안 될 경우에는 제3자를 통한 해결 방안이 있는데 여기에는 알선, 조정, 중재와 소송이 있다. 제3자를 통한 해결 방안도 가능하면 소송으로 가지 말고 그 전 단계인 알선, 조정 및 중재에서 해결을 보는 것이 바람직하다.

(1) 알선(Mediation)

당사자의 일방 또는 쌍방의 의뢰에 의해 제3자적 기관이 개입하여 그 기관의 알선에 의해 원만한 해결을 보도록 하는 방법이다. 알선은 쌍방의 협력이 있어야 가능하며 공정한 위치에서 합리적인 해결 방안을 제시하는 기관에 의해 성공하는 사례가 많다. 그러나 당사자는 알선에 응할 의무가 없고 거부할 수 있기 때문에 조정력이 약한 편이다.

대한상사중재원에서는 국내외 상거래에서 발생하는 분쟁에 대해 다년간의 경험과 지식을 갖춘 중재원의 직원이 개입하여 어느 일방에 치우치지 않는 공정한 입장에서 분쟁 당사자들이 원만한 합의에 도달할 수 있도록 도와주고 있다. 알선 성공률은 거의 50% 정도이고 알선 경비는 무료이다. 알선을 희망하는 기업은 홈페이지(www.kcab.or.kr)에서 온라인으로 신청하거나 국제알선신청서 양식을 다운로드 받아

국영문 각 2통을 작성하여 입증서류와 함께 이메일, 팩스, 우편으로 송부하면 된다.

표 1	알선의 유형	
국내알선	국내당사자간의 분쟁으로 1~2개월 범위 내에서 무료로 해결 지원	
국제알선	대내알선	외국당사자가 국내당사자를 상대로 제기한 분쟁으로 2개월 내에 무료로 해결을 지원하며 법적근거는 대외무역법 제44조(무역분쟁의 신속한 해결)와 동법 시행령 제75조(무역분쟁의 통지 등)임.
	대외알선	국내당사자가 외국당사자를 상대로 제기한 분쟁으로 3개월 범위 내에서 무료로 해결을 지원

그림 1 대한상사중재원 알선 절차

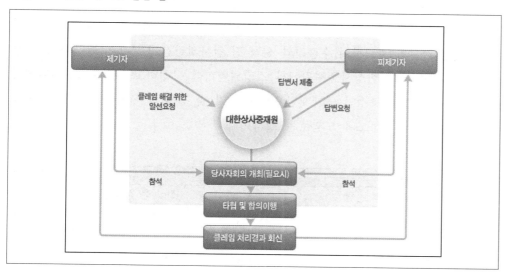

(2) 조정(Conciliation)[1]

당사자의 일방 또는 쌍방의 요청에 의거, 양 당사자가 공정한 제3자를 조정인으로 선임, 분쟁 해결방안을 제시해 줄 것을 부탁하고 조정인이 제시하는 해결안(조정안)에 양당사자가 합의[2]함으로써 분쟁을 해결하는 방법이다. 조정은 우리나라 중

---

1 대한상사중재원의 알선과 조정의 차이점은
- 알선－별도의 위원회가 구성되지 않으며 대한상사중재원의 내부 전문인력이 양당사자가 합의할 수 있도록 주선하며 비용이 발생되지 않는다.
- 조정－전문가들로 구성된 3인의 별도 조정위원회가 구성되어 조정안이 제시되며 건당 405,000원의 비용이 발생된다.

2 이를 전문용어로 『조정합의』라고 한다. 즉 당사자 간 조정합의가 있어야 조정을 이용할 수 있다.

재규칙상 중재신청 후 양당사자가 요청할 경우 상호 협의하에 조정인을 선정, 조정을 시도할 수 있도록 되어 있어 조정안이 성립되면 조정결정은 중재판정과 동일한 효력이 있으나 이에 실패하면 30일 내에 조정절차는 자동적으로 폐기되며 중재규칙에 의한 중재인을 선정, 중재절차가 진행된다. 그러나 위의 30일 기간은 당사자의 약정에 의하여 기간을 연장할 수 있다. 조정안이 받아들여지면 중재 판정과 같은 효력이 있으나 조정안을 수락할 의무는 없으므로 일방이 거부하면 조정은 실패로 돌아간다.

대한상사중재원에서는 「조정규칙(2012. 2. 28.제정, 2012. 7. 1.시행)에 따른 조정」, 「법원 연계형 조기조정」, 「무역분쟁조정」, 「신뢰성분쟁조정」업무를 수행하고 있는데 그중 「무역분쟁조정」이란 ▲ 무역거래자 상호간 또는 무역거래자와 외국업체간에 물품 등의 수출, 수입과 관련하여 분쟁이 발생한 경우(대외무역법 제44조 제4항) 및 ▲ 선적 전 검사와 관련하여 수출자와 선적 전 검사기관간에 분쟁이 발생한 경우(동법 제45조 제2항)에 대한상사중재원에서 조정위원회를 구성하고, 이 조정위원회에서 분쟁에 관한 적절한 조정안을 제시함으로써 무역 및 선적 전 검사관련 분쟁을 신속하고, 공정하게 처리하도록 도와주는 절차이다.

표 2 무역분쟁의 종류

무역관련 분쟁	선적 전 검사 분쟁
무역거래자 상호간 또는 무역거래자와 외국업체간의 수출, 수입과 관련한 분쟁 ▪ 물품대금 미지급 ▪ 선적불이행, 지연 ▪ 품질불량, 물품상이 ▪ 계약과 관련한 분쟁 등	선적 전 검사와 관련하여 수출자와 선적 전 검사기관간에 발생한 분쟁 ▪ 가격산정 ▪ 품질, 수량 ▪ 통관관련 분쟁 등

대한상사중재원에서는 조정사건을 접수3 후 7일 이내에 조정위원 후보자로 위촉된 조정위원들 중에서 해당 사건에 대하여 후보자 적합성, 자질, 분야 등을 고려하여 3인을 조정위원으로 위촉하고,4 그 중 1인을 조정위원장으로 지명한다. 위촉된

---

3 신청인이 양 당사자의 인적사항(상호, 대표자명, 주소, 전화 및 팩스번호, E-mail, 기타 연락처), 신청이유(거래 및 분쟁 경위, 주장 내용, 청구금액), 증빙자료가 첨부된 신청서를 작성하여, 국내 사건은 국문으로 2부, 국제사건은 국·영문 각 2부를 중재원에 제출한다.
4 대한상사중재원 조정위원회 위촉기준
  • 판사, 검사 또는 변호사 경력이 10년 이상인 자
  • 상장기업 임원으로서 5년 이상 근무한자
  • 관련분야를 전공한 자로서 부교수 이상인자

조정위원들이 조정위원 취임을 모두 수락하여 오면 조정위원회가 구성된다. 조정위원회가 구성되면 위원장은 조정위원회의 회의를 소집하고, 회의를 주재한다. 조정위원회 회의에서는 분쟁해결을 위하여 분쟁내용을 검토하고, 당사자가 원만한 합의에 이르도록 돕게 된다. 분쟁내용의 검토를 위해 필요한 경우 조정위원회는 분쟁당사자 또는 이해관계인의 의견을 듣거나 필요한 조사를 할 수 있고, 외부전문가의 기술적인 조언을 받거나 관계 전문기관에 감정, 검사를 의뢰할 수 있으며, 당사자 또는 이해관계인에게 서류 및 정보를 제출하게 할 수 있다. 조정위원회는 분쟁내용을 파악한 후 조정안을 작성하여 당사자에게 제시하게 된다. 조정안 작성기일은 조정위원회 구성 후 20일 이내에 하도록 하고 있다. 당사자는 조정위원회로부터 조정안의 통지를 받은 날로부터 7일 이내에 조정안에 대한 수락여부를 서면으로 조정위원회에 통지하여야 한다.

그림 2 대한상사중재원 무역분쟁 조정 절차

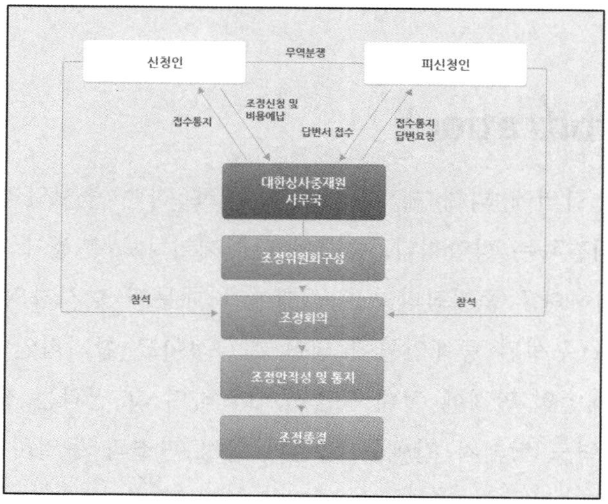

조정절차는 ▲ 당사자 간에 합의가 이루어지거나 조정안이 수락된 경우 ▲ 조정신청인 또는 당사자가 조정신청을 철회한 경우 ▲ 당사자가 조정위원회의 조정안을 거부한 경우 ▲ 당사자 간 합의가 성립될 가능성이 없다고 인정되는 경우 ▲ 기

• 한국주재 외국상사 임원인자
• 대한상공회의소, 한국무역협회, 한국검수검정협회의 추천을 받은 자.

타 조정이 불필요하다고 판단되는 경우에 종료된다. 무역분쟁 조정비용은 건당 405,000원[5]이다. 신청방법 및 제출서류는 알선의 경우와 동일하다. 한편 무역분쟁 조정의 장점은 [표 3]과 같다.

표 3 무역분쟁 조정의 장점
▪ 전문가의 조력 무역분야의 권위자인 전문가로 구성된 무역분쟁조정위원회가 거래관행 및 전문적 지식에 근거하여 분쟁 해결을 돕고, 당해 분쟁에 대하여 가장 적절한 조정안을 제시한다.
▪ 신속성 분쟁을 신속하게 해결하기 위하여 조정신청일로부터 30일 이내에 조정사건을 처리하도록 하고 있다.
▪ 저렴한 비용 청구금액에 상관없이 최소비용으로 절차를 진행하고, 신속한 분쟁해결로 인해 정신적, 금전적 비용 및 추가손해를 방지하는 효과가 있다.
▪ 공정한 비용 양당사자 모두에게 공정하고 공평한 절차로 진행된다.
▪ 비공개 기업보호, 영업비밀(노하우) 보호를 위해 비공개로 절차를 진행한다.

2 중재(Arbitration)

당사자 간의 합의에 의해 제3자를 중재인으로 하여 중재인의 판정에 복종함으로써 분쟁을 해결하는 방안이다. 중재는 단심제이므로 분쟁이 신속하게 종결되며,[6] 비용이 저렴하다.[7] 중재심리가 비공개이기 때문에 당사자의 비밀이 보장되며[8] 무역전문가로 구성된 중재인들에 의한 현실적이고 합리적인 판정을 받을 수 있다. 중재는 중재인의 판정에 절대 복종하여야 하며 그 결과는 강제성을 가질 뿐만 아니라 그 효력도 당사자 간에는 법원의 확정 판결과 동일하며(중재법 제12조)

---

5 조정사건수수료 55,000원(부가세포함), 조정위원수당 3인(조정위원당 100,000원), 조정안 작성 수당 50,000원 등 총 405,000원.

6 중재소요기간 평균 5.2개월(국내중재 4.9개월, 국제중재 6.7개월).

7 분쟁이 발생하면 직접비용뿐 아니라 기회비용, 생산비용 등 간접비용의 발생도 상당하다. 따라서 분쟁해결에 필요한 비용을 줄이기 위해서는 분쟁을 신속하게 해결하는 것이 중요하다. 중재는 단심제이기 때문에 3심제인 소송에 비해 소요되는 비용이 저렴하다. 또한 소송과는 달리 변호사 대리의 원칙이 적용되지 않아 변호사 선임비용 절감이 가능하다.

8 전문가인 중재인이 당사자의 의견을 충분히 듣고 판정을 내리며, 심리는 비공개 원칙으로 기업의 영업비밀과 개인의 프라이버시가 보호되고 기업의 신용도 하락을 방지할 수 있다.

뉴욕협약9(New York Convention)10에 따라 외국에서도(체약국 간) 그 집행을 보장해주고 승인해 줌으로써 소송보다는 더 큰 효력이 있다.11

표 4　중재의 특징
단심제 법원의 확정판결과 동일한 효력이 있다.
신속한 분쟁해결 소송은 평균 대법원까지 2~3년이 걸리지만, 중재는 국내중재가 약 5개월, 국제중재가 약 7개월 정도 소요된다. 또한 당사자가 신속절차에 의하여 중재를 진행하기로 합의하는 경우 2~3개월 내에도 분쟁해결이 가능하다.
저렴한 중재비용 중재는 단심제이기 때문에 3심제인 소송에 비해 소요되는 비용이 저렴하고, 중재관리비용은 1심 소송비용보다 저렴하다.
국제적인 인정 『외국중재판정의승인및집행에관한협약(일명 뉴욕협약)』에 가입한 체약국은 외국중재판정을 상호간 승인하고 강제집행을 보장하고 있다.
전문가에 의한 판단 실체적 진실을 정확하게 찾아내기 위하여 분쟁 분야에 대한 해박한 지식과 경험이 있는 전문가12로 하여금 사건을 검토하고 판정하도록 한다.
당사자의 중재인 선정 중재에서는 당사자가 스스로 중재인을 선정할 수 있다.
충분한 변론기회의 부여 중재절차 중 분쟁당사자에게는 충분한 변론기회가 보장된다.
심리의 비공개 중재심리는 비공개가 원칙이므로 기업의 영업비밀과 개인의 프라이버시가 보호되며, 기업의 신용도 하락을 방지할 수 있다.
민주적인 절차 진행 중재심리는 당사자의 충분한 진술기회를 보장하는 등 민주적인 방식으로 진행되며, 이러한 분위기 속에서 우의적인 해결이 이루어지는 경우가 많아 계속적인 거래관계를 유지하는 데 도움이 된다.

중재합의13는 사전에 계약서의 한 조항으로 규정해 두는 방식(사전 중재합의)과 분쟁이 발생한 이후에 별도의 서면으로 작성하는 방식(사후 중재합의) 모두 가능하다.

---

9 국제적인 상거래의 활성화를 목적으로 중재판정에 대한 강제집행의 요구를 받는 국가 회의, 국가 영토 내에서 외국중재판정을 승인하고 집행하기 위하여 유엔 주도하에 체결한 다자간 국제조약.
10 1973년 한국 가입, 2017년 1월 6일 현재 156개국 가입.
11 우리나라가 이 협약에 가입할 때 한국법상 상사관련 분쟁에 한하고, 상호 체약국인 경우에 한해서만 이 협약을 적용한다는 유보선언을 하였다.
12 대한상사중재원은 변호사, 기업인, 교수 등으로 구성된 총 1,080명의 국내외 전문가를 중재인으로 보유하고 있다.
13 중재합의란 분쟁을 중재에 의해 해결하기로 하는 당사자 간의 합의를 말하며, 반드시 서면으로 작성하여야 한다.

그러나 분쟁이 발생한 후에는 중재 합의가 어려워지기 때문에 계약 체결 시에 계약서상의 한 조항으로 중재 소성을 규정하는 것이 바람직하다.

그림 3 무역계약에서 중재조항 예

▣ 사전중재합의(계약서에 중재조항 삽입) [중재조항] Any disputes arising out of or in connection with this contract shall be finally settled by arbitration in accordance with the International Arbitration Rules of the Korean Commercial Arbitration Board. The number of arbitrations shall be [one/three] The seat, or legal place, of arbitral proceedings shall be [city/country] The language to be used in the arbitral proceedings shall be [language]
▣ 사후중재합의(분쟁 발생 이후 서면으로 합의) We, the undersigned parties, hereby agree that the following dispute shall be referred to and finally determined by arbitration in accordance with the KCAB International Arbitration Rules : [brief description of the dispute] The number of arbitrations shall be [one/three] The seat, or legal place, of arbitral proceedings shall be [city/country] The language to be used in the arbitral proceedings shall be [language]

대한상사중재원의 국제중재절차는 다음과 같다.

표 5 대한상사중재원 중재 절차

①	중재합의	중재를 이용하기 위해서는 먼저 발생 분쟁을 중재를 통하여 해결한다는 합의가 필요한바, 당사자 간 계약에 중재를 통한 분쟁해결을 내용으로 하는 분쟁해결조항이 있거나 당사자들이 이미 발생한 분쟁을 중재에 의해 해결하기로 서면 합의한 경우에 당사자들은 중재를 신청할 수 있다. 특별히, 2011년 9월 1일 이후에 중재합의가 이루어진 국제중재 즉, 일방 당사자가 대한민국 외의 곳에 영업소를 두고 있는 경우 또는 중재합의에서 정한 중재지가 대한민국 이외의 지역인 경우에는 당사자들이 달리 합의하지 않는 한 원칙적으로 국제중재규칙이 적용된다.
②	중재신청	신청인은 중재신청 시 한화 1,000,000원(부가세 별도)의 신청요금을 납입하여야 한다. 중재신청이 접수되면 사무국은 양 당사자에게 정식으로 중재신청의 접수되었다는 사실을 통지하고 동시에 피신청인에게는 30일 이내에 답변서를 제출하여야 함을 안내한다. 사무국은 또한 중재비용(관리요금, 중재인의 수당 포함)을 추산하여 양당사자에게 이를 균분하여 예납할 것을 요청하고 납입된 예납금은 절차종료 시 정산하게 된다.
③	답변서 제출	답변서 제출시 피신청인은 반대신청서를 함께 제출할 수 있으며, 반대신청은 본신청과 병합하여 진행하게 되는데 분쟁금액은 양 신청금액의 합계액이 된다. 이 경우 피신청인은 반대 신청에 따른 별도의 신청요금을 납부하여야 하고 특별히 피신청인이 중재판정부의 관할에 대하여 다투거나 중재절차의 진행에 충분한 근

		거가 없다고 판단하는 경우에 피신청인은 답변서에서 이러한 내용의 주장을 할 수 있다.
④	중재판정부 구성	국제중재규칙에 따를 경우 당사자들이 달리 합의하지 않는 한 원칙적으로 당사자들에 의해 선정된 단독중재인이 판정을 내리게 된다. 당사자들이 요청할 경우 사무국은 전문성과 공정성을 갖춘 중재인들의 명단을 제공할 수 있고, 만약 당사자들이 중재인을 선정할 수 없거나 선정하지 않는 경우에는 사무국이 대신하여 선정한다. 이를 위하여 중재원은 중재인의 선정에 대하여 국제중재위원회의 자문을 받을 수 있다.
⑤	심리 진행	중재판정부는 자신의 권한 하에 중재심리를 진행한다. 중재판정부가 달리 정하지 않는 한, 구두 또는 서면의 모든 교신은 당사자들 간에 또는 각 당사자와 중재판정부 간에 직접 이루어진다.
⑥	중재판정문 송달	중재심리가 종결되면 중재판정부는 판정을 내리게 된다. 미납된 중재비용이 없을 경우, 사무국은 중재판정문을 당사자들에게 송달한다.
⑦	중재판정 집행	중재판정부가 내린 중재판정은 당사자들에게 구속력을 갖는다. 사무국은 중재판정문 원본과 판정문 정본의 송달증명서를 관할법원에 송부한다. 당사자들은 중재판정문에 대하여 한국법원 또는 외국법원에서 집행판결을 받을 수 있다.

중재신청 시 필요 서류는 ▲ 중재신청서 ▲ 중재합의서(계약서에 중재조항이 있는 경우 계약서 제출로 갈음) ▲ 입증서류 ▲ 위임장(대리인이 있는 경우) ▲ 법인등기부등본(개인은 주민등록등본) ▲ 중재비용 예납이며 제출부수는 단독중재인 경우에는 각 3부, 3인 중재인 경우에는 각 5부이다. 제출방법은 대한상사중재원을 직접 내방하거나 우편으로 제출한다.

수출지원기반 활용사업

걸 음 마 실 무 해 외 마 케 팅

01

수출바우처사업
(www.exportvoucher.com)

1 수출바우처사업 소개 및 활용절차

　　정부는 2017년 5월, 수출 중소, 중견기업의 수요에 따라 참여기업들이 원하는 대로 수출지원 서비스를 활용하는 「수출바우처사업」을 처음으로 도입하였다. 수출바우처사업이란 수출지원기반활용사업[1]의 일환으로 각 세부사업별 기준에 따라 선정된 참여기업에게 온라인 포인트로 바우처(정부지원사업 참가기업에게 공공서비스에 대한 비용을 보조하는 상품권의 개념)를 부여하고, 바우처를 받은 기업은 다양한 수출활동 메뉴판에서 필요한 서비스와 원하는 서비스(수행)기관을 직접 선택해서 수출마케팅을 진행하는 방식으로 지원되는 신개념 수출지원 사업이다. 수출바우처사업이 도입되기 전, 수출기업들은 각 수출지원사업을 개별적으로 신청하였으며 한 가지 사업에 선정되면 각 사업별로 정해진 수출지원서비스를 받았으나 수출바우처사업 시행으로 자사의 수출역량에 맞는 수출지원사업을 훨씬 다양해진 지원항목으로 구성된 메뉴판에서 자유롭게 선택하여 효과적으로 이용할 수 있게 되었을 뿐 아니라 정부부처 수출지원사업 간 칸막이를 제거함으로써 경쟁을 통해 지원기관의 서비스 면에서도 양적, 질적 제고를 유도할 수 있게 되었다.

---

1 수출지원기반활용사업 : 수출바우처사업, 선택형지원사업(지사화사업, 해외전시회 단체참가 지원사업)을 포괄하는 넓은 개념임.

그림 1 새로운 개념의 수출바우처사업

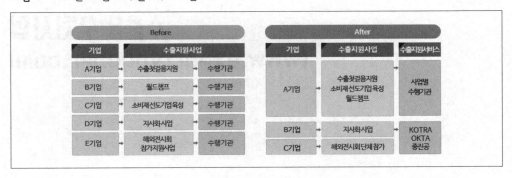

2018년 현재, [그림 2]와 같이 11가지 사업이 수출바우처사업의 유형으로 등록되어 있으며 각 사업별로 참여업체를 선정한다. 각 사업에 선정된 참여기업들은 「서비스 메뉴판」을 클릭하여 9개 지원영역으로 분류된 서비스 영역에서 세부서비스와 수행기관을 선택하여 각사가 필요로 하는 지원서비스를 받게 된다.

그림 2 수출바우처사업 유형 및 메뉴판

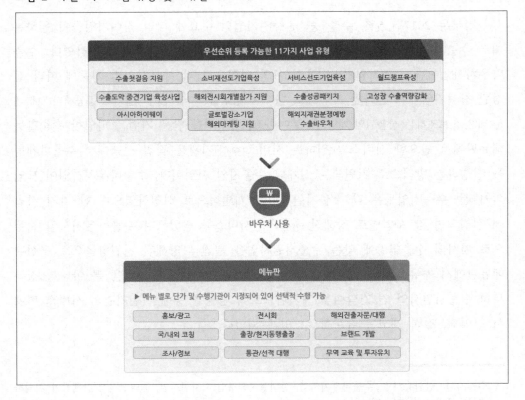

수출바우처사업 공고에 따라 참여기업과 수행기관[2] 모집이 약 한달 간 진행되며 모집 완료 후 관리기관[3]과 운영기관[4]에서는 약 2개월 정도의 선정평가를 거쳐 참여기업[5]과 수행기관을 선정한다. 참여기업으로 선정된 기업은 운영기관과 사업 참가협약을 체결하고 정해진 분담금을 운영기관에 납부하면 가상의 돈인 바우처가 발급된다.[6] 발급된 바우처는 수출바우처 통합관리시스템에 회원가입 후 로그인하면 확인할 수 있다. 수출바우처로 이용할 수 있는 수출지원서비스와 수행기관(서비스 제공업체) 내역은 통합관리시스템의 「서비스 메뉴판」에서 볼 수 있다. 참여기업은 통합관리시스템에서 원하는 서비스를 선택 한 후, 돈 대신 수출바우처를 지급하여 서비스를 이용할 수 있다. 수행기관은 서비스가 완료되면 바우처를 발급한 운영기관에 바우처의 현금 정산을 요청하고 정산을 받게 된다.

참여기업과 수행기관이 수출바우처사업에 참여 신청을 하면 운영기관은 참여기업을, 관리기관은 수행기관을 선정하게 된다.[7] 참여기업의 경우, 수출바우처사업 신청은 수출바우처 홈페이지(www.exportvoucher.com)에서 진행할 수 있다. 우선순위 순으로 지망을 선택한 후 각 사업별로 신청서를 작성하여 제출한다. 수출바우처사업에서는 우선순위 등록 가능한 11개 사업 유형(① 수출첫걸음 지원, ② 소비재선도기업 육성, ③ 서비스선도기업육성, ④ 월드챔프육성, ⑤ 수출도약 중견기업 육성사업, ⑥ 해외전시회개별참가 지원, ⑦ 수출성공패키지, ⑧ 고성장기업 수출역량 강화, ⑨ 아시아하이웨이, ⑩ 글로벌강소기업 해외마케팅 지원, ⑪ 해외지재권분쟁예방 수출바우처) 중 최대 2개 사업에 신

---

2 수행기관 : 관리기관이 평가하여 지정한 기관 또는 기업으로 참여기업의 서비스를 신청받아 해외시장 개척활동 서비스를 제공하는 주체.

3 관리기관 : 수출바우처사업을 기획하고 수행기관의 평가 및 선정을 전담하는 기관으로 산업통상자원부와 중소벤처기업부가 위탁 지정한 Kotra와 중소기업진흥공단을 칭함.

4 운영기관 : 수출바우처를 발급하는 사업을 운영하여 참가기업의 평가와 선정 등을 전담하는 기관으로 2017년에는 Kotra, 지방중소기업청, 중소기업진흥공단, 한국산업기술진흥원이 지정됨.

5 바우처 사업에 선정되지 못해도 Kotra의 사업 서비스를 이용하는 데 제한이 없음. 다만, 해당 서비스를 이용할 때 바우처를 활용할 수 없으며 100% 참여기업 부담으로 진행해야 함.

6 바우처는 "바우처 한도금액 설정(운영기관) − 바우처 사용계획서 등록(참여기업) − 바우처 사용계획서 확인(운영기관) − 협약서 전송(운영기관) − 협약서 체결(참여기업) − 협약서 확인(운영기관)"의 순서로 발급된다. 해외전시회 개별참가 참여기업의 경우 바우처 금액등록(운영기관), 협약서 확인(운영기관)의 절차가 없고, 참여기업의 사용계획서 제출 후 운영기관이 협약서에 서명하여 보내면 참여기업의 서명 즉시 해외전시회 개별참가 지원을 받을 수 있다.

7 수행기관 선정은 신청한 서류와 정보를 바탕으로 서면평가와 PT 면접평가가 이루어진다. 사업 운영기관 및 민간전문가로 구성된 공동운영위원회를 구성하여 사업이력, 인력의 전문성, 국내외 네트워크 등을 종합 평가하여 최종 선정한다.

그림 3 수출바우처사업 진행절차

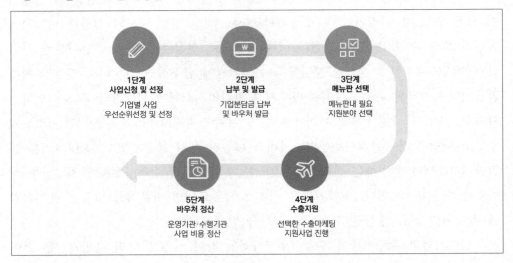

청이 가능하지만 최종적으로는 1개 사업에만 선정된다. 이때, 참여기업은 심사 후
선정된 사업 중 가장 높은 우선순위로 정한 사업에 최종 참가할 수 있다.8 기업의
수요를 반영하여 가장 희망하는 사업으로 최종 선정해주기 위해 우선순위 조사를
하는 것이다. 선정된 참여기업은 운영기관과 협약을 체결하게 되고 안내에 따라 기
업 분담금을 납부하면 국고보조금이 더해져서 수출바우처를 발급받게 된다.9 발급
된 수출바우처는 수출바우처 통합관리시스템에서 포인트 형태로 나타나며 그 수출
바우처 포인트를 지급하고 원하는 서비스를 이용할 수 있게 된다. 수출바우처 발급
금액은 선정된 사업에 따라 다르며, 각 사업별 수출바우처 금액은 수출바우처 웹사
이트「사업안내」에서 확인할 수 있다. 선정기업들은 메뉴판에서 자사의 수출역량을
업그레이드하기 위해 적합한 서비스에는 무엇이 있으며, 비슷한 서비스를 제공하는
수행기관이 여러 개 있는 경우에는 각 수행기관의 서비스 내용과 가격을 비교해보
고 다른 참여기업들의 후기도 읽어보며 서비스와 수행기관을 선택한다. 다만 수출
바우처사업에서는 원칙적으로는 심사를 거쳐 선정된 수행기관의 서비스만 제공받을

8 11개의 수출바우처 사업을 제외한 Kotra, 중소기업진흥공단 등 유관기관의 서비스를 신청해서 지
  원받는 데에는 제한이 없다. 예시로, 수출바우처 사업안에 포함되지 않은 사업 중 Kotra의 해외 물
  류네트워크 사업, 중소기업진흥공단의 수출컨소시엄 사업 등은 별개로 신청해서 기존과 같이 지원
  받을 수 있다.
9 바우처 한도는 사업에 선정된 후 기업분담금을 납부하는 즉시 온라인상으로 발급되며 발급받은 총
  바우처의 금액과 동일하다. 잔액은 매번 서비스를 신청하고 진행한 후 관리페이지에서 확인할 수
  있으며 잔액이 0이 될 때까지 바우처를 사용할 수 있다.

수 있다. 다시 말해 수출바우처사업에 신청하지 않거나 선정되지 않은 수행기관은 참여기업 대상으로 서비스를 제공하고 바우처를 받을 수 없다. 따라서 참여기업이 선정되지 않은 특정 수행기관의 서비스를 받기를 원한다면 해당 수행기관이 수출바우처사업에 신청할 수 있도록 추천하고 이후 선정되면 해당 수행기관의 서비스를 바우처로 이용할 수 있게 된다.

수출바우처 웹사이트에서 원하는 서비스의 수행기관을 정했다면 '사업신청하기' 버튼을 누르고 수행기관에 서비스를 신청한다. 신청하기 전, '장바구니 담기'를 선택하면 미리 서비스 가격과 남은 바우처 포인트에 대한 정보를 볼 수 있다. 가격에 '건별 협의'라고 명시된 경우에는 안내된 담당자 연락처를 통해 가격에 대한 협의를 한 후 서비스를 신청하면 된다. 신청 후에는 수행기관에 바우처 포인트가 지급되고 협약에 의해 서비스 사용계약이 취소되면 바우처 포인트는 환불된다. 바우처 포인트를 사용할 때는 기업 간에 실제 금전이 오고가는 것은 아니며, 서비스 제공 완료 후 운영기관에서 결과보고서와 서류 확인 절차를 거쳐야 실제 정산이 이루어진다. 아울러 참여기업과 수행기관 사이에 체결된 서비스 제공기간이 종료되면 서비스 결과물을 제공받게 되며 참여기업은 서비스 결과물을 확인하고 해당 서비스에 대한 만족도 평가를 진행한다. 수출바우처사업은 동시에 여러 개의 서비스를 신청하고 진행할 수 있다. 바우처 잔액이 발생하게 되면 잔액은 기업분담금 비율과 동일한 비율로 환급된다. 하지만 잔여 바우처 포인트 잔액이 발급받은 바우처 총액의 10%를 초과할 경우, 다음 차수 수출바우처사업 참여가 제한되며, 25%를 초과할 경우, 차연도까지 수출바우처사업 참여가 제한된다. 따라서 잔여 바우처 포인트가 남아있는 경우, 추가 서비스를 선택하고 진행하여 잔여 포인트를 최소화해야 한다. 반대로 서비스 금액이 바우처 잔액의 한도를 초과하는 경우, 기업이 추가 부담을 하게 되면 해당 서비스를 이용할 수 있다. 예를 들어 바우처 잔액이 100만원이고 수행을 희망하는 서비스의 금액이 150만원이라면 100만원은 바우처로 지급하고 잔액에 해당하는 50만원을 기업이 자체적으로 부담하면 해당 서비스를 받을 수 있다.

그림 4 바우처 흐름도

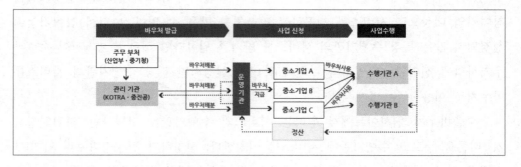

수출바우처사업 참여기업과 수행기관은 사업 시작 일부터 1년간 사업을 진행할 수 있다. '17년 5월 1일부터 사업이 시작된다면 '18년 4월 30일까지 사업 진행이 가능하다. 또한 더욱 많은 참여기업과 수행기관의 참여를 독려하기 위해 연중 수차례 참가 모집을 진행하게 된다. 수출바우처사업 참여기업은 1년간 사업 수행 후, 매년 연장 심사를 거쳐 협약 갱신이 가능하나 연장 가능 횟수는 사업별로 상이하다.10

2 지원대상 및 메뉴판

2018년 수출바우처사업은 [표 1]과 같이 11개 수출지원 사업별로 참여기업을 선정하며 선정기준, 지원한도, 국고보조율 등은 사업별로 상이하다.

표 1 수출바우처사업 지원대상(2018년)			
구분	우선순위 등록 가능 11가지 사업유형(기업수)	지원대상	지원한도 (국고보조율)
산업부	① 수출첫걸음지원 (150개사) 【Kotra】	- 전년도 수출 전무 내수기업 - 수출중단기업	1,400만원 (70%)
	② 소비재 선도기업 육성 (50개사) 【Kotra】	- 5대 소비재 분야 유망 중소·중견기업 - 소비재 연관 E커머스 기업	2,880만원 (70%)
	③ 서비스 선도기업 육성 (27개사) 【Kotra】	- 서비스 분야 유망 중소·중견기업	2,100만원 (70%)

10 ■ 수출첫걸음지원 : 최대 3년(수출실적 달성 시 졸업), ■ 소비재선도기업육성 : 최대 3년(기본 1년 ＋성과에 따라 연장), ■ 월드챔프육성 : 단계별 연한 적용 (기본) 월드챔프 5년, (선택) Pre 또는 Post 월드챔프 3년, ■ 해외전시회 개별참가지원 : 참가 연한 제한 없음, ■ 수출성공패키지/고성장 기업 수출역량강화/차이나하이웨이/글로벌강소기업/중견기업 해외마케팅 맞춤형 지원 : 동일 사업 별 2년 지원 후 성과 따라 최대 3년 지원, 단 졸업 연한 이후 상위단계 프로그램으로 추가지원 가능(하향은 불가)

산업부	④ 월드챔프 육성 (200개사)【Kotra】	- (Pre월드챔프) 수출초보 중소·중견기업 - (월드챔프) 한국형 히든챔피언 선정기업 - (Post월드챔프) 월드챔프 육성사업 졸업기업	5,600만원(70%) 7,500만원(50%) 4,500만원(30%)
	⑤ 수출도약중견기업육성사업 (100개사)【Kotra】	- (Pre수출중견) 수출중견후보기업(수출도약) - (수출중견) 수출 중견기업 - (Post수출중견) 수출중견 졸업기업	6,000~7,500만원 (30~60%)
	⑥ 해외전시회 개별참가 지원11(1,800개사) 【Kotra】	- 해외전시회 개별참가 희망 중소 중견기업	500만원/회 (연간최대 2회, 정액보조)
중기부	⑦ 수출성공패키지 (2,1000개사 내외) 【지방청】	- (수출기업화)수출 100만 달러 미만 - (수출고도화)수출 500만 달러 미만	수출기업화 : 최대 2천만원 수출고도화 : 최대 5천만원 (50~70%)
	⑧ 고성장기업 수출역량 강화 (580개사)【중진공】	- 상시근로자 수가 5인 이상인 수출 중소기업으로 최근 4개년간 ① 상시근로자 수 또는 매출액이 20% 이상 성장하거나(수도권 외 지방지기업은 15% 이상) ② 수출액이 연평균 10% 이상 성장한 수출액 100만 달러 이상인 중소기업 - 2년차 지원 기업은 상기요건과 관계없이 수출성과가 우수한 기업(16년 대비 17년 수출증가율이 9.6% 이상)에 한해 신청가능	1억원 (50~70%)
	⑨ 아시아하이웨이 (300사)【중진공】	- 중국 또는 아세안 지역에 기 진출하였거나 신규진출을 추진중인 중소기업	1억원 (50~70%)
	⑩ 글로벌강소기업해외 마케팅지원(200개사) 【한국산업기술진흥원】	- 16년 이후 지정된 글로벌강소기업 중 유효한 기업(264개 업체) - 2~4년차 지원 기업은 수출성과가 우수한 기업(16년 대비 17년 수출증가율이 9.6% 이상)에 한해 신청가능	4년간 최대 2억원 (연간 1억원 이내) (50~70%)
특허청	⑪ 해외지재권분쟁예방 수출바우처(35개사)	- 수출(예정)중소중견기업으로서, 해외 기업과의 지식재산권(특허, 상표, 디자인, 실용신안) 분쟁이 예상되거나 분쟁중인 기업으로, 지식재산권 분쟁예방 및 대응이 필요한 기업	최대 3,000만원 (50~70%)
	해외지재권 분쟁예방 수출바우처 사업 세부 내역은 추후 공지 예정		

* 【 】은 운영기관.

---

11 해외전시회개별참가지원의 경우, 동일 전시회로 타 정부기관, 지자체 등의 지원금 중복수령은 불가하며 지원서비스 중 '해외전시회 개별참가지원' 서비스로만 활용가능 함.

[표 1]과 같이 각 사업별로 선정된 기업은 [표 2]의 수출마케팅 서비스 메뉴판에서 필요한 서비스와 수행기관을 선택하여 사업을 진행할 수 있다. 메뉴판은 "수출준비에서 해외진출까지" 수출 중소·중견기업이 글로벌 진출 시 필요한 수출의 전 과정을 (수출준비 → 거래선발굴(수출마케팅) → 계약체결 前·後 → 해외진출) 모두 포함한 마케팅 프로그램들로 구성되어 있다. 2017년 현재, 70여 종류의 서비스를 수행하는 570여 개의 수행기관이 선정되어 있으며 이들은 1,079건의 세부서비스를 제공하고 있다. 참여기업들은 수행기관의 세부 서비스 내용을 살펴본 후 가장 마음에 드는 서비스와 수행기관을 골라 이용하면 된다.

표 2 수출수출마케팅 서비스 메뉴판(2018년)

분야		지원내용
I단계 (수출준비)	개발·제작	① 수출브랜드개발, ② 외국어 웹사이트제작 ③ 온라인카탈로그, 모바일 웹·앱 ④ 디자인 개발(카탈로그, 브로셔, 포장지 등) ⑤ 제품매뉴얼 제작 ⑥ 상품페이지 제작 ⑦ 외국어 자료 통번역, 지재권등록, 정품인증, 해외규격획득 지원 등
	전략건설팅	① 1:1 로그맵 수립 및 지원항목 코칭, ② 경영멘토링 ③ 목표시장 수출전략(로드맵) 수립 및 지원항목 코칭 ④ 바이어 발굴 ⑤ 법인설립 자문 ⑥ 지재권 등록 ⑦ 투자 유치지원 ⑧ 특허·인증·시험·수출 IP 전략 컨설팅 ⑨ 해외진출전략 컨설팅 ⑩ 기업중장기 성장전략 컨설팅
	교육	① 무역교육(온/오프라인) ② 해외마케팅역량강화 교육 ③ 해외투자 유치 관련 세무 회계 검토 필수 제출서류교육 등
II단계 (거래선발굴)	홍보/광고/온·오프라인마케팅	① TV·신문·잡지·SNS 홍보, ② 기업홍보동영상 ③ 광고제작 ④ 홈쇼핑 ⑤ PPL ⑥ 검색엔진마케팅 ⑦ 온라인쇼핑몰 구축운영 ⑧ 오프라인매장입점대행 ⑨ 판촉전 등
	조사·정보	① 해외시장조사 ② 소비자리서치 ③ 바이어발굴조사 ④ 바이어 DB 타켓 마케팅 ⑤ 해외온라인 쇼핑몰 제품 경쟁동향조사 ⑥ 해외시장설명회 참가 ⑦ 사업파트너연결지원 ⑧ 원부자재공급선 조사 ⑨ 프랜차이즈 점포 상권조사(중국, 베트남) ⑩ 유료 발간자료 판매 등
	전시회, 상담회, 바이어매칭	① 해외전시회 개별참가 ② 해외전시회참가지원 ③ 국내개최 국제전시회 참가 ④ 현지바이어 매칭상담회/세미나 ⑤ 해외전시회 사전·사후 마케팅 대행 ⑥ 해외비즈니스출장지원 ⑦ 제품시연회 ⑧ 신제품론칭쇼 ⑨ 프로젝트 수주지원 ⑩ 로드맵 이행 등
III단계 (계약체결)	계약체결 전	① 국외기업(바이어)신용조사 서비스 ② 관세환급 컨설팅 ③ 계약서 자성(지불조건 포함) 대행 등
	계약체결 후	① 통관/선적필요서류 ② 결제관련서류 ③ 수출물류 ④ 무역자동화(전자무역서비스) ⑤ 사후관리(관세환급신청서 등) 대행 등
IV단계 (해외진출)	해외진출	① 해외투자진출자문 ② 해외투자환경조사출장지원 ③ 현지법인 설립 및 공장설립 등 맞춤형지원 ④ 프랜차이즈 사업등록(미국, 중국) ⑤ 해외자본시장 상장 및 M&A 자문 ⑥ 해외자문사 및 시사기관 발굴/활용 지원

그림 5 수출바우처사업 메뉴판 이용 방법

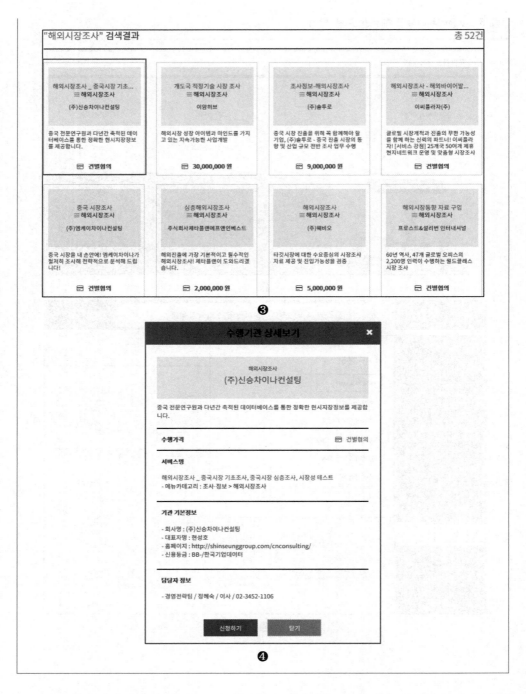

수출바우처사업에서 원하는 서비스와 수행기관을 선정하기 위해서는 수출지원
기반활용사업 홈페이지(www.exportvoucher.com)를 방문하여 초기화면 상단 '메뉴판'
을 클릭한다. (❶) 그 다음 왼쪽 9개 지원영역에서 자사에 필요한 영역을 선택하여

클릭 후 <예 : 조사 · 정보> (❷) 이어 해당 영역에서 제공 가능한 지원항목 중 한 개 항목을 선택하여 클릭한다. <예 : 해외시장조사> (❸) 이 과정을 마치면 자사가 선택한 항목의 서비스를 제공할 수 있는 수행기관 리스트가 나타난다. 각 수행기관 의 세부 서비스 내용을 살펴본 후 가장 마음에 드는 수행기관을 선택하여 서비스를 이용하면 된다. (❹)

선택형 지원사업[1]

1 지사화사업

수출바우처사업이 수출유망 중소·중견기업을 선정하여 참여기업에게 바우처를 부여, 기업이 자유롭게 수출지원서비스를 이용한 후, 소요비용을 정산하는 방식이라면 선택형 지원사업은 사전에 선정된 기업에게 지사화사업 및 해외전시회 단체관 참가사업 우선 선택권을 부여하는 사업이다. 지사화사업과 해외전시회 단체관 참가사업이 선택형 수출바우처로 구분되어 있지만, 수출바우처사업과는 별도 사업이므로 중복 신청이 가능하다.[2] 지사화사업(www.jisahwa.com)은 해외에 지사를 설치할 여력이 부족한 중소·중견기업의 현지 지사 역할을 대행하여 수출 및 해외진출을 지원하는 사업이다. 종전 3대 기관의 유사사업<Kotra-지사화사업, 중소기업진흥공단(SBC)-민간네트워크 활용사업, 세계한인무역협회(OKTA)-글로벌마케터>을 통합하여 참여기업의 선택의 폭을 확대하였다. 지원대상은 국내 사업자등록번호를 보유하고 있는 중소·중견기업이며 휴·폐업기업, 대기업 및 그 출자회사/유관기관(정부기관 및 공공기관 포함) 그리고 금융기관으로부터 불량거래처로 규제중이거나 국세, 지방세를 체납중인 자/기업은 제외된다. 선정된 기업은 지원한도 내에서 희망 서비

---

1 이하 내용은 2018년 시행지침을 기준으로 작성함.

2 수출바우처 사업에 해당하는 11개 사업은 복수로 신청하여도 최종적으로는 1개 사업만 참가 가능하나 선택형 지원사업과의 중복 선정은 가능하다. 즉, 수출 첫걸음 지원사업(수출바우처사업), 지사화사업, 해외전시회 단체참가 지원사업(선택형 수출바우처사업)은 함께 참가할 수 있다.

스·진출지역을 선정하고 이어 수행기관(Kotra, 중소기업진흥공단, 세계한인무역협회)을 선택한다.

표 1	지사화사업 서비스 단계별 지원내용				
구분	주요지원내용	기간	업체 부담금	비중	
진입	**[기초 마케팅 지원]** 시장조사, 바이어 발굴, 네트워크 교류 (현지 유대감 형성), 기초 홍보자료 현지화, 시장 성 테스트	6개월	50만원 (400만원)		
발전	**[수출 및 성약지원]** 수출성약지원, 전시상담회 참가지원, 물류·통관 자문, 출장지원, 기존 거래선 관리, 현지 유통망 입점 인허가 취득 지원, 브랜드 홍보, 프로젝트 참가, IP등록, 현지 법인설립 지원	1년	250~350만원 (900만원)	지역별 차등	
확장	**[현지화 지원]** 기술수출(제휴), 글로벌 벨류체인 진출지원, 해외 투자유치, 조달진출, 품목별 타켓진출, 인큐베이팅 서비스, 현지 투자지원(법인설립), 법률자문	1년	700~1,050만원 (2,000~3,000만원)	지역별/ 서비스별 차등	

1) 발전단계 참가비는 지역별로 상이 : [표 5] 참조 ( )은 * 총사업비
2) 확장단계 비용은 참가기업이 선택하는 서비스와 지역에 따라 비용이 다르게 책정되며 세부사항은 지사화사업 참가
   업체로 최종선정 된 후 해당 수행기관과 협의를 통해 결정
3) 상위 서비스(확장>발전>진입)는 하위를 포함, 지원내용 중 최대 1~3개 항목 집중지원

단계	제공 서비스	서비스 내용
진입 (6월)	시장조사	수요 및 수요동향 조사/수출가능성 체크/경쟁사 및 현지 가격표 조사/유통 구조/관련 인증 조사
	바이어 발굴	바이어 발굴 및 미팅(수출성약 발생 시 제반사항 지원)
	네트워크 교류 (현지유대감형성)	마케터와 참여기업의 네트워크화(친구 맺기)를 통한 정보 제공/바이어와 커뮤니케이션 지원/기타 네트워크 서비스 지원
	기초홍보자료 현지화	제품 수출을 위한 기초적인 홍보자료(브로셔·명함 등) 현지화 지원
	시장성 테스트	수출희망제품의 현지시장 시장성 테스트(샘플제공 시 판매 및 진출가능성 점검)
발전 (1년)	수출성약 지원	시장·산업동향 조사, 바이어 발굴 및 수출성약단계까지 필요한 제반사항 지원
	전시상담회 참가	전시회 정보제공, 바이어 상담주선, 전시회 참가 관련 행정 지원
	물류통관 컨설팅	물류서비스 필요기업에 대한 정보제공, 물류전문기업 소개 등
	출장지원	현지 출장일정 수립, 관심바이어 면담일정 주선, 기타 지원
	기존거래선관리	지속적인 관리가 필요한 바이어와의 업무연락 및 비즈니스 F/U 등 지원
	현지유통망 입점	해외 대형할인점, 백화점 등 전문 유통채널 진출지원
	인허가 취득지원	인허가 취득 절차 등 컨설팅 및 현지 전문 등록대행기관 발굴 소개
	브랜드홍보	현지 홍보 관련 정보 및 컨설팅 제공, 전문기관(에이전시) 소개, 홍보활동 지원

	프로젝트 참가	프로젝트 정보 제공, 협력 파트너 발굴 소개, 벤더등록 등 지원
	IP등록	해외 지적재산권 등록 관련 컨설팅 및 등록 관련 지원(등록비용은 지원 제외)
	현지법인 설립	법인설립 절차 등 컨설팅 및 현지 변호사·법무법인 등 전문가 소개
확장 (1년)	기술수출(제휴)	기술수출 및 제휴(기술이전, 협력, 라이센싱 등) 파트너 알선 및 현지 지원
	글로벌 밸류체인 진출 지원	글로벌기업의 상품 기획, 생산, 판매에 이르는 가치사슬(Value Chain)에 참여하기 위한 제반 지원
	해외투자유치	해외 벤처캐피탈 연계, 현지 투자상담 지원 등 외국인 투자 유치 지원
	조달진출	국제기구 및 국가별 국제 조달시장에 직접 진출하거나 공공조달 벤더와 거래알선, 입찰 대행업무 지원
	품목별 타겟 진출	다수의 중소기업(5개사)이 생산하는 산업별 유사제품을 묶어, 온·오프라인의 채널을 활용한 판매 판로 개척 지원
	인큐베이팅 서비스	생산설비 등 중장기적인 기술마케팅 및 유지 관리가 필요한 업종 중심으로 인큐베이팅 서비스 제공
	현지 투자지원 (법인설립)	중소기업의 현지 진출을 위한 투자타당성 검토, 파트너 발굴, 현지법인 설립 지원 등
	법률자문	중소기업의 해외진출을 지원하는 A/S, 특허상표권 등록, 전문적 법률자문 서비스 등

　　국고보조금은 지사화사업 가입업체에게 국가에서 지원해주는 금액으로서, 실제 지사화사업 서비스 원가의 일정부분을 국고로 충당하게 된다. 따라서 국고보조금은 지사화사업에 가입하는 모든 기업에게 각 단계별로 동일하게 적용된다. 예를 들어, 발전 단계 서비스 원가가 900만원인데 그중 600만원을 국고보조금으로 충당하고, 나머지 300만원은 업체에서 참가비로 납부하게 된다.[3] 지자체보조금은 각 지자체에서 지원하는 보조금으로, 참가비의 일정부분을 지자체가 대납하게 되어 참가기업은 추가적인 할인 혜택을 받을 수 있다. 지자체에서 지원하는 금액이기 때문에 업체 소재지별로 지원 금액에 차이가 있다. 한편 지사화사업 참가희망 기업들은 지사화사업 신청 시 제공서비스에 기재된 목록 중 최대 1~3개 항목을 선택하며 해당 항목에 대해 집중 지원을 받게 된다.

　　지사화사업의 지원기간은 사업개시일로부터 1년(진입단계는 6개월)이며 지원 연장은 1년 단위를 기본으로 하여 발전 및 확장 단계의 경우, 동일지역·동일단계 서비스 참가는 최대 3회까지 가능하며, 진입단계는 최대 2회까지 가능하다. 연장 가입 시에도 신규가입과 동일하게 신청·평가 단계를 거쳐 선정된 기업에 한해 가능하다. 또한 지원품목은 사업단위별 1개 품목(HS Code 6단위)으로 신청한다. 참여희망기업

---

3 지사화사업은 수출바우처 사업과 달리 신청기업이 직접 참가비를 가상계좌로 납부해야 한다.

들은 진출 희망 지역별로 신청하되 최대 15건까지 신청이 가능하나 최종 선정은 8
건까지 가능하다. 다만 일부 조건 충족 시 최대 12건까지 선정이 가능하다.

표 2 지사화사업 지원기관 및 인력			
지원기관	Kotra	중소기업진흥공단	세계한인무역협회
지원인력	지사화 전담직원	해외민간네트워크 (현지 컨설팅전문 법인)	글로벌마케터 (교포 CEO 및 무역인)
지원단계	발전	발전·확장	진입·발전·확장

표 3 해외지사화사업 신청기업 주요 평가기준(2018년)			
구분	단계	평가지표	평가항목
수출 역량 (30)	진입	수출실적	최근 3년 직수출실적 평균 * 내수·수출초보기업 우대(수출실적이 낮을수록 유리)
	발전 및 확장	수출실적	2017년 (직)수출실적 * 제조업은 직수출실적, 서비스업은 직·간접수출 실적 인정 ** 수출유망·강소 기업 우대(수출실적이 높을수록 유리)
해외 시장성 (70)	진입 및 발전	품목 시장성	품목에 대한 진출 희망지역의 현재 시장 형성 정도 (제품 시장규모, 수입현황, 수입품 인식 등)
			품목에 대한 진출 희망지역의 시장 성장 가능성 (연간 시장규모, 소비자 니즈 등)
		품목 경쟁력	품목의 경쟁력(품질 및 가격 등)을 통한 해당시장 진출 가능성 정도
			품목에 대한 해당시장의 진입장벽 존재여부 및 해당요건 충족 여부
		단계 적정성	선택한 서비스 단계가 해당지역 진출에 적정한지 여부 * 전년도 하위단계 서비스 후 상위단계 신청 시 우대
	확장	진출 준비도	수출용 홍보자료, 시장조사, 규격·인증 등 각종 진입 장벽 존재 및 요건 충족 여부
		품목 경쟁력	진출 희망품목의 용도·특성, 경쟁우위 요소 등
		시장 적합도	진출 희망국 내 수입제한, 필수 규격·인증 등 각종 진입 장벽 존재 및 요건 충족 여부
		프로젝트 적정성	진출 희망품목에 대한 시장인식·규모, 선택한 서비스 단계의 적정 성 등
정책 우대 가점 (최대 10점)	진입	진입	▪ 내수기업 수출기업화사업 참가기업 - '18년 2차 모집부터 적용
	공통	공통	▪ 산업·지식재산권 및 국내외 규격·인증 보유기업 ▪ 고용노동부 선정 고용창출 우수기업(2014, 2015) 및 청년친화 강 소기업(2018) ▪ 올해의 중견기업(산업부)

* 산업·지식재산권 : 발명특허등록, 실용신안권등록, 디자인권등록, 저작권등록
* 규격 및 인증 : 시스템인증, 제품인증, 기술마크 등

기존 지사화사업은 연중 수시로 참여기업의 신청을 접수받았으나 2017년도부터는 연중 3~4회로 모집을 제한한다. 또한 기존에는 중소기업진흥공단, OKTA, Kotra의 지사화사업을 개별적으로 신청 받았으나 2017년도부터는 통합하여 일괄적으로 신청을 받는다. 지사화사업 참가신청 요령은 지사화사업 홈페이지를 방문하여 [그림 1]과 같은 절차를 밟는다(www.jisahwa.com).

그림 1 지사화사업 참가신청 요령

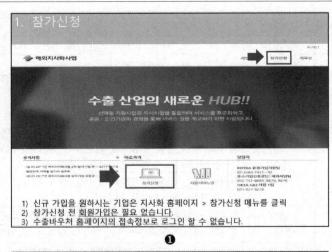

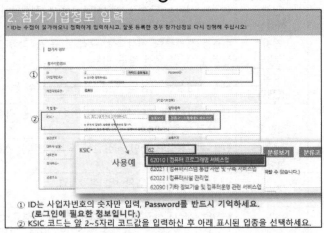

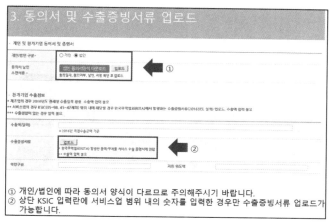

① 개인/법인에 따라 동의서 양식이 다르므로 주의해주시기 바랍니다.
② 상단 KSIC 입력란에 서비스업 범위 내의 숫자를 입력한 경우만 수출증빙서류 업로드가
　가능합니다.

❸

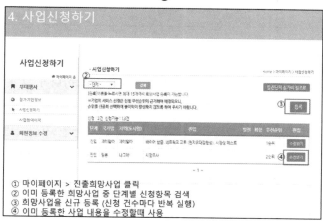

① 마이페이지 > 진출희망사업 클릭
② 이미 등록한 희망사업 중 단계별 신청항목 검색
③ 희망사업을 신규 등록 (신청 건수마다 반복 실행)
④ 이미 등록한 사업 내용을 수정할때 사용

❹

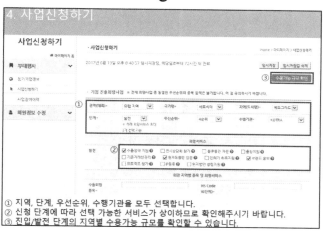

① 지역, 단계, 우선순위, 수행기관을 모두 선택합니다.
② 신청 단계에 따라 선택 가능한 서비스가 상이하므로 확인해주시기 바랍니다.
③ 진입/발전 단계의 지역별 수용가능 규모를 확인할 수 있습니다.

❺

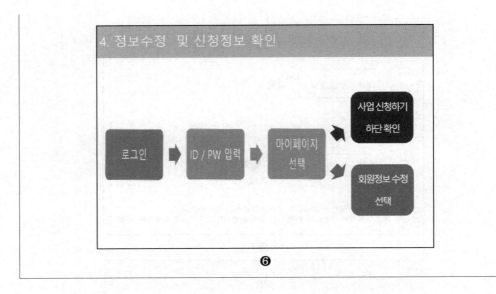

지사화사업 신청기업은 전술한 바와 같이 진출 희망 지역별로 신청하되 최대 15건까지 신청이 가능하되 최종 선정은 8건까지만 가능하다.4 그 다음 진입, 발전, 확장 중 한 단계 그리고 중점 희망지원서비스(3가지, 확장단계는 1가지)를 지정한 후 Kotra, 중소기업진흥공단, 세계한인무역협회 중 1개 기관을 지원기관으로 선택한다. 신청기업에 대한 평가를 거쳐5 선정된 기업들은 선정내역을 안내받게 되며 참가비를 납부하고 선택한 지원기관과 협약을 체결하게 된다. 이 후 협약 내용에 따라 마케팅활동을 지원받게 된다.

---

4 2018년의 경우, 고용노동부 선정 고용창출 우수기업(2014, 2015), 청년친화 강소기업(2018)이 해당된다.
5 해외시장성(70%)과 수출역량(30%) 평가를 통하여 선정한다. 수출역량은 외부 전문기관에 의뢰하여 평가를 진행하며 해외시장성은 Kotra, 중진공, OKTA 3개 기관 중 참가업체가 신청 시 선택한 기관으로부터 평가를 받게 된다. 수출역량 평가는 전년도 수출실적과 해외마케팅 역량 정도를 기준으로 하며, IP·규격인증 획득현황, 미개척 신흥시장, 고용창출 우수 인증기업(고용부, 지자체 지정) 등 요건에 해당되면 가산점이 부여된다. 가산점은 단계별로 요건이 다르므로 모집공고문을 참조한다. 한편 해외시장성 평가는 품목시장성, 품목경쟁력, 단계적정성 등을 기준으로 평가하며, 확장단계는 기업 현황, 품목경쟁력, 진출준비도, 시장진출의지, 시장적합성 등 별도의 기준으로 평가한다. 지사화사업을 1년간 진행한 뒤 다음연도에 갱신할 경우에도 해외시장 상황은 1년 만에도 크게 변하는 경우가 많기 때문에 새롭게 평가를 받아야 한다.

표 4 지사화사업 진행절차

신청·접수		선정완료		통보·참가비 납부		서비스 개시
신청지역 단계 기관 선택	▶	선정위원회 개최	▶	선정결과 통보 및 참가비 납부	▶	활동내용에 따른 마케팅 활동 전개

표 5 해외지사화사업 발전단계 지역별 참가비(2018년 기준)

해외지사화사업 발전단계 지역별 참가비

단위:만원(V.A.T 포함)

지역	국가명	무역관명	참가비	지역	국가명	무역관명	참가비
중국 지역	중국	광저우	300	일본 지역	일본	나고야	350
		난징				도쿄	
		다롄				오사카	
		베이징				후쿠오카	
		상하이		북미주 지역	미국	뉴욕	350
		샤먼				시카고	
		선양				로스앤젤레스	
		선전(심천)				달라스	300
		시안				워싱턴	
		우한				마이애미	
		정저우				디트로이트	
		창사				실리콘밸리	
		청두(성도)			캐나다	토론토	
		충칭				밴쿠버	
		칭다오(청도)		중남미 지역	브라질	상파울루	350
		톈진(천진)				리우데자네이루	
		항저우			칠레	산티아고	300
		홍콩			멕시코	멕시코시티	
	타이완(대만)	타이베이			과테말라	과테말라	250
동남아 대양주 지역	호주	시드니	350		쿠바	아바나	
		멜버른			파나마	파나마	
	베트남	하노이	300		콜롬비아	보고타	
		호치민			페루	리마	
	필리핀	마닐라			에콰도르	키토	
	싱가포르	싱가포르			도미니카공화국	산토도밍고	
	인도네시아	자카르타			베네수엘라	카라카스	
		수라바야			파라과이	아순시온	
	태국(타이)	방콕			아르헨티나	부에노스아이레스	
	캄보디아	프놈펜	250	CIS 지역	러시아	모스크바	300
	라오스	비엔티안				상트페테르부르크	
	말레이시아	쿠알라룸푸르				블라디보스톡	
	미얀마	양곤				노보시비르스크	
	뉴질랜드	오클랜드			카자흐스탄	알마티	250
서남아 지역	인도	뉴델리	300		우크라이나	키예프	
		뭄바이			아제르바이잔	바쿠	
		방갈로르			우즈베키스탄	타슈켄트	
		첸나이			벨라루스	민스크	
	방글라데시	다카	250		몽골	울란바토르	
	스리랑카	콜롬보		중동 지역	아랍에미리트	두바이	
	파키스탄	카라치			이란	테헤란	
유럽 지역	영국	런던	350		이스라엘	텔아비브	
	독일	프랑크푸르트			이라크	바그다드	300
		뮌헨			리비아	트리폴리	
		함부르크			터키	이스탄불	
	프랑스	파리			카타르	도하	
	벨기에	브뤼셀			이집트	카이로	
	네덜란드	암스테르담	300		요르단	암만	
	이탈리아	밀라노			시리아	다마스커스	
	스페인	마드리드			사우디아라비아	리야드	
	스위스	취리히			쿠웨이트	쿠웨이트	250
	스웨덴	스톡홀름			알제리	알제	
	덴마크	코펜하겐			모로코	카사블랑카	
	오스트리아	빈			오만	무스카트	
	핀란드	헬싱키		아프리카 지역	남아공	요하네스버그	250
	그리스	아테네			모잠비크	마푸투	
	폴란드	바르샤바	250		케냐	나이로비	
	루마니아	부쿠레슈티			수단	카르툼	
	헝가리	부다페스트			에티오피아	아디스아바바	
	체코	프라하			탄자니아	다레살람	
	크로아티아	자그레브			나이지리아	라고스	
	불가리아	소피아			콩고민주공화국	킨샤사	
	세르비아	베오그라드			가나	아크라	
	슬로바키아	브라티슬라바			코트디부아르	아비장	

2 해외전시회 단체관 참가 지원사업

산업통상자원부와 중소벤처기업부에서는 중소기업의 단체참가 전시회 선택권을 확대하기 위해 해외전시회 단체참가 지원사업을 선택형 지원사업으로 실시하고 있다.[6] 해외전시회 단체관 참가 지원사업의 운영기관인 Kotra와 중소기업중앙회는 중소기업 10개사 이상으로 한국관을 구성하여 해외 유망전시회 단체 참가를 지원하고 있다. 단체참가 해외전시회 사업수행 체계는 [표 6]과 같다.

표 6 단체참가 해외전시회 사업의 사업수행 체계

구분	공급자			수요자
	주무부처	주관기관	공동 주관기관*	
기관명	산업부, 중기부	코트라, 중소기업중앙회	업종별 업회·단체 및 민간전시주최사	중소기업
역할	▪ 사업계획 수립 ▪ 예산교부	▪ 전시회(공동주관단체) 선정 ▪ 바우처 활용 기업 선정 ▪ 바우처 발급·관리 ▪ 사후정산, 성과관리	▪ 임차, 장치 등 ▪ 참가업체 지원 ▪ 결과보고	▪ 사업정보 탐색 ▪ 전시회 신청·참가 ▪ 바우처 활용

* 공동주관기관 : 산업부는 공동수행기관, 중기부는 주관단체라는 명칭을 사용

정부는 이 사업을 통해 부스임차, 장치비 등 전시회 직접경비의 최대 50%를 국고로 지원한다. 2018년 현재, 참가 희망기업은 해당 운영기관 홈페이지에서 신청 시 기업당 1부스 기준으로 참여희망 전시회를 3개까지 지정(신청서에 기재)할 수 있으며 전시회별 평가점수 고득점 순으로 1차 선정한다. 선정 결과는 글로벌전시포털(www.gep.or.kr)과 중소기업 해외 전시포털(www.sme−expo.go.kr)에 함께 공지된다. 평가기준은 수출실적(20), 기업경쟁력(20), 수혜실적(10), 일자리 창출관련 우수 인증기업(20)과 기관별 특성을 반영한 평가적용(30)[7]으로 구성되어 있다. 또한 선정기업의 이행성을 담보하고 책임성을 강화하기 위해 1차 선정발표 후 선정된 기업은 30일 이내에 직접경비의 정액(100만원)을 선납해야 한다. 선금이 완료되면 최종 선정자로 확정하지만 미납 시에 해당 건은 취소된다. 따라서 1개 기업이 3개 전시회에 모두 선

---

6 정부는 2018년 총 120억원(산업부 60억, 중기부 60억)을 투입하여 전년대비 20.8% 증가한 총 122회(산업부 42회, 중기부 80회)의 단체참가 해외전시회를 지원하고 있다.

7 산업부(30) : 정책우대(10), 전시적합성−Kotra 및 공동수행기관 평가(20)
중기부(30) : 정책우대(15), 전시적합성−주관단체 평가(15)

정되었다면 총 300만원을 선납해야 한다.

그림 2 사업추진절차

신청·접수		평가 및 1차 선정		선금납부·최종선정		협약체결		바우처 사용
각 운영기관 홈페이지 신청	➡	전시회별로 심사기준표에 의거하여 고득점순으로 선정	➡	1차 선정 기업이 직접경비의 일부(100만원)를 납부하면 최종선정	➡	참가조건 합의	➡	협약체결 즉시

P•A•R•T

05

해외마케팅 실전과정

걸음마실무해외마케팅

CHANGE

CHAPTER

01

통계를 활용한 시장분석요령

1 무역협회(www.kita.net) 통계

무역협회 사이트를 통해 국가별, 품목별 우리나라 수출입현황을 파악할 수 있다. 무역협회는 우리나라뿐 아니라 미국, 중국, EU 등 주요국의 무역통계도 제공하는데 한국 통계의 경우, 익월 20일 이후 前월말 기준 통계가 반영된다.

그림 1 무역협회 국내통계

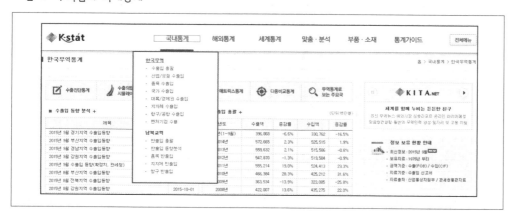

무역협회 메인 홈페이지에서「무역통계 > 한국무역 > 국내통계 > 국가 수출입」을 클릭하면 [그림 1]과 같이 약 250개국에 대한 우리나라 수출 및 수입(무역수지 포함) 통계를 검색할 수 있다.

그림 2 무역협회 우리나라의 국가별 수출입 통계

순번	국가명	2014년					2015년 (3월)				
		수출금액	수출증감률	수입금액	수입증감률	수지	수출금액	수출증감률	수입금액	수입증감률	수지
	총계	572,664,607	2.3	525,514,506	1.9	47,150,101	396,867,700	-6.6	330,762,355	-16.5	66,105,345
1	중국	145,287,701	-0.4	90,082,226	8.5	55,205,475	102,063,736	-3.8	66,751,404	1.6	35,312,332
2	미국	70,284,872	13.3	45,283,254	9.1	25,001,618	52,424,202	2.9	33,078,387	-3.2	19,345,815
3	홍콩	27,256,402	-1.8	1,749,889	-9.3	25,506,513	22,091,152	10.8	1,160,275	-14.8	20,930,877
4	베트남	22,351,690	6.0	7,990,325	11.4	14,361,365	20,981,773	29.6	6,905,832	19.7	14,075,941
5	일본	32,183,788	-7.2	53,768,313	-10.4	-21,584,525	19,373,547	-20.6	34,953,720	-13.4	-15,580,173
6	싱가포르	23,749,882	6.6	11,303,182	9.0	12,446,700	11,398,514	-42.2	6,301,766	-28.0	5,096,748
7	대만	15,077,398	-4.0	15,689,769	7.2	-612,371	9,046,894	-20.7	12,415,552	6.8	-3,368,658
8	인도(인디아)	12,782,490	12.4	5,274,668	-14.7	7,507,822	8,898,211	-6.7	3,217,531	-22.0	5,680,680
9	멕시코	10,846,018	11.5	3,268,495	42.1	7,577,523	8,840,647	13.7	2,576,293	3.3	6,264,354
10	호주	10,282,512	7.5	20,413,019	-1.8	-10,130,507	8,629,138	13.5	12,684,555	-18.8	-4,055,417

이 화면에서 특정 국가를 클릭하면 1970년부터 최근까지 그 국가 대한 우리나라의 연도별, 월별 수출입액 변화 추이를 파악할 수 있다.

그림 3 알제리에 대한 우리나라 수출입액 변화 추이

년	수출				수입				수지
	금액	증감률	중량	증감률	금액	증감률	중량	증감률	
2015년	604,280	-45.7	113,010,438	-39.3	704,225	-50.8	1,311,310,287	-15.5	-99,945
2014년	1,417,300	38.4	237,529,300	33.9	1,948,089	118.0	2,201,519,199	127.1	-530,789
2013년	1,023,883	-9.4	177,431,376	-23.7	893,445	195.8	969,276,147	211.5	130,438
2012년	1,130,709	0.8	232,452,940	-1.7	302,033	131.6	311,159,916	124.2	828,676
2011년	1,122,237	-25.0	236,447,933	-34.8	130,428	-54.5	138,788,821	-69.4	991,809
2010년	1,495,609	36.6	362,481,573	22.4	286,903	-58.3	452,841,128	-67.0	1,208,706
2009년	1,094,919	26.9	296,076,704	43.3	688,359	-18.5	1,370,384,745	34.4	406,560
2008년	863,063	12.4	206,552,331	0.5	844,723	30.7	1,019,325,341	-14.5	18,340
2007년	768,091	96.6	205,477,497	66.4	646,508	11.9	1,192,713,945	12.1	121,583
2006년	390,606	14.8	123,479,707	62.2	577,540	247.4	1,064,416,092	173.5	-186,934
2005년	340,203	-4.0	76,190,107	-8.7	166,227	-30.9	389,142,919	-37.2	173,976
2004년	354,545	57.9	83,420,137	43.8	240,496	25.5	619,319,178	1.1	114,059
2003년	224,591	20.5	58,005,898	-18.6	191,656	-6.5	612,871,865	-19.5	32,935
2002년	186,447	22.1	71,257,905	31.7	205,017	78.5	761,770,721	79.2	-18,570
2001년	152,762	-15.4	54,094,030	10.0	114,832	74.3	424,985,473	92.0	37,930
2000년	180,483	-27.4	49,180,087	-19.0	65,898	-13.6	221,346,027	-43.0	114,585
1999년	248,618	31.9	60,743,934	29.6	76,292	29.1	388,146,681	18.5	172,326

또한 『국가 수출입』 화면 상단의 『품목별』을 클릭한 후, 국가를 선택하면 여러 조건 항목에 따라 그 국가에 대한 우리나라 품목별 수출입 금액을 검색할 수 있다.

그림 4 알제리에 대한 우리나라의 품목별 수출입 통계

순번	코드	품목명	2014년 수출금액	2014년 수출증감률	2014년 수입금액	2014년 수입증감률	2014년 수지	2015년 (9월) 수출금액	2015년 (9월) 수출증감률	2015년 (9월) 수입금액	2015년 (9월) 수입증감률	2015년 (9월) 수지
		총계	1,417,300	38.4	1,948,089	118.0	-530,790	604,280	-45.7	704,225	-50.8	-99,945
1	725190	기타건설중장비	133,739	36.6	0	0.0	133,739	59,899	-37.1	19	0.0	59,880
2	741200	화물자동차	296,968	57.3	0	0.0	296,967	51,833	-78.6	0	0.0	51,833
3	741150	불꽃점화식 1,500시시 이하	143,148	-26.0	0	0.0	143,147	40,756	-62.0	0	0.0	40,756
4	742000	자동차부품	61,826	11.1	1	641.8	61,825	38,006	-15.8	0	-100.0	38,006
5	842390	기타배전및제어기	333	-90.0	0	0.0	332	31,291	9,307.8	0	0.0	31,291
6	713110	공기조절기	6,883	18.3	0	0.0	6,883	23,525	384.2	0	0.0	23,525
7	711160	원동기부품	4,986	437.5	0	0.0	4,985	18,332	345.1	0	0.0	18,332
8	741170	압축점화식 2,500시시 이하	50,580	-19.9	0	0.0	50,580	18,222	-60.3	0	0.0	18,222
9	615290	기타철구조물	24,843	201.6	29	-19.3	24,813	17,686	-15.5	0	-100.0	17,686
10	850090	기타전선	7,536	302.4	0	0.0	7,536	15,600	648.9	0	0.0	15,600

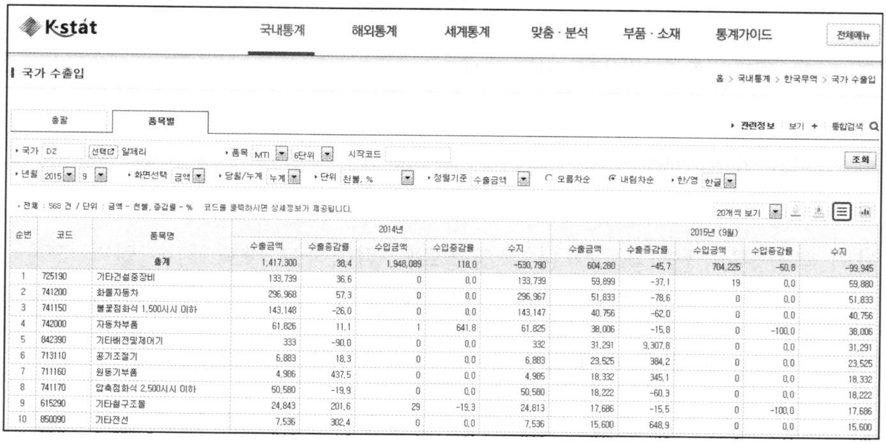

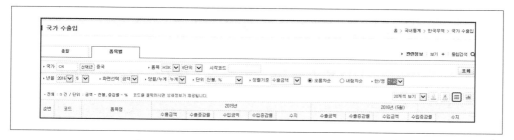

그림 5 무역협회 국가수출입 검색

① 국가 : 선택을 클릭하면 대륙별, 경제권별 특정 국가를 선택할 수 있다.

② 품목 : HSK, MTI, SITC별 각 단위별로 검색할 수 있다.

- ○ HSK－1, 2, 4, 6, 10단위
- ○ MTI－1, 2, 3, 4, 6단위
- ○ SITC－2, 3, 5단위

③ 연월 : 검색을 원하는 연도와 월을 선정한다.

④ 화면선택 : 금액, 중량 중 한 항목을 선택한다.

⑤ 당월/누계 : 특정 월의 월간통계 또는 1월 1일부터 특정 월까지 누계 중 한 개를 선택

⑥ 단위 : 일단위, 천단위, 백만단위별로 미달러 금액을 표시한다.

⑦ 정렬기준 : 코드, 수출금액, 수출증감률, 수입금액, 수입증감률, 수지 중 한 항목을 선택한다.

⑧ 오름차순, 내림차순 : 작은 수치부터 큰 수치 순으로(오름차순) 큰 수치부터 작은 수치 순으로(내림차순) 중 한 항목을 선택한다.

⑨ 한글/영문 : 표기언어를 선택한다.

⑩ 보기 : 한 화면에서 20개씩, 50개씩, 100개씩 나누어 볼 수 있으며 이 중 한 항목을 선택한다.

이외 각종 무역통계를 도표나 그림으로도 검색하고 출력할 수 있다. 또한 무역협회 메인 홈페이지에서 「무역통계 > 한국무역 > 국내통계 > 품목 수출입」을 클릭하면 품목별 우리나라 전체 수출입액과 국가별 수출입 통계를 검색할 수 있다.

그림 6 품목별 우리나라 수출입 통계

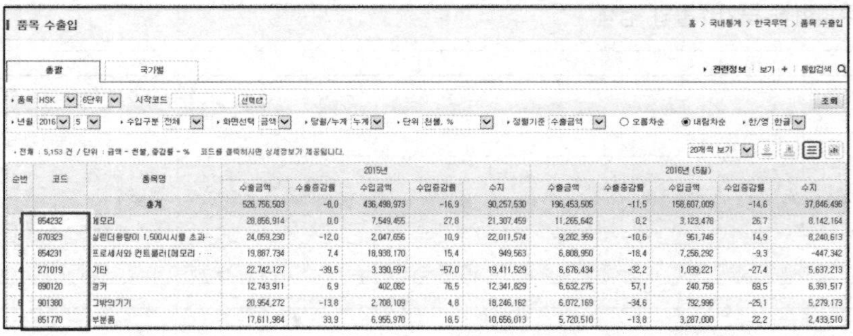

순번	코드	품목명	2015년 수출금액	2015년 수출증감률	2015년 수입금액	2015년 수입증감률	2015년 수지	2016년 (5월) 수출금액	2016년 (5월) 수출증감률	2016년 (5월) 수입금액	2016년 (5월) 수입증감률	2016년 (5월) 수지
		총계	526,756,503	-8.0	436,498,973	-16.9	90,257,530	196,453,505	-11.5	158,607,009	-14.6	37,846,496
1	854232	메모리	28,856,914	0.0	7,549,455	27.8	21,307,459	11,265,642	0.2	3,123,478	26.7	8,142,164
2	870323	실린더용량이 1,500시시를 초과···	24,059,230	-12.0	2,047,656	10.9	22,011,574	9,202,359	-10.6	961,746	14.9	8,240,613
3	854231	프로세서와 컨트롤러[메모리 · ···	19,887,734	7.4	18,938,170	15.4	949,563	6,808,950	-18.4	7,256,292	-9.3	-447,342
4	271019	기타	22,742,127	-39.5	3,330,597	-57.0	19,411,529	6,676,434	-32.2	1,039,221	-27.4	5,637,213
5	890120	탱커	12,743,911	6.9	402,082	76.5	12,341,829	6,632,275	57.1	240,758	69.5	6,391,517
6	901380	그밖의기기	20,954,272	-13.8	2,708,109	4.8	18,246,162	6,072,169	-34.6	792,996	-25.1	5,279,173
7	851770	부분품	17,611,984	33.9	6,955,970	18.5	10,656,013	5,720,510	-13.8	3,287,000	22.2	2,433,510

[그림 6]의 왼쪽 각 코드를 클릭하면 지난 수년간 해당 품목의 수출입 금액 및 중량을 검색할 수 있다.

그림 7 특정품목의 국가별 우리나라 수출입 통계

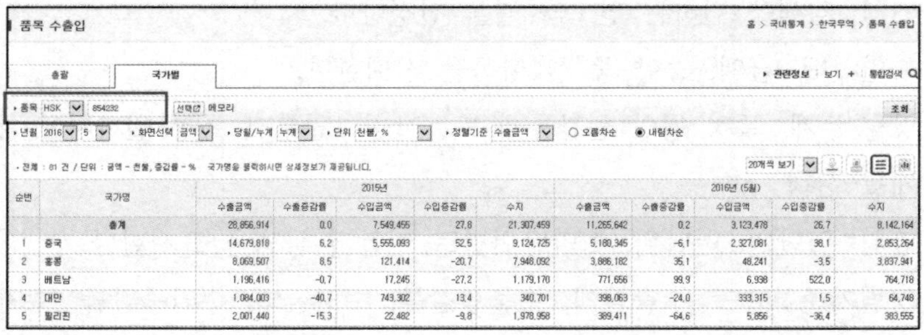

순번	국가명	2015년 수출금액	2015년 수출증감률	2015년 수입금액	2015년 수입증감률	2015년 수지	2016년 (5월) 수출금액	2016년 (5월) 수출증감률	2016년 (5월) 수입금액	2016년 (5월) 수입증감률	2016년 (5월) 수지
	총계	28,856,914	0.0	7,549,455	27.8	21,307,459	11,265,642	0.2	3,123,478	26.7	8,142,164
1	중국	14,679,818	6.2	5,555,093	52.5	9,124,725	5,180,345	-6.1	2,327,081	38.1	2,853,264
2	홍콩	8,069,507	8.5	121,414	-20.7	7,948,092	3,886,182	35.1	48,241	-3.5	3,837,941
3	베트남	1,196,416	-0.7	17,245	-27.2	1,179,170	771,656	99.9	6,938	522.0	764,718
4	대만	1,084,003	-40.7	743,302	13.4	340,701	398,063	-24.0	333,315	1.5	64,748
5	필리핀	2,001,440	-15.3	22,482	-9.8	1,978,958	389,411	-64.6	5,856	-36.4	383,555

또한 품목란에 해당품목 HSK, MTI, SITC 번호를 입력하고 조회를 클릭하면 해당품목에 대한 국가별 우리나라 수출입 통계를 검색할 수 있다.

그림 8 무역협회 해외통계

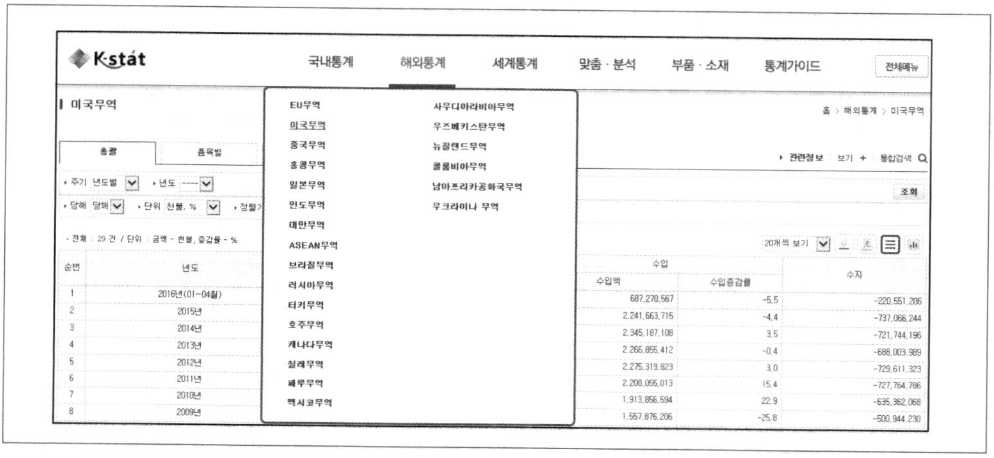

해외통계에서도 주요 경제권 및 국가별[1]로 총괄 수출입금액 및 품목별 수출입 금액 등 유사한 정보를 취득할 수 있으나 업데이팅 주기는 국가마다 차이가 있다.

그림 9 미국의 품목별 수출입 통계

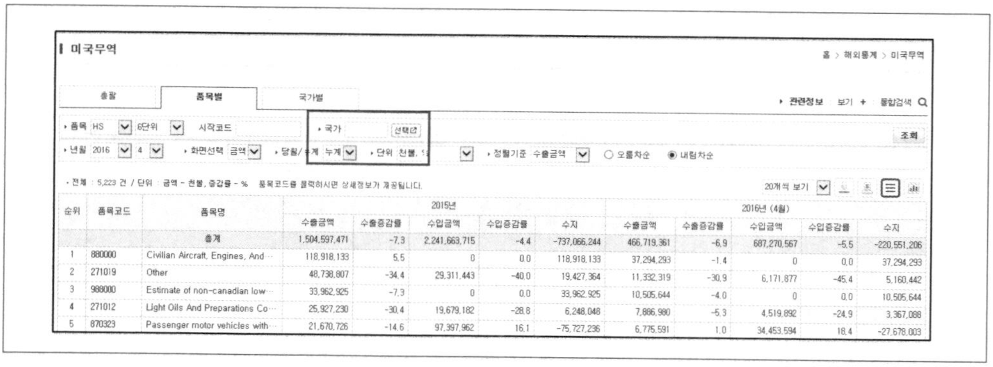

---

[1] EU, 미국, 중국, 홍콩, 일본, 인도, 대만, ASEAN, 브라질, 러시아, 터키, 호주, 캐나다, 칠레, 페루, 멕시코, 사우디아라비아, 우즈베키스탄, 뉴질랜드, 콜롬비아, 남아프리카공화국, 우크라이나 수출입 통계가 제공되고 있다.

상기 화면의 국가에서 특정국을 선택하면 품목별로 선정된 특정국과의 수출입 금액을 검색할 수 있다.

2 관세청(www.customs.go.kr) 통계

「관세청 홈페이지＞패밀리사이트＞수출입무역통계」로 방문하며 동 통계자료는 매월 15일 전월 자료를 반영한다.

그림 10 관세청 홈페이지 수출입 통계

① 수출입 총괄 : 조회된 연도 및 월별기간 중 우리나라 전체 수출(입)건수, 수출(입)총액, 무역수지 정보 제공

② 품목별 수출입실적 : 조회된 연도 및 월별기간 중 품목별 수출(입)중량, 수출(입)액, 무역수지 정보 제공(품목코드에 파악코자 하는 품목의 HS코드를 찾아 선택한다.)

③ 국가별 수출입실적 : 조회된 연도 및 월별기간 중 파악코자 하는 국가로의 수출건수, 수출액과 그 국가로 부터의 수입건수, 수입액 및 무역수지 정보 제공

④ 성질별 수출입실적 : 조회된 연도 및 월별기간 중 ▲ 식료 및 직접소비재 ▲ 원료 및 연료 ▲ 경공업품(섬유원료, 섬유사, 직물, 기타 섬유제품, 의류, 목제품, 가죽/고무

및 신발류, 귀금속 및 보석류, 기타 비금속 광물제품, 완구/운동용구 및 악기, 기타) ▲ 중화학 공업품(화공품, 철강제품, 기계류와 정밀기기, 전기/전자제품, 수송장비, 기타)으로 구분하여 각각의 우리나라 전체 수출(입)중량 및 수출(입)액에 관한 정보 제공

⑤ 신성질별 수출입실적 : 조회된 연도 및 월별기간 중 소비재, 자본재, 원자재별 (중분류 및 세분류 가능)로 우리나라 전체 수출(입)중량과 수출(입)액에 관한 정보 제공

⑥ 품목별 국가별 수출입실적 : 조회된 연도 및 월별기간 중 파악코자 하는 국 가로의 세부품목별(HS코드) 수출(입)중량, 수출(입)액 및 무역수지 정보 제공

- 조회기간 : 조회를 희망하는 연도별, 월별기간을 설정한다.
- 품목코드 : 파악코자하는 품목의 HS코드를 직접 입력하거나 『품목검색』으로 검색 선택한다.
- 국가명 : 파악코자 하는 특정국가 또는 다수국가를 선택한다.

⑦ 성질별 국가별 수출입실적 : 조회된 연도 및 월별기간 중 ▲ 식료 및 직접소 비재 ▲ 원료 및 연료 ▲ 경공업품(섬유원료, 섬유사, 직물, 기타 섬유제품, 의류, 목제품, 가죽/고무 및 신발류, 귀금속 및 보석류, 기타 비금속 광물제품, 완구/운동용구 및 악기, 기타) ▲ 중화학 공업품(화공품, 철강제품, 기계류와 정밀기기, 전기/전자제품, 수송장비, 기타)으로 구분하여 파악하고자 하는 국가로의 수출(입)중량 및 수출(입)액에 관한 정보 제공

⑧ 신성질별 국가별 수출입실적 : 조회된 연도 및 월별기간 중 소비재, 자본재, 원자재별(중분류 및 세분류 가능)로 구분하여 파악하고자 하는 국가로의 수출(입) 중량 및 수출(입)액에 관한 정보 제공

⑨ 이외 조회된 연도 및 월별기간 중 대륙별, 경제권별, 세관별, 종류별 <일반 수출/보세공장으로부터 수출/관세자유지역으로부터 수출/자유무역지역으로부터 수 출/종합보세구역으로부터 수출/공해상에서 체포한 수산물의 현지수출(원양어업협회 통보분)/선상신고/우편수출(국제우체국 면허분)>, 항구 및 공항별로 수출(입) 중량 및 수출(입)액, 무역수지 정보 제공

CHAPTER

02

바이어 상담요령

1 바이어 상담준비 및 대응방안

바이어와의 상담에 앞서 ▲ 이 바이어로부터 거래 조건이 다소 불리하더라도 웬만하면 오더를 받을 생각인지 ▲ 자사가 생각하는 조건을 만족시키지 않는다면 굳이 오더를 받을 필요가 없는 것인지 ▲ 이 바이어를 통해 시장정보를 얻을 생각인지 ▲ 단순히 기존 거래하고 있는 바이어와의 차이점을 파악할 목적인지 ▲ 우선 당장 오더를 받지 않더라도 향후 에이전트까지 생각하고 장기적인 목표로 관리해야 할 바이어인지에 따라 수출기업의 상담 전략이 다를 수밖에 없다. 그러나 어떠한 경우든 바이어 상담에 앞서 수출기업이 기본적으로 준비해야 할 사항은 [표 1]과 같다.

표 1 상담 전 준비해야 할 사항
▪ 제품명 및 제품 Specification
▪ Offer조건 및 주문량별 공급가
▪ 가격협상 시 받아들일 수 있는 최저공급가
▪ 정형거래 조건별 가격(FOB, CIF)
▪ 대금결제 방법(T/T, D/A, D/P, at sight L/C, Usance L/C)
▪ 수량별 선적조건, 일자
▪ 바이어에게 제공 가능한 샘플 및 샘플 정책
▪ HS Code 및 Quota Category
▪ 자사제품의 기존 주요 거래선

▪ 월 생산량
▪ 최소주문량 – 색상, 모델, 스타일, 크기, 옵션
▪ A/S 정책
▪ 본 제품에 대한 기본적인 사항 및 특징
▪ 자사 제품의 장점 및 타사 제품과의 비교 분석
▪ 제품의 테스트 리포트 혹은 인증서
▪ 자사 및 자사제품 관련 언론보도자료
▪ 자사 홍보 및 광고 자료(신문, 잡지, TV 광고 등)
▪ 자사 및 자사제품 관련 수상기록
▪ 자사 거래은행 관련 정보

바이어들과 여러 차례 상담해 본 수출기업들은 첫 상담에서 바이어를 대하다 보면 오고 갈 대화의 내용이 대충 예상된다고 한다. 바이어들이 자주 묻는 질의 내용이 예측가능하기 때문이다. 상담 품목의 특성에 따라 질문이 다소 달라지겠지만 제품에 관계없이 일반적으로 바이어들이 자주하는 질문에 대해 미리 답변을 준비해 가면 상담 경험이 많지 않은 초보자들도 당황하지 않고 바이어를 응대할 수 있고 바이어들에게 신뢰도 줄 수 있다. 상담자가 질의내용에 대해 답변을 제대로 하지 못한다면 바이어의 신뢰를 얻을 수가 없다. 특히 현지에서 통역을 채용하는 경우, 바이어들이 자주 묻는 질문에 대한 답변을 현지어로 미리 준비하도록 하면 통역원 역시 어려움 없이 통역에 임할 수 있을 것이다.

표 2 바이어들의 일반적인 예상 질문
▪ 귀사는 제조업체입니까? 무역대행사입니까?
▪ 이 제품의 특징은 무엇입니까?
▪ 이 제품의 업그레이드 주기는 어느 정도 됩니까?
▪ 현재 이 제품을 어느 나라에 수출하고 계십니까?
▪ 이 제품 관련 인증을 취득했거나 특허를 출현하였습니까?
▪ 이 제품의 최소주문량은 어떻게 됩니까?
▪ 이 제품의 납기는 어떻게 됩니까?
▪ 대금 결제 방법은 무엇입니까?
▪ 원자재 가격 상승에 따른 대비책은 무엇입니까?
▪ 품질관리시스템은 어떤 것이 있습니까?
▪ 귀사의 이 제품 생산 Capacity는 얼마나 됩니까?
▪ 이 제품을 어느 나라에서 생산하고 계십니까?
▪ 주문량에 따른 Price Breakdown은 어떻게 됩니까?

▪ 이 제품의 경쟁 상대는 누구입니까?
▪ 포장방법은 어떻게 됩니까?
▪ 운송방법은 어떻게 됩니까?
▪ 이 제품 판매의 주 타깃은 어디에 두고 있습니까?
▪ 에이전트 체결 조건은 무엇입니까?
▪ 이 제품을 수입할 때 A/S는 어떻게 제공됩니까?
▪ 자체 R&D 센터 또는 물류창고를 운영하고 있습니까?
▪ 이 제품에 대한 경쟁력 업그레이드를 위한 귀사의 향후 전략은 무엇입니까?
▪ 귀사의 주요 거래처를 말씀해주실 수 있습니까?
▪ 현지로 다시 출장을 오실 계획이 있습니까?
▪ 마켓테스트를 위해 샘플, 홍보자료를 제공하실 수 있습니까?

Kotra 조사에 의하면 해외전시회에 참가하는 기업들은 1개 전시회에서 통상 50명 내외의 바이어들과 상담하는 것으로 나타났다. 전시회 기간이 보통 4일 전후 이므로 하루 평균 12명 정도의 바이어를 만나게 되고 일일 전시시간은 8시간 전후이므로 바이어 1명당 평균 상담시간은 40분 정도이다. 따라서 전시회 기간 중 부스 내에서 바이어들과 심도 있는 상담을 하기란 불가능하고 구체적인 사항은 전시회 종료 후 별도 미팅을 갖거나 사후관리 과정에서 이루어진다. 무역사절단이나 수출상담회의 경우에도 보통 바이어 1개사당 상담시간은 1시간 내외로 책정된다. 여기에다 통역을 쓰게 되면 실제 상담시간은 훨씬 줄어든다. 짧은 상담시간 동안 바이어로부터 최대한 정보를 취득하고 바이어들의 질문에 대해 충실히 답변하기 위해서는 흔히 묻는 예상 질문에 대해 사전 답변 준비를 해가는 것이 상담시간을 효율적으로 운영할 수 있는 지름길이 된다.

그러나 바이어로부터 예상치 못한 질문을 받아 답변하기가 곤란한 경우, 거짓말을 한다거나 과장을 해서는 안 되며 추후 답변하거나 결정하여 그 결과를 알려주는 것으로 대응한다. 그리고 이 경우, 귀국하여 반드시 정확하게 답변하거나 결정 결과를 알려준다. 바이어의 의도를 제대로 파악하는 것이 중요하며 바이어의 환심을 사기 위해 지키지 못할 약속을 그 자리에서 하는 것은 어리석은 행동이다.

바이어를 처음 접촉하면서 예스(Yes)나 노(No)로 답해야 하는 질문은 피하는 것이 좋다.[1] 상담 초반에는 상대방의 말에 귀를 기울이고 이후에는 간단하게 상대방의 말을 정리하여 확인토록 한다. 그리고 전문용어보다는 쉬운 용어를 사용하고 기능

---

1 이하 한국무역협회, 전시마케팅 성공가이드, p. 194에서 인용.

에 대한 강조보다는 제품의 장점이나 경쟁제품과의 차별성을 부각해야 한다. 또한 간단한 요점정리와 중요한 부분을 재차 강조하여 상대방 질문 내용과 의도를 확인한다. 자사제품과 타 경쟁사 제품 간의 차이점을 강조하고 자사와 거래 시, 바이어에게 어떠한 이득이 돌아가는지를 객관적으로 설명한다. 아울러 자사 또는 자사제품에 대해 언론에 보도된 적이 있으면 관련 기사나 영상을 제시한다. 자사제품, 공장, 본사 등을 소개하는 영상물을 활용하는 것도 바람직하다. 바이어와 상담을 마치면서 보다 구체적인 사후 조치 계획(구체적인 가격이나 기술적인 세부사항, 샘플 제공 등)을 재확인해주고 다시 만날 것을 약속한다. 해외출장 중 바이어를 만나는 경우라면, 가능한 한 한국 본사와 긴급 통화할 수 있는 체제를 갖추어 본사 지시에 따라 상담에 필요한 주요 결정을 현지에서 바로 내려주는 것이 바람직하다. 또한 가능성이 높은 바이어라면 전시회, 무역사절단 체류기간 중 별도의 시간을 내어 바이어 사무실이나 출장자가 투숙하고 있는 호텔에서 다시 만나고 바이어와 함께하는 식사 자리를 마련하는 것도 비즈니스에 도움이 된다.

일반적으로 바이어들이 해외 공급업체를 선정하는 주요 기준은 ▲ 품질 및 가격경쟁력 ▲ 공급자의 생산능력 ▲ 공급자의 건전한 재정 및 신용상태 ▲ 차별화된 제품 ▲ 안정적인 공급 능력과 A/S ▲ 원활한 의사소통 ▲ 신뢰성 확보임을 감안하여 자사가 이러한 기준을 만족시킬 수 있다는 점을 바이어에게 확신시키도록 한다.

표 3 해외마케팅에서 바이어 상대 답변 요령 및 전략

- 상담하게 될 자사 제품들에 대한 정보를 완전히 숙지하고 있어야 한다.
- 자사 제품의 장점을 효과적으로 홍보할 수 있어야 한다.
- 자사 제품의 단점도 어느 정도 인정하는 것이 좋다.
- 전에 만났던 바이어라면 이번에 갖고 온 제품의 업그레이드 된 점을 중점적으로 설명한다.
- 매사 진지하고 솔직하게 상담에 임하는 자세를 갖는다.
- 처음부터 오더를 종용하지 않는다.
- 경직적인 자세보다는 유머를 구사하며 여유를 갖는다.
- 바이어가 속한 국가의 비즈니스 매너를 숙지하고 그대로 따른다.
- 민감한 정치, 종교를 화제로 이야기하지 않는다.
- 자신 있고 상대방의 신뢰감을 얻을 수 있도록 답변한다.
- 허위 또는 과장 설명과 경쟁사 비방은 하지 않는다.
- 바이어에게 성심성의껏 대하되 빨리 구매 가능성 여부를 파악하고, 그렇지 않을 경우 최대한 상담시간을 절약한다. (특히, 전시회에서)
- 가격은 최소 수량 기준으로 약간 높게 Offer하는 것이 좋다.
- 바이어의 요구에 따라 제품의 변형도 가능함을 적극 알린다.

▪ 상담내용을 기록해 두어 차후 기억할 수 있도록 한다.
▪ 상담 종료 후에는 가능성이 높은 바이어 순으로 분류하여 사후관리를 한다.
▪ 상담 시 샘플을 요구하는 경우도 있으므로 준비를 해둔다.
▪ 당장 거래가 이뤄지지 않아도 지속적인 관계를 유지한다.

2 통역 중요성과 활용요령

종전에 비해 무역관에 통역 소개를 요청하는 수출기업들이 많이 줄어들었지만 아직도 통역을 찾는 기업들이 종종 있다. 특히, 영어권이 아닌 제2외국어권 지역으로 출장을 오거나 이들 국가에서 개최되는 전시회에 참가하는 경우, 어쩔 수 없이 통역 채용을 요청하기도 한다. 그러나 통역비가 의외로 비싼 지역도 많아 중소기업들에게는 통역비 지급이 상당히 부담이 될 수 있다. 해외전시회 경우, 전시기간이 보통 4~5일 정도 계속되기 때문에 기간 내내 통역을 채용하게 되면 많은 통역비를 지불해야 한다.

통역비는 지역에 따라 상이하나 미국, 유럽 등 선진국에서는 하루 8시간 기준으로 250~300달러 수준이고 중국, 베트남 및 인도 등 후진국은 100~200달러 정도이다. 여기에다 스위스 등 일부 국가에서는 중식비와 교통비를 별도 지불해야 한다. 따라서 4~5일 정도 계속되는 전시회 기간 동안 통역을 채용하게 된다면 적어도 600달러에서 많게는 1,500달러 정도 지불해야 하므로 중소기업들에게는 큰 비용이 아닐 수 없다.

비즈니스 통역이 가능한 유능한 통역원을 쉽게 구할 수 있는 지역은 그나마 많은 도움이 되겠지만 통역원이 불성실하거나 언어 구사 능력이 떨어지는 통역원을 채용하게 되면 제대로 통역 서비스도 받지 못한 채 비싼 통역비만 지불해야 하는 경우도 흔히 있다. 가장 좋은 통역은 현지어 구사가 완벽하고 비즈니스 경험이 있는 한국인이겠지만 대부분의 한국인 통역은 비즈니스와 관계없는 가정주부, 선교사 또는 유학생들이다. 특히, 아랍어, 러시아어 등을 배우러 단기 유학 온 학생들을 통역으로 채용할 경우, 관광 안내나 쇼핑, 식당에서의 음식 주문 등 생활언어는 가능할지 모르겠으나 무역관련 통역은 매우 서툰 것이 일반적이다. 그나마 교민이나 유학생이 많지 않은 국가에서는 이들 통역마저 구하기가 쉽지 않다.

따라서 이런 경우, 가능하면 현지에 체류하는 한국인을 채용하는 것보다는 영어가 능숙한 현지인을 통역으로 채용하는 것이 좋다. 물론 영어 구사 현지인을 통역으로 채용하려면 통역을 채용하는 한국인(출장자)이 영어를 구사할 줄 알아야 한다. 부득이 현지 체류 한국인을 통역으로 채용하려면 적어도 채용 일주일 전까지 소개받은 통역을 접촉하여 자사 제품에 대해 이해할 수 있도록 사전 교육을 하는 것이 바람직하다. 비즈니스 감각도 없고 자사 제품에 대한 지식도 부족한 상태에서 바로 통역을 하라고 하면 해당 언어를 아무리 유창하게 구사한다 하더라도 정확한 통역은 거의 불가능하다. 더구나 해당 언어에 능숙하지도 못하고 생전 처음 보는 제품에 대해 갑자기 통역하라면 당황하여 도무지 통역다운 통역을 기대할 수가 없게 된다. 최근에는 대부분 국내기업들이 홈페이지를 보유하고 있으므로 통역에 투입되기 전, 홈페이지를 방문토록 하여 자사 제품에 대해 최대한 이해할 수 있도록 미리 공부하게 한다. 아울러 통역 시, 유의할 사항, 즉 자사제품의 특징, 상담 중 자주 언급되는 전문용어 및 상담 시 꼭 알아두어야 할 사항 또는 강조사항 등을 미리 알려줘야 한다. 정확한 통역은 거래 성사의 지름길이기 때문이다.

표 4 해외전시회 참가 시 통역에게 사전 교육해야 할 내용2	
항목	체크 리스트
√	자사 생산 제품과 제공하고 있는 서비스의 범위
√	가격과 판매조건
√	경쟁제품과 경쟁상대의 범위
√	주요 전문용어
√	목표로 하고 있는 고객층
√	전시장을 찾는 내방객들에 대한 정보
√	해당산업에서 중요한 고객들과 중요한 단체들
√	내방객들과 대화한 내용을 어떻게 기록할 것인가?
√	전시부스의 기본 설계도와 전시장 내 현지 경비요원들의 인식방법
√	각 산업에서 해당 전시회가 차지하고 있는 중요성
√	전시장 내 주요 참가업체 및 자사 부스 위치
√	내방객들의 흥미를 어떻게 유발할 것인가?
√	어떻게, 언제 내방객들을 끌어들일 것인가?
√	내방객들의 이름과 주소를 어떻게 알아내고 기록할 것인가?
√	전시장 근무요원들은 다수의 내방객들을 어떻게 상대해야 할 것인가?
√	전시품 작동법

---

2 한국무역협회, 전시마케팅 성공가이드, p. 164에서 발췌.

각국 통역을 소개받으려면 Kotra 홈페이지(www.kotra.or.kr)를 방문하여 초기화면 중간 『해외무역관』을 클릭하여 원하는 무역관 홈페이지로 들어가 왼쪽 상단에 위치하고 있는 『호텔·통역인 정보 바로가기』를 클릭하면 된다. 통역 채용 때 유의해야 할 사항은 당초 계약 시 정해진 시간(통상 일일 8~9시간) 외 초과근무나(꼭 초과근무를 요청할 때는 초과근무 수당을 지급해야 됨) 통역 이외의 다른 일(잔심부름 등)을 시켜서는 안 되며 지나친 농담(특히 성희롱 등에 각별히 주의), 반말 등은 금물이다. 그리고 해외전시회의 경우, 통역에게 부스 관리를 맡기고 출장자가 부스를 자주 비우는 일이 없도록 한다. 해외전시회의 경우, 통역비는 통상 전시회 마지막 날 일괄 지급한다.

우리 기업들이 통역을 많이 찾는 중국의 경우 베이징, 상하이, 다롄, 칭다오 등 연해도시에서 한국어−중국어 구사가 가능한 유학생 채용은 수월한 편이나 내륙지역에서는 다소 힘들다. 무역관이나 통역 알선 용역업체를 통해 찾을 수 있으며 중국에서는 석식비용을 별도 지급한다. 베트남에서는 한국인 유학생이나 한국어 구사가 가능한 현지 학생들을 채용하게 되는데 대체로 성실한 편이다. 러시아에서는 한국어−러시아 전문통역이 가능한 통역원 섭외가 거의 불가능하여 일반적으로 한국인 유학생들을 많이 채용한다. 이들의 언어구사 능력은 그리 탁월한 수준은 아니지만 통역 수요는 많고 통역이 가능한 학생 수는 많지 않아 통역비가 매우 비싼 편이다. 더구나 모스크바 및 상트페테르부르크 정도의 대도시에서만 비교적 원활한 채용이 가능하며 그 외 도시에서는 영어−러시아어 통역을 채용할 수밖에 없다. UAE에서는 영어 구사 용역 채용은 수월한 편이나 아랍어 구사가 가능한 인력은 부족하다. 한국어−영어 통역은 주로 현지 항공사 승무원으로 근무하고 있는 한국인 여성들이다. 브라질에서는 주로 인력채용업체를 통해 채용하며 현지 용역은 대체로 게으른 편이다. 알제리의 경우, 한국−불어 구사 통역원이 3~4명 정도 있으나 동시통역을 할 수 있을 정도의 고급 통역원은 프랑스에서 초빙해야 한다. 요르단의 경우, 아랍어 단기연수 대학생들이 많이 있으나 무역 및 전문용어 통역에는 한계가 있다.

3 선물 활용하기

이 세상에서 선물 싫어하는 사람은 없다. 물론 바이어와의 상담에서 선물(기념품)이 성약을 약속해 주지는 않는다. 그리고 지나친 선물은 오히려 바이어에게 부담을 주어 마이너스 효과를 가져오기도 한다. 그러나 가벼운 마음으로 주고 받을 수 있는 선물은 확실히 비즈니스 관계에서 윤활유의 역할을 한다. 특히 아시아, 중동 및 아프리카에서 선물의 효과는 매우 크다. 우리 기업들 중에는 상담했던 주요 바이어들에게 선물을 주는 사례가 흔치 않으나 이를 활용하면 바이어에게 좋은 인상을 남길 수 있다. 간단한 선물은 비용도 크게 들지 않을 뿐 아니라 선물에 회사 로고와 함께 회사 이름을 표시해서 주면 홍보 효과도 함께 올릴 수 있게 된다. 해외전시회에 참가하는 많은 해외기업들은 어깨에 멜 수 있는 고급 종이나 헝겊으로 만든 가방(주로 카탈로그 등 전시회에서 수집되는 홍보물을 담는 용), 볼펜, T−셔츠, 립글로스 또는 캔디, 초콜릿 등을 참관객들에게 나누어 준다. 또 일부 큰 규모로 참가하는 외국 기업들 중에는 부스 내에 와인바를 설치하여 포도주, 위스키, 커피 및 소프트드링크 등을 주기도 하고 심지어는 파스타, 샌드위치, 햄버거 등 간단한 식사거리를 제공하기도 한다.

상담했던 바이어들에게 나누어 줄 수 있는 선물은 단순히 명함 정도를 교환한 바이어, 가능성이 중간 정도인 바이어, 가능성이 매우 높은 바이어로 구분하여 준비하는 것이 좋다. 상담 테이블에 한국 전통과자나 사탕을 비치하여 바이어들이 상담 중 먹어 볼 수 있도록 한다. 또한 이러한 과자는 가격도 저렴하고 한국만의 특징을 살릴 수 있으며 무게나 부피도 크지 않아 운반하기도 용이하다.

그림 1 모든 상담 바이어에게 제공하기 알맞은 한국 전통 사탕과 과자

그림 2 성약 가능성이 중간 정도인 바이어에게 줄 수 있는 선물 예

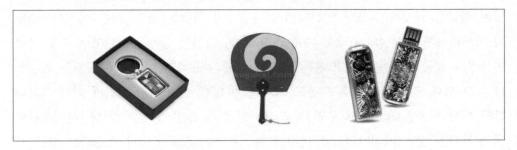

　　상담을 진행한 바이어 중 성약 가능성이 중간 정도인 바이어에게는 자개로 만든 열쇠고리, 태극부채, 자개 USB 등이 적당하다. 이런 선물에는 회사 이름과 로고를 인쇄하는 것이 좋다.

그림 3 성약 가능성이 높은 바이어에게 줄 수 있는 선물 예

　　성약 가능성이 매우 높은 바이어나 기존 거래 관계가 있는 바이어에게는 자개 명함세트, 자개보석함, 우리나라 전통탈 액자 등을 선물하면 바이어들이 매우 좋아한다. 다만 중동 이슬람신자들은 우상숭배 금지라는 종교상의 이유로 탈을 좋아하지 않으며 이들에게는 인삼주 등 주류도 선물하지 않도록 한다.

　　또한 우리나라 사람들이 외국인들에게 흔히 선물하는 인삼차, 인삼주 등 인삼 제품을 별로 반기지 않는 바이어들이 의외로 많다. 또한 해외전시회나 무역사절단에 참가했던 국내기업들 중에는 전시부스나 상담장에서 상담했던 바이어와 함께 사진을 찍은 후, 사진액자(Photo Frame)에 사진을 넣어 상담했던 바이어들에게 특사배달로 보내주기도 한다. 국내참가업체들과 마찬가지로 전시기간 중 많은 참가업체들과 상담을 했던 바이어들도 시간이 지나면 누구와 상담했는지 잘 기억하지 못할 수도 있다. 그러나 예상치 못했던 정성이 담긴 기념품을 받은 바이어들은 그 국내기업에 대해 좋은 이미지를 갖게 될 것이다. 또한 사진을 보낸 국내 출장자도 바이어로

부터 받은 명함과 함께 사진을 첨부해 보관해 두면 그 바이어와의 상담 내역과 얼굴을 기억할 수 있어 사후관리에 많은 도움이 될 것이다. 각국 바이어들이 선물 받기를 좋아하는지 그리고 어떤 선물을 선호하는지는 Kotra 국가정보 홈페이지(http://news.kotra.or.kr)의 「국가정보 비즈니스 에티켓」을 검색하면 파악할 수 있다.

4 바이어 감별요령

수출초보기업일수록 당장 오더를 받기 위해 바이어와 상담 시 서두르다 바이어의 감언이설에 속아 낭패를 보는 경우가 많이 있다. 돌다리도 두들겨 가면서 건넌다는 자세로 신중하게 비즈니스를 풀어나가야 한다. 수출 경험이 많은 기업들은 바이어의 행동을 보며 몇 마디 대화를 나누다 보면 이 바이어가 어떤 바이어인지 느낌이 온다고 한다. 흔히들 개별 해외세일즈출장, 무역상담회 및 수출상담회에서 만나는 바이어들이 실질적인 바이어인지 주문 가능성이 낮은 뜨내기 또는 사기꾼 바이어인지는 [표 5]와 같은 행동으로 추측할 수 있다.

표 5 진성바이어와 사기꾼바이어의 특징	
구분	바이어의 행동 및 특징
진성 바이어	• 자신의 회사를 구체적으로 소개한다.
	• 상담 제품 또는 시장에 대해 잘 알고 있다.
	• 샘플 요청 시 그 용도를 설명한다.
	• 처음부터 대량오더를 하지 않고 소량을 주문하며 구체적인 스펙을 제시한다.
	• 발송방법을 설명한다.
	• 자신의 거래은행을 밝힌다.
뜨내기 & 사기꾼 바이어	• 많은 샘플을 신속히 보내줄 것을 요구하면서 샘플 대금에 대한 언급이 없다.
	• 처음부터 대량오더 의사를 비친다.
	• 처음부터 외상거래나 편법거래를 제의한다.
	• 자신이 큰 거래처, 사회고위층을 잘 알고 있다고 허풍을 떤다.
	• 첫거래도 하기 전에 에이전트십을 제의한다.

한편 일반적으로 해외전시회에서 성약 가능성이 높은 바이어들의 특징을 나열하자면 ▲ 전시품을 꼼꼼히 살펴본다. ▲ 부스를 2번 이상 방문한다. ▲ 꼬치꼬치 묻는다. ▲ 대화 내용을 수첩에 적는다. ▲ 제품과 시장에 대해 잘 알고 있다. ▲ 처음부터 오더하거나 에이전트십을 달라고 하지 않는다. ▲ 명함을 받아보면 전시품

과 관련된 회사에 근무한다. ▲ 바이어 쪽에서 먼저 다시 만나자고 제안한다. ▲ 카운터 샘플이나 도면, 사진을 휴대하고 부스에 들어온다. ▲ 상담 후 전시품이나 샘플을 구입하겠다고 한다. ▲ 혼자보다는 2명 이상이 부스를 여러 차례 방문한다. 등을 들 수 있다. 이런 바이어들은 정성을 다해 상담하고 귀국 후 사후관리를 위해서도 상담 내역을 꼼꼼히 잘 기록해두어야 한다.

반면, 성약 가능성이 크지 않은 바이어들의 특징은 ▲ 제품과 시장에 대해 잘 모른다. ▲ 상담은 하지 않고 샘플부터 요구한다. ▲ 당장 오더를 하겠다거나 에이전트십을 달라고 한다. ▲ 명함이 없거나 명함을 주더라도 전시품과 관련 없는 회사에 근무한다. ▲ 성격이 다른 여러 품목을 취급한다. ▲ 수출입 절차에 대해 무지하다. ▲ 전시품을 건성으로 본다. ▲ 말에 과장이 심하다. ▲ 부스에 들어와 상담 후, 우리 회사 전시품목과 별 관련이 없는 인근 부스로 들어간다. ▲ 영어 소통이 잘 안 되는 바이어 등이다.

그러나 바이어의 외모만 보고 오더 가능성이 낮은 바이어로 예단하지 않도록 한다. 특히, 후진국 바이어에 대해 예의를 갖추지 않고 무시하는 태도는 금물이다. 설사 수입업을 처음 해보거나 그 품목을 처음 취급하는 바이어라도 개중에는 충분히 오더할 가능성이 높은 바이어들도 있기 때문에 신중히 판단하여 상담에 임하도록 한다.

03

바이어 사후관리요령

1 사후관리의 중요성

국내외전시회, 무역사절단, 수출상담회와 같은 해외마케팅 활동은 『조용필 콘서트』와 같은 일회성 이벤트가 아니다. 이러한 해외마케팅 활동 참가는 끝이 아니라 시작에 불과하다. 즉, 겨우 싹을 틔우기 위해 씨앗을 뿌렸을 뿐이다. 이 씨앗이 얼마나 풍성한 결실로 이어지느냐는 이들 행사 참가 후 사후관리를 어떻게 하느냐에 달려있다. 해외마케팅을 통한 상거래는 그 자리에서 거래가 성사되는 동대문, 남대문 재래시장에서의 그것과는 완전히 다르다. 실제 거래가 성사되기까지는 보통 6개월에서 2~3년이 걸릴 수도 있다. 행사장에서 상담이 잘 이루어져 성사 가능성이 높았으나 사후관리 소홀로 무산되는 경우도 있고 반대로 상담이 별 신통치 못했어도 사후관리를 잘하여 성사되는 경우도 흔히 있다. 따라서 사후관리는 해외마케팅에서 가장 중요한 과정이라 할 수 있다.

철저한 사후관리를 위해서는 행사 기간 중 바이어들과의 상담 결과를 상세하게 기록해두어야 한다. 비중에 따른 바이어 분류는 물론이고 심지어 현장에서의 바이어에 대한 인상과 느낌까지도 상세하게 기록해 둔다. 상세한 기록 없이 행사장에서 많은 바이어들과 상담을 하다보면 행사 종료 후 누가 누구였는지 헷갈릴 뿐만 아니라 어떻게 사후관리를 해야 할지도 난망해진다. 따라서 수출기업은 나름의 상담일지 양식을 작성하여 상담 중 취득한 정보를 상세하게 기록해야 한다. 특히, 바이어에 대한 정보를 최대한 수집하도록 한다. 짧은 시간이지만 바이어와 상담하다보면 어느 정도 신뢰가 가는 바이어인지 그리고 현재 어느 나라, 어느 업체로부터 어떤 제품을 어떤 가격으로 얼마나 구입하고 있는지 그리고 마케팅 능력은 어느 정도가 되는지 대충 들어나게 된다. 물론 과장과 거짓으로 답변하는 바이어도 있음을 유념하고 바이어 말을 100% 신뢰해서는 안 된다.

행사 종료 후, 행사 기간 중 작성한 상담일지를 꼼꼼히 살핀 후 바이어와의 상담했던 내용을 복기해본다. 행사가 끝나고 나서 바이어가 먼저 연락해 주기를 기다리지 말고 행사 종료 또는 귀국 후 일주일 이내에 바이어들에게 행사 기간 중 상담했던 것에 대해 감사를 표하며 상담 내용을 정리하여 바이어에게 확인토록 한다. 이와 함께 후속조치 계획을 간단하게 설명하는 이메일을 보낸다. 그리고 이러한 약속을 반드시 지킴으로써 바이어에게 신뢰감을 주도록 하고 타 경쟁사 제품과의 차별성을 정확히 설명할 수 있는 자료를 제작하여 발송토록 한다.

표 1 바이어들에게 통보해 줄 후속조치 계획 예

구분	후속조치 계획 예
√	언제까지 가격표(인보이스)를 보내주겠다.
√	언제까지 도면을 보내주겠다.
√	언제까지 샘플을 보내주겠다.
√	언제까지 납품이 가능한지 알려주겠다.
√	언제까지 대금결제 방식을 알려주겠다.
√	언제까지 바이어가 요구했던 제품 생산이 가능한지 알려주겠다.
√	언제까지 바이어가 요구했던 최소주문량 수용이 가능한지 알려주겠다.
√	언제까지 A/S 계획을 알려주겠다.
√	언제까지 재방문 계획을 알려주겠다.
√	언제까지 바이어가 요구했던 사항에 대해 알려주겠다.

표 2 상담일지 예시

상담일지				
행사명				

1. 참관객(바이어) 주소 <명함으로 대체 가능>

이름		전화	
직책		팩스	
부서명		이메일	
회사명		홈페이지	
영어구사 정도	매우 유창 ( ) 유창 ( ) 보통 ( ) 빈약 ( ) 매우 빈약 ( ) 불통 ( )		
구분	I	수입상 ( ) 유통업체 ( ) 도매상 ( ) 소매상( ) 제조업체 ( )	
	II	기존 바이어 ( ) 신규 바이어 ( )	
	III	대기업 구매바이어 ( ) 샘플 주문바이어 ( ) 관심 많고 오더 가능성 있는 바이어 ( ) 일반바이어 ( ) 정부/단체 종사자 ( ) 일반인 ( )	
	IV	▪ 즉시 거래가 가능한 주요 바이어 ( ) ▪ 향후 거래가능성이 높은 바이어 ( ) ▪ 지속적인 Follow-up이 필요한 바이어 ( ) ▪ 추가적인 Follow-up이 불필요한 바이어 ( )	

2. 상담일시

20   년   월   일   시   분

3. 관심품목

4. 관심분야

수입 ( ) 에이전트 ( ) 합작 ( ) 제3국 진출 ( )

5. 전달물품

명함 ( ) 카탈로그/리플렛 ( ) 가격표 ( ) 샘플 ( ) USB ( ) 기념품 ( ) 기타 ( )

6. 바이어 반응

가격	
품질	
디자인	
브랜드	
납기	
A/S	
최소주문량	
기타	

7. 향후 조치 요망사항

8. 현지 주문오더 내역

9. 바이어의 기존 거래국 또는 거래처, 거래량
10. 성사 가능성
매우 높음 ( ) 높음 ( ) 보통 ( ) 낮음 ( ) 매우 낮음 ( )
11. 향후 상담일 확정 여부
예 ( ) / 날짜   아니오 ( )
12. 특기사항
13. 중요성 및 시급성
14. 바이어 인상 및 느낌

2 사후관리 세부요령

본격적인 사후관리에 앞서 행사장에서 만났던 바이어들을 성사 가능성이 높은 순서대로 우선순위를 정한다. 많은 관심을 표명했던 바이어, 거래조건에 가장 근접했던 바이어, 구매력 또는 마케팅 능력이 클 것으로 예상되는 바이어, 이 분야의 전문바이어, 신뢰도가 가는 바이어 등이 우선순위 바이어들이라 할 수 있다. 상담일지에서 분류한 바와 같이 바이어의 비중에 따라 등급을 A(즉시 거래가 가능한 중요 바이어), B(향후 거래가능성이 높은 바이어), C(지속적인 Follow-up이 필요한 바이어), D(거래가능성이 낮거나 추가적인 Follow-up이 불필요한 바이어) 등 4등급으로 나누어 관리하는 방법도 있다.[1] 그리고 바이어 상담일지와 명함은 잘 분류하여 관리한다. 별도의 바이어 D/B를 작성하여 관리하는 것도 바람직하다.

일반적으로 무역거래에서 가장 중요한 것이 가격 문제이다. 해외전시회의 경우, 행사 기간 중 상담 시 바이어가 제시했던 가격을 수용할 수 있을지를 면밀히 검토한 후 전략적으로 접근해야 한다. 바이어는 행사 기간 중 다른 참가업체 또는 기존 거래업체들에게도 똑같은 오퍼를 했을 것이다. 따라서 처음부터 마지노선의 가격을 제시하는 것보다 다른 경쟁업체들이 제시했을 것으로 예상되는 가격 수준을 감안하여 제시하되 그보다 높게 제시한다면 가격적인 요인보다 자사 제품의 우월성

---

1 송성수, 박람회가 1등 기업을 만든다, 2006, p. 206 인용.

을 함께 제시하여야 한다. 한번에 오더를 따겠다는 욕심으로 너무 낮은 가격을 제시하게 되면 바이어는 그 가격보다 더 낮은 가격을 요구해 와 생각보다 훨씬 낮은 가격을 수용하든가 거래를 포기해야만 하는 경우도 발생할 수 있다. 따라서 마지막 가격은 최대한 숨기며 밀고 당기는 과정을 거쳐 최대한 유리한 가격으로 협상을 끌고 간다. 최종 오퍼 가격을 결정할 때 처음부터 최소한의 마진을 확보한 상태로 오퍼하는 것이 좋은지, 첫 거래는 다소 손해를 보더라도 장래를 위해 거래를 먼저 트는 것이 좋은지도 생각해본다. 이 경우 과연 몇 차례 거래를 한 후, 가격 인상이 가능할 것인지도 고려하여야 한다. 향후 주문량 확대가 예상된다면 생산 원가가 떨어져 공급가를 낮출 수도 있을 것이다. 다시 말해 주문량과 주문자 요구에 따른 제품 변형이 원가에 미치는 영향을 면밀히 분석한다. 바이어와 가격 협상에서 난항을 겪는 경우, 주문량 확대를 요구하거나 재고량 활용, 저렴한 원자재 사용 또는 상품 옵션 제거나 최소화2를 통해 생산원가를 낮출 수 있는 방안도 강구해 본다. 이와 함께 이번만은 바이어가 요구하는 가격을 수용하지만 차후에는 최소한의 인상이 불가피하다는 조건을 제시할 수도 있다.

바이어들 중에는 국내업체가 상담장에 갖고 나온 상품이나 기존 생산하고 있는 상품을 주문하는 경우도 있지만 바이어 주문에 따라 생산 형태나 소재, 디자인, 성능, 포장 등을 변경해 줄 것을 요구하는 경우도 있다. 따라서 이러한 제품의 경우, 공급이 가능할 것인지 그리고 가능하다면 언제까지 공급이 가능할 것인지도 고려하여야 한다. 특히, OEM 생산을 요구하는 경우도 많이 있는데 회사 전략상 수용여부도 검토한다. 바이어로부터 상담 중 주문을 원하는 샘플을 받았다면 카운터 샘플을 제작하여 가능한 바이어가 원하는 일정에 맞추어 속히 보내주도록 한다.

납기 역시 중요한 고려사항이다. 무리한 오더 수용으로 납기를 준수하지 못하는 어리석음은 절대 피해야 한다. 자사 및 하청기업의 공급 능력과 원자재 확보 가능성 등을 고려하여 결정한다. 최소주문량 미수용으로 성약이 좌절되는 경우도 많다. 최소주문량 미수용은 우리 기업들의 최대 약점 중의 하나이다. 특히 첫 거래인 경우, 바이어들은 보수적으로 주문할 수밖에 없다. 장기적인 안목으로 과감한 최소 주문량을 수용하는 자세가 아쉽다. 또한 바이어들은 품목에 따라 A/S를 매우 중요하게 생각한다. 지속적인 거래 관계를 유지하기 위해서는 부품공급, 고장수리 등

---

2 같은 등급의 승용차라도 옵션에 따라 가격차가 많이 나는 것과 같은 이치이다.

A/S에 대한 신뢰할 수 있는 방안을 제시해야 한다.

경직적인 결제 방식도 거래 성사를 어렵게 만드는 요인으로 작용한다. 수출기업 입장에서 가장 안전한 방법은 바이어로부터 수출대금을 선지급 받고 주문제품을 공급하는 것이겠지만 바이어들 중에는 처음부터 외상거래를 요구하기도 한다. 따라서 신뢰관계가 구축되지 않은 상태에서 첫 거래부터 외상거래를 하지 않도록 각별히 유의한다. 최악의 경우, 자금이 회수되지 않더라도 감수할 수 있을 정도까지만 외상으로 처리하고 나머지 금액은 선불로 받아두며 가능하다면 한국무역보험공사의 수출보험제도를 이용하는 것도 좋은 방법이다. 물론 처음부터 확실히 담보되는 L/C 거래를 한다면 가장 바람직한 결제 방식이 될 것이다.

또한 본격적인 거래를 통해 바이어의 마케팅 능력을 검증해보지도 않고 독점 에이전트 계약을 하는 것은 피하도록 한다. 특히 중동, 아프리카 바이어들 중에는 왕실이나 정부 고위층 인사를 잘 안다며 자신의 능력을 과장하는 경우도 많으므로 그 바이어에 대한 충분한 검증을 거친 후에 에이전트 계약을 체결하는 것이 위험을 최소화는 방안이다. 최초로 에이전트 협약을 체결할 때는 품목 수 및 계약 기간과 지역을 최소화한다.

정성을 들여 약속한 기한 내 후속조치를 다했음에도 불구하고 바이어로부터 아무런 연락이 오지 않는 경우도 많다. 이런 경우는 흔히 바이어가 장기 출장을 갔거나 해당 수출기업으로부터 바이어 입장에서 도저히 수용 또는 고려할 수 없는 (회신할 필요도 없을 정도의) 오퍼를 받았거나, 시장상황 변동으로 수요 감소, 재고 누적 또는 자금 경색이 발생하여 수입을 포기 또는 연기했거나 바이어가 타 경쟁 공급업체들로부터―외국의 경쟁 공급업체일 수도 있고 국내 타 경쟁 공급업체일 수도 있다.―회신을 기다리다가 그들의 오퍼와 비교한 후에 구매결정을 하기 위해 미루는 경우 등으로 생각할 수 있다. 따라서 회신이 없는 경우, 이메일이나 전화로 회신을 독촉하고 그래도 연락이 없거나 통신 시설 미비로 교신이 어려운 경우, 관할지 Kotra 무역관에 확인을 요청한다. 무역관을 통해 바이어의 반응을 파악코자 한다면 그 바이어를 처음 만나게 된 계기, 바이어 연락처 그리고 바이어에 대한 자사의 조치 내용과 바이어를 통해 원하는 내용을 무역관에 제공해야 한다. 그러나 우리 측에서 너무 서두른다는 느낌을 주지 않도록 유의한다.

Kotra 무역관에서는 해외전시회, 무역사절단, 수출상담회 등 참가 및 개최 지원 후, 성약이 이루어질 때까지 후속지원을 강화하고 있다. 무역관으로부터 후속지원

요망사항이 있는지에 대한 문의가 오기 전에 이들 행사 참가 국내기업들이 먼저 나서 Kotra 후속지원 프로그램을 활용하는 자세가 필요하다. 이를 위해 무역관과 원활한 소통이 중요하다. Kotra는 거래성약 가능성이 높은 바이어들을 선별하여 국내전시회 또는 수출상담회 행사 시 우선적으로 국내로 초청하여 후속 상담의 기회를 제공하고 있다.

해외마케팅 행사 참가 후속조치의 가장 중요한 사항은 신뢰관계 구축이다. 특히 행사 기간 중 처음 만나 상담했던 바이어도 서로 모르기는 마찬가지이다. 신뢰관계 구축, 우리 제품에 대한 경쟁력 확신 그리고 거래 성사를 위해 최선을 다하고 있다는 인상을 주는 것이 중요하다.

3 사후관리 10계명

해외마케팅 활동 후 사후관리에 있어 반드시 유념해야 할 10가지 사항은 [표 3]과 같다.

표 3 사후관리 10계명	
구분	유의사항
①	바이어와 상담했던 상황을 복기하고 상담기록을 꼼꼼히 살펴 사후관리 방침을 세운다.
②	신뢰관계 구축에 최선을 다한다.
③	우리 회사와 거래함으로써 어떤 이익이 있을지를 확신시킨다.
④	바이어의 문의 및 요구사항에 대해서는 최대한 조기 회신한다.
⑤	결코 서두르지 않는다.
⑥	바이어에 대한 신용조사를 반드시 거친다.
⑦	최대한 탄력적으로 거래에 임한다.
⑧	바이어를 한국으로 초청하거나 바이어 회사를 재방문한다.
⑨	Kotra 지원을 최대한 활용한다.
⑩	사후관리 내용에 대해 명확히 기록해둔다.

첫째, 상담 과정에서 바이어와 나누었던 상담기록을 꼼꼼히 살피고 자사 제품의 가격, 품질, 디자인 등에 대한 바이어의 평가와 의견 그리고 거래조건, 행사 종료(또는 귀국) 후 요청했던 사항이 무엇이었는지를 다시 한번 파악, 정리하여 경영층에 보고하고 무역 담당직원들과 정보를 공유한다. 그리고 사후관리 전략과 일정을 수립한다.

둘째, 상담장에서 처음 만난 바이어라면 상호간 신뢰구축이 최우선이다. 우리 회사와 제품에 대한 믿음을 심어주며 성장해가고 있는 회사라는 점을 인식시킨다. 기존 바이어들과의 착실한 거래 관계를 설명하고 자사에 대한 신용평가사의 평가보고서, 특허·출연증, 정부 표창 및 언론보도 내용 등을 제시하는 것도 바이어에게 믿음을 줄 수 있는 방안 중 하나이다. 그리고 거래 과정에서 이루어진 약속은 반드시 지켜나간다.

셋째, 외국기업과의 무역거래는 상호 이익을 전제로 한다. 우리 회사로부터 수입을 하게 되면 해당 바이어에게 어떤 이익이 돌아가게 되는지 객관적인 설명이 필요하다. 이를 위해서는 자사 제품의 경쟁력을 최대한 부각시키고 타 경쟁업체보다 우월한 거래조건을 제시하여야 한다.

넷째, 바이어가 거래에 관심을 갖게 되면 많은 문의와 요구사항을 제시하게 된다. 아무리 사소한 사항이라도 최대한 서둘러 회신한다.[3] 어떤 국내기업은 바이어 문의나 요구사항을 수신하게 되면 48시간 내 회신을 원칙으로 한다. 설사 당장 요구사항을 들어줄 수 없는 경우라면 언제까지 어떻게 조치하겠다는 회신만이라도 48시간 내 하는 것이 도움이 된다.

다섯째, 결코 서두르지 않는다. 오더를 받겠다는 조급한 마음에 너무 일찍 자신의 전략을 노출시키지 않도록 한다. 단계별로 조사를 거치고 최대한 자신에게 유리하게 상담을 끌고 가는 것이 이익을 극대화하고 실수를 줄일 수 있는 길이다.

여섯째, 첫 거래 시 바이어에 대한 완벽한 정보가 미비한 상태에서 외상거래, 에이전트 협약 체결 등은 결코 바람직하지 않다. 한국무역보험공사를 통한 해당 바이어의 신용조사는 반드시 필요하며 경우에 따라서는 Kotra 무역관에 대해 그 바이어의 현지 평판을 문의한다. 아울러 수출위험 안전장치로서 수출보험에 가입하고 계약서상에 분쟁 시 대한상사중재원의 중재에 따른다는 조건을 삽입한다.

일곱째, 첫 거래부터 큰 이익을 얻겠다든가, 바이어가 수용하지 못할 주문량을 요구한다든가 A/S 등은 바이어가 알아서 하라든가 하는 거래조건은 결코 바람직하지 않다. 경직적인 거래방식은 거래성사에서 커다란 장해요인이다. 처음부터 바이어

---

3 국내 I사는 바이어로부터 연락을 받으면 1~2시간 내에 바로 답장을 보내는 시스템을 구축하고 있다. 비록 한국시간은 한밤중일지라도 바이어가 있는 지역의 시간이 근무시간이라면, 모든 마케팅 시스템은 바이어의 시계에 맞춰야 한다는 생각 때문이다. I사의 이런 노력과 차별화된 사후 마케팅이 바이어에게 호감을 주었고 수출로 이어졌던 것이다(무역협회, 전시마케팅성공가이드, p. 91).

에게 끌려 다녀서는 안 되겠지만 최대한 탄력적인 접근이 필요하다. 특히, 첫 주문부터 과도한 최소주문량 요구는 우리 기업들의 가장 큰 약점이라는 지적을 많이 받고 있다.

여덟째, 행사장에서 처음으로 바이어를 만나고 나서 귀국 후 사후관리를 철저히 한다고 하더라도 본격적인 거래로 이어지기는 쉽지 않다. 가능한 바이어를 국내로 초청하거나 불러들여 자사 공장이나 본사를 방문토록 함으로써 신뢰 관계를 구축하고 경우에 따라서는 수출자가 다시 한번 바이어 회사를 방문하여 구체적인 상담을 진행토록 한다.

아홉째, Kotra는 다수 해외전시회, 무역사절단, 수출상담회 등에 참가, 파견을 지원하고 있으며 행사 종료 후에도 성약 시까지 후속지원하고 있다. 바이어와 사후관리 과정에 문제가 있을 때에는 해당 무역관에 적극 지원을 요청한다. 또한 성약 가능성이 높으면 그 무역관의 지사화 사업에 참여하여 집중적인 바이어 관리 지원을 받도록 한다.

마지막으로 사후관리에 대한 기록을 남기도록 한다. 기록을 남겨야 진행상황을 파악할 수 있고 담당 직원이 퇴사하거나 부서를 옮기더라도 후임자가 차질 없이 거래를 진행시킬 수 있기 때문이다. 일부 중소 수출기업에서는 한 거래에 대해 담당자만 알고 있는 경우가 많아 그 직원이 퇴사하고 나면 업무의 연속성이 결여되어 수출거래가 중도에 흐지부지 되는 사례도 자주 발생하고 있다는 점에 유념해야 한다.

CHAPTER

04

해외마케팅 성과분석

1 성과분석의 필요성

많은 기업들이 해외세일즈 출장, 국내외전시회, 무역사절단, 수출상담회 등 해외마케팅 활동에 앞서 많은 시간과 인력을 투입하여 철저히 준비하면서도 출장이나 행사 종료 후 사후관리는 물론이고 성과분석을 소홀히 하여 해외마케팅을 통한 성과를 극대화하지 못하는 경우가 흔히 있다. 이와 같은 해외마케팅 활동을 통해 기대보다 높은 성과를 올릴 수도 있지만 기대에 미치지 못하는 경우가 더 많다. 어떤 경우든 성공요인과 실패요인을 객관적으로 분석하는 것은 해외마케팅에서 필수사항이다. 성과분석 없이는 해외마케팅 활동을 통한 더 이상의 시장 확대를 기대할 수 없고 실패를 반복할 수도 있기 때문이다. 해외마케팅 활동의 목적과 목표를 당초 계획했던 대로 달성했는지에 대한 판단은 현행 해외마케팅 활동을 이대로 지속할 것인가 수정 또는 포기해야 할 것인가를 결정하는 데 가장 중요한 요인이 된다. 목표시장과 마케팅 활동 세부 프로그램은 제대로 선정되었는지, 상담을 위해 갖고 나간 상품에 문제점은 없었는지, 사전준비를 제대로 갖추고 나갔는지 그리고 상담과정에서 착오는 없었는지를 객관적으로 파악해야 한다. 해외마케팅 활동 후, 당장 정확한 성과를 측정하기는 어렵겠지만 성과가 좋았다거나 별 성과가 없었다거나 하는 대략적인 판단은 가능하다. 특히, 성과가 기대만큼 안 나왔다면 그 원인을 분석하고 개선하여 다음 출장이나 행사 참가에 대비해야 한다.

예를 들어 해외전시회의 경우, 일부 기업들은 철저한 성과분석 없이 이 전시회

320

저 전시회로 옮겨 다니기도 하는데 이러한 전략은 예산, 시간 그리고 인적 낭비만 초래할 뿐 해외전시회 참가를 통한 마케팅 확대는 기대할 수 없게 만든다. 앞으로도 절대 가능성이 없다는 확신이 서지 않은 이상 어느 정도 여지가 발견되었다면 최소 3회 이상 참가 후, 재참가여부를 결정하는 것이 바람직하다. 같은 품목으로 동일 전시회에 참가했다하더라도 여러 번 나온 기업들은 처음 참가한 기업들에 비해 방문 바이어들이 많은 것이 일반적이다. 기존 거래하고 있는 바이어들뿐 아니라 설사 현재 거래하고 있지 않은 바이어들이라도 여러 번 출품한 기업에 대해서는 그만큼 신뢰를 갖고 있기 때문에 부스를 다시 찾게 되고 실제 성약으로 이어지는 경우도 많기 때문이다. 물론 재참가 시에는 지난번 참가에서 부족했던 점을 반드시 개선하고 나와야 한다. 해외세일즈 출장이나 무역사절단 참가도 비슷하다. 처음 방문하는 지역이라면 처음부터 큰 오더를 기대하지 말고 그 시장을 이해하고 바이어와 상담과정에서 파악된 자사의 약점을 보완할 수 있는 계기로 삼는다면 전혀 무의미한 활동이었다고 평가절하할 필요가 없다. 두 번의 실수를 저지르지 않기 위해서는 행사 주관기관의 지원 부실 등 외부요인을 탓하기 전에 자사 제품의 경쟁력과 마케팅 전략에 어떤 문제가 있었는지에 대한 냉철한 분석과 함께 이에 대한 보완이 무엇보다 중요하다 하겠다.

2 성과분석 내용

해외마케팅 활동에서 성과분석은 해당 업체가 해외마케팅 활동 과정에서 상담했던 바이어들을 기초로 하여 시장이 어떻게 변화하고 있는가를 파악하고 목표대비 예상성과를 도출하는 과정이다. 우선 상담했던 바이어의 수와 성약가능성, 자사제품의 경쟁력과 시장 변화 추이 등을 입체적으로 분석하여 해당 지역의 시장이 확대되고 있는지, 현상을 유지하고 있는지 오히려 위축되고 있는지를 파악한다. 이와 함께 예산대비 비용지출에 대한 분석도 병행되어야 한다.

1) 비용 분석

해외마케팅 활동을 하기 위해서는 많은 비용을 투입해야 한다. 예를 들어 해외전시회에 참가하기 위해 필요한 경비로는 전시회 참가비, 부스장치비, 전시품운송비 및 기타 Utility 비용(전기, 전화, 인터넷, 가스, 수도, 압축공기, 지게차 사용료 등), 가구 및 사무용 기기 임차료, 통역 및 업무보조 인력 채용에 따른 경비, 광고 홍보 및 판촉 활동비와 같은 직접경비와 전시회 파견직원 항공임, 숙박비, 식비 및 기타 간접경비가 있다. 세계적으로 유명한 전시회가 개최되는 기간 중에는 항공임은 물론이고 현지 숙박비도 대폭 올라 참가업체들의 부담을 가중시키고 있다. 따라서 해외전시회는 우수한 마케팅 수단이기는 하지만 중소기업들에게는 큰 부담이 가는 사업이다. 물론 중앙정부나 지자체로부터 전시회 참가에 필요한 예산을 지원받을 수 있으나 이들 지원 예산 용도는 직접경비로만 국한되는 경우가 대부분이다. 따라서 외부지원 예산을 공제한 전시회 참가에 필요한 순 비용요인―즉 참가업체가 직접 부담해야 하는 비용―과 전시회 참가로 인해 발생되는 이익요인들을 계량화하여 분석한다. 이익요인 분석에는 전시회 참가를 통한 직접적인 성약액뿐 아니라 제품 홍보, 시장정보 수집, 파견인원의 경험 축적 등 비계량적인 요인도 함께 고려해야 한다. 또한 전시회 참가 전, 계획했던 항목별 예산과 실제 집행액간의 차이도 분석하여 차기 참가 시에는 과다 또는 과소 책정된 예산을 수정하고 특히 낭비 요인이 있었던 항목은 무엇이었는지도 파악해야 한다.

전시회 참가 초보기업들이 범하기 쉬운 낭비 요인은 조기신청, 회원가입 등으로 받을 수 있었던 참가비 할인 혜택 기회를 활용하지 못하거나 부스 규모에 비해 지나치게 많은 전시품 발송, 항공권 구입 지연으로 인한 높은 항공료 지불, 국내에서 충분히 준비해 갈 수 있는 비품을 현지에서 비싸게 구입하거나 임차하는 경우를 들 수 있다. 아울러 중앙정부 및 지자체의 해외전시회 지원제도에 대한 정보 부족으로 외부자금 지원 기회를 놓치는 경우도 흔히 있다. 끝으로 해당 해외전시회와 과거 참가했던 유사 국내외 전시회뿐 아니라 기타 마케팅 프로그램(예 : 단체파견 및 개별참가 해외전시회간의 비교, 무역사절단 참가, 개별 해외세일즈출장, Kotra 지사화 사업 참가 등)과의 투입 비용 대비 성과도 비교해 본다.

표 1 주요 마케팅프로그램 소요예산

마케팅 프로그램	소요예산
▪ 해외세일즈출장	파견직원 항공임, 숙박비, 식비, 현지교통비, 바이어접대비
▪ 무역사절단	파견직원 항공임, 숙박비, 식비 및 기타[외부예산지원가능]
▪ 해외전시회	참가비, 부스장치비, 전시품운송비, Utility 비용, 가구 및 사무용 기기 임차료, 통역 및 업무보조 인력 채용에 따른 경비, 광고 홍보 및 판촉 활동비, 파견직원 항공임, 숙박비, 식비 및 기타[외부예산지원가능]
▪ 수출상담회	거의 소요예산 불요
▪ 사이버상담회	거의 소요예산 불요
▪ 온라인마케팅	회원가입비, 인터넷등록비
▪ Kotra 지사화사업	지사화사업 참가비[외부예산지원가능]
▪ Kotra 인큐베이터사업	관리비, 파견직원 주거비 및 생활비, 해외활동비

2) 바이어 및 참가업체 분석

본격적인 해외마케팅 활동을 위해 출장 전 또는 행사 참가 전, 사전 마케팅 일환으로 초청장을 보낸 바이어들 가운데 세일즈 출장이나 행사 참가 기간 중 실제 상담을 했던 바이어 수를 비교해본다. 이러한 분석을 통해 바이어 명단을 확보할 수 있었던 방법(예 : ▲ 자사가 자체적으로 확보하고 있는 바이어 명단 ▲ 전문지와 언론에 광고 게재 ▲ 전시회 출품업체들의 명단이 수록된 전시회 디렉토리 광고 ▲ Kotra 해외무역관을 통한 바이어 명단 입수 ▲ 기타 방법을 통한 바이어 명단 확보 등)에 대한 효율성과 초청장 발송 방법의 효과성도 측정할 수 있다.

이와 함께 세일즈 출장이나 행사 기간 중 만났던 바이어들을 등급에 따라 분류한 후, 목표대비 몇 명의 바이어들과 상담을 진행했는지 분석하는 것도 중요하다. 또한 목표 대비 실제 상담했던 기존 거래 바이어들과 신규 바이어들도 구분하여 분석한다. 여기에 더해 상담했던 바이어 수뿐 아니라 가능성 있는 바이어 분포가 어떻게 나타났는지도 파악토록 한다.

3) 성약가능성 분석

성약가능성 분석은 해외마케팅에서 가장 핵심이 되는 성과분석 부분이다. 물론 세일즈출장이나 해외전시회/무역사절단/수출상담회와 같은 마케팅 행사에 참가한 후 바로 정확한 성약액을 산출한다는 것은 불가능하다. 그러나 여러 번 출장이나 행사에 참가한 경우라면, 종전대비 상대적 성약가능성을 비교적 쉽게 도출할 수 있을 것이며 처음 실시한 마케팅 활동이라 하더라도 최대한 객관적으로 성약가능성에 따라 등급을 정해 산출해보도록 한다. 다만 근거 없이 너무 낙관적으로 성약가능성을 분석하면 과장된 수치로만 남을 수 있으므로 성약가능성의 근거를 제시토록 한다. 이러한 성약가능성 분석은 추후 실제 성약으로 이루어지는 경우와 비교할 때도 유의미한 자료가 될 수 있다.

4) 시장 분석

해외마케팅 활동을 통해 현재와 미래 시장의 흐름을 읽고 이러한 상황에서 자사 제품의 현 위치를 정확히 파악해야 한다. 자사 제품의 강점은 물론이고 약점, 보완점 등을 파악할 수 있다면 당장 성약이 없었다 하더라도 해외마케팅 활동의 의미를 찾을 수 있기 때문이다. 자사 제품과 비교하여 바이어가 거래하고 있는 기존 경쟁사 제품의 특성, 디자인, 소재, 성능을 파악하고 상담했던 바이어 수 및 반응 등을 토대로 향후 시장을 전망해본다. 아울러 틈새시장 및 우회수출의 가능성을 파악하고 바이어들의 자사 제품에 대한 평가를 기록해둔다. 해외전시회의 경우, 참관객들을 상대로 자사 제품에 대한 설문을 실시하는 것도 바람직하다. 단, 이때 바이어들이 부담감을 갖지 않도록 최대한 축약하여 간단하게 답할 수 있는 설문지를 준비한다.

5) 기타

해외세일즈 출장 등 해외마케팅 활동과 관련, 파견 또는 주관기관의 서비스 수준, 여행사 및 운송사 선정, 행사 참가 준비 과정에서의 문제점 유무, 파견직원 자질 및 통역 채용의 적정성 등을 분석하여 차기 행사 참가에 대비한다. 특히 바이어들이 공통적으로 지적하는 자사 제품의 경쟁력 및 마케팅 전략의 문제점도 정확히 파악토록 한다. 해외마케팅 활동 후 일반적인 성과분석 항목을 나열하자면 [표 2]와 같다. 이러한 종합적인 분석을 통해 향후 해외마케팅 활동의 전략과 세부방안을 수립토록 한다.

표 2   주요 성과분석 내용

구분	분석항목
√	상담과정에서 바이어들이 관심을 보인 제품과 그 이유
√	자사 제품에 대한 바이어들의 평가
√	상담했던 바이어들의 성격상 분류
√	전년 대비 이번 행사의 전체적인 개최 규모 및 내방 바이어 수
√	일자별, 시간대별 상담했던 바이어 수
√	전시회의 경우, 전시장에 나온 신제품들의 특성, 디자인, 소재, 주요 성능
√	전년 대비 시장의 변화와 그 요인
√	전체적인 상품 트랜드와 향후 시장 전망
√	틈새시장을 발견했는지? 있다면 그 공략 방안은?
√	새로이 부상하는 국가와 시장을 잃어가고 있는 국가 그리고 그 요인
√	준비한 상담품은 적정하게 선정되었는지?
√	출장국 선정 및 시기는 적정했었는지?
√	출장일정은 적정하게 수립되었는가?
√	사전 마케팅 활동에 어떤 효과가 있었는지?
√	사전 약속한 바이어들의 실제 방문 결과
√	당초 목표 대비 실적(바이어수, 상담의 질, 성약 및 계약, 정보수집 건 등)
√	전년도 참가 성과와 비교 분석
√	신제품 소개 성과
√	기업 브랜드 이미지 제고 여부
√	경쟁기업들의 성과 및 의견
√	참가 규모 및 파견 인원의 적정성
√	파견 기간과 체류 호텔의 적정성
√	해외마케팅 사전 준비 기간은 충분했는지?
√	행사 주관기관, 여행사 등의 서비스는 어떠했는지?
√	예산 대비 실제 집행액간의 차이
√	해외마케팅 활동 준비 과정에서 미흡했던 점
√	단체 해외마케팅활동과 개별 해외마케팅활동의 장단점
√	외부기관 주관 해외마케팅 프로그램에 계속 참가, 불참, 한시적 불참, 향후 결정 중 무엇을 선택할 것인가?

3 성과미흡 요인

많은 기업들이 처음으로 외부기관이 주관하는 해외마케팅 활동에 참가한 후 성과가 기대에 미치지 못하면 그 프로그램을 폄하하거나 주관기관에 대한 원망 등 외부요인으로 돌리고 마케팅활동을 쉽게 포기하기도 한다. 해외전시회, 무역사절단 등 해외마케팅 프로그램에 여러 번 참가한 기업들은 공통적으로 이들 프로그램에 꾸준히 참가하여 자사에 대한 신뢰도와 인지도를 높이고 성과저하 요인을 분석하여 다음번 행사에서는 실수를 되풀이하지 않는 자세가 중요하다고 강조한다. 수출거래는 내수거래와는 달리 바이어와 첫 상담 후 실제 성약이 이루어질 때까지 최소 6개월은 필요하며 보통 2~3년이 걸리고 심지어는 5년 이상 걸리는 경우도 있다고 한다. 단기간에 성과를 올리겠다는 성급한 자세를 버려야 하며 성과가 크게 미흡했다면 그 요인이 무엇이었던가를 객관적으로 찾아내는 것이 중요하다. 우리 기업들이 해외마케팅 활동에 참가 후, 성과가 미흡했던 흔한 요인을 열거하면 [표 3]과 같다.

표 3 주요 해외마케팅 프로그램 성과미흡 요인	
성가 미흡요인	
해외전시회	
√	전시회 선정이 잘못되었다. (시기, 지역, 품목, 성격, 인근지에서 경쟁 유사전시회 개최, 주최자 능력 등)
√	전시회는 잘 선정되었으나 전시품 선정이 잘못되었다. • 해당 전시회 주종 전시품과 거리가 있는 제품 • 해당 지역에서 별 수요가 없는 제품 • 현지 종교, 문화, 기후 등의 요인으로 인해 전통적으로 사용하지 않는 제품 • 너무 오래된 모델(유행, 신제품 출시 등으로 판매 격감 상품) • 디자인 소재가 현지 실정에 안 맞는 제품 • 인증, 수입허가 등 현지 수입 요건을 못 맞춘 제품 • 현지 소비자가 구입하기에는 너무 비싼 제품 • 경쟁사에 비해 경쟁력이 떨어지는 제품 등
√	미흡한 사전 준비
√	정보 부족
√	예산 제약
√	주변국들 정세 및 경제 불안, 경기침체 등으로 바이어 격감
√	부스 위치가 나빠 바이어들 접근에서 불이익을 받음
√	파견자 자질 부족 (외국어 구사력, 상담 능력, 상품 지식, 매너, 책임감 결여 등)
√	자사보다 경쟁력이 훨씬 앞선 경쟁국, 경쟁사들 대거 참가
√	너무 작은 규모로 참가(부스 면적 제약으로 충분한 상품 전시 불가)
√	파견 인력 부족
√	부적격 통역 채용
√	빈약하고 너무 평범한 부스 Display로 바이어들의 시선을 끌지 못함
√	전시장내 전력, 인터넷 등 Utility 서비스 부실로 시연, Presentation 어려움
√	자사 제품 경쟁력에 비해 너무 경직적인 비즈니스 전략 (과다한 최소주문량, 샘플 미제공, 경직적인 가격 제시 등)

√	돌발변수로 전시품 도착 지연, 통관 지연 및 불허, 전시품 도난 및 망실 등
√	파견자 컨디션이 나쁜 경우(감기, 몸살, 소화불량, 불면 등)
√	단체로 참가하는 전시회의 경우, 파견 기관의 준비 소홀 및 업무 미숙
	무역사절단
√	방문국 선정이 잘못되었다.
√	통역이 서툴렀다.
√	너무 경직적으로 상담에 임했다(가격, 지불조건, 최소주문량 협상 시).
√	좋은 바이어들과 상담이 이루어지지 못했다.
√	바이어에게 자사 제품을 제대로 소개하지 못했다.
√	바이어와의 상담시간이 충분하지 못했다.
√	바이어와의 매치메이킹이 제대로 이루어지지 못했다.
√	자사 제품의 경쟁력이 떨어졌다.
√	휴대한 샘플 선정이 잘못되었다.
	수출상담회
√	바이어와의 매치메이킹이 제대로 이루어지지 못했다.
√	자사 제품의 경쟁력이 떨어졌다.
√	해당 바이어와 상담했던 타기업들과 경쟁이 너무 심했다.
√	바이어와의 상담시간이 충분하지 못했다.
√	너무 경직적으로 상담에 임했다(가격, 지불조건, 최소주문량 협상 시).
√	바이어와의 약속된 상담시간을 제대로 지키지 못했다.
	개별세일즈 출장
√	바이어와의 상담일정이 부실하였다.
√	방문시기가 적절치 못했다.
√	방문국가 선정이 적절치 못했다.
√	자사 제품의 경쟁력이 떨어졌다.
√	너무 경직적으로 상담에 임했다(가격, 지불조건, 최소주문량 협상 시).
√	Kotra의 협조를 받지 못했다.

아무리 좋은 해외마케팅 프로그램이라고 하더라도 갖고 나간 수출품에 문제가 있다면 좋은 성과를 기대할 수 없다. 현지에서 수요 자체가 없는 제품인지 수요는 충분하지만 자사제품의 경쟁력 저하로 바이어들의 반응이 신통치 않았는지를 파악한다. 경기침체와 돌발변수로 인한 성과저하는 참가업체로서도 해결할 수 없는 문제이다. 그러나 사전준비 부족, 정보 부족, 예산 제약, 통역 능력 결여, 경직적인 비즈니스 전략, 참가규모 협소 및 파견 인원 부족 등으로 인한 성가 저하는 참가업체의 노력과 개선 의지가 있다면 상대적으로 쉽게 극복할 수 있는 요인이라 할 수 있다.

가장 흔한 성과미흡 요인인 자사제품의 경쟁력 열위는 해결하기가 가장 어려운 사항이지만 원가 절감, 신제품 및 디자인 개발, A/S제도 강화 방안 수립 등 회사 구성원 모두가 고민하여 해결방안을 찾을 수밖에 없다.

4 출장결과보고서 작성

해외마케팅 프로그램에는 기업의 CEO가 참가하는 경우가 대부분이지만 직원들을 대신 파견하는 경우도 흔히 있다. 많은 비용을 투입하여 해외마케팅 행사에 파견되는 직원들 입장에서는 성과에 많은 부담을 갖는 것이 사실이다. 해외마케팅 활동에 참가한 직원들은 귀국 후, CEO나 직장상사에게 참가성과를 설명하고 향후 계획 등을 보고하는 것이 일반적이다. 회사 경영층에서도 출장결과보고서를 토대로 향후 사업계획을 세울 수 있고 설사 해당 직원이 도중에 퇴사하더라도 후임자가 인수인계를 받아 지속적으로 사후관리를 해나갈 수 있기 때문에 출장결과보고서는 매우 중요하다. 출장결과보고서는 특별히 정해진 양식은 없으나 참가 기업의 특성에 맞게 작성하여 다음 재참가 시 참고자료로 활용한다.

표 4 출장결과보고서 양식 예(해외전시회의 경우)

출장결과보고서			
전시회명			
전시기간			
전시장소			
출장자			
성명			
직위			
부서			
출장내역			
출장기간			
항공편			
체류호텔명			
예산 집행 내역			
비목	예산	집행액	잔액
부스임차료			
장치비			
비품임차료			
Utility 이용료			
전시품 운송비			

지급수수료			
광고선전비			
통신비			
도서인쇄비			
해외활동비			
국외여비			
총계			

목표 대비 성과		
구분	목표	성과
내방바이어수(개사)		
A급		
B급		
C급		
D급		
상담건수(건)		
상담총액(US$)		
계약총액(US$)		
정보수집건수(건)		
기타		

주요 상담 내역

①
②

전시회 기간 중 수집한 주요 정보

①
②

향후 추진 계획 (사후관리)

성공사례 및 요인

이번 전시회에서 미흡했던 사항

차기전시회 참가를 위한 고려사항

건의사항

총평

05

에이전트 선정 및 활용법

1 에이전트 필요성

바이어와의 수차례 거래를 하는 과정에서 신뢰관계가 구축되고 마케팅 역량이 확인된 바이어를 에이전트로 지정해서 안정적으로 시장을 관리해 나갈 수만 있다면 가장 바람직한 성공사례라 할 수 있다. 에이전트를 지정할 경우, 수출기업이 원하는 제품에 대한 자세한 시장정보를 단기간에 확보할 수 있고 또 수시로 업데이팅된 정보를 얻을 수 있어 편리할 뿐만 아니라 진입에 따른 위험부담도 훨씬 줄일 수 있다. 특히, 마케팅 능력이 뛰어난 바이어를 만나 에이전트로 지정하게 되면 시장도 크게 넓혀 나갈 수 있고 홍보 및 A/S업무까지도 맡길 수 있다. 예를 들어 요르단은 인구 650여 만 명의 작은 시장이지만 능력 있는 요르단 에이전트를 확보하게 되면 시리아(약 2,200만), 이라크(약 3,500만), 레바논(약 450만) 등 주변국들뿐만 아니라 사우디아라비아, 이집트, 리비아 등 중동·북아프리카까지 이 에이전트를 통해 시장을 확대할 수 있다.

중동1 및 아프리카 등 일부국가에서는 비즈니스를 하려면 반드시 현지 에이전트나 스폰서를 두도록 의무화하고 있으며 많은 바이어들 역시, 우리 기업들에게 에

---

1 예를 들어 쿠웨이트의 경우, 외국기업이 판매 및 유통법인을 설립해 시장을 지배하게 되면 자국 시장이 외국기업에게 종속당할 것으로 우려하여 반드시 에이전트나 스폰서를 두도록 의무화하고 있다. 또한 이 제도는 자국민이 에이전트나 스폰서 커미션을 챙길 수 있도록 하기 위해 도입되었 다고도 볼 수 있다.

이전트십을 달라고 요구하기도 한다. 또한 시장이 크지 않은 경우, 독점에이전트를 요구하는 바이어들도 많이 있다. 그러나 어떻게 신뢰와 역량을 갖춘 에이전트를 찾아내느냐가 관건이다.

예를 들어 해외전시회에서 많은 바이어들과 상담을 하다 보면 그중에는 전시품에 대해 잘 알고 있고 많은 관심을 표명하는 바이어들이 나타난다. 이들 바이어의 특징은 다음과 같다. ① 전시품을 꼼꼼히 살펴본다. ② 부스를 2번 이상 방문한다. ③ 꼬치꼬치 묻는다. ④ 대화 내용을 수첩에 적는다. ⑤ 제품과 시장에 대해 잘 안다. ⑥ 처음부터 주문하겠다거나 에이전트를 달라고 하지 않는다. ⑦ 명함을 받아보면 전시품과 관련된 회사에 근무한다. ⑧ 카운터 샘플이나 도면, 사진 등을 휴대하고 부스에 들어온다. ⑨ 상담 후, 전시품이나 샘플을 구입하겠다고 한다. ⑩ 혼자 보다는 2명 이상이 부스를 방문한다.

이런 바이어들이야 말로 가능성이 높은 잠재바이어들이며 귀국 후, 온갖 정성을 다해 Follow-up해야 한다. 후속조치 과정에서 필요한 경우, Kotra에 지원을 요청한다. 그러나 1회성 지원보다 연속적이고 밀착지원이 필요하다면 Kotra 지사화사업에 참가한다. 이 사업에 참가하게 되면 1년간 지사화 전담직원이 국내업체를 대신하여 성약이 이루어질 수 있도록 밀착지원하게 된다. 지사화 사업 참가기간 중 가능하다면 국내업체는 현지 출장을 실시하여 다시 한번 해당 바이어와 구체적인 상담을 하는 것이 좋다. 이 경우, 지사화 전담직원이 동행하여 현장 지원을 하게 된다. 혹은 바이어를 한국으로 초청하여 생산 공장과 본사를 보여주고 신뢰관계를 구축하도록 한다. 상담이 무르익어 수출이 가시화되면 첫 거래인 만큼 해당 바이어에 대한 신용조사를 실시하는 것이 바람직하다.

신용조사 결과, 신용도에 문제가 없다면 첫 거래를 하게 되고 이후 수차례 거래를 통해 바이어의 역량을 확인한다. 그 후에 최소 6개월 내지 1년간의 Trial period를 갖는 조건부(또는 한시적) 에이전트 계약을 체결한 후, 다시 한번 바이어의 신뢰와 능력이 검증되면 정식 에이전트 계약을 체결하는 것이 위험을 최소화할 수 있는 길이다.

그림 1 에이전트 선정 과정

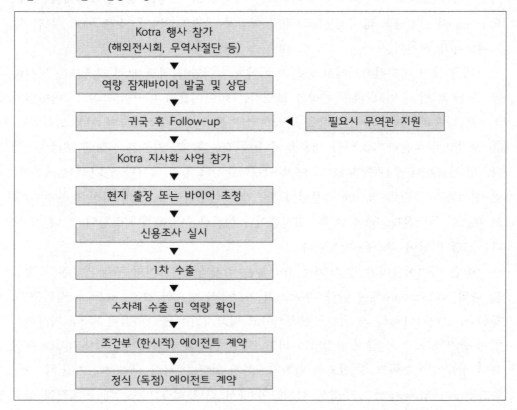

2 에이전트 선정 시 검토사항

에이전트 선정 시 세밀한 검토와 검증과정을 거치지 않고 순간의 실수로 에이전트를 잘못 선정하게 되면 계약기간 내내 마음고생을 해야 한다. 실제 일부 에이전트는 자신의 전문품목도 아니면서도 이름만 걸어놓고 비즈니스는 거의 지원하지 않는 경우도 있다. 그러다 보니 더 좋은 바이어가 있는데도 기존의 에이전트 때문에 그를 통해 거래를 해야 하고 커미션도 줘야 하는「울며 겨자 먹기」식 상황이 벌어지기도 한다. 조급한 마음에 충분한 검토나 검증 없이 에이전트를 지정할 경우, 판매 부진으로 인한 직접적 손실은 물론이고 클레임으로 인한 이중 피해를 입게 될 가능성도 높다. 또한 중동 및 아프리카 바이어들 중에는 자신이 왕실 및 정부 고위 인사들을 잘 알고 있다며 거짓말과 과장으로 에이전트를 요구하는 경우가 많으므로 특별한 주의가 요망된다.

　따라서 에이전트 계약을 체결하기 전, 지금까지의 거래 관계는 물론이고 ▲ 에이전트를 원하는 바이어의 신뢰도 ▲ 제품에 대한 전문지식 보유 여부 ▲ 마케팅능력(유통망/판매망, 디스트리뷰터 확보 및 시장개척 능력, A/S 능력, 물류시설 확보 능력) ▲ 재정능력 ▲ 현지 홍보능력 ▲ 현지 정부, 언론이나 유력인사와의 네트워킹 능력 ▲ 현재 타사와의 에이전트 체결 내역 ▲ 정보수집 능력 ▲ 한국기업과의 거래 경험 ▲ 현지 평판 등을 종합적으로 분석하여 에이전트의 자격을 엄격하게 검증하는 절차가 꼭 필요하다.

　검증 절차를 마친 후, 에이전트가 제출한 시장분석과 마케팅 플랜을 꼼꼼하게 검토한다. 계약기간 중 연간 최소 보장 수입량, 각 제품의 판매목표와 타깃층, 반품 및 재고 처리 방안, A/S방안, 판매경로(유통망), 시장 확대 방안, 인증 및 인허가 취득, 홍보 및 광고 대책, 대금 결제 방법 등이 포함되어 있어야 한다.

　또한 에이전트 계약을 위해 에이전트 주재국이 법으로 규정한 표준계약서가 있는지 살펴보고 별도의 표준계약서가 없다면 최소한 ▲ 에이전트의 관할지역 범위 ▲ 대행하는 제품 및 서비스 범위 ▲ 에이전트 계약기간 ▲ 에이전트 수수료 및 커미션 ▲ 분쟁 발생 시 적용되는 법 ▲ 에이전트의 역할 및 책임 ▲ 계약 해지조건 등이 계약서상에 명확하게 기재되어 있어야 한다. 아울러 작성된 계약서에 대해서는 공증을 받도록 하고 일부 국가에서는 에이전트 주재국의 정부에 에이전트 계약을 등록해야만 하는 경우도 있다는 점을 명심한다.

3 에이전트 지정 후 유념사항

　에이전트 지정 후, 국내기업 역시 에이전트로부터 원하는 만큼 신뢰감을 에이전트에게 심어줘야 한다. 국내기업과 에이전트간의 신뢰가 무너지면 아무리 에이전트의 능력이 뛰어나도 성과를 기대할 수 없다. 아울러 에이전트에 대한 관리 또한 매우 중요하다. 에이전트가 역량을 최대한 발휘하여 시장을 개척할 수 있도록 여건을 조성해주고 지원을 아끼지 말아야 한다. 신제품, 신소재 개발 시 에이전트의 의견을 반영하고 에이전트가 시장 확대를 위해 전시회에 참가한다든가, 특판행사를 실시한다든가 대대적인 광고를 실시할 때 최대한 지원해주고 A/S에도 적극 협조하는 것도 중요하다. 품질보증 및 납기 준수 역시 국내기업들이 꼭 지켜나가야 할 사항이다. 또한 에이전트가 계약대로 제대로 역할을 하고 있는지 지속적인 관리 및 검증을 하면서 끊임없이 커뮤니케이션을 이어나가야 한다. 특히, 독점 에이전트 계약을 체결했음에도 불구하고 에이전트 몰래 제3자를 통해 해당 시장에 진입하는 일이 없도록 각별히 유념한다.

　이런 저런 이유로 에이전트와의 계약 관계를 종료하고자 할 때 양자 간 앙금 없이 헤어져야 한다. 불만을 품은 일부 에이전트들은 계약 기간 중 혹 있었을지 모를 위법, 탈법행위 등 부당한 행위에 (특히, 세금 포탈) 대해 주재국 정부에 신고하거나 소송을 제기하여 국내 수출업체의 입장을 어렵게 만들기도 한다.

그림 2　에이전트 실패 사례(출처 : Kotra 고객지원팀)

무역사기 어떻게 당하나!

쉽게 에이전트십을 주었다가는 크게 후회할 수도 …

　1997년 4월, 자수기계 생산 및 수출업체인 한국의 S사는 시리아의 H사와 시리아 내 독점 에이전트 계약을 체결했으며 초기에는 T/T로 대금을 지불했으나 H사의 요청에 따라 신용거래를 시작했다.

　S사가 H사로부터 받은 대금지불 확보수단을 보증수표(guarantee checks)뿐이었으며 이 보증수표에 대해 시리아 은행이 지불의무가 있는 것이 아니기 때문에 사실상 S사의 입장에서는 대금지불 확보수단이 전무한 실정이었다.

　그러던 중 1999년 S사의 두바이 에이전트인 U사가 시리아 시장에 물건을 공급하면서 분쟁이 발생하게 된다. S사는 U사가 시리아 시장에 물건을 공급하고 있는 줄 몰랐으며 자신들은 두바이로 물건을 보냈을 뿐이라고 한 데 반해 H사는 S사가 U사로 보내는 물건을 직접 시리아로 보냈다고 주장했다.

　H사는 U사가 시리아 시장에 저가로 물건을 공급함에 따라 2백만 달러에 이르는 막대한 피해를 입었다고 주장하고 그동안 보증 수표로 발행해 준 1백만 달러 상당의 금액을 지불 거부함은 물론, 별로도 자신의 피해액인 2백만 달러를 보상해 줄 것을 대한상사중재원 등을 통해 S사에 요구했다.

　결국 S사는 1백만 달러 상당의 대금을 회수하지 못하게 된 것은 물론, 2백만 달러 상당의 클레임건만 계류되게 되었다. 위의 사례는 대시리아 에이전트십 계약 체결시 반드시 유의해야 할 사항들을 시사해 주고 있다.

그림 3   역량 있는 에이전트(파트너)를 통한 시장 확대 성공사례(출처 : 서울파이낸스)

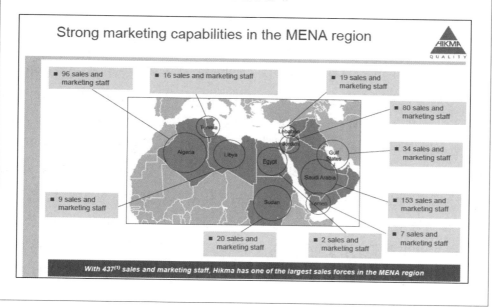

셀트리온, 요르단 히크마社와 포괄협력 계약

2010년 04월 07일 (수) 15:41:21   전보규 기자 ✉ jbk@seoulfn.com

[서울파이낸스 전보규 기자] 셀트리온은 7일 요르단(Jordan) 히크마(Hikma)사와 바이오시밀러 유통을 위한 포괄협력계약(Master Service Agreement, MSA)을 체결했다고 공시했다.

이에 따라 셀트리온은 향후 10년간 중동 및 아프리카 17개 국가에서 바이오시밀러 제품에 대한 안정적인 판로를 확보하게 됐다.

히크마사는 셀트리온이 개발하는 바이오시밀러 항체의약품 9개에 대해 10년간 중동 및 서북부 아프리카 17개국에서 독점판매 할 수 있는 권리를 갖게 된다.

06

각국별 수출계약 체결 시 유의사항

무역거래에 있어 각국마다 상관습과 제도, 문화, 민족성이 상이하기 때문에 자신이 거래하고자 하는 국가의 바이어와 계약체결 시 유의사항을 잘 익혀두어야 실수를 줄일 수 있다. 그러나 각국 바이어들과 계약체결 시 공통점은 모든 나라의 바이어들이 신뢰관계 구축을 중요시하고 있으며 첫 주문에서 우리 기업들이 요구하는 과다한 최소주문량에 부담을 느끼고 있다는 점이다. 그리고 바이어의 요구와 문의사항에 대해서는 신속하게 회신하되 다소 여유를 갖고 상담에 임해야 하며 계약서를 꼼꼼하게 작성해야 하고 계약 내용은 반드시 문서로 남겨야 한다는 점, 또한 제대로 된 영문 홈페이지 보유 등은 대체적으로 공통된 유의사항이다. 아울러 첫 거래 시에는 바이어에 대한 신용조사를 실시하고 수출보험에 가입하도록 한다. 우리나라와 교역량이 많은 주요 국가별 계약 시 유의사항 및 상관습은 다음과 같다.

1 네덜란드

네덜란드 비즈니스맨들은 협상에 매우 능하며 굉장히 냉정한 편이다. 또한 교육 수준과 사회적 지위도 비교적 높고 신뢰도를 매우 중요시하기 때문에 한번 거래를 맺으면 쉽게 거래선을 바꾸려고 하지 않는다. 또한 네덜란드 바이어들은 상담 전에 체계적으로 제품에 대한 조사를 하여 숙지하고 상담에 임하며 수출하려는 상대방도 그럴 것으로 판단하고 다양한 질문과 요청을 하게 된다. 따라서 수출기업 측에서도 제품에 대한 철저하고 전문적인 지식으로 무장해야 한다.

　　네덜란드 바이어와 첫 접촉 시에는 팩스나 이메일보다는 우편을 통해 상세한 정보를 제공하는 것이 좋다. 이때 최대한 제품에 관한 상세한 정보를 제공하면서 제품 카탈로그, 회사소개서, 제품설명서 등을 포함시킨다. 네덜란드인들은 거의 대부분이 영어를 유창하게 구사하므로 영문으로 작성된 자료를 송부해도 무방하다. 네덜란드 바이어들은 안정적인 제품공급과 납기준수를 매우 중요하게 여기기 때문에 수출업체의 신뢰도는 공급선 결정에 핵심 요인이 된다. 따라서 회사소개서 작성 시에는 일반적인 사항 이외에도 공장이나 연구시설, 보유 전문인력, 발명 특허나 신제품 생산 및 수출시장 현황 등 회사의 장점을 최대한 부각시키는 것이 필요하다.

　　대부분의 유럽인들이 거의 비슷하지만 여름에는 휴가를 가기 때문에 휴가철인 7~8월중에는 현지 방문을 피해야 한다. 이외 크리스마스부터 연말까지 그리고 부활절 전후 일주일도 휴가를 떠난다. 일부 바이어들은 1월에 스키 휴가를 가는 경우도 흔하므로 약속을 하기 전에 바이어의 휴가 일정을 확인하는 것이 바람직하다.

　　네덜란드에서는 점차 대외거래 시 대금 결제방식에 있어 기존 L/C 거래에서 신용거래로 변화되고 있다. L/C 거래의 경우, 은행에 현금을 예치해두어야 하고 수수료도 많이 들기 때문에 첫 계약인 경우 바이어들 상당수가 외상 거래 또는 T/T거래를 요청하는 경우가 늘어나고 있는 추세이다. 또한 네덜란드는 비즈니스 활동 무대가 유럽 전역에 걸쳐 있는 경우가 많기 때문에 유럽 전역 또는 베네룩스 지역에 대한 독점 에이전트를 요구하는 경우가 많다. 이 경우 무조건 거부하기보다는 한시적으로 독점권을 보장해주는 방안도 검토해 볼 만하다. 반면에 네덜란드 시장이 작다는 사유로 최소주문량에 대해서는 민감한 반응을 보이는데 사실은 시장의 반응을 보기 위해 샘플 주문만을 원하는 것이므로 이 역시 유연성을 갖고 판단하는 것이 좋다.

2　독일

　　규모가 있는 독일 기업들은 Sales, Marketing, Purchasing 등 담당 분야별로 인력이 다양하게 나뉘어 있으며, 품목과 지역에 따라 담당자가 상이한 경우가 대부분이다. 독일 기업들은 직책을 중요시 여기지 않는 편이며, 팀장 아래 직원들은 명함에 팀 또는 부서 이름만 표기하는 경우가 대부분이다. 간혹 직급이 표기되어 있는 경우가 있으며, 그중 Vice President 직급은 한국에서 널리 통용되는 부사장이 아닌 과장 또는 차장 직급이다. 독일 내 사장 및 임원은 Vorstandchef 또는 Vorstandmitglied로 불린다. 독일에서는 담당자 부재 시 업무대행도 거의 불가능하며, 직접적인 접촉 없이는 업무진행이 매우 어렵다. 규모가 작은 경우는 구매결정 권한을 가지고 있는 대표를 직접 접촉하는 것이 가장 효과적이다. 상담 시 영문 카탈로그 및 영문 홈페이지는 기본적으로 요구하는 자료이며, 이 자료가 없는 경우 비즈니스에 차질이 있을 수 있으므로 준비가 필요하다.

독일과의 상거래 시, 회사 계정의 메일이 포털사이트를 이용하는 것보다 스팸 처리율이 낮으며, 발음이 편한 외국 이름을 활용하는 것이 친근감을 준다. 젊은 기업 또는 대기업의 경우 대부분의 바이어들은 영어 사용에 큰 문제가 없다. 그러나 의사결정권을 가진 나이가 많은 CEO나 3~10인 미만의 수입업체의 경우 영어 소통이 잘 되지 않은 경우가 있으며, 제품에 대한 흥미가 높아도 의사소통의 문제로 마무리가 좋지 않은 경우가 생길 수 있으므로 미리 사전에 준비를 해야 한다.

독일 기업들은 거래선을 쉽게 바꾸지 않고, 한번 신뢰가 형성된 업체와 지속적인 거래관계를 유지하려는 경향이 있어 신규 거래선 발굴이 어려우나 일단 거래가 트이면 장기적으로 지속 가능하다는 특징을 갖고 있다. 또한 독일 기업의 보수적인 성향의 또 다른 특징은 거의 모든 거래를 문서 위주로 진행한다는 점이다. 손해를 보지 않으려는 독일인들은 특히 가격 대비 품질에 대한 인식이 확실하여 가능하면 낮은 가격의 좋은 제품을 찾는 경향이 매우 강하다. 디자인, 포장 등 비가격 요인 또한 중요하지만, 독일 시장을 공략하기 위해서는 상품의 높은 질과 함께 저렴한 가격 제시가 가장 중요하다.

신제품이 아닌 경우, 대부분의 제품은 독일에서 유통되고 있기 때문에 싼 가격에 좋은 품질을 얻으려고 하는 경향이 강하다. 따라서 품질을 증명할 수 있는 인증을 반드시 갖추며 거래 시 저렴한 가격으로 오퍼하는 것이 중요하다. 독일인들은 엄격한 계획성과 합리적 사고방식이 생활 습관으로 배어 있어 충동구매의 가능성이 매우 낮아, 첫 구매 상담 시 바로 계약이 성사되기 힘들다. 바이어들과의 지속적인 관계 유지와 신뢰를 바탕으로 천천히 계약을 성사시키는 것이 일반적이다. 독일기업들과 접촉 시 유선통화 없이 홈페이지에 나와 있는 업체 이메일로 연락할 경우 연락이 되지 않거나 무시되는 경우가 대부분이기 때문에 먼저 담당자와 통화 후, 담당자 이메일로 연락을 취해야 다음에 있을 상담과 계약에 유리하다.

독일 바이어들과 첫 거래 시 대부분의 독일 바이어들은 기업 및 제품 정보뿐 아니라 반드시 제품가격(FOB) 정보를 받기를 원한다. 한국기업의 경우 아직 거래 성사 여부가 확정되지 않은 상황에서 손쉽게 가격정보를 줄 수 없다고 판단하여 대부분 가격정보는 제품 및 카탈로그를 보낸 후 업체 피드백이 온 후 전달하려고 한다. 그러나 이 경우 독일 바이어로부터 관심을 받기가 쉽지 않다. 대부분의 독일 바이어들은 거의 모든 제품들이 독일시장에 진출해 있고 거래처도 확보되어 있기 때문에 반드시 가격비교를 통해 제품구매의 이익이 있는 경우에만 거래를 원한다. 특히 선박 편으로 제품을 받아야 하는 경우 운송가격(Shipping costs)에 대한 부담이 있어 관련 자료 및 정보 전달이 요구되는 부분이다.

독일 소비자들은 제품인증 보유여부가 구매에 큰 영향을 미친다. 이에 따라 바이어들은 인증이 필요한 제품인 경우 반드시 제품인증을 요구하며, 독일시장 진입을 위해 필요한 인증이 없다면 거래가 성사되지 않거나, 인증 취득 후 다시 거래를 시작하는 경우가 많다. 또한 제품 품질과 가격에 만족하더라도, 한국에서 이미 유통되고 있는 제품명과 포장재가 독일시장 정서상 맞지 않는다고 판단되면 변경을 요구하기도 한다. 이미 한국에 출시되어 있는 제품으로 독일시장에 그대로 진출을 하려고 하는 수출기업이라면 당황할 수 있는 부분이겠지만 바이어가 독일시장 진출을 위해 필요하다고 요구하는 경우, 이에 맞춰주면 상담이 일사천리로 진행이 될 가능성이 매우 높다.

독일 바이어와의 첫 대면에서 Small Talk는 간단히 마치고, 본론으로 빨리 들어가는 것이 중요하다. 독일인들은 Small Talk를 통한 친근감보다 전문가적 능력을 더 중요시하기 때문이다. 독일인들은 구매상담 시 사전에 상대업체의 기본정보 및 상품에 관해 정확하게 파악하고 있으나, 한국 업체 측에서는 회사 및 상품소개 같은 간단한 정보부터도 제대로 챙기지 못하는 경우가 있다. 독일인들은 철저히 객관적인 자료 및 정보위주로 판단하기 때문에 장황하게 미사여구를 붙여 상품을 홍보하기보다는 제품에 관한 상세정보가 포함되어 있는 자료를 작성하는 것이 중요하다. 한국과 독일의 제품정보에 관한 인식이 다르기 때문에, 정확한 정보를 제공하기 위해서는 바이어가 어떤 정보를 원하는지 사전에 구체적으로 조사할 필요가 있다. 또한 관련 제품 판매업체들의 웹사이트를 방문하여 어떤 방식으로 정보가 구성되어 있는지 미리 공부하는 것도 도움이 된다.

독일 기업과 계약 체결 시 유의할 점은 계약 내용을 꼼꼼히 점검하고 계약서를 잘 보관해야 한다는 점이다. 또한 대금결제 방법 및 환율 변동에 대비해야 한다. 예를 들어, 수출대금 결제조건이 DDP(Delivery Duty Paid)인 경우 수출자는 수입자가 지정하는 장소까지 상품을 인도할 의무가 있다. 따라서 수출자가 관세, 현지 운송비, 통관수수료 등을 부담하게 된다. 하지만 부가세(2007년부터 19%로 인상)는 수입자가 선납 후 환급받을 수 있으므로 수출계약서(Sales agreement)상에 부가세는 화주(Consignee)가 부담하는 것으로 명확히 기재하는 것이 분쟁 예방을 위해 좋다. 한국무역보험공사(http://www.ksure.or.kr)가 운영하는『환변동 보험제도』등을 활용, 급격한 환율 변동으로부터 올 수 있는 결제위험에 적절히 대비하는 것도 필요하며 또한 분쟁 발생을 대비해 중재조항을 삽입하는 것도 중요하다. 중재지역은 협상력의 우위에 따라 수입자는 대부분 자국을 선호하나 제3국으로 중재지를 지정할 수도 있다.

3 러시아

러시아와의 상거래시 유의사항으로는 첫째, 법의 테두리에서 원칙에 입각한 거래가 필요하다는 점이다.『되는 것도 없고 안 되는 것도 없다.』이 말은 러시아 사회는 물론 러시아 시장을 가장 잘 표현하는 말이다. 아무리 쉬워 보이는 일이라도 막상 안 되는 경우가 있는가 하면, 도저히 불가능한 것처럼 보이는 일도 쉽게 성사되는 경우가 있다. 법, 제도의 투명성 미비 및 자의적인 해석에 따라 쉽게 될 것으로 예상했던 일이 늦어지고 어려울 것 같았던 일이 때로는 쉽게 풀리기도 한다. 한편 러시아 바이어들은 세금 탈루 등을 이유로 종종 편법적인 거래를 요구하기도 한다. 그러나 최근 들어서 행정투명화 및 부정부패 척결 등이 주요 사회 이슈로 등장해 원칙대로 거래를 원하는 바이어들이 늘고 있고, 무턱대고 법을 우회하는 방법에 치중할 경우 큰 낭패를 볼 수가 있기 때문에 원칙적인 방향으로 거래를 하는 것이 좋다. 만약 바이어 요청으로 편법적인 업무처리를 진행해야 할 경우 차후를 위해 관련 서류를 잘 보관한다.

둘째, 대면 상담을 할 기회를 만들어야 한다. 다른 국가도 마찬가지겠지만 러시아에서는 인간관계가 비즈니스 성패를 좌우한다고 해도 과언이 아니다. 러시아 시장에 진출하기 위해 한국에서 단지 팩스/전화상으로 연락만 할 경우 무시되는 경우가 허다하다. 러시아 바이어들은 받아보는 사업제안(commercial offer)이 매우 많아 일일이 확인하기가 어렵고 우리나라 포털사이트 메일로 보낼 경우 스팸 처리가 되는 경우가 빈번하기 때문이다. 따라서 직접 바이어를 만나 대면상담을 하는 것이 효과적이다. 참고로 러시아 회사는 담당자의 결정권은 적고 의사결정이 사장에게 집중되어 있으므로 대면 상담 시 사장과 직접 협의하는 것이 좋다.

셋째, 러시아인들을 '머리'보다 '가슴'으로 이해해야 한다. 『러시아는 머리로 이해하지 못한다.』는 러시아 속담이 있다. 실제로 러시아 사람들은 작은 일에서도 개인적이고 비공식적인 접촉의 기회를 가질 때 쉽게 가까워지고 신뢰를 얻을 수가 있다. 상담에 임할 경우, 악수를 할 때 눈을 마주보면서 하는 것, 가벼운 포옹을 하는 것, 개인적인 질문을 통해서 관심을 가지고 있음을 보여주는 것이 좋다. 단, 협상의 중요한 요소들은 비공식적인 자리에서 결정하는 경우가 많으나, 최종 계약을 하는 경우 등은 반드시 공식적인 자리에서 처리해야 한다. 한편, 사업상 문제가 발생하였을 경우에도 곧바로 계약서에 따라 옳고 그름을 따지는 것보다는 먼저 개인적인 관계를 통해 상호이해를 구하는 것이 좋다. 러시아 사람들은 비즈니스에서도 개인적인 신뢰를 우선시한다.

넷째, 무조건 외상을 요구하는 바이어를 주의해야 한다. 금융기관을 통한 융자 시 이자율이 매우 높고, 외환 송금 시 당국의 규제가 심하기 때문에 바이어의 신용도에 따라 결제조건에 유연하게 대처할 필요가 있다. 가급적 첫 거래는 L/C 거래가 아니더라도 T/T 조건 등으로 유도하는 것이 바람직하며, 거래가 계속되는 경우에는 선수금 및 외상 지불 조건 등을 적절히 조합하는 것도 고려해본다. 그러나 무조건 외상을 달라고 주장하며, 자기 아니면 이 제품을 살 사람은 아무도 없다고 하는 바이어는 무시하는 게 상책이다.

다섯째, 처음부터 많은 물량의 오더 기대는 금물이다. 러시아 바이어들, 특히 시베리아 바이어들은 대부분 모스크바와 블라디보스톡의 딜러 등을 통해 제품을 공급받고 있어 처음부터 대량 오더를 하는 경향이 적다. 그러나 직수입을 통한 경쟁력 제고 및 수익 극대화에 대한 관심이 높아지고 있어 작은 물량이라도 성실하게 대응하면 일정 시점이 지나 고정 바이어가 될 가능성이 높은 편이다.

여섯째, 중국 상품과의 차별성을 강조한다. 다른 국가와 마찬가지로 현지 바이어들도 아시아산 제품이면 중국산을 많이 연상한다는 것을 염두에 두어야 하며, 중국산과 차별을 강조함으로써 중고가 시장 공략에 중점을 둔다.

일곱째, 바이어의 통관 능력을 검증한다. 러시아는 통관이 어렵기로 가장 악명 높은 국가이다. 따라서 대부분 바이어들의 경우에도 자본력이 취약 하거나 소규모 업체일 경우에는 통관 능력이 없어 제품을 수입하고 싶어도 못하는 경우가 허다하다. 가끔씩 통관을 수월히 할 수 있는 빅 바이어가 있을 수 있으며 통관은 문제없다고 큰 소리치는 바이어들이 있는데 이에 현혹되지 말고 차근차근 바이어의 능력을 검증하는 노력이 필요하다. 통관 문제로 잠재력 있는 바이어를 놓칠 수 있는 경우, 상대적으로 통관이 수월한 블라디보스톡에서 통관을 권유하는 것이 바람직하다.

전통적으로 러시아 영세수입업자들은 4~5만 달러의 소량주문, 2주 이내의 단기 딜리버리를 선호하는 경향을 보인다. 그러나 최근에는 제3국을 통한 L/C 베이스 거래가 늘어나고 있어 대(對)러 수출의 대금결제 안정성이 과거에 비해서 많이 높아진 편이다. 그러나 아직도 러시아의 금융 인프라가 미비해 T/T 및 현찰거래 관행이 좀 더 많은 편이다. 또한 법·제도의 투명성이 부족하고, 세금 탈루를 위해 소비재의 경우 보따리 장사와 밀무역이 아직도 근절되지 않고 있다.

러시아 바이어와 무역거래를 할 때 바이어가 흔히 요구하는 것이 결제방식에서 대금의 일부를 선결제하고, 일부는 추후에 지불하겠다는 조건이다. 즉, 대금의 50%는 물건을 선적하기 전에 T/T 방식으로 지불하고, 나머지는 선적한 후에 몇 달 이내로 주겠다고 요구를 하는 것이다. 이런 식으로 몇 번 거래를 해 상대방에 대한 신뢰가 어느 정도 보장된다면 괜찮을 수도 있지만, 처음 거래를 하면서 이와 같은 조건을 내거는 경우 수출자로서는 당혹스러운 일이 아닐 수 없다. 거래를 하지 않기도 애매하고, 하기도 불안한 딜레마에 빠질 수 있다. 이런 경우는 어느 정도 시간적 여유가 있다면 거래상대방에 대한 신용조사를 실시하고 나서 거래를 하는 것이 좋다.

그리고 가능한 선수금을 많이 받아두는 것이 좋다. L/C를 개설했을 경우도 한국무역보험공사에 수출보험을 들어두는 것이 현명한 처사이다. 이외에 D/A, D/P 거래를 하는 경우는 반드시 수출보험을 들어둬야 한다. 최근에는 러시아 석유회사의 아는 사람을 통해서 원유를 수입할 수 있게 해주겠다는 식으로 접근을 하는 무역사기도 발생한 적이 있다. 러시아에서는 개별기업이 원유를 수출하는 것은 매우 어렵기 때문에 개인을 통한 사업수행은 거의 불가능하다는 점을 기억해야 한다.

4 미국

미국에서 모든 상거래 관련 계약서는 표준계약서와 첨부계약서가 있는데 이 중 첨부계약서는 당사자들 간 협약하는 사항으로서 매우 주의해서 계약해야 한다. 특히 계약서 모퉁이 등에 작은 글씨로 된 조건들이 숨겨지다시피 기입되어 있는 경우가 많으므로 최종 결정 시 자세히 읽어보도록 한다.

미국 바이어들의 한국기업에 대한 가장 많은 불만중의 하나는 수차례의 레터나 팩스 발송에도 불구하고 회신이 없다는 점이다. 비록 바이어가 원하는 제품이 한국기업과 관련이 없을 때에도 편지에 감사하다는 답장을 꼭 보내는 것이 향후 비즈니스 관계 수립에 매우 유리하다. 꼭 이루어야 할 비즈니스가 있을 경우에는 사전에 정확한 정보 교환 후 Face to Face에 의한 상담이 성과가 높다. 아울러 바이어 초기 접촉 시 제품에 대한 설명과 이해를 돕기 위해 한국기업의 영문 홈페이지가 필요하다.

미국 바이어들은 상담할 경우 시간을 낭비하지 않고 능률적으로 진행하기를 좋아한다. 상담하고자 하는 내용은 간단한 것부터 시작해서 복잡한 것에 이르는 것이 좋으며 만일 상대방이 잘 이해를 못할 경우에는 상담하고자 하는 내용을 종이에 간단하게 쓰든가 그림을 그리면서 핵심적인 사항을 이해시키는 것이 필요하다. 또 주의할 점은 미국인들은 어려서부터 신용의 중요함을 배우고 있어 말로 한 약속도 계약서를 작성한 것과 동일하게 생각한다. 따라서 상대방이 요구하는 사항에 대해서 자신도 모르게 말로 승낙을 하지 않아야 한다.

바이어와의 면담에서 Warehouse의 유무, Delivery 방법이나 통관절차, 지불조건 등에 대해 정확한 대응방안이 있어야 한다. 통상적으로 바이어를 접촉하면 대부분의 기업들이 가격 정보 외에도 위의 사항들을 함께 문의하는 경우가 많은데 신속하게 답변을 주고 일을 처리해 간다는 인상을 주는 것이 거래를 성사시키는 핵심 요소이다. 항상 바이어 입장에서 생각하면서 상담을 하는 것이 중요하다. 바이어와의 상담은 분명히 제로섬 게임을 하고 있는 것이지만 바이어와의 신뢰 구축을 위한 상담을 하는 것이 장기적으로 바이어와의 거래관계를 이어가는 유일한 방법이다. 가능한 것은 가능하다고 어려운 것은 어렵다고 말하고 같이 방법을 찾아보는 노력을 보인다면 바이어는 분명히 신뢰할 것이다.

대부분의 초기 주문은 Trial Order로서 다품종 소량주문일 가능성이 높으며, 거래 결과를 통해 추가 주문이 늘어나는 방식이 일반적이므로 최소 주문량을 높게 설정하는 것은 바람직하지 않을 수 있다. 가격 정보를 보내면서 가격 대비 품질이나 AS 또는 기타 가격 차이를 보완할 장점들을 함께 보냄으로써 바이어들이 가격에만 집중하지 않도록 유도해야 한다. 첫 접촉 시 미국 내에 평판(인지도)을 굉장히 중요하게 여기므로 회사 소개 시 선진국 시장에 수출한 경력, 전문 제조기술 보유 등을 강조할 필요가 있으며 일반적으로 회사규모, 설립연도, 연간 매출액 등이 명기된 회사 소개서를 사전에 준비해 바이어에게 전달하는 것이 바람직하다. 미국 바이어들을 처음 접촉할 때 요구되는 것은 영문 카탈로그, 회사와 제품 소개서, 가격표와 영문 홈페이지 주소, 담당자 정보, 필요에 따라 샘플 등이 요구된다.

중요 서류 등은 직접 우편으로 주고받는 것이 좋으며 이메일로 바이어를 접촉하는 경우 스팸메일로 처리되는 경우가 상당히 많으므로 유의해야 하며 우편 송부 3~6주 후에 반드시 전화, 팩스 등으로 자료의 접수여부를 확인하면서 검토 결과를 문의하는 것이 바람직하다.

무역거래는 계약서 작성이 중요하다. 무역거래에서는 특별히 거래조건을 명확히 하는 것이 필요하다. 가격과 Delivery 조건이 FOB, FAS, CIF 중 어느 것인지 명기해서 공급업체와 바이어의 책임이 어느 선까지인지 확실하게 하는 것이 바람직하다. 지적재산권이 있는 제품의 경우 지적재산권에 대한 침해가 없도록 경쟁업체에게 노하우나 기술을 노출하지 않도록 계약서에 명시하고 또한 반품, 교체 등에 대한 책임도 누가 질 것인지 명확히 해둘 필요가 있다.

미국 바이어들은 전 세계 공급업체들이 제품을 팔려고 접촉을 하기 때문에 일반적으로 오더를 신중하게 진행하는 편이다. 따라서 바이어에게 자사 제품이나 거래조건이 다른 공급자들에 비해 경쟁적임을 잘 알리는 노력이 필요하다. 첫 오더량은 새로운 공급업체를 시험하기 위한 오더이기 때문에 물량이 적은 것이 대부분이다. 따라서 시험 오더가 작다고 생각하기 이전에 다음에 올 큰 오더를 받기 위한 전초 단계의 오더라고 생각하는 것이 중요하다.

5 베트남

베트남 기업인과의 상담에는 느긋한 자세로 임하는 것이 필수적이다. 베트남 기업의 70~80% 정도가 국영기업이기 때문에 개인 기업과는 달리 의사결정에 상당한 기간이 소요된다는 점을 이해해야 한다. 신속한 업무진행과 의사결정을 바라는 한국 기업들은 이 때문에 조급해 하고 서두르는 나머지 상담의 주도권을 빼앗기는 경우가 있다. 베트남에서 한국 사람들은 성질이 급한 것으로 악명이 높다. 베트남 사람들도 일반적으로 느긋하고 여유로운 성격이라고 보기는 힘들지만 비즈니스에 있어서는 맺고 끊는 것이 분명치 않은 편이다. 특히 면전에서 거절하는 것은 예의가 아니라고 생각하는 까닭에 우선은 습관적으로 긍정하는 것에 익숙해질 필요가 있다.

베트남 업체들은 외국 업체들의 이메일에 회신을 잘하지 않는 특성이 있다. 베트남의 경우, 영어가 쉽게 통용되지는 않기 때문에 베트남 업체 담당자가 영어를 잘 몰라서 그러는 경우가 있고, 전화를 통한 영어로의 의사소통을 선호하지 않으며, 협상을 유리하게 이끌기 위해 일부러 회신을 지연하는 경우도 있다. 그러나 회신을 재촉하거나 신속한 의사결정을 요구할 경우 오히려 협상의 주도권을 잃게 되는 경우도 있으므로 주의를 요한다.

또한 베트남 업체들은 일반적으로 직접 만나기 이전까지 전화보다는 이메일 및 문서를 통한 의사소통을 선호하며, 계약과정에서도 문서로의 대응을 선호한다. 단시간 내에 의사결정이 이루어지기보다는 시간이 걸리더라도 기록으로 남기는 편이며, 자료 요구 시 서류상으로 요청하고 회신하는 것을 선호해 인내심이 필요하다. 우리 기업 입장에서 베트남 거래처와 상담 시 추후 근거 자료로서 문서로 남기는 자세가 요구된다.

베트남은 대부분의 거래선이 국영기업체이며, 아직까지 사회주의 시스템에서 크게 벗어나지 못해 의사결정에 상당한 시간이 소요된다. 특히 프로젝트 관련 부서가 많고, 어느 한 사람이 책임지고 주도적으로 진행하는 것이 아니라 운영위원회와 같은 프로젝트 전담팀이 구성되며, 상급 승인기관이 많아 짧은 기간 내에 해결할 수 있는 것도 상당한 시간을 요하는 경우가 허다하게 발생하여 서두를 경우 상당 부분의 양보가 불가피하다.

또한 베트남 수입상과의 계약서 작성 시 유의 사항으로는 첫째, 신용장 개설은행은 한국에서 인수 가능한 은행에 준해야 한다. 베트남 4대 국영은행 및 외국계 합작은행의 경우는 큰 문제가 없다. 한국 내 Nego 은행에서 Confirm을 요구하는지의 여부도 확인하고 은행 측의 인수 거절 여부도 주의해야 한다. 둘째, 시황에 민감한 품목의 경우 대상 수요처 선정 시 신중을 기해야 한다. 시황에 따라 가격 변동이 심한 품목은 계약 체결 시 안전장치를 해두고서 계약을 추진해야 한다. 철강의 경우, 시황에 민감한 품목인 BILLET의 가격이 떨어질 경우, 바이어 측에서 일방적으로 계약을 취소하는 경우가 많다. 따라서 시황에 민감한 품목은 가능한 실수요자 위주의 판매가 권고된다. 아울러 수입관세를 줄이기 위해 언더밸류를 요구하는 경우가 많다. 차액에 대한 합법적인 송금은 불가하며 따라서 이에 대한 사전 장치를 마련한 후 계약을 진행한다.

6 브라질

브라질 기업과 상담 시 유의할 점은 첫째, 여유를 가져야 한다. 브라질인들에게 한국식으로 독촉할 경우 사업에 실패하거나 이해할 수 없는 사람으로 오해받기 쉽다. 급할 경우에도 표정은 느긋하게 짓고 상담은 축구, 삼바, 기후 등 부드러운 화제로 시작하는 것이 중요하다. 둘째, 브라질인들은 자국이 중남미 최대 경제대국이란 자부심을 늘 가지고 있어 브라질인들이나 브라질산 제품을 무시하는 발언은 절대 삼가야 한다. 셋째, 브라질은 이민국가라는 점을 잊지 말아야 한다. 상파울루에서 상권은 주로 이탈리아계, 독일계, 중동계, 유대계, 스페인계가 장악하고 있고 우리가 상대하는 기업인들도 대부분 이들로 봐도 무방하다. 따라서 중동계 바이어와 상담을 하면서 이스라엘을 편든다거나 이탈리아계 바이어와 만나면서 이탈리아인들의 단점을 얘기하는 것은 곤란하기 때문에 바이어 또는 소속 기업의 국적을 미리 알고 있어야 실수가 없다. 넷째, 브라질에서는 신뢰관계가 중요하다는 점이다. 브라질은 이민사회로 구성되어 있고 과거 식민지와 군정시대를 경험하면서 신뢰관계와 인맥을 매우 중시한다. 브라질인들이 손해를 보면서까지 거래선을 잘 바꾸려 하지 않는 것도 인간관계와 신뢰의 중요성 때문이다. 마지막으로 브라질에서는 외상거래 비중이 높다. 브라질은 세계에서 이자율이 가장 높은 국가 중에 하나이고 관행적으로 외상거래가 일반화되어 있어 외상거래를 선호한다. 따라서 상담 시 융통성 있는 상담자세가 필요하며 만일의 사태에 대비해 신용상태 파악이나 수출보험에 부보하는 것이 필요하다.

브라질 사람들은 대체적으로 말이 많다. 맥주 한잔, 커피 한잔을 두고도 한두 시간을 떠드는 것은 기본이며 은행창구 직원들끼리, 관공서 직원들끼리도 기다리는 사람 생각 안 하고 업무 도중 사적인 얘기를 하는 경우도 많다. 한국식 사고방식으로는 여유만만하고 나태하다는 생각이 들기 마련인데 브라질 사람들은 우리가 단도직입적으로 본론으로 들어가는 것에 대해 여유가 없다고 거북스러워 할 수가 있다. 따라서 무역관에서 비즈니스 일정이 잡힌 한국 기업인들에게는 상담에 앞서 보통 날씨나 축구얘기, 음식(브라질의 슈하스꾸-바베큐, 나까이삐리냐-술) 등에 관한 얘기로 말문을 트고 본론으로 들어갈 것을 권장한다. 브라질 사람들은 자신이 좋아하는 축구팀에 대한 이야기를 하면 시간가는 줄 모르고 대화를 하며 대부분의 사람들이 축구에 관한 국내외 정보를 많이 알고 있다.

그런데 이러한 일반적 얘기로 대화를 시작할 때 주의할 점은 상대방의 감정을 상하지 않도록 해야 한다는 점이다. 대화를 매끄럽게 하려면 다양한 소재를 갖고 대화 분위기를 조성한 다음 본론으로 들어가는 것이 좋다. 브라질인은 인생을 즐기는 편이고 가족 위주의 생활을 한다. 그래서 대화의 소재 취미생활(여행, 낚시, 테니스, 스쿼시 등 상대방의 취미 생활을 중심으로)이나 음식(브라질인은 고기요리나 포도주를 좋아한다) 등이 비교적 가벼운 소재이며 축구에 대해 언급할 경우 상대방의 축구팀을 사전에 알고 대화를 할 수 있으면 좋다.

한편, 브라질인의 감정을 자극하기 쉬운 소재는 가급적 꺼내지 않는 것이 좋다. 자신이 여타 중남미 지역에서 거주한 경험이 있다고 하더라도 이러한 경험을 일방적으로 꺼내 대화 소재로 사용할 필요는 없다. 브라질인은 다른 라틴 아메리카인과는 차별되는 브라질 대륙 사람이라는 자긍심이 대단하기 때문이다. 그래서 브라질인은 라틴 아메리카인보다는 아메리카인, 이보다는 브라질인으로 불리기를 원한다. 이러한 점이 대륙 국가의 특성이다. 이러한 대륙인의 기질 때문에 브라질을 비판하는 것을 싫어한다.

또한, 거래 시 브라질 사람들은 대체적으로 의심이 많은 편이라 처음에는 소량 거래로 신용을 쌓아가는 편을 선호하여 처음부터 대량거래를 기대하면 안 된다. 양자간의 관계가 무르익은 후 대규모의 거래가 이루어지는 것이 일반적이고 이렇게 신뢰가 쌓이면 웬만한 경우 아니면 거래선을 잘 바꾸지 않는 것도 브라질인들의 특색이다.

출장 시 제품 카탈로그는 필수로 챙겨오고 가능하면 샘플을 가져와 직접 보여주는 것이 좋다. 브라질 사람은 직접 눈으로 보고 만져보는 것을 좋아하기 때문이다. 제품이 아무리 훌륭해도 카탈로그만으로는 우수성을 전달하기 어렵기 때문에 무거운 장비나 기계가 아닌 이상 샘플을 가져오는 것이 비즈니스 성공률 제고에 도움이 된다.

상담을 마친 후 한국으로 돌아가서 여러 번 연락을 해도 회신이 없을 경우 포기하지 말고 지속적으로 연락을 취할 필요가 있다. 브라질 사람은 남미인 특유의 여유로움이 지나쳐 매사 업무처리가 신속하지 않은 편이며, 수차례 연락해야 겨우 회신하는 경우도 흔하다. 이와는 반대로 한국 업체가 회신이 늦어지는 상황도 종종 접할 수 있다. 한국 업체가 보기에 브라질 업체가 거래할 만한 규모나 자질을 갖추지 못했다고 판단되었을 경우에라도 반드시 정중한 표현으로 거래의사가 없음을 통보하여야만 불필요한 기대감 또는 불만을 미연에 방지 할 수 있다.

한편, 계약 관행상으로 브라질은 세계에서 이자율이 가장 높은 국가 중에 하나이고 관행적으로 외상거래가 일반화되어 있어 외상거래를 선호한다. 따라서 상담 시 융통성 있는 상담자세가 필요하며 만일의 사태에 대비 해 신용상태 파악이나 수출보험에 부보하는 것이 필요하다. 최근 통관검사 강화로 밀수, 언더밸류 등 비정상 상거래가 많이 축소되었으나 아직도 상당 부분 비정상적인 상거래가 잔존하고 있음을 알아두는 것이 좋다. 또한 브라질은 상사분쟁관련 국제협정(ICSID)이 미체결되어 있어 분쟁발생 시 해결이 어려우므로 사전에 유능한 변호사를 고용하여 만일의 경우 필요한 서류 등을 꼼꼼히 챙겨놓는 것이 중요하다.

마지막으로, 브라질인과 협상 중에 팀을 자주 바꾸지 않는 것이 좋다. 브라질 기업인이 한국인과 협상할 때 가장 어려워하는 점이 두 가지가 있다. 하나는 협상테이블에 한국어를 자주 사용하는 경우가 많다는 점이고, 또 하나는 협상과정에 담당자가 수시로 바뀐다는 점이다. 브라질 기업인이 영어로 의사소통이 어려운 경우 통역사를 동반하는 경우가 많다. 이때 회의도중 통역사와 너무 장시간 한국어로 말하는 것은 예의에 어긋난다. 브라질 기업인은 대화에 대한 호기심이 많은 사람들이기 때문이다. 한국 기업이 브라질 기업과 협상할 때 교포 에이전트를 동반하는 경우가 많다. 교포 에이전트는 중간에 포르투갈어로 통역을 하거나 또는 협상 내용에 깊이 관여하는 경우가 종종 있다. 브라질 기업인은 누가 협상의 주체가 되는가에 관심이 커서 한국에서 파견된 직원이 협상의 주체가 된다면 주저 없이 영어로 대화할 것을 원한다. 협상에서 회의참여자가 모두 이해할 수 있는 공통 언어를 정하자는 것이다. 그리고 중간에 통역을 대동할 경우에는 반드시 직접 통역을 하도록 하고 통역 역할 이상의 개입을 하지 않도록 주의를 주어야 한다. 그리고 담당자가 수시로 바뀌면 브라질인의 신뢰를 통한 친밀한 인간관계를 중시하는 특성상 관계형성이 힘들기 때문에 한 사람이 꾸준히 담당을 하면서 지속적으로 신뢰감을 쌓는 것이 매우 중요하다. 또한 브라질인들은 거래 시 이해관계가 없는 경우 다소 느긋한 성격이나 자신의 이익이 관련 될 경우 매우 민감한 반응을 나타내어 돌변하는 경우도 있다.

7 싱가포르

동남아시아를 넘어 전 세계의 중계무역기지 역할을 하고 있는 싱가포르에는 재

수출용으로 제품을 수입하고 수출하는 바이어들의 비중이 상당히 높은 편이다. 이에 다품종소량 주문체제를 택하는 경우가 많은데, 이는 인근시장에 해당제품의 수요가 어느 정도인지 먼저 파악하기 위함이다. 따라서 첫 거래부터 최소주문량을 너무 높게 설정하면 바이어는 거래를 쉽게 포기하게 됨을 유의할 필요가 있다. 또한 제반 거래활동 과정을 서면으로 처리하고 이의 기록을 보관해 둘 필요가 있다. 특히 격식, 문구 하나하나에 신경을 써야 한다. 거래를 처음 진행하고자 하는 경우에는 더욱 그렇다. 레터 형식만 보고도 어느 정도의 회사라는 선입견을 갖는 경우가 많다. 싱가포르에서는 영어가 비즈니스 공식 언어로 사용되고 있어 싱가포르인들의 영어 구사 수준은 상당히 높은 편이다.

싱가포르 바이어들이 한국 업체들과 거래 시 가장 큰 어려움이 한국 업체에서 영어를 제대로 구사하지 못해 의사소통에 애로가 있다는 것이므로 제품이나 회사에 대한 정확한 영어 표현은 물론 미팅 시 편안한 의사소통이 가능하도록 준비할 필요가 있다. 문서 송수신시에는 문서번호(Reference No)를 반드시 확인해 두어야 한다. 향후 문제 발생 시, 주고받은 문서는 문제 해결의 중요한 단서가 된다. 클레임을 제기하는 레터를 접수했다면 이에 대해 서면으로 적절히 대응해야 한다. 한국 업체로부터 회신이 없을 시 바이어에게 유리한 입장에서 해석하는 경우가 많다. 과거 결제 방식을 D/A로 계약한 이후, 바이어가 레터를 통해 클레임을 제기했으나 이에 대해 수출업자의 대응이 미진해서 결국 대금 미결제 건으로 이어진 적도 있었다.

현지 바이어들은 제품 품질이 우수하고 경쟁력이 있다고 판단되면, 독점 에이전트십을 요구하는 경우가 많다. 현지 바이어들은 보통 싱가포르는 물론 인근 국가로의 재수출 등을 병행하므로 독점권은 싱가포르에만 국한되지 않는다. 독점 에이전트십을 요청받을 경우 조건이 좋다고 선뜻 받아들이기보다는 업체의 신뢰성과 유통 능력 등 여러 측면에서 일정기간 검토해보고 신중한 태도를 견지하는 것이 바람직하다. 따라서 계약 전 시험적으로 거래를 해보는 것이 좋다. 싱가포르 바이어들의 가격협상 태도는 매우 직설적이며 집요하다. 제품의 가격 결정구조에 대해 잘 인식하고 있으며 원가 수준으로 터무니없게 느껴질 정도의 가격을 제시하기도 한다. 바이어들의 이러한 요구에 지나치게 화를 내는 것은 바람직하지 않으며 논리적으로 잘 대응해야 한다. 또한 싱가포르 바이어들은 취급 제품에 대한 시장동향을 상당히 잘 파악하고 있으므로 상담 시 자세히 모르는 사항을 아는 척하면 신뢰성을 떨어뜨릴 수도 있다는 점에 유의한다.

　　바이어 사무실을 방문하여 상담하는 경우, 사무실의 규모가 작다거나 위치가 구석진 곳에 있다는 등의 이유로 바이어를 가볍게 보는 것은 바람직하지 않다. 사무실의 규모나 시설수준이 떨어지더라도 상당한 물량을 취급하는 알찬 바이어들이 있으므로 겉만 보고 판단하기는 어렵다. 또한 바이어들의 옷차림새가 초라하더라도 외모로 판단하지 않도록 한다.

　　싱가포르 바이어들은 철저한 비즈니스 마인드가 되어있어 상담 내용이 처음부터 구체적이고 속도가 빠르다. 관심 품목의 경우 상담 내용이 진지하고 후속 상담이 이어진다. Quotation 관련해서는 FOB 및 CIF 방식 모두 사용 가능하며 큰 오더인 경우 FOB 조건을 선호하고 보통의 경우는 FOB, CIF 방식 모두 사용한다. 소량 주문 시에는 T/T방식도 많이 사용하나 통상적으로는 L/C 거래를 추진한다. L/C는 싱가포르 내 은행에서 발행한 것이 바람직하다(주변국 L/C는 검토 필요).

　　싱가포르 바이어는 거래를 소량 오더부터 시작하는 경향이 강하다. Big Buyer 라고 하더라도 처음부터 대량 오더는 하지 않고 점차 주문량을 늘려나간다. 이는 제품의 테스트 및 싱가포르의 작은 시장규모를 감안한 행동으로 초반부터 일정규모 이상의 수입을 요구하는 것은 바이어에게 무리한 조건이 될 수 있으므로 삼가하는 것이 좋다. 싱가포르 시장은 완전 경쟁 상태이고 한국을 비롯한 전 세계 주요국에 있는 공급업체들이 시장 개척을 위하여 현지 바이어들에게 수시로 접촉함에 따라 가격 및 시장동향에 대해서는 상당한 수준의 정보를 보유하고 있다. 따라서 이러한 것을 바탕으로 가격 인하 협상 능력은 상당하며 집요하기까지 하다.

8 영국

　　상담 및 계약 체결 시 영국 바이어의 가장 큰 관심사는 가격, 품질(인증획득유무), 배송기간 등 객관적 지표이다. 아울러 A/S가 필요한 제품의 경우 구체적인 A/S 대안을 미리 알려주는 것이 좋다. 일반적으로 영국 바이어들은 CE마크 획득 여부를 가장 많이 문의하며 일부 제품의 경우는 CE 마크보다 획득이 더 까다로운 BSI(영국 표준협회)의 KITE 마크를 요구하는 경우도 있다. 제품에 따라 ISO 인증을 요구하기도 하는데 이러한 인증이 없을 경우에는 거래 여부를 결정할 때 불리하게 작용될 수 있으므로 각 제품마다 어떤 인증이 필요한지를 사전에 조사해 준비하는 것이 바람직하다. 또한 회사 규모, 설립연도, 연간 매출액, 제조 설비 등과 같은 일반적인 정보 제공과 함께 선진국 시장 수출 경력, 전문 제조기술 보유 여부 등을 강조할 필요가 있다.

일반적으로 영국 업체들은 제품 검토부터 첫 구매까지는 상당한 시일이 소요되며 기존 공급업체와 비교, 확실한 거래상의 이점이 있을 경우에만 거래선을 전환하는 경향이 있다. 따라서 기존 공급업체 제품의 가격, 품질, 운송 및 A/S 지원 여부까지 세밀히 검토한 후 거래선을 정하기 때문에 관심 표명 후 첫 거래까지는 인내심을 가지고 꾸준히 접촉을 해야 한다. 충분히 검토할 시간을 주는 것이 바람직하며 아직 검토 중이라고 한다면 일처리에 있어 서두르지 않고 세밀하게 검토하는 영국인들의 성향을 고려하여 너무 재촉하지 않는 것이 상대방에게 부담감을 주지 않는 방법이다. 또한 다품종 소량 주문이 많은 관계로 첫 거래부터 최소주문량을 너무 높게 설정하면 바이어는 거래를 쉽게 포기하게 됨을 유의해야 한다.

영국 바이어 초기 접촉 시 가장 중요한 점은 영국인이 이해할 수 있는 올바른 영어로 작성된 자료를 준비해야 한다. 반드시 원어민의 감수를 받아 오타 없이 잘 작성된 카탈로그, 가격표, 샘플 및 사용매뉴얼, 영문 홈페이지를 구비해야 하고 자료는 반드시 논리적으로 작성되어야 한다. 그렇지 않을 경우, 제품의 우수성에도 불구하고 영국 바이어의 초기 관심을 끌지 못해 수출로 이어질 기회를 놓칠 가능성도 있으므로 철저히 준비하는 것이 매우 중요하다.

또한 영국은 다른 유럽국가와 달리 자국의 제조업체가 거의 없어 수입에 의존하고 있는 제품군이 많은 편이므로 기존거래 중인 공급업체에 대한 조사와 다른 유럽국가와 비교해 동일 품목이라도 상이한 영국의 시장구조에 대한 이해가 선행 돼야한다. 특히 부품류 수출의 경우, 영국의 제조업이 많이 축소되어 생산 라인에 투입되는 각종 부품을 직접 수입하지 않고 디스트리뷰터나 에이전트를 통해 공급받는 경우가 많기 때문에 규모가 있고 유능한 디스트리뷰터나 에이전트 발굴이 중요하다.

9 이란

이란 바이어들은 통상 전화 및 서신으로 일반적인 정보 교류를 한 후 비즈니스상의 중요한 사항은 대부분 직접 대면 상담으로 결정하며, 특별한 사유가 없는 한 신규업체에 오더하기보다는 기존 거래선과의 거래를 유지하는 성향이 강하다. 상담시에도 개인적인 인사나 일반 사항에 대한 이야기가 주종을 이루어 한국 사람의 시

각에서는 많은 시간을 허비한다는 생각이 들 수도 있다. 거래 협상이나 계약 시에는 개인적인 이익보다는 공동의 이익, 즉 사회, 기업, 가족 등의 이익을 중시하는 경향이 있어 협상에 임할 때는 개인적인 면보다는 공동의 이익에 대해서 이야기하는 것이 설득력이 있다. 그러나 제품 광고에서는 개인에의 유용성을 부각시키는 것이 효과적이며 외국 상표가 부착된 물건은 좋은 제품이라는 인식이 강하고 위험을 감수하는 경향이 있기 때문에 새로운 상품을 소개해 보는 것도 좋다.

최초 상담 시 이란 바이어들의 공통적인 요구 사항은 가격 인하이며, 이는 실제 가격의 합리적 계산에 앞서, 되면 좋고 안 되면 그만이라는 "인샬라(ﺍﻧﺸﺎﺀﺍﻟﻠﻪ: 알라신의 뜻대로)" 식의 사고에 기인한다. 이란인은 선물을 주고받는 것을 매우 좋아하며 따라서 처음 대면할 때 작은 성의를 보일 수 있는 선물을 준비하는 것이 좋다. 선물의 종류는 한국 토산품 등이 적당하다.

보다 부드러운 상황에서 상담을 하기 위해 식사를 같이하는 것도 좋다. 이란인은 외국 음식보다는 현지식당(양고기, 케밥 등)을 더 좋아하는 경향이 있다. 이란은 이슬람 율법이 지배하는 나라로 상담 시 종교 및 내정에 대한 비판은 삼가야 하며 외국인(여성)의 경우도 히잡(스카프)을 쓰는 등 이슬람 율법을 준수해야 한다. 2500년 역사의 페르시아 후예답게 문화 및 자국에 대한 자부심이 강하므로 비판은 삼가는 것이 좋다.

이란 관공서의 경우, 일 처리가 다소 늦고 처리과정이 복잡하며 공무원에 대한 뇌물성 선물은 금하므로 주의해야 하나 조그만 선물은 인간관계 형성에 도움을 줄 수 있으므로 태극부채, 열쇠고리 등 한국을 상징하는 선물을 제공하는 것은 무방하다.

최초 상담에서 가격 인하 및 에이전트 요구 등 세부적인 사항이 언급되면 거래 관계가 성립되는 것으로 오해하기 쉬우나 이는 단지 상담술에 불과하다. 오퍼를 내더라도 10개 이상의 업체 가격을 비교하며 심지어는 P/I를 보여 주며 가격 인하를 요구하는 경우도 많다. 또한 P/I 발행 후 연락이 없어 잊고 있었던 업체로부터 1년 후에 L/C 개설 통보를 받는 경우도 있어 장기적인 관점에서 거래처 관리가 필요하다. 모든 것은 신에게 달려 있다는 인샬라 관습 때문에 매사에 느긋해 외국에 체류한 경험이 있거나 왕래가 잦은 사람을 제외하고는 대부분 약속 시간도 잘 지키지 않으며 이를 중요하게 생각하지 않는 경향이 있다. 이란 바이어는 상술이 뛰어난 페르시아 상인의 후예라는 점을 잊지 말고, 비즈니스에서는 모든 경우의 수를 따져서 철저히 대비하는 것이 바람직하다. 사소한 것일지라도 문서로서 증빙을 남겨 두는 것이 좋다.

이란 시장은 가격, 브랜드, 안면 시장으로 정의되곤 한다. 현지 에이전트를 통하지 않고는 진출이 여의치 않은 점을 이용, 현지 바이어들의 경우 최초 수입 상담 시부터 가격 인하 조건을 서슴없이 내세우는 경향이 강하다. 일단 가격 인하 조건 수용 시 2, 3차에 걸쳐 계속적으로 가격 인하를 요구하므로 최초 상담 시 가격 인하 조건을 수용하기보다는 품질 우수성 등을 내세워 합리적인 가격 형성에 각별히 신경을 써야 한다.

이란의 경우는 최초 상담 이후 거래에 소요되는 시간이 최단 1년 이상으로 거래 성약에 오랜 시간이 소요되고 있음을 고려하여 이에 대응한 상담 전략 마련이 필요하다. P/I 발급과 계약 체결 후 1년 가까이 L/C를 개설하지 않고 있다가 더 싼 가격에 공급을 받을 수 있는 공급업자가 있으면 체결된 계약을 일방적으로 파기하는 경우도 종종 있다. 참고로 한국 공급업체는 업체 사정상 수익도 중요하지만 대개 일정 부분의 이윤을 포기하더라도 일단 거래를 성사시키려고 하나 이란 바이어는 대부분이 자사 창고에 다량의 재고를 보유하고 있으므로 상담 시 조급함을 보이지 말고 신중을 기해야 한다.

또한 중국에 「만만디 문화」가 있다면 이란에는 「야보시(Slow) 문화」가 있다. 최초 상담 이후 거래 성약에 이르는 평균 시간은 최소 1년 정도 고려해야 한다. 이란 비즈니스맨들은 최초 상담 시 서슴없이 가격인하를 요구하지만 이란 바이어의 가격 인하 조건을 즉시 수용하더라도 계약 체결로 이어질 가능성은 불확실하다. 즉 또 다른 국내업체에게 인하된 P/I 가격을 제시하면서 똑같은 요구를 하곤 하므로 가격인하 요구 수용보다는 바이어가 제시한 P/I상의 제품과 자사 제품 간의 품질 차별화 등을 부각시키는 것이 효과적이다.

국내 공급업체가 가격 인하 조건을 수용하고 적극적으로 바이어를 공략하더라도 거래 성사 가능성은 낮지만, 현지 바이어가 수많은 공급업체를 상대해 본 후 상당 시간이 흘러 (공급업체 입장에서 바이어를 잊을 만한 시점) 국내 공급업체를 접촉하는 경우, 거래 성약 가능성이 높다. 이는 이란 바이어들이 취득한 I/L(Import License)의 유효 기간이 특정거래를 제외하고는 주로 3월인 회계연도 내에 만료되기 때문이다.

이란 비즈니스맨들과 상담을 하다 보면 으레 부딪히는 문제가 Under Value 및 Over Value 문제이다. 현지 바이어들의 경우 통상적으로 20~30%의 Over Value를 선호한다. 이 경우는 신용장을 Over Value 금액으로 개설한 뒤, 국내 공급업체가 대금 결제 후 Over Value 분의 금액을 해당 바이어에게 되돌려 줘야 한다. Refund 는 주로 바이어의 3국 계좌 입금 또는 Cash 형태로 진행된다. Over Value 거래를 진행하는 국내업체들의 일반적 대응 조건은 Over Value 금액 송금을 위한 은행수 수료와 Over Value 금액을 기준으로 한 6~10%의 이란 내 법인세는 바이어가 부담 한다(실제 이란의 국내 법인세는 25%대에 달하나 상호 거래 파트너임을 감안, 최소한의 경비 만 바이어에게 전가한다.).

10 인도

인도와 수출거래 시 유념해야 할 사항은 인도의 경우 대표적인 가격시장이라는 것을 항상 염두에 두어야 한다. 품질만을 강조해서는 결코 성공하기 어렵다. 가능하 다면 제품의 기능을 옵션으로 두어 기능을 줄이는 한이 있더라도 가격에 융통성을 줄 수 있는 것이 좋다. 따라서 가격 협상은 최소한 몇 차례를 각오해야 한다. 오늘 가격 협상을 끝냈다고 생각한 경우도 다음날 다시 가격 인하를 요구해오는 경우가 허다하다. 따라서 마지막까지 가격의 마지노선을 제시하지 않는 것이 좋다.

또한 대금 결제는 처음부터 L/C나 T/T로 해야 한다. 인도인들 사이의 거래에서 도 대금을 지불하지 않으면 물건을 주지 않는다고 할 정도이다. 대금 결제에서 신용 을 제공하는 것은 문제의 불씨를 만드는 것이나 마찬가지라고 생각해야 한다. 특히 거래 규모가 클수록 신용 위험이 더 높다는 점도 염두에 두어야 한다. 인도에 진출 한 역사가 오래된 기업들도 인도 대기업에 납품 시 신용을 제공했다가 대금을 떼이 는 사례가 종종 발생하고 있다.

아울러 일정 규모 이상의 거래는 선적 시 바이어로 하여금 선적 전에 제품을 검사하거나 그에 준하는 동의를 얻어 내는 것이 좋다. 단순히 샘플로만 합의하고 선 적한 경우 나중에 제품의 불량이나 하자를 이유로 제품 도착 후 제품 수령을 거절 하는 사례를 종종 보게 된다. 또한 이를 빌미로 가격 인하를 요구하면서 터무니없이 낮은 가격을 제시하는 경우가 많은 것으로 알려지고 있다.

인도 바이어들과 계약서 작성 시 먼저 계약서를 꼼꼼히 검토하는 것은 기본이 다. 제품 검사에 대해서도 특정한 경우 검사에 소요되는 기간이나 비용을 미리 확인 하여 비용에 반영하여야 한다. 의외로 까다로운 조건과 많은 비용이 수반되는 경우가 많고, 검사기준도 마찬가지이다. 이는 첫 거래인 경우 더욱 유의해야 할 사항이다. 다음으로는 제품의 성능 등에 대해서는 그 기준을 명확히 해야 한다. 애매한 표현은 화를 자초하거나 제품 수령을 거절하는 빌미를 제공하게 된다. 예를 들어 농산물 선별 기계가 99% 선별력을 갖는다고 설명하였는데, 나중에 바이어가 기계를 이용하여 곡물을 선별한 결과를 손으로 확인하여 세어보고 실제 98% 밖에 되지 않는다고 해서 제값을 받지 못한 사례도 있었다.

또한 계약에 관한 모든 사항은 반드시 문서로 작성해두어야 한다. 인도 업체는 강력한 상인 카스트 커뮤니티를 구성하며 구전 마케팅의 대표적 시장이다. 이는 소개 영업에 큰 도움이 될 수 있으나, 단순히 선언적인 내용을 말로 약속한 것은 인도와의 거래에서 아무런 의미가 없다. 오히려 나중에 분쟁의 불씨로 작용하게 되므로 모든 중요한 사항은 반드시 문서로 남겨야 한다. 인도에서 경험이 많은 사람일수록 인도와의 거래에서 신사도(gentleman ship)는 없다고 잘라 말한다.

11 인도네시아

인도네시아는 일반적으로 가격시장이다. 인구의 대부분이 저소득층이기 때문에 가격이 수입을 결정하는 가장 중요한 요인이 되고 있다. 그렇지만 부유층도 수적으로 만만치가 않다. 인구의 약 10%를 중산층 이상으로 볼 때 2,000만 명이 넘는다. 이들의 연간 소득은 구매력 기준으로 1만 5천 달러 이상 되는 것으로 추정되고 있다. 또 경제발전에 따라 중산층의 규모도 점차적으로 늘어가고 있는 것으로 나타나고 있다.

저소득층들은 값싼 인도네시아산이나 중국산을 소비하고, 부유층들은 유럽, 미국, 일본산을 구매한다. 중산층들은 중국산을 쓰기에는 자존심이 상하고, 선진국 제품은 가격이 너무 비싸서 새로운 가격대의 상품을 찾게 되는데, 한국 상품들이 이 틈새를 파고들고 있다. 한국의 중저가 화장품이 인도네시아에서 인기를 끌고 있는 것도 이런 이유에서이다. 인도네시아 시장에 진출할 때는 중국산을 취급하는 바이어보다는 선진국산을 취급하는 바이어들을 접촉하는 것이 좋다. 중국산 수입 바이어는 가격을 중국산에 맞추려고 하기 때문이다. 대부분의 개도국 소비자들이 비슷하지만 인도네시아 소비자들도 유명 브랜드에 대한 선호도가 높은 편이다. 따라서 브랜드 홍보를 강화하는 노력이 필요하며, 최근 인기가 높아진 한류 드라마를 홍보

수단으로 활용하는 것도 전략적인 방법이 될 수 있다.

인도네시아는 외환거래가 자유화되어 있어 수입 대금결제에는 전혀 제한이 없다. 큰 거래에는 L/C를 사용하지만 전통적으로는 T/T를 선호한다. 지금도 소액의 거래에는 T/T가 많이 사용된다. 이 경우 대금지급 시점이 문제가 되는데 일부는 계약 시, 잔금은 선적 시 지급 하는 것이 일반적이다. 다만 거래가 진행되다 보면 신용거래를 요구하는 일이 많아 주의를 요한다. 특히 자본재의 경우, 신용거래를 희망하는 경우가 많은데 가급적 현지은행이나 한국무역보험공사와 같이 현지 신용도 조사가 가능한 기관과 연계된 신용공여를 모색해 보는 것이 바람직하다.

구매시즌은 품목마다 차이가 있겠지만 통상 가장 큰 구매시즌은 라마단 금식기간이 끝나는 르바란 휴일이다. 이때는 우리나라의 추석 명절처럼 선물을 사가지고 고향을 찾아가는 인구의 대이동이 이루어진다. 이 밖에 중국 화교들은 구정, 외국인들이나 기독교인들은 크리스마스, 연말연시가 큰 구매 시즌이다.

인도네시아에서 비즈니스를 하는 데는 인맥이 중요한 역할을 한다. 인간관계를 중요시 하는 측면도 있으나, 한편으로는 부정부패와도 관련이 있다. 정부나 정치계의 실력자와 연계가 되어 있어야 사업이 쉽게 풀리는 경우도 많다. 특히 40년 가까이 장기 집권한 수하르토 대통령 때 대통령 측근이 이권에 많이 개입하면서 인맥에 의한 비즈니스가 심화되었다. 어느 어느 실력자와 아는 사이라면서 접근하여 사기를 치는 경우도 허다하므로 주의를 요한다. 그러나 정말로 인도네시아에서는 인간관계가 중요하며, 특히 비즈니스계의 주류를 이루고 있는 화교상인들과는 돈독한 인간관계가 매우 중요하다. 오랫동안 거래를 하고 있는 사이면 웬만한 일로 거래선을 바꾸지 않는다. 또 이를 위해서는 스킨십이 필요하여 서신이나 전화로만 상담하기보다는 주기적으로 방문하여 얼굴을 맞대는 것이 좋다.

그리고 당장의 현실적인 이익보다는 장기적인 관점에서 사업을 추진하는 것이 좋다. 인도네시아 사람들은 빠른 결정을 잘하지 않는 편이다. 너무 조급하면 바이어에게 끌려가거나 일을 그르치기가 쉽다. 느긋하게 시간을 가지고 비즈니스에 임하는 것이 필요하다. 또한 인도네시아인들은 'No'라는 말을 잘 하지 않는다. 상대방과 대립하거나 반목하는 것을 싫어하는 성격 탓도 있을 것이다. 따라서 상대방의 태도에서 긍정과 부정을 느껴야지 말만 믿고 있다가는 낭패를 당하는 일이 많다. 현지에 세일즈 출장을 왔을 때는 적극성을 보였던 바이어가 사후에 별로 반응이 신통치 않고, 사후 연락하면 즉답을 피하곤 하는 일이 많은데 너무 조급해 하거나 지나친 기대도 하지 말고 냉정하게 대응하는 것이 좋다.

중국계 화교상인들의 경우 특히 상대방을 조바심 나게 하는 일이 많다. 이것만 해결해 주면 거래하겠다고 하여 들어주면 아무 대답이 없다가 이쪽에서 재촉하면 다시 또 다른 요구를 해 우리 측을 지치고 손들게 만드는 일이 많다. 중국인들은 협상을 잘하니 항상 이 점을 염두에 두고 오퍼를 하며 무리한 요구를 다 들어주지 말고 조금씩 들어주면서 느긋하게 기다리는 것이 바람직하다.

인도네시아인들은 거래를 시작하면서 독점 에이전트를 달라고 하는 경우가 많다. 그러나 믿을 수 없는 경우가 대부분이므로 1~2년 거래 관계를 보아가며 독점권을 주겠다고 정중히 거절하는 것이 좋다. 다만 독점을 주기 전, 1~2년 동안 몇 개의 기업을 통해 수출을 하고자 한다면 사전 거래업체에게 양해를 구하거나 통지를 하는 것이 좋다. 품목별 취급기업들이 많지 않아 사전 양해 없이 물건을 여러 업체에 준다면 순식간에 시장에서 소문이 나 오히려 부정적인 결과를 초래하기 쉽다.

12 일본

일본 바이어와의 상담 시에는 시종일관 타협적 자세를 견지하는 것이 중요하다. 일본인은 타협할 자세를 갖추고 있고 상대방의 의견을 경청하는 사람에게 호감을 가지기 때문이다. 그러므로 말이 너무 많거나 공격적이며 타협 자세가 갖추어져 있지 않은 사람은 경원하는 경향이 있으므로 주의가 요구된다. 또 상대방의 체면을 손상시킬 수 있는 노골적인 힘의 과시에 대해서는 대단히 불쾌한 인상을 가질 수 있다. 또한 직접적인 비판이나 거부는 피하는 것이 좋다. 일본 비즈니스에서는 직접적인 느낌을 주는 발언보다는 간접적인 태도 및 발언이 더 좋은 인상을 줄 수 있다.

상담 시 젊은 직원을 상담 대표로 보내는 것을 불쾌하게 받아들일 수 있으며 이 경우 상대회사가 상담에 큰 의미를 두지 않는다고 생각하기 쉽다. 반대로 규모가 크지 않은 상담에 임원급이 참석하면 압력을 가하고 있다는 인상을 줄 수 있으므로 상담 대표로는 중간 관리층이 가장 적당하다. 상담 시에는 정확하고 간결한 표현을 사용해야 하며 비어나 속어는 사용을 자제해야 한다. 그러나 오랫동안 거래하여 서로 간에 잘 아는 사이일 경우는 농담이나 익살스런 표현을 사용해도 무방하다.

프리젠테이션의 경우, 제공 상품이나 서비스가 어떻게 그리고 어느 정도로 일본 측에게 플러스 요인으로 작용할지에 대해서 설명할 필요가 있다. 그러므로 평소에 일본 경제 및 비즈니스, 상품 등에 대한 배경 지식을 쌓아야 한다. 또한 상품 가격이나 회사 매출 등 금액에 대해 설명하는 경우, 미화뿐만 아니라 일본 엔화로 어느 정도 되는 금액인지, 그리고 환율은 어느 정도로 계산했는지 자세히 제시하는 것이 중요하다.

일본 기업은 기본적으로 거래선을 바꾸는 것을 싫어하며 가능한 한 동일기업과 오래 거래하기를 희망하는 경향이 있기 때문에 거래선 선정에 대단히 신중하다. 따라서 첫 상담에서 비즈니스를 본격적으로 시작하려는 과욕은 금물이며 무엇보다 처음 상담에서는 일본 측에게 신뢰할 수 있고 거래를 해도 안전한 상대방이라는 인식을 심어주는 것이 중요하다. 다시 말해서 일본 기업과의 거래는 장기적인 안목에서 추진하여야 하며 지나치게 눈앞의 이익에만 급급해하는 한탕주의의 거래 태도는 버려야 한다. 또한 상대방의 발언을 가로막지 말아야 한다. 대화도중 상대방의 발언을 가로막는 것은 대단한 실례이기 때문이다. 비록 상대방의 이야기가 요점을 벗어나고 있더라도 끝까지 들어준 후 얘기가 끝나면 "예. 그렇습니다만"이라고 발언을 시작하는 것이 좋다.

끝으로 상대방의 질문이 없으면 관심이 없다는 의미일 수 있다. 겸손은 일본인의 미덕이므로 일본인은 상대방의 상품에 관심이 전혀 없더라도 말로는 표현하지 않는다. 따라서 질문이 전혀 없거나 간단한 대답만을 하는 등의 경우는 관심이 없다는 의사표시로 생각할 수 있다. 일본시장은 처음 들어오기는 어렵지만, 일단 들어오면 지속적으로 거래를 유지할 수 있는 장점이 있다. 처음 방문하자마자 연회석을 마련하는 것은 금물이며, 추후 거래가 성약되고 거래관계가 잘 유지되며 상호간의 관계가 친밀해진 후에는 고려할 만하다.

상담 이전에 자사 카탈로그를 미리 상대방에게 전달하는 것은 꼼꼼하다는 인상을 심어줄 수 있어 상담에 유리하게 작용할 수 있다. 일본인은 회사의 규모나 실적 등을 중시하므로 회사의 규모나 연혁, 재정 상태를 알 수 있는 회사소개 자료나 공개해도 무방한 거래처 리스트 등의 자료를 카탈로그와 함께 제공하는 것이 상담에 매우 효과적이다. 특히 거래선 중 유력회사가 있다면 회사의 신용도를 크게 제고할 수 있다. 일본인들에게 활자는 진실에 버금가는 것이므로 무역이나 기타 분야의 정기간행물 등에 자사나 자사 제품에 대한 소개 기사가 게재되었을 경우 이것을 보여주면 더욱 신뢰도를 높일 수 있다. 자료는 기본적으로 일본어로 작성하는 것이 비즈

니스 상담에는 효과적이나 별도로 구비되지 않을 경우 영어 자료라도 준비하도록
한다.

13 중국

　일반적으로 중국인들은 상담 시 먼저 상대방을 치켜세우거나, 거래의 장밋빛
전망을 설명하여 상대방의 호감을 산 후 상담을 진행한다. 따라서 외국인은 냉정한
태도를 유지하며 철저한 사업 준비와 계획서를 갖고 거래에 임해야 한다. 아직 많은
기업인들이 시장 원리보다 인간관계를 우선하는 관습이 농후한데, 최근 들어 중국
자체 내에서도 상거래에 문제가 많이 발생하자 이해 관계자끼리 모여 하나의 단체
를 형성해서 단체에 속한 회원 간의 거래는 신용 중심으로 하고, 단체 외부와의 거
래는 철저한 경제 원리에 의존하는 경향이 나타나고 있다.

　중국 업체들은 시황이 좋지 않을 경우 종종 신용장이나 계약서, 원산지 증명서
의 잘못된 부분과 오타를 문제 삼아 계약내용을 변경한 다음에 가격 요구조건이 수
용될 경우 거래 대금을 지불한다. 또한 일부 중국인들은 거래만큼은 냉정하게 임하
고 이해득실의 계산에도 빨라서 친한 사람과도 손해 보는 장사는 하지 않으며, '내
가 생각해 주는 만큼 상대방도 알아주겠지' 하는 우리 식의 정서는 아주 친한 친구
관계가 아닌 한 통하지 않으니 담담한 마음으로 대상을 주의 깊게 살필 수 있는 자
세가 기본적으로 요구된다.

　중국의 법제 환경이 점차 개선되면서 계약서가 비즈니스의 기본이 되기 때문에
계약서 작성에 철저를 기해야 한다. 계약서 작성 시 한중 수출입 표준계약서를 이
용, 신중하게 작성하고 필요에 따라 법률 전문가의 감수 및 자문을 받는 것이 좋다.
회사를 대표하여 계약을 할 수 있는지를 확인하는 것이 중요하며 계약서에 회사의
인장이 찍혀있어야 한다. 불분명할 경우에는 법인의 직인이 있고 법인 대표가 발급
한 수권확인서를 요청하는 것도 하나의 방법이 될 수 있다.

　계약서에는 반드시 중재 조항과 함께 중재지, 중재기관을 구체적으로 명시해야
하며 중재기관의 명칭이 명확하지 않을 경우 중재 조항이 무효화될 수 있다. 신용장
에 대해 맞춤법 검사 등 경미한 사항까지 철저히 검토해 인수 거절의 빌미를 제공
하지 않아야 한다. 특히, 조건부 신용장 여부 또는 해석상 분쟁의 소지가 있는 애매
한 문구는 수정을 요구해야 하며 복잡한 품질 검사증의 첨부 조항이 있는지도 면밀

히 검토해야 한다.

편법을 이용한 수출은 지양하며 특히 Back-Date 관련 소송은 백전백패하게 되어 있다. L/C 요구가 필요할 경우 최종 수요자와의 협의도 중요하지만 L/C 개설 자의 동의를 반드시 얻어야 한다. 한편, 개설은행으로부터 하자통보를 받으면 기한 내에 이를 보완하도록 노력하고 수입자와의 협상에 임하되 최종적으로 서류 인수가 거절되는 경우 화물 도착 후 제3의 수입자를 물색하여 전매 조치를 통해 손실을 줄 이도록 해야 한다.

중국 기업은 경영 및 회계의 투명성이 극히 낮으므로 거래 전 반드시 사전조사 를 철저히 해야 한다. 한국무역보험공사, 국내외 민간 신용평가기관 등을 통하여 초 기 거래 시 신용조사를 하는 것이 안전하다. 실수입자가 별도로 존재하는 경우에는 실수입자의 신용상태를 사전에 확인한 후 거래하는 것이 바람직하다. 특히 수정된 계약법의 해석상 수출자가 계약체결 당시 실수입자가 별도로 존재한다는 사실을 알 고 있었을 경우에는 명의상 수입자가 아닌 실수입자에게 결제 책임이 있다고 밝히 고 있는 점을 고려할 때, 실수입자의 대금결제 능력에 대한 사전조사가 필수적이다.

아울러 수출자가 실수입자가 있었다는 사실을 알지 못했을 경우에도 후에 명의 상 수입자를 상대로 중재 절차나 소송 절차를 진행하는 과정에서 명의상 수입자가 실수입자가 있었다는 것을 주장하여 본인의 면책을 주장하는 경우도 발생할 수 있 다. 이에 대비하여 수출계약 체결 당시 수입자에게 최근 수정된 계약법을 설명하여 실수입자가 별도로 존재하지 않는다는 확인서를 미리 받아 두는 것도 하나의 방법 이 될 수 있다. 수출 대행자를 통한 수출 시에는 수입자, 수출자, 수출 대행자의 책 임과 의무를 계약서에 명확하게 설정하여야 한다.

14 홍콩

홍콩 바이어들과의 성공적인 상담을 위해서는 철저한 사전 준비가 필요하다. 명함과 상품 카탈로그는 매우 기본적이고 중요하므로 넉넉히 준비하도록 한다. Proforma Invoice, 가격표, 카탈로그, 보증서, 증명서, 회사 및 공장 사진 등을 함께 모든 자료집을 준비하면 바이어에게 신뢰감을 더해줄 수 있다.

상담 자료는 반드시 영문 또는 중문으로 제작되어 있어야 하며 제품 성능, 용 도 등을 손쉽게 이해시킬 수 있는 제품 설명서, 활용 분야에 대한 안내 카탈로그,

제품 견본도 필요하다. 한국어로 된 설명서를 그대로 주지 않도록 주의한다. 기존 거래선이나 사전 파악된 바이어가 있을 경우 현지 출장을 시행하기 전에 미리 연락을 취하여 정해놓은 날짜에 미팅을 하면 성약률이 높아지는 것으로 나타났다. 사전 접촉을 통해 바이어의 관심 분야를 파악하고 대략적 상담을 진행해 놓으면 현지에서 구체적이고 효율적인 상담을 할 수 있으며, 바이어가 경쟁업체와 접촉하는 것을 예방할 수도 있다.

홍콩 시장은 가격경쟁이 치열한 시장이므로 마진이 적더라도 입점하려는 수출자가 많다 보니 바이어들 역시 가격 인하요구가 높다. 바이어들의 가격인하 요청에 대비하여 합리적인 답변 및 자료를 준비하여 적절한 수출가를 유지하도록 한다. 단기적 수출시장 확보만을 목적으로 지나친 저가수출에 임할 경우 현지 시장에 저가품 이미지를 심어줌으로써 추후 제값 받기가 어려울 수도 있다. 또한 동종 품목으로 한국기업과 가격경쟁을 하지 않도록 각별히 주의하여야 한다. 바이어들이 상담과정에서 한국기업 정보를 일부 노출시키면서 한국 기업 간 과다경쟁을 유도하는 경향도 있으니 무리한 요구조건에 대해 성급히 승낙 또는 동의하지 않도록 한다.

홍콩 바이어들은 비즈니스 상담 시 영어를 주로 사용하며, 요즘은 보통어를 구사하는 바이어들도 늘어나고 있다. 상담은 통역원을 통하지 않고 직접 하는 것이 바람직하며, 바이어들도 담당자와 직접 상담하는 것을 선호한다. 유창한 영어는 바이어들과의 신뢰를 강화하여 비즈니스 진행 속도를 가속화하며, 수출달성에도 기여한다. 홍콩 바이어들의 한국기업에 대한 가장 큰 불만은 언어소통문제, 회신지연, 샘플과 선적물의 상이, 선적기간 지연, 사후 처리 미흡 등으로 나타난다. 즉 커뮤니케이션이 잘되지 못한 경우인데 상담 시 이러한 점에 대한 우려와 선입견을 불식할 수 있도록 한다.

또한 제품 특성에 따른 상담방법의 차별화가 필요하다. 세일즈 출장은 단기간 내 집중적인 상담을 하는 것이므로 그 성과는 제품의 가격 경쟁력 이외에도 제품의 특성, 가공도의 수준 등 제품의 강점을 어떻게 부각시키느냐에 큰 영향을 받는다. 완제품의 경우 현지 소비자 반응, 부품으로의 해체 분리가능성에 대한 점검 등이 필요하며, 반제품의 경우에는 더욱 면밀한 준비가 필요하다. 바이어의 중국 내 현지 조립 공장 보유 여부, 완제품으로의 변경 및 가공가능성, 예상부가가치 등의 점검이 필요하다. 소재 및 원단의 경우는 주요 공급국 및 타 경쟁국 제품의 진출실태 파악과 해당소재를 활용한 현지 유망상품 개발 가능성도 아울러 점검할 필요가 있다.

홍콩 바이어들과 계약 체결 시 주의할 점은 문서 내용에 대해서 꼼꼼하게 확인해야 한다는 점이다. 계약서를 작성할 때에는 중국어 계약서 외에 가급적 영문 계약서도 체결하는 것이 좋다. 중국어 계약서만 작성할 경우에 중국어 문서를 보는 것이 부담이 되어 계약서를 잘 보지 않는 경우가 많은데 이는 매우 위험하다. 또한 계약서 작성 시에 계약 내용을 정확히 이해하고 세부 사항까지 조목조목 명기하는 것이 추후 분쟁 발생을 예방하는데 도움이 된다.

협상을 진행하는 과정에서나 또는 계약 직전 단계에 이르기까지 상호 방문 및 각종 회의를 개최하면서 한국 기업인들은 '좋은 게 좋다'는 개념으로 주먹구구식 처리를 하려는 경향이 많이 있다. 그러나 돈에 관련해서는 철저한 중국인/홍콩인의 특성에 비추어 보아서도 각종 계약 및 업무 처리에 꼼꼼한 인상을 심어 주는 것이 도움이 된다. 전체적인 안목에서 중요하지 않은 부분은 가볍게 처리할 수도 있겠으나, 따져야 할 것은 반드시 하나하나 꼼꼼히 계산하고 따져야 한다. 사전에 철저히 하는 것이 사후 분쟁의 소지를 없앨 수 있으며 장기적인 거래 관계유지에도 유리하다.

또한 큰 금액을 계약하는 경우, 가능하면 계약서 작성 단계부터 변호사의 도움을 받는 것이 오히려 비용을 절감할 수 있다. 통역을 사용할 경우에는 중국 측 상대방과 충분한 의사 전달이 되었는지 반드시 확인해야 한다. 통역이 중간에서 내용을 잘못 전달하여 분쟁이 발생하는 경우가 의외로 많으며, 통역을 거치면서 세부사항이 빠지고 전달되는 경우도 더러 발생하기 때문이다.

15 UAE

UAE에서는 공공기관과 상담하는 경우 최소 한 달 전에 서면으로 방문 요청을 한 후 전화 및 팩스로 일정을 조율하는 것이 좋다. 이는 현지 공공기관의 경우 상담을 확정하기까지 상당한 시간이 소요되며 해당 담당자가 출장 또는 휴가 중인 경우 대체 인력이 대신 업무를 수행 하는 것이 아니기 때문이다. 또한 약속 당일 일방적으로 취소하는 것은 무례하게 비춰짐으로 절대 삼가야 한다.

UAE 정부 발주 물량을 수주하기 위해서는 사전 등록 제도인 벤더 등록이 필수이기 때문에, 정부 발주용 품목에 대한 마케팅 관리는 일반 바이어와는 별도로 진행해야 한다. 즉, 사전 품질 검사(PQ : Prequalification)를 통과하여야만 벤더 등록이 가능한 경우, PQ는 물론 벤더 등록을 위한 조건(UAE 자국 기업 스폰서 등록 등)을 면밀히 검토해야 한다.

바이어와 상담할 때 첫 거래임에도 불구하고 중동 시장 특성상 에이전트를 체결하자고 하는 경우가 있으므로 이에 대한 사전 준비가 필요하다. 에이전트 계약을 맺으면 상호 합의가 없는 한 파기하기가 어렵기 때문에 사전 검토가 적절히 이루어지기 전까지 계약서 내용에는 'sole', 'exclusive', 'agent' 같은 단어를 포함하지 않는 것이 좋다. 'distributor' 같은 표현으로 대체한 후 계약기간 동안 해당 바이어에게만 공급한다는 조항을 작성하여 넣고 바이어에게 계약기간 후에 일정한 성과를 올렸을 경우 새롭게 작성하자고 제시한다. 에이전트 활동 범위도 중동 지역 전체 또는 중동 아프리카 지역 전체를 원하는 바이어가 있는데 특정 국가 또는 같은 국가라도 도시별로 구분하여 세분화하는 것도 좋은 방법이 될 수 있다.

바이어와 상담을 할 때는 먼저 이메일 등으로 면담을 요청한 후 전화로 꼭 확인하는 것이 좋다. UAE 회사들은 회사 공용 메일로 수많은 거래제의 메일을 받으므로 기존에 거래하던 바이어가 아니라면 바이어가 메일을 확인하지 못하고 시일만 끄는 경우가 있기 때문이다. 약속 장소에 나갈 때는 시간을 넉넉하게 잡는 것이 좋다. 최근 두바이는 교통 체증이 심하고, 주차 공간이 부족한 데다 이용할 만한 대중교통 수단이 잘 발달되지 않아 약속 시간에 맞춰 면담 장소에 도착하는 것이 쉽지 않다. 특히 자동차로 이동할 때는 더욱더 주의를 해야 한다. 두바이 시내에서는 주차하는 데만 20~30분이 소요되기도 하며, 출퇴근 시간에는 평소보다 약 3~4배 가량 시간이 더 걸리기 때문이다. 약속 시간을 지키기 어려운 경우, 사전에 상대방에게 양해를 구하는 예의를 잊지 말아야 한다.

UAE 자국민은 일반적으로 전통의상을 즐겨 입는다. 일상생활에는 물론 회사 업무, 외부 행사 참석, 거래 업체 상담 시에도 착용한다. 또한 파키스탄, 인도 등 출신의 바이어들도 전통 의상을 고수하기 때문에 단지 의상만으로 상대방을 평가해서는 안 된다. 전통의상을 입지 않는 바이어의 경우 더운 날씨로 인하여 넥타이를 하지 않거나 양복 상의를 입지 않기도 하지만 24시간 냉방을 하는 실내에서는 정장을 다 갖추어 입기도 한다. 이처럼 경우에 따라 복장이 달라지지만 공식적인 자리에서는 정장을 입는 것이 바람직하다.

UAE 거주 외국인의 종교가 다양하다 보니 같이 식사를 할 경우 상대방의 종교를 배려해 식단을 선택하는 배려가 필요하다. UAE의 경우 이슬람 국가이지만 호텔 내에 있는 식당에서는 술과 돼지고기를 판매하므로 비무슬림의 경우 호텔 내 식당에서 편안하게 술과 돼지고기를 주문하여 즐길 수 있다. 하지만 동행한 상대방이 무슬림인 경우 술과 돼지고기를 시키는 것은 불쾌감을 줄 수 있으므로 주의한다. 또한 비무슬림이라 할지라도 종교에 따라 소고기 등을 먹지 않는 경우, 채식주의자로서 고기 섭취를 하지 않는 경우도 있으며 국적과 취향이 다양하다 보니 사람마다 입맛이 제각기 다르다는 것을 유념해야 한다.

클레임 및 무역사기

1 클레임 발생원인

무역거래에서 클레임(claim)이란 거래 당사자 간의 어느 일방이 계약내용을 불이행함으로써 상대방에게 손해를 입힐 때 손해를 입은 당사자가 상대방에 대해 손해배상을 청구하는 것을 의미한다. 따라서 무역거래에서 수출자와 수입자 간 분쟁이 발생치 않도록 하는 것이 가장 바람직하다. 그러나 현실적으로 국가 간 거래에서 분쟁이 자주 발생하기 때문에 이를 최소화하고 발생 시 신속하고 원만하게 해결할 수 있는 방안을 사전에 마련하는 것이 중요하다. 국내 상거래와 달리 무역거래는 양 당사자가 지리적으로 멀리 떨어져 있고 시차가 존재하며 법률, 제도, 통용 화폐, 상관습 및 국가 간 국제거래 시스템의 발전 정도는 물론이고 언어, 문화 등도 상이하며 더구나 경제가 서로 다른 국가의 당사자 간 금융, 운송, 보험 등 복잡한 요인이 있기 때문에 국내거래보다 훨씬 많은 위험 요소가 내포되어 있다. 더구나 일부 비양심적인 수출자나 수입자 중에는 이러한 점을 악용하여 분쟁을 유도하거나 사기 행각을 벌이기도 한다. 무역분쟁은 당사자 일방의 과실이나 태만, 또는 과도한 욕심에 의하여 계약이 완전히 이행되지 못하였을 때 가장 많이 발생하며 시장 상황이 좋지 않거나 급격한 환율변동으로 환차손이 크게 발행하였을 경우, 수입자가 수출자로부터 구입한 물품에 경미한 하자가 있거나 설령 하자가 없는데 문제를 제기하기도 한다. 또한 고의적 의도를 갖고 계획적으로 계약서나 신용장에 함정을 설치하여 계약 이행을 방해하므로써 클레임을 제기하는 경우도 있다.

무역거래에서 수출자가 주로 직면하는 가장 흔한 분쟁 요인은 수입자로부터의 수출대금 지불이 지연되거나 거부되는 경우이다. 그 다음으로는 수입자가 여러 이유를 대며 주문을 계속 미루거나 갑자기 취소하고 경우에 따라서는 정당한 사유 없이 상품 수령을 거부하거나 수출업체로 반송하는 경우이다. 또한 이런 저런 이유를 대며 클레임을 제기하기도 한다. 수입자에게 예상되는 주요 분쟁 요인은 수출자보다 훨씬 다양하다. 처음부터 주문한 상품이 전달되지 않을 수도 있고 주문과 다른 상품이나 불량품이 선적될 수도 있으며 주문량과 상이한 수량으로 전달되거나 약속한 납기 준수나 A/S가 이루어지지 않을 수도 있다. 또한 경우에 따라 수출자가 현지 마케팅 비용을 지원해주기로 했는데 이를 지키지 않거나 독점 에이전트 계약을 체결했음에도 불구하고 제3자에게도 제품을 공급하는 수출자도 있을 수 있다.

표 1 자주 발생하는 클레임 원인

구분	주요 분쟁 요인
수출자 측	수입자의 수출대금 지불 지연 또는 거절
	수입자의 신용장 미개설 또는 지연
	수입자의 주문 약속 불이행 또는 갑작스런 취소
	수입자의 정당한 사유없이 상품 수령 거절 또는 반송
	수입자가 객관적인 근거를 제시하지 않고 클레임 제기
	독점 에이전트가 당초 약속과는 달리 능력을 발휘하지 못함
	수입자의 잠적
수입자 측	주문한 상품이 전달되지 않고 있다. (선적불이행 또는 지연)
	당초 주문한 상품과 다른 상품이 전달되었다.
	불량상품이 전달되었다. (품질불량) - 불량품, 복제품, 변질상품, 파손품, 포장불량상품, 인쇄불량상품, 지적소유권(특허권) 침해 상품 등
	당초 주문한 상품보다 적게 전달되었다. (수량부족)
	수출자가 납기를 지키지 못했다.
	당초 약속한 A/S가 이루어지지 못하고 있다.
	수출자로부터 약속한 현지 마케팅 지원이 이루어지지 않고 있다.
	수출자가 독점 에이전트 체결에도 불구하고 다른 수입자에게도 물품을 공급하고 있다.
	운송, 통관, 보험사고 시 수출자의 비협조
	수출자의 일방적이고 갑작스런 가격 인상
	수출자의 부당한 계약해지

2 클레임 예방대책

무역거래에서 클레임 또는 수출대금 미회수 사례를 예방할 수 있는 가장 기본적인 조건은 양 거래당사자가 신뢰를 바탕으로 비즈니스를 해야 한다는 점이다. 수출자가 아무리 신뢰감을 주기 위해서 노력하더라도 수입자 측에 문제가 있다면 클레임으로 이어질 수 있으므로 정식 거래에 앞서 수입자에 대한 신용조사 과정을 반드시 거치도록 한다. 특히 첫 거래인 경우 신용조사는 선택이 아닌 필수과정이다. 또한 불확실하거나 해석이 애매모호한 계약은 체결하지 않는다. 수출자 입장에서도 무리한 오더를 수용하는 것이 클레임 발생의 주요인으로 작용할 수 있다는 점에 유념한다. 너무 촉박한 주문, 자신의 능력을 넘어서는 오더, 출혈수출 등이 클레임으로 이어지게 된다. 아울러 훗날 분쟁의 소지를 없애기 위해 분쟁해결과 보상조항을 명시한 철저한 계약서[1] 작성이 필수적이며 이때 중재조항을 계약서에 삽입토록 한다. 또한 신용장 개설 시, 수출자에게 일방적으로 불리한 조건이 없는지 철저히 검토하고 문제의 소지가 있을 것으로 우려되는 조항은 수입자와의 합의를 거쳐 수정토록 한다.

신용장이 개설되어 제품 생산에 들어가면 이번 한번만으로 거래를 끝내는 것이 아니라 앞으로 꾸준히 오더해 가는 단골고객으로 만들겠다는 자세로 성실하게 계약조건을 준수하고 철저한 수출 진행일정을 체크해가면서 수시로 수입자에게 진행상황을 알려주는 성의가 필요하다. 또한 바이어로부터 불량품 반품에 대비하여 즉시 교환해줄 수 있는 체제를 구축한다. 그리고 마지막으로 클레임이나 수출사고로 인해 수출대금 회수 불가시를 대비하여 한국무역보험공사를 통해 수출보험에 가입하도록 한다.

3 클레임 해결방안

무역분쟁이 발생한 경우, 해결방안을 찾기 전에 누구의 잘못(책임)인지 객관적이고 명확한 원인 규명이 이루어져야 한다. 수출자 입장에서 수입자의 부당한 요구와 조치로 인한 무역분쟁이라는 판단이 서면 최대한 입증자료를 챙겨야 한다. 무역분쟁 해결 방안으로는 크게 매매 당사자 간 해결방안과 제3자를 통한 해결방안이 있다. 이

---

[1] 자신에게 유리한 표준계약서를 작성하여 클레임 발생에 대비한다. 대한상사중재원 홈페이지(www.kcab.or.kr), 한국무역협회 홈페이지(www.kita.net) 및 Kotra 바이코리아 홈페이지(www.buykorea.or.kr)를 방문하면 표준계약서를 다운로드 받을 수 있다.

중 매매 당사자 간 해결방안은 시간, 인력 및 예산을 절약할 수 있고 양측 모두에게 앙금이 적다는 점에서 선호되는 방법이다. 특히 무역거래에서는 분쟁 발생 시 장래의 지속적인 거래를 유지하기 위해 서로 타협하고 양보하는 방안으로 활용되고 있다. 매매 당사자 간 해결 방안은 ▲ 클레임의 포기 또는 철회와(Waiver of Claim) ▲ 타협 또는 우호적 해결(Amicable Settlement) 등 두 가지 방법이 있다. 클레임의 포기 또는 철회는 상대방에게 단순히 경고 및 주의를 주고 클레임으로 발생된 손실을 어느 일방이 감수하는 방안으로서 향후 발전적 거래 관계를 지속하기 위해 소(小)를 희생하고자 할 때 또는 바이어로부터 도저히 문제 해결이 난망 시 될 때 선택하는 방안이다. 따라서 매매 당사자 간 해결 방안에서도 타협 또는 우호적인 해결이 가장 바람직한 방법이라고 할 수 있다. 분쟁을 타협 또는 우호적인 해결로 처리하고자 한다면 양자가 조금씩 양보하고 설득하는 자세가 필수적이다. 수출자는 보다 적극적으로 수입자를 최대한 설득하고 인센티브를 제공함으로써 수입자 스스로 문제를 풀 수 있는 여건을 조성해 주어야 한다. 흔히 ▲ 제품 가격을 할인해주는 방안 ▲ 수출대금 지불 기한을 유예시켜 주는 방안 ▲ 신제품으로 교환해주는 방안 ▲ 현지 해외마케팅 비용을 지원하는 방안 ▲ 재고 발생 시 남은 제품을 회수하는 방안 또는 ▲ A/S를 지원해주는 방안 ▲ 차기 주문 시 이번 클레임 손해액을 공제 (감안)해주는 방안 등이 제시될 수 있다.

표 2 알선, 조정, 중재 및 소송의 차이점	
구분	차이점
알선	• 분쟁해결의 경험과 지식이 풍부한 대한상사중재원 직원이 개입 • 비용이 들지 않고 당사자 간 비밀 보장 • 원만한 합의를 통해 거래 관계 지속 가능(성공률 50~60%)
조정	• 분쟁해결 전문가인 조정인이 당사자 간 합의 유도 • 화해의 효력이 있으며 구속력 없음 • 합의 실패 시 중재, 소송 필요
중재	• 중재 합의가 있어야 신청 가능 • 중재인이 분쟁에 대해 중재 판정 • 법원의 확정과 동일한 효과 • 뉴욕협약에 의거 외국에서도 중재 판정의 효력 및 강제 집행 보장(150개국 가입) • 분쟁의 종국적 해결(국내 및 상대국에서도 소송 불가) • 단심제 • 기업의 비밀을 보장해 주는 비공개 심리
소송	• 일방적 소송 제기 가능 • 법원 판사가 판결 • 3심제 • 한국에서 승소했다 하더라도 상대방 국가에서 동일 사안에 대해 소송 가능 • 공개주의 원칙

당사자 간 해결이 안 될 경우에는 제3자를 통한 해결 방안이 있는데 여기에는 알선, 조정, 중재와 소송이 있다. 제3자를 통한 해결 방안도 가능한 소송으로 가지 말고 그 전 단계인 알선, 조정 및 중재에서 해결을 보는 것이 바람직하다. 소송은 국가 공권력 혹은 사법재판에 의하여 클레임을 강제적으로 해결하는 방법이다. 소송은 외국과의 사법협정이 체결되어 있지 않기 때문에 그 판결은 외국에서 승인 및 집행이 보장되지 않으므로, 소송에 의하여 클레임을 해결하는 경우에는 피제기자의 국가에서 현지 변호사를 법정대리인으로 선임하여 소송절차를 진행시켜야 한다. 소송은 무역분쟁이 상호간의 대화로는 도저히 해결할 수 없는 경우에 이용되며 중재와 비교하여 판결까지 장시간이 걸리고 복잡한 소송절차, 3심제로 인한 비용의 과다, 공개주의 원칙 등이 단점이다. 특히 일부 국가에서는 자국기업 보호를 위해 불공정한 판결을 할 수 있고 언어 및 법체제상의 차이를 극복하기 위해 많은 비용과 시간이 투입되며 이에 따라 엄청난 스트레스를 받을 수 있다. 또한 설사 승소했다 하더라도 바이어가 재산을 다른 곳으로 빼돌린 상태라면 수출대금 회수는 불가능해질 수도 있다.

4 수출대금 미회수 발생 시 취할 행동

클레임과 관계없이 수입자가 일방적으로 수출대금을 지불하지 않는 경우도 있다. 따라서 가능한 D/A 또는 상품 발송 후 송금 조건의 T/T와 같은 외상거래는 늘 위험 부담이 따르므로 이런 지불조건으로는 거래를 하지 않는 것이 상책이다.2 수입자가 거래은행을 자주 변경시키거나 대금지불이 불규칙해지거나 수입자를 접촉하면 예민한 반응을 보일 경우 미수금 발생 가능성이 높아질 수 있는 전조로 볼 수 있다. 특히, 불량 수입자들은 이런 저런 이유를 대며 대금 지불을 거부하거나 지연시키며 자신이 한 약속을 일방적으로 파기해버리고 심지어는 회신조차 하지 않고 잠적해버리는 경우도 흔히 있다. 그럼에도 불구하고 불가피하게 외상거래를 할 수밖에 경우에는 반드시 신용조사를 실시하고 수출보험에 가입해야 한다. 예상치 못한 수출대금 미회수 사례가 발생하면 일단은 왜 수입자가 대금 지급을 하지 않는 것인지 그

---

2 일부 국가 바이어들 중에는 처음 몇 차례 외상거래 시 대금을 제때 결제하여 수출자의 환심을 산 후 결정적인 순간, 큰 규모로 외상 오더한 후 대금을 갚지 않는 사례가 빈번하므로 주의가 요망된다.

사유를 정확히 파악해야 한다. 수입자가 대금 지급을 하고 싶어도 일시적인 자금난이 그 원인이라면 대금 지불 일자를 잠시 유예시켜주는 것도 해결 방안이 될 수 있고 최대한 할인을 해준다거나 수입자를 설득하여 반품을 요구하는 것도 손실을 최소화할 수 있는 방안이 된다. 미회수 금액이 상당히 크거나 비교적 가까운 국가에 소재하는 수입자라면 직접 방문하여 해결책을 솔직하게 협의해 본다.

수입자를 직접 방문하기 힘든 경우라면 무역협회 무역비즈센터 내 무역서비스의 조언을 받아보거나 수입자 관할지 Kotra 무역관에 수출대금 미회수 경위와 수입자 연락처를 알려주고 지원을 요청한다. 물론 Kotra에 지원을 요청한다고 해서 문제가 모두 해결되는 것은 아니다. 무역관에서는 바이어를 접촉하여 대금을 지불하지 않는 사유와 바이어의 입장 또는 그의 대책 등을 파악하여 알려줄 수 있을 뿐이다. 마지막 수단으로 한국무역보험공사나 채권추심 사설 전문기업3의 해외채권추심대행 서비스를 이용토록 한다.

5 무역사기 유형 및 예방법

무역사기란 처음부터 불순한 의도를 갖고 상품을 받은 후 당초 계약대로 수입대금을 지불하지 않거나 대금 수령 후 계약물품을 공급하지 않는 행위를 말한다. 수출자 입장에서는 바이어의 사기에 걸려 물품 대금을 회수하지 못하는 경우인데 특히, 수출초보기업들은 ▲ 빨리 실적을 올리기 위해 충분한 검토를 거치지 않고 서두르다가 ▲ 무역절차를 생략하거나 ▲ 비용을 아끼려다가 ▲ 무역실무지식이 부족하여 사기를 당하는 경우가 대부분이다. 중소기업으로서는 수출 오더 확보가 절실하다 보니 다소 의심스러운 상황임을 알면서도 무역 사기에 넘어가는 경우도 빈번하다. 더구나 최근에는 인터넷이 발달하면서 스마트폰을 이용한 각종 사기가 판을 치고 있다. 무역사기 역시 그 수법이 나날이 더 다양해지고 지능화되어 가고 있으며 피해사례도 급증하고 있다. 예를 들면 거래처로 위장하고 국내 중소기업에게 전화나 메일을 통해 각종 수수료나 선금을 요구해 이를 받아 챙긴 뒤 잠적하는 중국 측 사기 바이어들이 증가하고 있는데 신속하게 계약을 마무리한 뒤 중국 정부의 정책이라고 강조하면서 계약서에 대한 공증 비용 등을 요구하는 식이다. 무역사기는 아

---

3 서울신용평가정보원(주) www.sci.co.kr, 미래신용정보 www.miraecredit.co.kr 등이 있다.

프리카 지역에서 가장 많이 일어나며 발생 빈도는 서류위조, 금품사취, 결제관련 사기, 이메일 해킹 순이다. 특히, 이메일 해킹은 아프리카를 제외하면 전 세계적으로 가장 많이 발생하고 있다. 유럽지역에서도 의외로 무역사기 사건이 많이 발생하는데 선진국의 이미지를 이용해 존재하지 않는 사업장의 주소를 허위로 기재하는 경우가 빈번하기 때문이다.

　무역사기에는 몇 가지 전형적인 징후가 있다. 대표적인 징후로는 ▲ 첫 거래부터 너무 좋은 조건으로 대량 주문 가능성을 내비치거나 ▲ 수입국의 고위인사를 잘 안다며 인맥을 과시하거나 ▲ 사전 과다한 샘플을 요구하거나 ▲ 처음부터 에이전트십을 달라고 요구하거나 ▲ 우리나라가 수입업체인 경우, 특정물품에 대하여 수입독점권을 주겠다며 독점계약금을 요구하거나 ▲ 역외국가 은행이 신용장을 개설하였을 경우이거나 ▲ 처음부터 외상거래를 요구하거나 ▲ 관세회피 등의 이유를 들어 언더밸류를 요청하거나 ▲ 통상적인 국제거래와는 달리 변칙적인 결제조건을 요구하거나 ▲ 선수금 거래방식을 계속 진행하다 결제방식을 바꾸는 경우 ▲ 계좌번호나 거래은행을 갑자기 변경하는 경우 등이다. 또 최근에는 처음부터 사기행각을 벌이지 않고 일종의 미끼로서 정상적인 결제조건으로 몇 차례 오더하여 상대방을 안심시킨 후 본격적인 무역사기의 민낯을 보이는 경우도 있다.

　따라서 이와 같은 무역사기에 걸려들지 않기 위해서는 무엇보다 철저하게 확인하고 조심하는 것이 최선의 예방책이다. 주요 예방책으로는 ▲ 철저한 신용조사 후 거래를 시작하며 ▲ 계약서 작성에 철저를 기하고 ▲ 한국무역보험공사를 통해 수출보험에 가입하여 만일 사태에 대비한다. 또한 ▲ 실적에 급급하거나 비용절감을 위해 필요한 사전 조치를 취하지 않는 등 그동안의 관행을 탈피하도록 하고 ▲ 큰 거래를 앞두고는 수입국을 직접 방문하여 바이어의 실체를 파악토록 한다. 아울러 ▲ 한 바이어에게 너무 의존하지 말고 거래처를 다변화하도록 하며 ▲ 무역실무 관련 지식을 확실히 습득토록 한다. ▲ 한국무역보험공사나 Kotra를 통해 무역사기 전력이 있는 불량바이어 리스트에 올라있는지 여부를 확인하고 ▲ 최악의 경우, 수출대금이 회수되지 않으면 채권추심 전문기관이나 업체에 신속히 의뢰한다. 끝으로 ▲ 평소 거래국의 주요 무역사기 사례를 파악하여 대비토록 한다.

표 3 무역사기 유형 및 예방법

대표적 무역사기 유형	유형별 무역사기 예방법
▪ 샘플 사취 대량 주문하겠다며 무상으로 샘플 요구한 뒤 샘플만 챙기고 잠적한다.	고가 또는 다량의 샘플은 반드시 샘플대금을 받고 제공한다.
▪ 가짜 송금확인서 결제방식이 송금방식일 경우, 실제로는 송금하지 않고 가짜 송금확인서를 보낸 후 물건이 급하다며 입금 확인 전에 선적하도록 유도한다. 이때 입금확인 후 물품을 발송하겠다고 하면 바이어는 은행이 송금업무를 지체하기 때문이라고 핑계를 대거나 납기지연에 따른 피해를 수출자 책임이라며 선적을 독촉한다.	거래은행에 입금 여부를 확인한 후 물품을 발송토록 하고 입금 확인 전에 이미 선적이 완료되었다면 B/L 등 선적서류원본만이라도 입금 확인 후 바이어에게 전달한다.
▪ 서류상의 하자 트집 신용장 방식의 거래인 경우, 선적서류의 하자를 트집 잡아 서류인수를 거절한다. 시장상황이 악화되어 바이어가 변심하는 경우, 흔히 발생한다.	신용장이 도래하면 꼼꼼히 살펴보고 문제 소지가 있는 항목은 수정을 요구한다. 아울러 선적서류 작성에 만전을 기한다.
▪ 선(先) 생산 유도 신용장이 개설되기도 전에 급하다는 이유로 선 생산을 유도한 후, 생산이 완료되면 가격을 깎아달라고 요구한다.	신용장 개설 또는 입금이 확인된 후에 생산에 착수하도록 한다.
▪ 각종 수수료 요구 거액의 자금을 보유하고 있으니 적정 시점에 나누어 갖자고 제의한 후, 송금수수료를 요구하고 송금하고 나면 잠적해버린다. 또는 대형프로젝트를 공동 수주하자고 해놓고 등록비, 인증료, 서류구입비, 변호사 선임비 등을 요구한다. (주로 아프리카 바이어 수법)	거액자금, 대형프로젝트를 언급하며 접근하는 경우, 무시해버린다. 아울러 Kotra 관할 무역관에 현지 해당업체나 관련 프로젝트 존재 유무 확인을 요청한다.
▪ 접대요구 주문할 것처럼 접근하여 접대나 선물을 요구한 후, 귀국해서는 연락을 끊어버린다.	처음부터 지나친 접대나 선물공세를 하지 않는다.

그럼에도 불구하고 만약 은행 송금 후 무역사기를 당했다고 판단이 되면 즉시 은행에 알려야 하며 공문을 24시간 내에 접수해야 피해액을 회수할 가능성이 높아진다. 은행을 접촉한 후에는 경찰에 바로 신고하는 것이 좋으며 직접 대처가 어려울 경우에는 Kotra 무역관에 도움을 요청하는 방법도 있다.

08

상담자료 휴대 및 준비요령

1 상담자료 휴대요령

　비즈니스 목적으로 해외 출장 시 많은 기업들이 샘플을 포함하여 상담자료를 휴대한다. 가장 많이 휴대하는 상담자료는 샘플, 카탈로그, 도면, 상품 및 기업소개 동영상, 명함, 판촉물 등이다. 특히, 인터넷 사정이 열악한 후진국으로 출장을 갈 경우에는 반드시 상품이나 기업을 소개하는 동영상이 수록된 USB를 휴대하여야 한다. 그러나 상담자료를 휴대하여 해외출장을 갈 경우, 항공사에서 허용하는 수하물의 무게를 감안해야 할 뿐만 아니라 지나치게 많은 샘플 또는 고가 샘플을 휴대하게 되면 방문국 입국장에서 문제가 될 수 있기 때문에 제한적으로 상담자료를 휴대할 수밖에 없다. 최근에는 많은 수출기업들이 상담 시 샘플보다는 인터넷이나 동영상을 활용하는 경우가 늘어나고 있어 과거와 같이 많은 샘플을 휴대하지는 않는다. 샘플은 자사의 가장 경쟁력 있는 대표 상품, 최근 개발된 상품으로 선별하여 준비하되 특히 지적소유권 발생 우려가 있는 상품은 조심하여 관리한다.

　아울러 출장 중 이용하는 항공사의 무료 탁송 허용 수하물의 무게, 크기, 수량 등을 확인 후, 여기에 맞추어 샘플 등 상담자료를 준비한다. 허용 수하물 무게가 초과되는 경우, Kg당 추가요금을 지불해야 하는데 항공사마다 그 금액이 상이하나 일반적으로 상당히 비싼 편이다. 추가요금에 대해서는 항공사와 협상의 여지가 있으므로 발권 담당 실무직원과 협상하는 것보다는 manager급 책임자와 협상하는 것이 유리할 수 있다. 휴대할 수량은 방문국과 예상 상담 바이어 수 그리고 바이어들에게 샘플 등 상담자료를 현지에서 유·무료로 제공할 것인지에 따라 결정한다. 카탈로그 등 인쇄물은 가능하다면 방문지 소재 Kotra 해외무역관에 특사배달편으로 미리 여유있게 보내 현지 도착 후, 무역관에서 수령하는 방법도 있으나 국가에 따라서는 카탈로그에 대해서도 관세를 부과하는 경우도 있으므로 반드시 사전 확인 후 발송토록 한다.

그림 1 국적기 수화물 무료 운송 허용 범위

■ 대한항공

지역	국제선		국내선
	미주 구간	미주 외 구간	
일등석	각 수하물의 무게가 32kg/70lbs 이하이며 최대 3변의 합이 158cm/62ins이내의 짐 3개		-
프레스티지석	각 수하물의 무게가 32kg/70lbs 이하이며 최대 3변의 합이 158cm/62ins 이내의 짐 2개		30kg
일반석	각 수하물의 무게가 23kg/50lbs 이하이며 최대 3변의 합이 158cm/62ins 이내의 짐 2개 ※ 브라질 출도착 여정은 32kg/70lbs 이하의 짐 2개 적용	각 수하물의 무게가 23kg/50lbs 이하이며 최대 3변의 합이 158cm/62ins 이내의 짐 1개	20kg
소아 (만 12세 미만)	성인과 동일 + 접는 유모차, 소아용 카시트 중 1개		성인과 동일
유아 (만 2세 미만)	접는 유모차, 운반용 요람, 유아용 카시트 중 1개 + 크기가 115cm/45ins 이하이면서 무게가 10kg/22lbs 이하인 가방 1개		접는 유모차, 운반용 요람, 유아용 카시트 중 1개

* 미주노선 : 미국, 캐나다, 멕시코, 브라질 등 괌, 코로르(팔라우)는 미주 외 노선에 포함

■ 아시아나 항공

좌석등급	미주 구간 (태평양 횡단)	
퍼스트 클래스 (성인, 소아)		• 무게 : 32kg(70lbs)이내
비즈니스 클래스 (성인, 소아)		• 크기 : A+B+C=158cm이내 • 개수 : 2개
트래블 클래스 (성인, 소아)		• 무게 : 23kg(50lbs)이내 • 크기 : A+B+C=158cm이내 • 개수 : 2개
Infant (유아)		• 무게 : 23kg(50lbs)이내 • 크기 : A+B+C=158cm이내 • 개수 : 1개+접을 수 있는 유모차 1개

좌석등급	미주 외 구간
퍼스트 클래스 (성인, 소아)	· 40kg(88lbs)
비즈니스 클래스 (성인, 소아)	· 30kg(66lbs)
트래블 클래스 (성인, 소아)	· 20kg(44lbs)
Infant (유아)	· 10kg(22lbs) · 접을 수 있는 유모차나 유아보조기 종류 1개 추가 가능

　　무역사절단과 같이 단체로 출장을 갈 경우, 항공사 수하물 허용 무게를 초과하는 참가업체는 미달되는 참가업체 이름으로 수하물 처리를 할 수 있도록 협조를 받는 방법도 있다. 흔치는 않지만 수하물이 목적지에 도착되지 않는 경우도 발생할 수 있으므로 만일을 대비하여 비상용으로 카탈로그 등 상담자료 일부는 반드시 기내 반입용 가방에 넣어 운반하도록 한다.

　　방문국가에 도착하여 공항 세관을 통과할 경우, 샘플이 너무 많거나 고가이거나 혹은 부피가 큰 경우, 세관원의 검색을 받을 수 있다. 따라서 가능하면 ▲ 샘플을 여러 가방에 분산하여 휴대하고 ▲ 가방수를 최대한 줄여 운반하며 ▲ 종이 박스에 넣어 운반하는 것보다는 일반 여행용 가방에 넣어 운반하도록 한다. 또한 ▲ 무역사절단과 같이 여러 기업이 함께 입국할 경우, 세관원의 검색이 우려되는 기업은 그룹과 떨어져 개별적으로 세관을 통과하는 것이 검색에 걸릴 가능성이 낮다. 아울러 ▲ 세관원 검색에 대비하여 반드시 휴대 샘플에 대한 인보이스를 준비한다. 인보이스를 상식적으로 봐도 너무 낮은 가격으로 작성할 경우에는 세관원의 의심을 사게 되므로 과세되지 않을 정도의 가격으로 작성하도록 한다. ▲ 세관 통관 시 과도한 샘플을 휴대했다 하더라도 주눅들지 말고 겉으로는 당당하게 입국장을 빠져 나오도록 한다. 그리고 ▲ 전시품을 휴대하다 검색을 받게 되는 경우에는 사전에 전시주최자로부터 해당전시회 참가업체라는 확인서를 발급받아 세관원에게 제시한다. 세관원들은 공항 세관 통과 시 휴대 가방이나 박스 등을 기준으로 과도한 양을 휴대한다고 판단하거나 고가 제품을 갖고 입국한다고 판단되면 입국자에게 휴대 짐 검색을 요구한다. 세관원의 제지를 받게 되면 당황하지 말고 비즈니스 목적으로 샘플을 휴대하며 출국 시 전량 다시 갖고 나간다고 설명한다. 최악의 경우, 샘플을 모두 압류당하게 되면 휴대한 샘플 몇 점만이라도 반입하고 출국 시 압류당한 샘플을 다시 갖고 나갈 수 있도록 요청한다. 간혹 국내 출장자들 중에는 세관원에게 거칠게 항의하거나 심지어 뇌물을 주고 수습하려고 하는 경우도 있는데 이는 바람직한 행동이 아니다. 물론 일부 후진국에서는 약간의 금전으로 무사히 통관이 해결될 수도 있으므로 사전에 세관원의 행태에 대해 파악하고 출장을 가도록 한다. 또한 영어권이 아닌 국가의 세관원 중에는 영어가 통하지 않아 세관원 제지 시 소통이 안 되어 아주 곤란한 경우도 있다. 이를 대비하여 방문국가 주재 무역관 연락처를 미리 파악하여 도움을 요청하도록 한다.

다수국을 방문하는 경우에는 상담자료 배포에 신경을 써야 나중에 상담자료가 부족하여 곤란을 겪지 않게 된다. 특히 전시회 참가 시에는 여러 날 동안 상담을 하게 되므로 명함을 포함하여 상담자료를 충분히 준비하도록 한다.

표 1	각국별 휴대 시(핸드캐리) 현지 공항에서 유의사항
국가명	유의사항
남아공	▪ 직접 운반 전시품의 경우, 공항 세관원들은 관례에 따라 관세 면제를 조건으로 뒷돈을 요구하는 경우가 있는데 상황에 따라 과도하게 요구하지 않는다면 적절하게 대응한다. ▪ 공항 세관원들은 비즈니스 출장자들을 대상으로 샘플 반입을 집중 단속하므로 관광객들 틈에 섞여 세관검사대를 통관하면 비교적 덜 노출될 수 있으며 샘플은 여러 가방에 분산 휴대하는 것이 좋다.
네덜란드	▪ 전시회 참가기업은 대부분 관광비자로 입국하기 때문에 전시물품의 경우에도 일반적으로 정상 관세를 납부해야 한다. ▪ 영문송장과 무관세임시통관증서(ATA Carnet)를 필히 지참하여 입국 시 출입국관리소 직원에게 보여주면 세관 직원이 확인증을 발급하고 면세가 확정된다. 이 확인증은 출국 시에 제출해야 하므로 잘 보관한다. ▪ ATA Carnet로 들여온 물품을 바이어에게 제공 및 판매하였을 경우 세관출장소 또는 주최 측에서 지정한 운송업체에 당초 송장과 차이 나는 양을 확인하고 세금을 납부한다.
독일	▪ 핸드캐리 전시품의 경우에는 반드시 관련 전시회가 기재된 영문 샘플인보이스와 대한상공회의소에서 발행하는 무관세임시통관증서를 준비해야 한다.
러시아	▪ 전시를 위한 임시 통관일 경우, 일반적인 구비서류는 송장, 선하증권 또는 항공화물운송장과 Packing List이며 품목별 추가 필요서류는 매번 상이하기 때문에 별도의 확인이 필요하다. ▪ 임시 통관이라도 농수산물, 식품, 음료, 세정/세척제품이나 개인/가정 위생 관련 각종 종이제품, 유아의류 등은 필히 위생 인증관련 서류(국제인증서 등)를 구비해야 반입이 가능하다.

미국	▪ 핸드캐리 전시품에 대한 구비서류로는 Invoice, Packing List가 있으며 세관원이 서류를 요구하면 제시해야 한다. 구비서류에는 'Not for sale' 또는 'Only 000전시회'와 같이 기입하고 또한 전시품 제조회사명, 주소, 원산지 등도 표기해야 한다. ▪ 전시물품과 개인용품을 혼합하여 같은 가방에 넣지 말아야 하며 핸드캐리 물품이 미국 FDA에 저촉되는지 사전 파악해야 한다. 인보이스 금액이 US$ 250을 초과할 경우, 더 까다로운 검색을 받게 된다.
베트남	▪ 공항 세관원들이 특별히 전시품 샘플을 단속하지 않으며 핸드캐리 규정인 7Kg 이하와 액체 100ml 미만으로 가져온다면 추가비용 없이 직접 운반이 가능하다.
스위스	▪ 전시목적 물품은 ATA Carnet가 구비되면 무관세로 반출입할 수 있다. ATA Carnet를 휴대하고 스위스 공항에 도착하여 짐을 찾은 후, 공항 내 세관에 가서 자진신고하고 세관 확인도장을 받는다. 반출 시에도 전시장내에서 운영되고 있는 세관 사무실에서 도장을 받아야 한다. ▪ 전시용 샘플인 경우 가격이 100CHF 미만이면 무관세로 반입이 가능하나 고급품인 경우, 샘플로 인정 못 받을 수도 있다.
스페인	▪ 핸드캐리 시 전시품에 대한 인보이스와 함께 ATA Carnet를 발급받아 준비해야 한다. 공항의 세관신고대에서 관련 서류를 보여주어 면세통관을 받을 수 있으며 전시회 종료 후 출국 시에 반출내역을 신고한다. 전시품 기증, 판매 등으로 당초 신고한 내역과 반출내역이 다를 경우에는 이에 대한 세금을 납부해야 한다. ▪ 통관절차를 거치지 않고 들어온 전시물품이 적발될 경우, 적절한 서류를 제출할 때까지(관세를 납부하고 통관을 완료할 때까지) 관세 당국에 압류되어 전시회를 망칠 수도 있다.
싱가포르	▪ 전시회 참가업체가 전시품을 직접 운반할 경우에도 선박이나 항공편으로 운송하는 경우와 동일하다. ▪ 싱가포르는 일부 품목을 제외하고는 관세를 부과하지 않고 부정부패가 없는 것으로 유명해 공항에서 통관 관련 뒷돈을 요구하는 경우는 없다.
UAE	▪ 직접 운반 전시품의 경우, 공항 세관원들은 비즈니스 출장자들을 대상으로 샘플 반입을 집중 단속하므로 관광객들 틈에 섞여 세관검사대를 통과하면 비교적 덜 노출될 수 있으며 샘플은 여러 가방에 분산 휴대하는 것이 좋다. ▪ 전시주최자로부터 아랍어, 영어로 작성된 전시회 참가 확인 레터를 휴대하는 것이 바람직하다.
영국	▪ 전시품 종류에 따라 상이하지만 일반 소비재의 경우, 정상 관세를 납부하여야 하고 특히 방위산업체 무기류의 경우, 전시회 주관사와 사전 협의하여 영국 국방부의 불법 반입 리스트에 있는 제품은 아닌지 확인한다. ▪ 전시회 주관사로부터 사전에 확인 및 협의된 서류와 전시회 참가확인서를 휴대한다.
이탈리아	▪ 보통 전시회 기간 동안 관광비자로 입국하면서 전시품을 직접 운반해오는 경우, 공항 입국 심사 전, 서류를 작성하여 신고해야 한다. 불시 심사 시, 위법 사항이 적발되면 많은 벌금이 부과된다.
인도	▪ 핸드캐리 전시품도 관세를 납부해야 하나 공항 세관원들이 관례적으로 관세를 면제해주는 조건으로 뒷돈(2,000루피 정도)을 요구하는 경우가 있는데 적절히 대응한다. ▪ 공항 세관원들은 비즈니스 출장자들을 대상으로 샘플 반입 등을 집중 단속하므로 핸드캐리 시에는 전시품을 종이상자에 담지 않고 수트케이스에 담는 것이 좋다. 또한 샘플 가격이 적힌 인보이스와 전시주최자로부터 현지어로 작성된 전시회 참가를 확인하는 서류를 휴대한다.
일본	▪ 전시품을 직접 운반할 경우, 영문송장, ATA Carnet 등을 필히 지참한다.
중국	▪ 전시품의 경우에도 정상관세를 납부해야 한다. 주로 Packing List, Invoice, HS Code를 제출해야 하는데 US$ 500 이상은 반드시 세금을 납부해야 하므로 Invoice 작성 시 샘플

	금액은 가능한 US$ 500 미만으로 작성한다.
	▪ 공항에서 문제 발생 시 물류업체를 찾아 직접 통관하는 것이 빠르다.
캐나다	▪ 전시품은 정식 통관을 거쳐 전시장으로 운송하는 것이 바람직하나 휴대화물로 반입하는 경우, 원칙적으로 입국 시 세관에 관련 사항을 신고하고 세관 안내에 따라 절차를 거쳐 반입하는 것이 가장 확실한 방법이다.
	▪ 그러나 이 경우 재반출 계획 여부에 따라 보증금 또는 세금 부과 등의 부담이 있을 수 있으며 반입자체가 불허되는 사례가 발생할 수도 있다. 휴대물품 반입 시 최소한의 샘플만 준비하고 별도 박스 포장보다는 여행용 트렁크를 활용하는 것이 바람직하다.
태국	▪ 태국 정부는 국제회의, 전시회 유치를 위해 통관 절차를 간소화하였다. 전시품의 경우, 6개월 안에 해외로 재반출하면 관세를 부과하지 않는다. 다만 전시회 기간 동안 사용된 소모품(홍보물, 기념품, 판촉물 등)에 대해서는 관세를 납부해야 한다.
프랑스	▪ 현지 공항에서 문제가 되지 않기 위해 Invoice, Packing List, ATA Carnet를 구비해야 한다.
	▪ 또한 휴대전시품 무관세 통관 허용 수량 및 금액, 인보이스 작성 시 유의사항(예 : 언더밸류), 핸드캐리 금지물품에 대한 충분한 사전 점검이 필요하다.
	▪ 비상 시 대비 대사관, 무역관, 참가예정 전시회 주최자 및 체류호텔 연락처를 준비한다.
홍콩	▪ 원칙적으로 전시품 핸드캐리 시, 세관신고를 필히 해야 하며 Invoice, Packing List 및 전시회 참가증빙서류(전시신청서) 등을 준비해야 한다.
	▪ 홍콩 공항의 보안이 강화되고 있어 knives, cutter, razor blades, household cutler와 같은 품목은 가급적 핸드캐리 하지 않는다.

2 해외전시회 전시품 준비요령

해외전시회에 참가하는 경우, 대부분 전시품을 비롯하여 상담자료를 선박이나 항공편으로 별송한다. 해외전시회 전시품 선정은 전시회 성과를 좌우하는 가장 중요한 요인이다. 따라서 참가할 전시회와 규모, 부스 디자인 및 위치가 확정되면 어떤 전시품을 갖고 나갈 것인가를 신중하게 결정하고 준비해야 한다. 기존 제품을 전시할 것인가 새로 개발된(될) 전시품을 전시할 것인가를 결정한다. 아직 개발되지 않은 전시품이라면 전시품 발송일까지 해당 전시품이 준비될 수 있는지도 감안한다. 또한 전시회 기간 중 또는 종료 후 갖고 간 전시품을 어떻게 처리할 것인지도 고려하여 종류와 수량을 결정한다.

출품할 전시품과 카탈로그, 홍보 포스터 등 홍보물을 준비할 때는 임차한 부스 내에서 어떻게 디스플레이 할 것인지를 염두에 두어야 한다. 부스 내 바닥과 벽면 등 전시부스 활용 계획도 동시에 수립한다. 전시품이나 홍보물을 부스 벽면에 부착할 것인지, 벽면에 부착된 선반에 비치할 것인지, 별도의 전시용 쇼케이스에 넣어 진열할 것인지 스탠드형 전시대에 비치할 것인지 아니면 부스 바닥에 바로 비치할 것인지를 생각하고 여기에 맞게 전시품을 준비하도록 한다. 특히 출품할 여러 전시품 중 자사가 보여줄 수 있는 히든제품[1]을 최소한 한 점 이상 준비토록 한다. 이 제품이야 말로 하이라이트 제품이므로 관람객들의 주목을 받을 수 있도록 비치 위치와 방법을 고민하고 철저한 준비를 한다. 전자제품, 의료용품이나 기기, 식품류, 의약품 및 화장품 등은 전시회 개최국에서 요구하는 승인(예 : FDA, UL, FCC, CE 등)을 받아야 현지에서 처분할 수 있다. 만일 승인을 아직 받지 못했다면 전시회 종료 후 100% 한국으로 반송 처리해야 한다.

통상 전시부스 1개 면적은 $9m^2$[2](=가로 3m, x 세로 3m 그리고 높이 2.5m)이므로 상담테이블과 의자, 접수데스크와 최소한의 상담 공간을 확보한 후, 전시품 진열은 나머지 공간을 활용한다.[3] 실제 기본형 1개 부스 $9m^2$(=약 2.72평)를 임차하는 경우, 상담테이블과 의자 배치 등 최소한의 상담공간을 제외하면 실제 바닥 면적 기준, 전시공간은 1평이 채 되지 못한다. 만일 현지에서 오디오나 비디오기를 별도 임차하여 부스 내에 설치할 때는 이들 기기가 차지하는 공간도 고려해야 한다. 기본형 1개 부스에는 칸막이(폭 1m, 높이 2.5m)가 각 면당 3개씩 총 9개가 들어간다.[4] 칸막이와 칸막이 사이 조립을 위한 철판지지대 폭이 약 2.5cm임을 감안하여[5] 부착할 포스터를 준비한다.

출품할 전시품을 부스 내에서 실제 작동하려 할 경우, 임차한 면적 내에서 가능한지도 살피고 시연에 필요한 충분한 전력, 가스, 압축공기 등을 신청하였는지도 확인한다. 전시품의 부피가 크고 무게가 많이 나간다면 대표 모델 한 점만 출품하고 유사한 모델은 사진이나 동영상으로 대신한다. 특히 대형 기계류나 플랜트 등 생산설비는 사진, 도면, 모형 및 동영상등을 최대한 활용한다. 동영상에는 제품 설명과 함께 실제 구입했던 수입상의 추천 멘트가 덧붙여지면 더 설득력이 있게 된다. 아울러 자사나 자사제품과 관련된 언론기사나 영상물이 있다면 상담 시 유용하게 활용할 수 있으므로 준비한다. 전시품의 시각적 효과를 높이기 위해 마네킹 등과 같은

---

1 해외전시회 출품 기업은 승부를 걸 수 있는 신제품 또는 종전 제품에 비해 현격하게 업그레이드된 전시품을 포함해서 출품해야지 매번 갖고 나온 제품과 유사한 기존 제품만 출품해서는 기대만큼의 성과를 올릴 수 없다.
2 미국은 전시 부스 단위로 미터가 아닌 feet를 사용하기 때문에 예외다.
3 전시공간을 더 확보하기 위해 접수데스크(information desk)를 요청하지 않는 출품업체도 있다.
4 코너 부스인 경우에는 2개면 6개 칸막이가 들어간다.
5 따라서 한 면당 최대 설치 가능한 포스터의 폭은 95cm, 높이는 245cm이다.

전시품 거치대도 발송하거나 현지에서 임차하도록 한다.

그러나 임차 부스에 비해 너무 많은 전시품을 갖고 가게 되면 운송비도 많이 들 뿐 아니라 부스에 모두 전시하지 못할 수도 있고 오히려 혼란스러워 바이어들에게 좋은 이미지를 주지 못하게 되는 경우도 있다. 또한 전시품 통관 시나 전시회 종료 후, 처치 곤란할 수도 있다. 임차 부스 내에서 갖고 간 전시품을 모두 전시할 수 없어 통로에 전시품이나 스탠드형 배너를 비치하는 경우도 있는데 이는 피해야 한다. 반대로 너무 적은 전시품을 갖고 가게 되면 바이어들에게 충분히 상품을 보여줄 수 없으며 샘플이나 홍보물을 바이어들에게 제공할 수 없고 경우에 따라서는 부스가 썰렁하다는 느낌이 들 수도 있기 때문에 부스 규모에 적합할 정도로 전시품을 준비한다.

전시품을 설명하는 부스 벽면 부착 배너는 영어나 전시회 주최국 언어로 작성하되 눈에 확 띄고 제품의 특성을 부각할 수 있도록 간략하고 산뜻하게 제작한다. 너무 자세한 설명을 하기 위해 작은 글씨체로 빽빽하게 문구를 작성하면 오히려 역효과를 낼 수 있다. 자세한 설명을 원한다면 벽면 가운데는 임팩트 있게 최대한 간결하게 작성된 배너를 설치하고 양면에 사진, 도면과 함께 상대적으로 자세한 설명을 하는 것이 바람직하다. 최근에는 종전 실물 위주의 전시에서 탈피하여 준비한 상품 소개 동영상을 바이어들 앞에서 시연하는 경우도 많으므로 CD나 USB 등으로 동영상을 제작하여 휴대하는 것도 바람직하다. 전시품 및 홍보물 이외 노트북, 변압기,6 스탠드형 배너 설치대, 바이어에게 나누어 줄 기념품 또는 판촉물, 명함수거함 등도 전시품과 함께 발송하거나 출장자가 직접 휴대하여 갖고 간다.

출품할 전시품과 홍보물이 결정되었다면 해상으로 발송할 것인가, 항공으로 발송할 것인가 아니면 직접 휴대할 것인가를 결정하고 해상발송, 항공발송 또는 직접 휴대하여 갖고 갈 물품으로 구분하여 준비한다. 직접휴대의 경우, 항공사가 무료로 운반해주는 허용 중량이 정해져 있으므로 이를 초과할 경우, 별도의 비싼 비용을 지불해야 하거나 필요한 서류 미비 등 철저한 준비 없이 전시품을 휴대하여 입국하다가 통관이 불허되는 경우도 있으므로 웬만한 물품은 해상 또는 항공 화물로 발송하도록 한다. 그러나 해상이나 항공으로 발송한 전시품이 손망실되거나 통관지연으로 제때 도착되지 않을 경우를 대비하여 최소한의 상담자료(예 : 샘플, 카탈로그, 동영상 수

---

6 110V를 사용하는 국가인 미국, 일본, 캐나다, 대만, 리비아, 베네주엘라, 파나마, 콜롬비아, 자마이카에서 개최되는 전시회에 참가하는 경우, 별도의 변압기를 준비해야 한다.

록 USB 등)는 출장자가 직접 갖고 가도록 한다.

그림 2 한국에서 갖고 가는 것이 좋은 전시관련 물품 예

□ 문구 및 공구류

□ 전기 전자관련 비품

□ 전시관련 비품

□ 기타 비품 및 소모품

09

HS Code, 관세 및 비관세장벽

1 HS Code 검색

HS Code란, 세계관세기구(WCO)에서 제정하여 1988년 발효된 HS 협약(The International Convention on the Harmonized Commodity Description and Coding System)에 따라 물품별로 부여되는 품목분류번호이다. HS는 관세, 무역통계, 운송, 보험 등과 같은 다양한 목적에 사용될 수 있도록 만든 다목적 품목분류제도로서, 품목분류 체계를 통일하여 국제무역을 원활히 하고 관세율 적용의 일관성을 유지하기 위해 사용되고 있다. 현재 우리나라를 비롯하여 미국, 일본, 중국 등 약 140여 개국이 HS협약에 가입되어 있다. HS Code는 부(Section), 류(Chapter), 호(Heading), 소호(Sub-heading)로 구성되어 있다.

표 1 HS Code 분류 체계

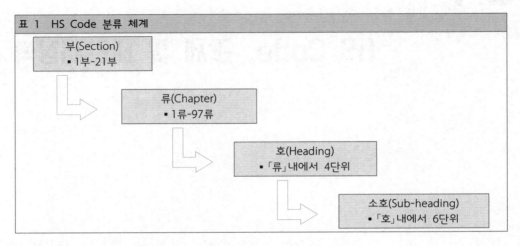

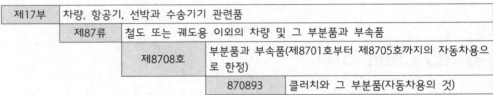

제17부	차량, 항공기, 선박과 수송기기 관련품		
	제87류	철도 또는 궤도용 이외의 차량 및 그 부분품과 부속품	
		제8708호	부분품과 부속품(제8701호부터 제8705호까지의 자동차용으로 한정)
			870893 클러치와 그 부분품(자동차용의 것)

     HS 협약에 따라 국제적으로 공통 적용되는 품목번호는 6단위(6자리 숫자)로 정해져 있으며, 각 회원국은 자국의 정책 목적에 따라 HS Code 6단위를 초과하는 10단위까지 각국별로 더욱 세분화하여 달리 사용할 수 있다. 따라서 물품이 분류되는 HS Code에 따라 수입 시 부과되는 관세, 내국세 및 FTA 특혜세율 등이 결정되므로, 우리나라에서 외국으로 물품을 수출하는 경우, 수입국의 HS Code로 품목분류가 이루어져야 한다.

     우리나라는 HS를 HSK로써 운용하고 있으며, HS Code 공통 6단위하에 4단위를 추가하여 사용하고 있다. 한편 미국은 HS를 HTSUS(The Harmonized Tariff Schedule of the United States)로써 운용하고 있으며, HS Code 공통 6단위하에 2단위를 추가한 8단위 Code를 사용하고 있다. HS협약에서는 제1류부터 제97류로 공통적으로 분류하고 있으나, 미국은 자체적으로 제98류(관세감면대상), 제99류(한시적으로 기본세율보다 낮은 세율을 적용하는 물품)를 규정하여 운용하고 있다. 그리고 EU는 HS를 CN(Combined Nomenclature)으로써 운용하고 있으며, HS Code 공통 6단위하에 2단위를 추가하여 사용하고 있다. 또한 8단위 또는 10단위에 EU 통합관세 분류번호 (Taric)을 부여하여 EU에 적용되는 모든 무역정책 및 관세조치(일시적 관세 유예, 반덤핑 관세 등)를 적용할 수 있도록 사용한다.

표 2 국가별 HS Code 운영 예시

- 품명 : 디젤 엔진을 가지고 있는 10인 이상(운전자를 포함한다) 수송용의 자동차
- 해당 HS Code : 8702 10

HS Code	Description
8702 10	Motor vehicles for the transport of ten or more persons, including the driver - With compression-ignition internal combustion piston engine (diesel or semi-diesel)

한국		미국		EU	
HSK	품명	HTSUS code	Description	CN Code	Description
	15인승 이하		Description		Of a cylinder capacity exceeding 2,500 cm3 :
8702 10 1010	신차	8702 10 30	Designed for the transport of 16 or more persons, including the driver	8702 10 11	New
8702 10 1020	중고차			8702 10 19	Old
	15인 초과 35인 이하	8702 10 60	Other		Of a cylinder capacity not exceeding 2,500 cm3
8702 10 2010	신차				
8702 10 2020	중고차			8702 10 91	New
	35인승 초과			8702 10 99	Old
8702 10 3010	신차				
8702 10 3020	중고차				

그림 1 무역협회 무역통계 품목 분류

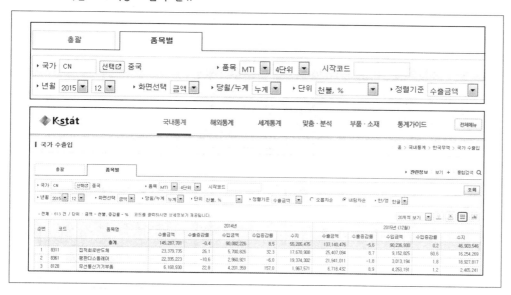

한편 무역협회 무역통계에서는 HSK(2,4,6,10단위), MTI(1,2,3,4,5,6단위)와 SITC (1,2,3,4,5단위)별로 품목을 구분하여 검색할 수 있다. 전술한 바와 같이 HS(Harmonized System) Code는 국제품목분류번호로 6단위까지는 국제적으로 통일되어 있고 회원국마다 그 이하 4단위를 추가하여 개별적으로 달리 운영하고 있다. 이에 따라 HSK(HS

Korea)는 HS Code 6단위를 기초로 10단위까지 세분화한 한국의 HS 분류로서 실제적으로 가장 정확하고 세분화된 코드라고 할 수 있다. 한편, MTI(Ministry of trade and industry) 6단위는 종전 우리나라 상공부에서 편의상 통계분류를 위해 만든 코드이며 SITC(Standard International Trade Classification) 5단위는 1950년 7월 21일에 UN 경제이사회가 선포, 1960년에 전면적으로 개정한 식료품, 원료, 가공품, 화공약품, 기계 및 운반기구 등 물품 종류별로 분류한 코드이다.

표 3 동일품목에 대한 코드별 품목 설명(각 Code 4자리 기준)

구분	Code	품목 설명
HSK	8703	주로 사람을 수송할 수 있도록 설계된 승용자동차와 그 밖의 차량【제8702호의 것은 제외하며 스테이션왜건(stationwagon)과 경주용자동차도 포함한다.】
MTI	7411	승용차
SITC	7812	인원수송용차량

그림 2 HS Code 검색

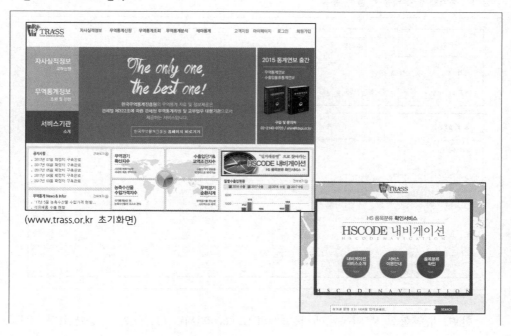

(www.trass.or.kr 초기화면)

찾고자 하는 품목의 HS Code는 한국무역통계진흥원의 TRASS를 통해 검색할 수 있다. www.trass.or.kr 초기화면 우측 중간의 「HS CODE 내비게이션」으로 들어가 SEARCH란에 찾고자 하는 품목명이나 HSK를 입력하면 해당 HS Code나 품목명을 검색할 수 있다.

2 관세율표 보기

많은 기업들이 특정 국가에 대한 자사 수출품목의 관세율을 Kotra 해외무역관에 문의하는 경우가 많이 있는데 우리나라와 교역이 많은 미국, 중국, 일본 및 EU 등 일부 국가 관세율은 관세청에서 운영하는 「관세법령정보포털 3.0 홈페이지 http://unipass.customs.go.kr/clip/index.do > 정보공개 > 해외관세율정보」를 방문하면 쉽게 검색할 수 있으며 계속해서 업데이팅 되고 있다.

그림 3 관세법령정보포털 3.0 해외관세율정보

이 사이트에서 관세율을 검색할 수 있는 국가는 [표 4]와 같다.

표 4 「관세법령정보포털 3.0」에서 관세율 검색 가능 국가

미국	EU	일본	중국	대만
호주	터키	칠레	브라질	페루
러시아	사우디	멕시코	태국	베트남
인도네시아	싱가포르	필리핀	말레이지아	인도
노르웨이	스위스	캐나다	뉴질랜드	한국

이들 국가를 포함하여 전 세계 대부분 국가의 관세율을 파악하기 위해서는 「TradeNAVI 홈페이지(www.tradenavi.or.kr) > FTA/관세 > (관세/통관안내) > 세계의 관세율」을 방문하면 된다. 각국의 관세율 제공기관에 따라서는 영어가 아닌 현지어로만 정보를 제공하기도 한다(알제리 경우 불어로 정보 제공).

그림 4 세계의 관세율 정보

특히 우리나라와 교역이 많은 [표 5]와 같은 27개국에 대해서는 「트레이드내비 바로가기」를 클릭하여 파악코자 하는 HS코드를 입력하면 한글로 표기된 자세한 관세율 정보가 나온다.

표 5 「트레이드내비 바로가기」검색 가능 국가				
중국	EU	남아공	멕시코	인도
라오스	러시아	말레이시아	캄보디아	캐나다
미얀마	베트남	브라질	필리핀	홍콩
UAE	칠레	우크라이나	대만	
인도네시아	일본	터키	미국	
콜롬비아	태국	뉴질랜드	싱가포르	

또는 「TradeNAVI 홈페이지(tradenavi.or.kr) > FTA/관세 > 품목별 정보검색」으로 들어가 [표 5] 국가 중 1개국을 선정하고 파악코자 하는 HS코드를 입력한 후, 결과보기를 클릭하면 수입국의 해당 품목에 대한 관세율 및 통관조건 등을 검색할 수 있다. Kotra에서는 1회당 최대 3개국, 각 국가별 2개 품목 내에서 소장하고 있는 자료를 활용하여 해당 관세율 정보를 복사해서 팩스로 제공해주고 있다. 신청방법은 「Kotra 해외시장뉴스(http://news.kotra.or.kr) > 무역자료실 > 무역자료실서비스 > 관

세율서비스」로 들어가 하단 「신청하기」를 클릭하면 된다.

그림 5 세계의 관세율 정보

3 비관세장벽 및 수입규제

비관세장벽이란 관세를 제외한 모든 무역관련 장벽을 포함하며, 최근에는 그 범위가 점점 더 확대되고 있는 추세이다. 과거 비관세장벽은 주로 수입금지, 수량규제, 국가 간 경계에서 취해지는 무역정책에 초점이 맞추어져 있었으나 시간이 지남에 따라 기술적인 규제, 국내 정책뿐 아니라 무역과 투자흐름에 영향을 주는 모든 요소가 비관세장벽으로 인식되고 있다. 비관세장벽의 특징은 유형에 따라 그 영향이 미치는 품목 범위가 각각 다르고 관계 당국의 판단에 따라 유동적으로 실시되거나 혹은 외부에는 모습을 드러내지 않고 은밀히 적용되는 유형도 있기 때문에 비관세장벽의 무역 제한적 효과를 종합적으로 또는 개별 품목별로 계량화하여 측정하는데 어려움이 따른다는 점이다. 법률로 제정되는 유형의 비관세장벽이 있는 반면 대부분의 비관세장벽은 통일적이고 체계적인 조정을 통하지 않고 여러 행정기관의 독자적인 정책에서 파생되므로 복잡한 성격을 지닌다. 또 하나의 특성으로서는 정보

부족 및 변칙적인 제도의 운영으로 인한 불확실성을 들 수 있다. 수입국의 무역정책
은 수출국에 아무런 통고 없이 수시로 변경될 가능성을 항시 내포하기 때문에 수출
업자로서는 상당한 부담이 되고 있다. 비관세장벽이 무역에 미치는 영향은 선진국,
개도국 모두에게 명목상으로는 무차별적인 것처럼 보이지만 실제로는 개발도상국에
상당히 불리하게 작용하는 경우가 많다.

그림 6 비관세장벽 및 수입규제포탈(www.ntb-portal.or.kr), 국가별 비관세장벽 현황
(2016년 1월 현재)

구분	전체	TBT	투자	SPS	통관	수출통제	정부조달	금융/세제	가격통제	보조금	지적재산권	수입허가	수량제한	기타
전체	48	10	7	7	9	1	1	2	0	3	1	1	1	5
중국	26	8	1	4	4	0	1	2	0	2	1	1	0	2
인도네시아	5	0	2	1	0	1	0	0	0	0	0	0	0	1
일본	4	0	0	1	0	0	0	0	0	0	0	0	1	2
미국	3	1	0	1	1	0	0	0	0	0	0	0	0	0
미얀마	2	0	1	0	0	0	0	0	0	0	0	0	0	0
베트남	2	0	1	0	0	0	0	0	0	0	0	0	0	0
인도	2	1	0	0	0	0	0	0	0	0	0	0	0	0
터키	1	0	1	0	0	0	0	0	0	0	0	0	0	0
불가리아	1	0	0	0	0	0	0	0	0	1	0	0	0	0
필리핀	1	0	1	0	0	0	0	0	0	0	0	0	0	0
러시아	1	0	0	0	1	0	0	0	0	0	0	0	0	0

그림 7   우리나라 제품에 대한 비관세장벽 관련 보도

hankook.com　서울경제

중동까지 한국 배터리 제소… 비관세 장벽 높이는 신흥국

GCC, 반덤핑 과세 여부 등 조사
수출 규모 3억弗 넘어 피해 클 듯

이혜진기자 hasim@sed.co.kr

6개 아랍산유국으로 구성된 걸프협력회의(GCC)가 한국산 자동차 납축 배터리를 대상으로 반덤핑 조사에 들어갔다. 최근 중국 정부의 배터리 보조금 규제를 비롯해 비관세 장벽을 통한 한국 수출업체들에 대한 신흥국의 견제가 거세지고 있다. 3일 한국무역협회에 따르면 6개 GCC는 한국산 배터리 업체의 반덤핑 여부에 대해 지난해 말 조사에 착수했다. 앞서 사우디아라비아와 오만의 배터리 업체들은 한국산 자동차 배터리에 대해 GCC에 반덤핑 제소를 했다.

비관세장벽의 종류로는 기술장벽(TBT),[1] 위생 및 검역조치(SPS),[2] 수량규제, 가격통제, 정부보조, 수출제한, 통관절차, 투자장벽, 정부조달, 지적재산권, 금융/세제 차별, 수입허가, 서비스업 제한, 전자상거래제한 및 기타 등으로 분류된다.

표 6 유형별 비관세장벽 예시		
내용	품목	유형
▪ 국제표준과 다른 리튬이온전지 안전 기준	전가전자제품	기술장벽(TBT)
▪ 보건식품(건강기능식품) 수출시 품목 위생 허가 필요	농산물	SPS
▪ 철강 증치세 환급을 통한 보조금 활용	철강제품	정부보조
▪ 물품 재수입시 부당한 관세부과	디스플레이	통관절차
▪ 외자기업 투자제한	공통	투자장벽
▪ 정부조달시 외국기업 차별	의약품	정부조달
▪ 지식재산권 보호 미흡	공통	지적재산권
▪ 외환송금 규제	공통	금융/세제 차별
▪ 자동수입허가증 발급 지연	공통	수입허가
▪ 외국인력 취업비자 발급지연	공통	기타
▪ 일본 수산물 수입 쿼터	수산물	수량규제
▪ 원광석 수출금지 및 수출세부과	금속광물	수출제한

한편 수입규제에는 반덤핑관세, 상계관세, 반덤핑/상계관세와 세이프가드가 있으며 수입규제도 비관세장벽에 포함되는 개념이다. 그럼에도 불구하고 별도로 구분하는 이유는 각국이 WTO협정 및 국내 관련 법령에 근거하여 운영하는 산업피해구제제도(반덤핑관세, 상계관세, 세이프가드)를 별도로 집계 및 모니터링하기 위해서이다.

반덤핑관세(Anti-dumping duty)란 수출국의 기업이 수입국의 시장점유율을 확대하기 위해 가격을 부당하게 낮춰 수출하여 수입국의 산업에서 피해를 입히거나 피해를 입힐 우려가 있을 때 수입국의 정부에서 정상적인 가격과 부당한 염가의 차액에 대하여 관세를 부과하는 것을 말한다. 따라서 부당한 가격이란 수출국의 시장가격이나 다른 나라에 수출하는 가격보다 낮은 가격을 의미하는 것이지만 수입국의

---

[1] 무역기술장벽(TBT, Technical barriers to trade)은 무역상대국간에 서로 상이한 기술규정, 표준 및 적합성평가절차 등을 채택, 적용함으로써 상품의 자유로운 이동을 저해하는 무역에 있어서의 제반 장애요소를 말한다.

[2] 위생 및 검역조치(SPS, Agreement on the Application of Sanitary and Phytosanitary Measures)는 인간의 건강이나 안전에 영향을 미칠 수 있는 부분을 무역 일반으로부터 분리해 별도의 협정으로 체결해 놓은 것을 말한다.

시장가격보다 낮아야 문제가 된다. 이를 위해서는 덤핑 수입 사실과 덤핑으로 인해 국내 동일 산업에 피해가 있었는지 인과관계가 입증되어야 한다.

또한 상계관세(countervailing duty)란 수출국이 수출품에 장려금이나 보조금을 지급하는 경우 지급받은 물품이 수입될 때 수입국이 그 보조금의 효과를 상쇄시키기 위하여 부과하는 관세를 의미한다. 또한 반덤핑/상계관세란 반덤핑조치와 상계조치를 동시에 취하는 경우를 의미한다. 즉 덤핑 → 반덤핑 제소, 보조금지급 → 상계관세 조치를 따로따로 하는 경우도 있지만, 수출국 정부에서 보조금을 지급한 제품이 덤핑으로 수입되는 경우에는 이 두 가지를 동시에 제소할 수 있다. 일례로 미국의 경우, 우리나라 철강산업에 대한 정책보조금 지급을 문제 삼아 한국산 철강제품에 대해 반덤핑/상계관세 조치를 동시에 취한 적도 있다.

한편 세이프가드(safeguard)란 수입국이 특정제품의 수입으로 인해 자국산업에 심각한 피해가 발생하였거나 예상되는 경우, 자국산업을 보호하기 위해 긴급하게 수입을 제한하는 조치로 특정국 몇 개국 제품에 한해 규제하는 경우도 있고 전 세계 모든 국가를 대상으로 규제하는 경우도 있다. WTO 체제 내에서도 국내산업 보호를 위하여 '심각한 피해' 등 일정 조건이 확인되는 경우에는 이를 인정해 주고 있다. 그러나 세이프가드는 심각한 피해를 방지하거나 치유하고 구조조정을 용이하게 하는 데 필요한 정도로만 취해져야 하며, 수입국은 세이프가드 조치를 취할 경우 원산지에 관계없이 해당 물품의 수출국에게 협의할 기회를 제공하고 적절한 보상을 해 줄 것을 권고하고 있다. 그리고 협의 결과가 만족스럽지 못할 경우, 당해 물품의 수출국이 수입국에 대해 보복조치를 취할 수 있도록 허용하고 있다. 통상적으로 세이프가드는 수입국의 수입품 경쟁회사가 자국 정부에게 피해(예상)사례를 보고하면 조사를 거쳐 세이프가드 발동 또는 기각을 결정한다.

각국별 수입규제 속보는 「비관세장벽/수입규제 포털(www.ntb-portal.or.kr) > 수입규제 > 통상정보자료실 > 수입규제 속보」를 방문하면 검색할 수 있다.

그림 8 「비관세장벽/수입규제 포털」의 수입규제 속보

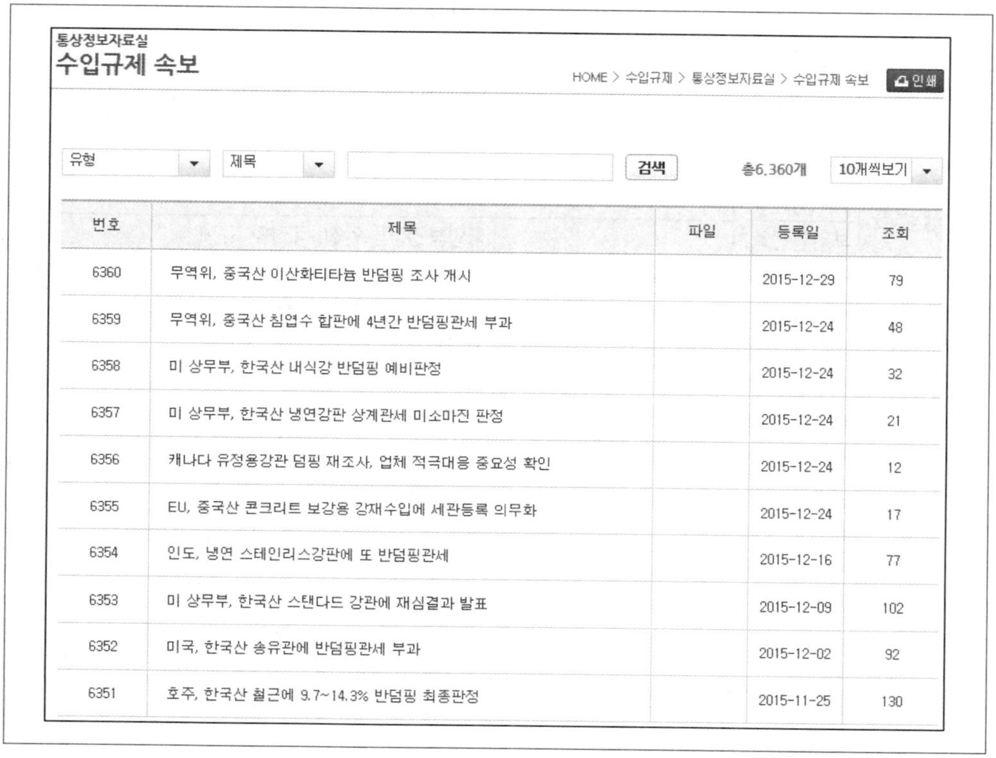
통상정보자료실

수입규제 속보

HOME > 수입규제 > 통상정보자료실 > 수입규제 속보 인쇄

유형 제목 검색 총6,360개 10개씩보기

번호	제목	파일	등록일	조회
6360	무역위, 중국산 이산화티타늄 반덤핑 조사 개시		2015-12-29	79
6359	무역위, 중국산 침엽수 합판에 4년간 반덤핑관세 부과		2015-12-24	48
6358	미 상무부, 한국산 내식강 반덤핑 예비판정		2015-12-24	32
6357	미 상무부, 한국산 냉연강판 상계관세 미소마진 판정		2015-12-24	21
6356	캐나다 유정용강관 덤핑 재조사, 업체 적극대응 중요성 확인		2015-12-24	12
6355	EU, 중국산 콘크리트 보강용 강재수입에 세관등록 의무화		2015-12-24	17
6354	인도, 냉연 스테인리스강판에 또 반덤핑관세		2015-12-16	77
6353	미 상무부, 한국산 스탠다드 강관에 재심결과 발표		2015-12-09	102
6352	미국, 한국산 송유관에 반덤핑관세 부과		2015-12-02	92
6351	호주, 한국산 철근에 9.7~14.3% 반덤핑 최종판정		2015-11-25	130

표 7 Kotra 분류「비관세장벽」

유형	중분류	참고
수입제한	수입금지	
	수입허가	수입허가/승인/감시
	수량규제	수입쿼터
	수입가격통제	최소수입가
통관	과다한 서류요구	
	자국어 통관서류 요구	
	자의적 품목(세번) 분류	
	통관지연	
	과다한 통관수수료	
	수입(통관) 항구(공항) 지정	
	보세운송제한	
	선적전 검사 및 수수료	
	사전영사확인제도	
	급행료/뇌물 요구	
	원산지규정	자의적 제정 및 운영, 원산지증명서 작성애로 등

TBT (기술장벽)	표준 및 기술규정	
	인증제도	적합성평가제도
	라벨링요건	
	환경규제	환경기준, 환경마크, 제품부과금 등 환경보호 목적의 규제조치
SPS (위생검역)	위생검역기준 및 절차	
	특정성분규제	
	보건안전조치	국민보건 및 안전 목적의 규제
서비스 및 투자 장벽	자국 서비스공급자 우대	외국 방송물 시간제한, 자국 방영물 상영의무 등
	서비스공급자 수 제한	시장점유율 제한, 가맹점 수 제한 등
	외국자본참여 제한	투자업종제한, 투자지분 제한
	법인설립형태 제한	지사 및 사무소 설립 요건이나 제한
	이행의무 부과	현지부품조달, 수출입균형요건, 기술이전의무 등
	까다로운 심사기준	경제적 수요 심사(ENT) 등
	금융. 세무	외환규제, 차별적 조세제도 등
	노무	자국인 우선고용, 자국 자격증 취득 요구
	전자상거래 제한	
기타	정부조달	정부구매 시(상품, 서비스) 외국기업 차별
	지적재산권	지재권보호 미비, 지재권 남용, 밀수/짝퉁
	반경쟁적/차별적 관행	독점행위(국영무역기업/수입카르텔), 인프라/공공서비스/유통/물류 등에서 외국기업 차별 등
	보조금	수출보조금 등
	수출제한	
	기타	

수출상담지원

　　수출기업으로 전환하려는 내수기업 또는 수출초보기업들은 수출을 시작하는 과정에서 문의나 지원요청사항이 많이 발생하게 된다. Kotra, 무역협회 등 여러 수출지원기관에서는 전화, 온라인, 기관 방문을 통해 분야별 전문가들의 무료 상담 서비스를 제공하고 있다. 특히, Kotra에서는 전문가들이 직접 고객을 방문하여 컨설팅을 제공하는 「이동 Kotra」 제도를 운영하고 있다. 수출상담지원이 필요한 기업들은 각 수출지원 유관기관들의 홈페이지를 방문하여 『자주묻는질문』(FAQ)을 먼저 검색해 본 후 정보가 부족하면 상담 서비스를 신청하는 것이 바람직하다.

1 수출상담지원센터

(1) Kotra 무역투자상담센터

　　수출관련 상담이 필요한 중소기업들을 위해 해외진출 전략 및 무역실무 전반, 거래선 발굴 방법, 계약 관련 서류검토/인증 및 검사, 대금결재 및 금융/수출보험, 계약 위반 및 클레임, 관세/통관/경영지원 등을 무료로 상담해주고 있다. 전화, 온라인 및 방문상담이 모두 가능하나 방문 상담은 사전 예약 후 실시한다. 이와 별도로 Kotra는 내수·수출초보기업을 직접 찾아가 중소기업의 수출전반에 대해 무료로 방문 상담해 주는 「이동 Kotra」를 운영하고 있다. 진행절차는 Kotra 홈페이지(www.kotra.or.kr)에서 「이동 Kotra」 신청한 후, 『글로벌 역량 진단』을 실시한다. 그리고 기업정보 및 상담요청사항을 등록하게 되면 전문가가 직접 방문하여 상담을 하게 된다.

그림 1 Kotra 찾아가는 서비스 신청하기

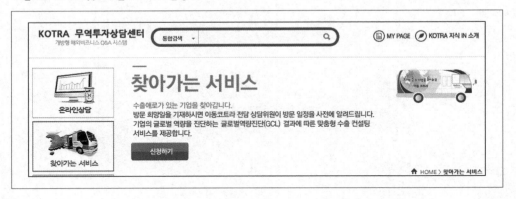

(2) 무역협회 회원서비스센터

　　무역협회에서도 무역업체 및 수출 준비 중인 내수기업을 대상으로 각 분야별 전문가들로 상담을 실시하고 있다. 콜센터, 온라인 및 방문을 통해 상담을 신청하면 분야별 전문가가 배정된 후 상담이 실시된다. 분야별로 상담요일과 시간이 상이하다. 상담사들은 변리사, 관세사, 변호사, 인증전문가, 공인회계사 등 각 분야 전문가들로 구성되어 있다.

표 1　무역협회 회원서비스센터 분야별 상담

분야	상담요일	상담시간	컨설턴트
국제특허	월요일	13:00~18:00	변리사
수출입절차	월~금요일	09:00~18:00	전문상담역
신용장/대금결제	월~금요일	09:00~18:00	전문 상담역
FTA 원산지	월~금요일	09:00~18:00	FTA무역종합지원센터
통관/관세환급/HS분류	월~금요일	09:00~18:00	관세사
무역실무분쟁대응	월요일	09:00~18:00	전문 변호사
해외규격/인증	월~금요일	09:00~18:00	인증전문가
국제계약/클레임	화/목요일	09:00~18:00	국제변호사
세무/회계	수요일	09:00~18:00	공인회계사
외환/환리스크	목요일	09:00~18:00	외환전문가
인코텀즈			

또한 무역협회에서도 무역전담 직원이 없어 해외마케팅에 어려움을 겪는 지방 중소 수출기업들을 위해 수출 베테랑들이 직접 찾아가는 현장 밀착 지원서비스를 제공하는 『무역현장 자문위원』 사업을 시행하고 있다. 이 사업은 종합상사나 대·중견기업에서 15년 이상의 해외영업 경력을 가진 전문가들을 지역별로 전담·배치하여 ▲ 해외바이어 및 마켓서베이 ▲ 바이어 발굴 ▲ 계약·결제 등 수출단계별 컨설팅 ▲ 외국어 통번역 지원 등 수출 전 과정에서 발생되는 애로사항을 지원한다. 다수의 지방 중소기업들이 수출 의지는 있지만 이를 실천으로 옮길 전담인력이나 노하우가 부족한 경우가 많다는 점을 감안하여 국가와 업종, 품목 등 분야별로 구성된 현장자문위원들이 이러한 기업들을 대상으로 특성에 맞는 맞춤형 수출지원 컨설팅을 제공하고 수출이 성사될 때까지 1:1로 전담지원하게 된다. 무역현장 자문위원 상담은 트레이드 콜센터(1566−5114) 또는 홈페이지(http://tradesos.kita.net)를 통해 신청이 가능하다.

2 온라인 수출상담

(1) Kotra 무역투자상담(www.kotra.or.kr)

Kotra가 운영하고 있는 『Kotra 무역투자상담』 사이트는 온라인상담, 방문상담, 전화상담으로 구분되며 수출, 해외진출 및 외국인 직접투자와 관련하여 문의하면 분야별 상담위원으로부터 신속하게 회신받을 수 있다. 신청기업들은 해외시장개척, 통관, 인증 등과 관련된 실무적인 애로사항과 해외현지 경제정보, 관세율, 국가별 투자법령 등 비즈니스 정보뿐 아니라 Kotra 사업과 관련한 기본 안내 및 문의사항에 대해서도 온라인을 통해 답변을 받을 수 있다. 특히, 이 사이트에서는 분야별(회원기업/서비스마일리지, 무역사절단, 해외출장지원, 지사화사업, 수출상담회, 해외시장조사, 무역자료실, 북한경제 등)로 「자주찾는질문」을 검색하여 필요로 하는 정보를 취득할 수 있다.

그림 2 Kotra 무역투자상담 메인화면

그림 3 Kotra 무역투자상담 「자주찾는질문」

(2) 무역협회 TradeSOS(http://tradesos.kita.net)

그림 4 무역협회 TradeSOS 메인화면

　　무역협회에서 운영하는 TradeSOS의「무역실무 상담」을 통해서도 수출입절차, 통관절차, HS품목분류, 국제특허, 해외보증, 세무/회계, 외환/환율, 국제계약/클레임 등 각 분야별 전문가들로부터 온라인 상담을 받을 수 있다.

그림 5 무역협회 TradeSOS 온라인 상담

번호	제목	작성자	작성일	상태	문의분류	조회수
24195	중고 전자제품 아프리카 수출관련	박지수	2016-02-06	접수	수출입절차	4
24194	사전송금방식 수출 질문입니다.	현지용	2016-02-05	접수	신용장/대금결제	6
24193	태국 수출 관련하여 문의드립니다.	서용진	2016-02-05	답변처리	수출입절차	18
24192	수출관련하여 문의드립니다	김대명	2016-02-05	접수	수출입절차	13

(3) 한국무역보험공사 고객상담실(www.ksure.or.kr)

그림 6   한국무역보험공사 고객상담실 온라인 상담

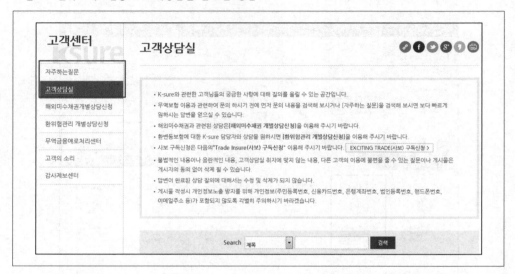

한국무역보험공사에서는 신용조사, 무역보험, 해외미수채권, 환위험관리 관련 개별 온라인 상담을 받고 있으며 「자주하는질문」에서도 각 사례별 정보를 얻을 수 있다.

(4) 중소기업수출지원센터(www.exportcenter.go.kr)

중소기업수출지원센터에서도 온라인을 통해 수출상담 서비스를 제공하고 있다.

그림 7 중소기업수출지원센터 홈페이지

그림 8 중소기업수출지원센터 온라인 수출상담

저자소개

조기창

필자는 서강대학교 경제학과와 동 대학 경제대학원을 졸업하였다. Kotra에 입사한 이래 부산국제전시장(현 BEXCO) 건립추진전담반 과장, 전시산업팀 차장, 해외전시협력팀과 전시컨벤션총괄팀 팀장을 역임하면서 주로 전시·마케팅 분야에서 근무하였으며 특히 2002년 한국전시산업진흥회 창설에 실무자로 산파 역할을 하였다. 「서울국제식품산업대전」, 「서울국제생활용품박람회」 및 「Preview in New York」, 「한중일산업교류전」을 비롯하여 다수의 국내외전시회를 개최하였다.

런던(1991~1994), 이스탄불(1997~2001), 뉴욕(2003~2007, 부관장), 암만무역관(2009~2012, 관장) 및 알제무역관장(2015~2018, 관장)을 거쳐 현재는 Kotra아카데미에서 강사 겸 연구위원으로 재직하고 있다. 15년이 넘는 해외무역관 근무기간 동안 조사, 마케팅, 투자 등 다양한 분야를 두루 섭렵하였으며 많은 저서 출간과 함께 활발한 대내외 기고를 통해 우리 기업들의 해외마케팅 노하우를 전파하면서 또한 Kotra 아카데미와 여러 대학 등에서 「해외전시 참가전략 수립방법 및 사후관리」, 「전시기획론」 및 「해외시장조사기법」 등을 강의하고 있다.

이와 함께 필자는 해외파견 청년 인턴 면접위원으로도 수차례 참가하였고 해외무역관 근무 기간 중에는 많은 대학생들을 인턴으로 받아 훈련과 지도로 이들의 취업에 도움을 주었으며 월드잡플러스 K-Move 멘토링 프로그램에도 참여하여 고용노동부장관이 임명한 멘토로 활약하고 있다.

저서
요르단 비즈니스 세계로 들어가기(2011)
전시기획론(2012)
전시마케팅기법(2013)
각국별 전시산업환경 및 참가기법(2013)
해외전시회 전시품 선정 및 운송 노하우(2014)
수출로 이어지는 해외전시회 사후관리 요령(2014)
해외전시회, 이것만은 알고가자(2014)
실무해외시장조사론(2018)
실전취업론(2018)

걸음마 실무해외마케팅

초판발행	2018년 5월 30일
지은이	조기창
펴낸이	안종만
편 집	전채린
기획/마케팅	정연환
표지디자인	조아라
제 작	우인도·고철민
펴낸곳	(주) **박영사**
	서울특별시 종로구 새문안로3길 36, 1601
	등록 1959. 3. 11. 제300-1959-1호(倫)
전 화	02)733-6771
f a x	02)736-4818
e-mail	pys@pybook.co.kr
homepage	www.pybook.co.kr
ISBN	979-11-303-0575-2 93320

정 가   25,000원